中国医疗器械行业协会
China Association for Medical Devices Industry

2019' 中国医疗器械行业发展报告

经济管理出版社
ECONOMY & MANAGEMENT PUBLISHING HOUSE

图书在版编目（CIP）数据

中国医疗器械行业发展报告.2019/徐珊主编.—北京：经济管理出版社，2019.12

ISBN 978-7-5096-6946-4

Ⅰ.①中… Ⅱ.①徐… Ⅲ.①医疗器械—制造工业—经济发展—研究报告—中国—2019 Ⅳ.①F426.7

中国版本图书馆 CIP 数据核字（2019）第 275667 号

组稿编辑：何　蒂
责任编辑：何　蒂　张莉琼
责任印制：黄章平
责任校对：超　凡

出版发行：经济管理出版社
　　　　　（北京市海淀区北蜂窝 8 号中雅大厦 A 座 11 层　100038）
网　　址：www.E-mp.com.cn
电　　话：（010）51915602
印　　刷：北京玺诚印务有限公司
经　　销：新华书店
开　　本：880mm×1230mm/16
印　　张：25.25
字　　数：531 千字
版　　次：2019 年 12 月第 1 版　2019 年 12 月第 1 次印刷
书　　号：ISBN 978-7-5096-6946-4
定　　价：290.00 元

·版权所有　翻印必究·

凡购本社图书，如有印装错误，由本社读者服务部负责调换。

联系地址：北京阜外月坛北小街 2 号
电话：（010）68022974　邮编：100836

《中国医疗器械行业发展报告》编委会

编委会主任
　　赵毅新　中国医疗器械行业协会会长
编委会副主任
　　姜　峰　中国医疗器械行业协会副会长
　　范晓东　中国医疗器械行业协会副会长
　　徐　珊　中国医疗器械行业协会秘书长
主　编
　　徐　珊　中国医疗器械行业协会秘书长
执行主编
　　王　临　中国医疗器械行业协会
副主编
　　张华威　威高集团有限公司董事长
　　何蕴韶　中山大学达安基因股份有限公司董事长
　　李少波　三诺生物传感股份有限公司董事长
　　胡恒宇　北京市富乐科技开发有限公司董事长
　　刘秉昊　疆域康健创新医疗科技成都有限公司 CEO 执行长
　　苏文娜　中国医疗器械行业协会
　　王　菲　国家医疗器械产业技术创新战略联盟
编　委
　　王加义　国家医疗器械产业技术创新战略联盟
　　朱启森　山东新华医疗器械股份有限公司政策研究室副主任
　　蒋析文　中山大学达安基因股份有限公司首席科学家
　　陈　蓓　北京怡和嘉业医疗科技有限公司联合创始人
　　张　峰　广州奥咨达医疗器械技术股份有限公司董事长
　　王益民　深圳市深图医学影像设备有限公司董事长

张送根	北京天智航医疗科技股份有限公司董事长
朱黎明	深圳安科高技术股份有限公司总裁
徐益民	上海微创医疗器械（集团）有限公司资深副总裁
张一飞	深圳市安健科技股份有限公司总经理
白云生	北京市富乐科技开发有限公司总经理
仇万裕	北京市富乐科技开发有限公司副总经理
张　宇	上海百傲科技股份有限公司 副总经理
孙亚宾	《中国医疗器械行业发展报告》编辑部
张明明	《中国医疗器械行业发展报告》编辑部

前 言

自改革开放以来，我国医疗器械行业规模增长迅猛，我国已经成为医疗器械领域的全球第二大市场。近年来，党中央 国务院出台了一系列激励产业技术创新发展的政策，进一步完善了医疗器械行业的有关法律法规和政策，使我国医疗器械行业结构不断完善，具有自主知识产权的创新产品在国内医疗市场份额不断增加。医疗器械行业内的兼并、联合、重组日渐增多，企业的规模不断扩大，龙头企业的生长态势良好。处于前沿的医学影像类产品、新型体外诊断类产品、植入类医疗器械产品和家用医疗器械产品的研发和应用格外令人瞩目，特别是人工智能医疗器械的快速兴起和成长成为行业发展的新热点。

我国医疗器械行业研发团队的规模和技术水平得到了壮大和提高，国内外高端学术人才和技术人才逐步成为医疗器械行业企业的研发骨干，创新研发能力显著提高。我国医疗器械行业已经具备加快发展的有利条件，我国必将在近期成为全球最大的医疗器械市场，未来十年仍将是我国医疗器械行业快速发展的"黄金时期"。

但是，我国医疗器械行业基础研究相对薄弱，缺乏原始技术创新，难以制造出符合医学技术趋势的高附加值新产品，产品依然存在结构性差距，关键核心技术尚未完全掌握，高端制造装备和产品质量检测仪器依赖进口，行业研发投入与跨国医疗器械公司相比明显偏低，跨国公司占据高端医疗器械市场主导地位等状况依然没有明显改观，医疗器械产业发展仍然任重而道远。

由中国医疗器械行业协会编制的《中国医疗器械行业发展报告2019》，在2018年的基础上选择了部分热点细分领域，力争及时、准确地反映该领域的市场发展特点、市场容量、科技创新、市场竞争、应用需求、市场发展趋势、行业发展环境，并有侧重地概述行业发展新动态，以期为企业、投资者、证券公司以及关注医疗器械行业的相关人员提供有价值的参考。

编写说明

目前，我国医疗器械行业已经初步建立包含创新链和服务链的完整产业链，一批具有自主知识产权的重点产品和高性能、高品质、低成本、智能化、数字化的产品为我国医疗卫生体系提供了重要支撑，国家通过重点扶持新型龙头企业、支持创新型高技术企业、培育科技产业/示范应用基地，发挥出产业技术创新战略的联盟优势，推动产、学、研、医深度结合，有效地促进了产业结构升级，助推医疗器械产业的整体产值以年均15%以上的增长率快速发展。

为客观、公正地反映国内医疗器械行业发展动态，中国医疗器械行业协会在充分调研的基础上，每年编制《中国医疗器械行业发展报告》，对国内医疗器械行业的市场发展特点、市场容量、科技创新、市场竞争、应用需求、市场发展趋势、行业发展环境等进行综合分析。2018年出版的《中国医疗器械行业发展报告2018》汇总并分析了影像诊断设备、临床检验设备、骨科器械、心脏及大血管接入器械等13个重点或热点领域2015~2017年的整体发展情况；2019年由于篇幅所限，编委会另选取POCT、基因诊断、影像AI辅助诊断、可穿戴医疗设备、微创器械、新生儿设备、家用呼吸机、人工智能、医疗器械包装行业9个重点或热点方向进行详细解读，并收录了产业基础能力、注册人制度、技术创新引领与服务等方面的行业分析报告，对行业管理部门及相关企业来说具备较高的行业指导意义和参考价值。

本报告的编写工作得到相关部委、协会、学会、机构、相关企业领导、专家和同仁的大力支持，在此表示衷心感谢。

《中国医疗器械行业发展报告》编辑部
2019年9月

easyEndo™ UNIVERSAL 通用型腔镜切割吻合器

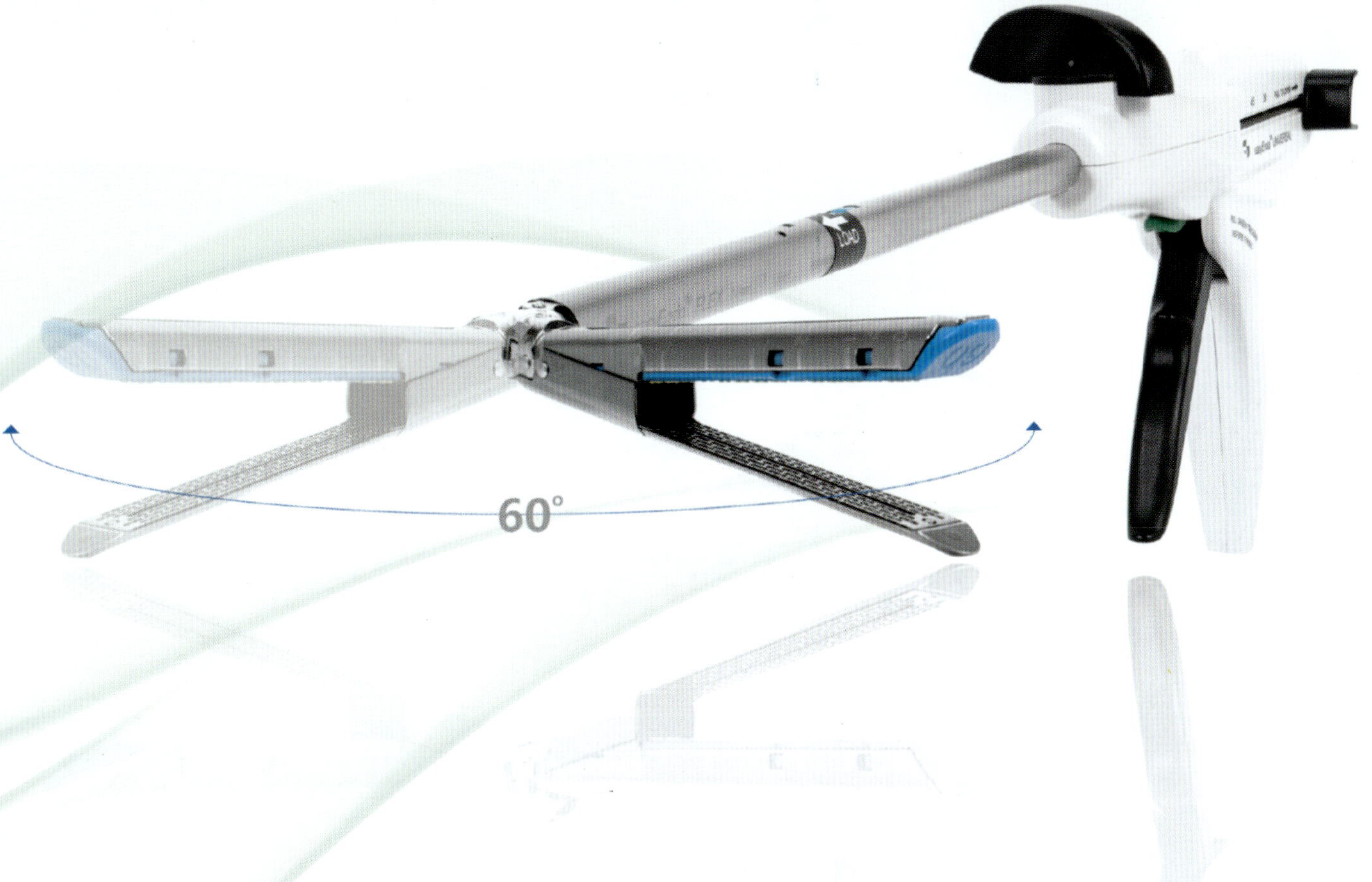

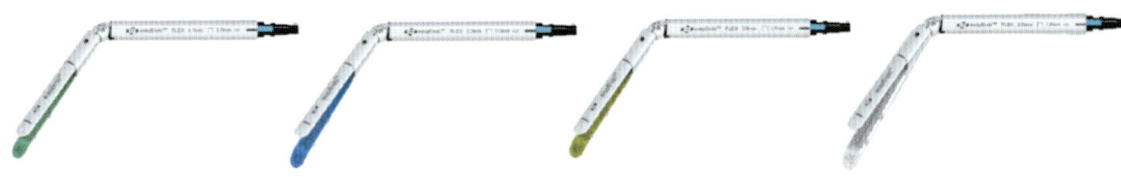

easyEndo™ FLEX 超大转角旋转头钉匣

注册名称：easyEndo™通用腔镜切割吻合器及钉匣
产品注册证号：沪械注准20182020310
广告批准文号：沪械广审（文）第2019030964号

生产商：上海逸思医疗科技有限公司
地址：上海市浦东新区天雄路199号1号楼A座
电话：+86-21-50456176

*本资料为专业学术性材料，仅供专业人士阅读，未经许可，请勿转发！
禁忌内容或注意事项详见说明书

威高使命 Mission

偕同白衣使者 开创健康未来
Your Health We Care

让健康
有据可依

Ingenuity Design

- ✓ 12导心电图
- ✓ 心率、脉率
- ✓ 血压
- ✓ 体温
- ✓ 血氧饱和度
- ✓ 尿酸、尿常规
- ✓ 血糖
- ✓ 总胆固醇
- ✓ 体脂
- ✓ 健康智能手环

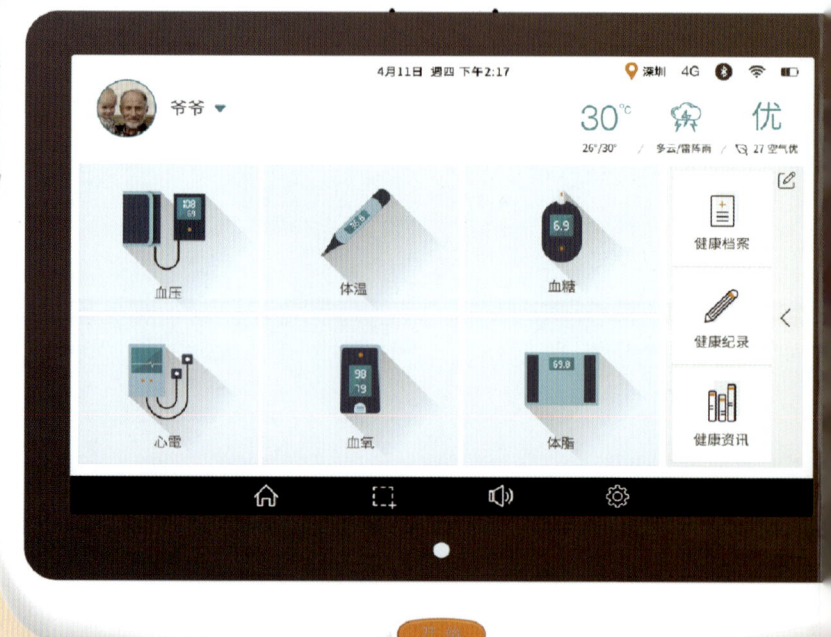

疆域康健创新医疗科技成都有限公司
www.jymeditech.com
400-6660-967

疆域医创
JIANGYU Medical Innovation

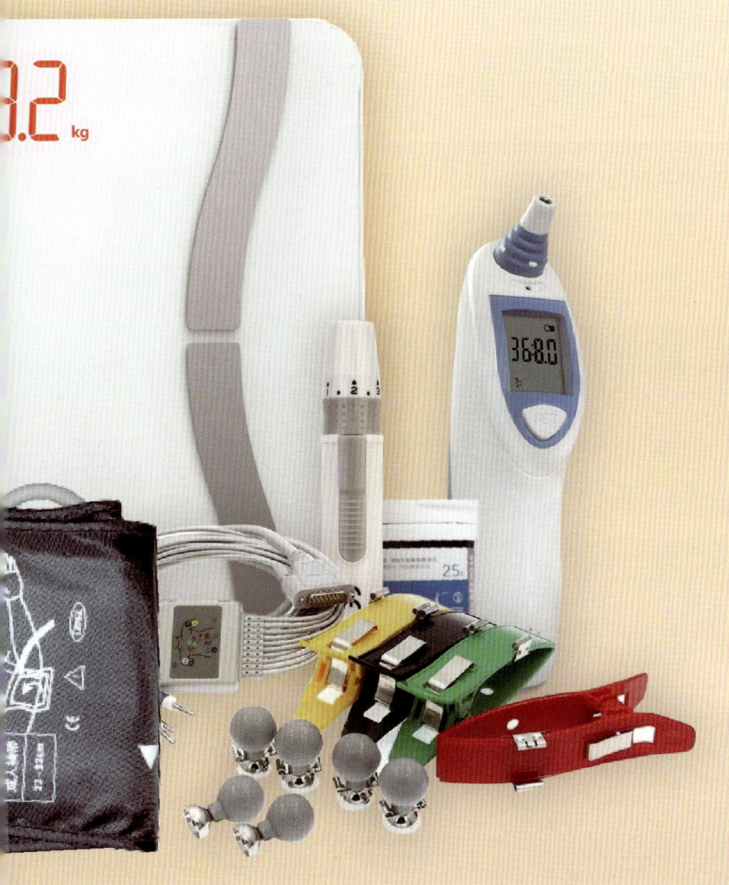

专为慢病管理设计
—— 小域精灵Pro ——

- 个人/家庭健康解决方案
- 药店/诊所解决方案
- 社区/基层医疗解决方案
- 养老/地产解决方案
- 保健/养生/药业解决方案
- 员工健康/健检机构解决方案

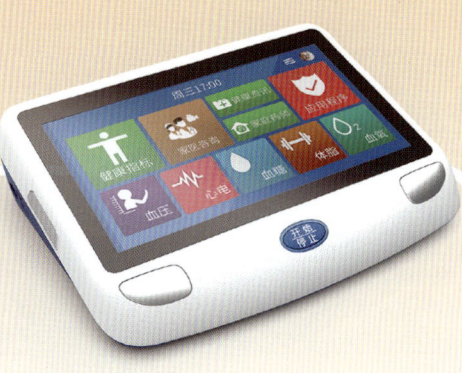

小域精灵家用版
八大参数/视讯问诊/线上购药/APP同步

| 五大测量 | × | 一键购药 | × | 视讯问诊 | × | 健康建档 | × | 十人帐户 |

达安基因
DAAN GENE

达安基因
分子诊断行业的**领先者**

全面满足需求，
经典值得信赖！

七大技术平台
荧光定量PCR | 数字PCR | 一代测序 | 二代测序 | 电化学基因芯片 | 液态悬浮基因芯片 | 反向斑点杂交

百余种检测试剂
肝炎 | 性病 | 儿科 | 疫病 | 优生优育 | 血液病 | 肿瘤 | 个性化治疗 | 科研 | 体检

中山大学 达安基因股份有限公司
DAAN GENE CO., LTD. OF SUN YAT-SEN UNIVERSITY

地址：广州市高新技术开发区科学城香山路19号(510665)
电话：+86 20-32290789　　传真：+86 20-32290231
www.daangene.com

社会责任

1999年 公司获得"乙型肝炎病毒核酸（PCR）荧光检测试剂盒"产品的新药证书和试生产批文，这是国内首家获得该技术产品的新药证书，同时也是国际上该技术的首个商品化的诊断试剂盒。

2001年 "乙型肝炎病毒核酸扩增检测试剂盒"荣获国家重点新产品证书。

2002年 获得"荧光定量PCR方法及试剂盒"发明专利证书，拥有FQ-PCR核心技术的自主知识产权。

2003年 率先研制出国内首个SARS荧光定量PCR试剂盒，成为卫生部唯一推荐使用产品（SARS），助力SARS疫情防控。

2004年 "SRAS病毒核酸扩增检测试剂盒"荣获国家重点新产品证书，同年8月达安基因上市，成为国内首家校办分子诊断上市企业。

2005年 "传染病病原体核酸扩增荧光检测试剂盒及产业化"荣获国家科技进步二等奖。

2006年 "荧光定量PCR技术及其试剂盒"荣获中国专利金奖。

2008年 在国内率先研发出EV、EV71、CAI6三个手足口病诊断试剂盒，并于2009年获得CFDA医疗器械注册证，成为国内首批应用于临床手足口病诊断的产品。

2009年 在国内率先研发出"甲型H1N1流感病毒RNA检测试剂盒"，成为科技部第一批推荐使用产品。

2010年 与国家疾控中心联合开发"新布尼亚荧光PCR检测试剂盒"，国内最早获得CFDA认证。

2013年 在国内率先研发成功"H7N9禽流感病毒核酸检测试剂盒"，且临床考核结果优异；第一批获得CFDA认证，被国家疾控中心推荐使用。

2014年 与国家疾控中心合作开发"埃博拉病毒核酸检测试剂盒"，最早在法国巴斯德研究所通过验证，国内首批获证并用于援非救助。
2014年率先研发成功"登革热病毒核酸检测试剂盒"，为当时国内唯一获得CFDA认证产品，在2014年登革热疫情防控中发挥了重要作用。

2015年 在国内最早开发新型冠状病毒PCR检测试剂，并于2017年获得"中东呼吸综合征冠状病毒核酸检测试剂盒"医疗器械注册证。

2016年 "寨卡病毒核酸检测试剂盒"及新一批核酸检测试剂盒向CFDA提交注册申请。

成立至今，达安基因荧光定量PCR系列产品已获得80余项CFDA证书，40余项通过CE认证，成为国内获证产品最多，临床应用最广的品牌。

中山大学 达安基因股份有限公司
DAAN GENE CO., LTD. OF SUN YAT-SEN UNIVERSITY

地址：广州市高新技术开发区科学城香山路19号(510665)
电话：+86 20-32290789　　传真：+86 20-32290231
www.daangene.com

COMPANY PROFILE
企业简介

北京市富乐科技开发有限公司成立于1996年，是集医疗器械研发、生产、销售为一体、国内较早从事骨科耗材生产的高新技术企业。富乐科技已建成由纵切加工中心、立式加工中心、高端检测设备等组成的"现代化智控生产基地"。公司质量方针是"加强科学管理、严格生产工艺、提供优质服务、完善富乐品牌"，核心价值观是"诚信为人、追求卓越、服务顾客"。

富乐科技一直致力于研发骨科植入类医疗器械，现拥有脊柱系列产品、创伤系列产品、外固定架系列产品等五大类的产品线，其中北京市自主创新产品2项、北京市新技术新产品20项、I型E式板国家重点新产品1项。2017年公司成为北京市级企业科技研究开发机构，部分产品获评"优秀国产医疗设备"。

富乐科技专注骨科事业，产品已在国内解放军304医院、306医院、北医三院、协和医院等大型医院得到广泛应用，公司正在展开海外市场贸易，已涉及欧洲、东南亚等多个国家。

富乐科技是中关村高新技术企业、国家高新技术企业，公司荣获医疗器械质量管理示范企业、首都文明单位、纳税信用A级企业等荣誉。公司是中国医疗器械行业协会理事单位，2017年、2018年连续上榜北京市非公有制企业履行社会责任百家单位。

公司拥有各种专利100项，其中国际发明专利1项，国内发明专利19项，并形成企业自主知识产权的专利体系，被北京市知识产权局授予"专利试点单位"。2018年公司创建院士专家工作站，聘请中国工程院院士邱贵兴及其专家团队，开发并产业化具有自主知识产权的高科技骨科医疗器械。

"追求卓越品质，振兴中华骨科"是富乐人矢志不渝的信念和追求。我们坚信，用我们的热血和汗水一定会成就骨科民族品牌。

北京市富乐科技开发有限公司
Beijing Fule Science & Technology Development Co., Ltd

富乐脊柱产品系列

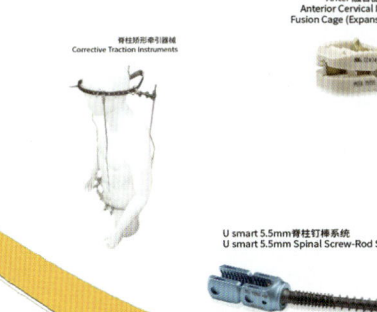
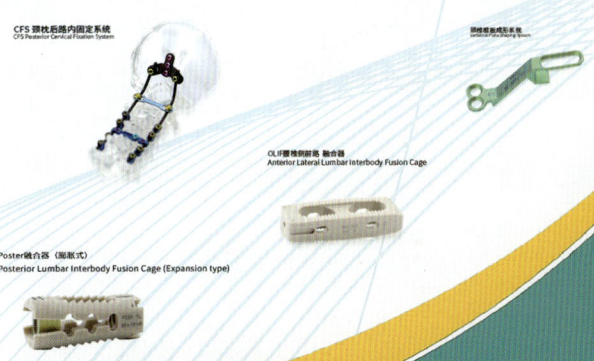

OLIF 入路椎间融合系统
Anterior Lateral Lumbar Interbody Fusion Cage

- 标准与解剖学两种外形，大型中央植骨窗，轻松撑开
- 强大抗压、抗脱出
- 多种型号，适应多样化的解剖

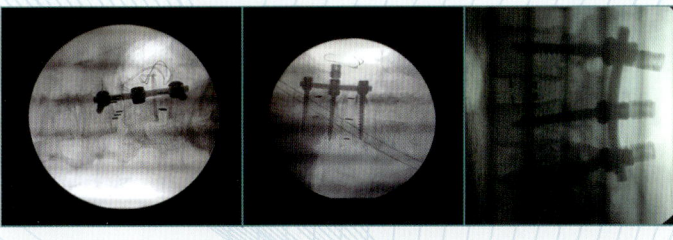

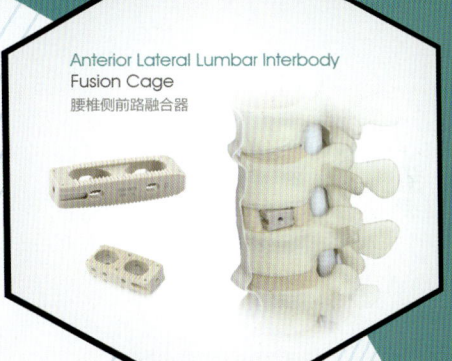

Anterior Lateral Lumbar Interbody Fusion Cage
腰椎侧前路融合器

CORONA 脊柱矫形牵引器械
CORONA Spinal Deformity Corrective Traction Instruments

- 3-8岁的儿童颅骨和骨盆均有一定的承受能力，可以进行牵引治疗
- 9-13岁的患者，是牵引治疗的最佳时期
- 14-18的患者，仍可以进行牵引治疗，牵引过程中要进行软组织松解术

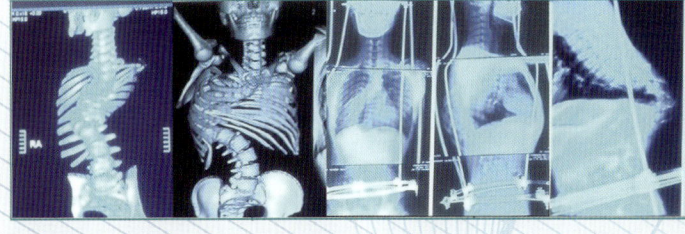

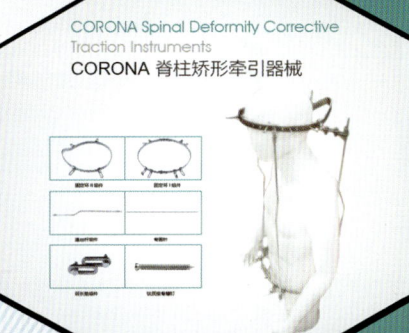

CORONA Spinal Deformity Corrective Traction Instruments
CORONA 脊柱矫形牵引器械

VAS 85mm 加长臂微创系统
VAS 85mm Minimally Invasive Screw-Rod System

- 空心设计，定位准确
- 双螺塞设计，避免复位丢失
- 双线螺纹设计，适应椎体骨密度分布，把持力更强
- 骨水泥孔设计，可用于骨质疏松

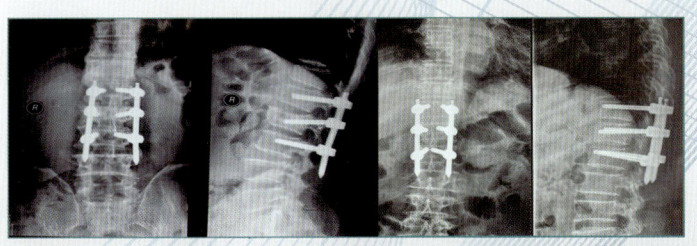

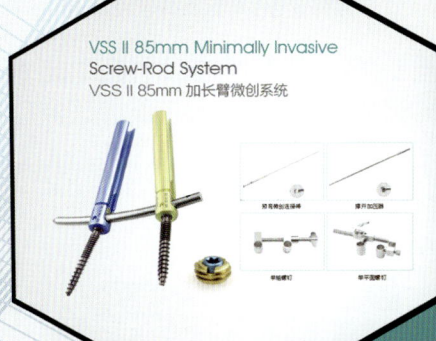

VSS II 85mm Minimally Invasive Screw-Rod System
VSS II 85mm 加长臂微创系统

北京市富乐科技开发有限公司
Beijing Fule Science & Technology Development Co., Ltd

吉威医疗 JWMS
A Biosensors Company
柏盛国际在华子公司

给生命一个支点

经典 原创 稳健 公益

蓝帆医疗

蓝帆医疗股份有限公司简称"蓝帆医疗"（股票代码002382）为吉威医疗母公司，成立于2002年，蓝帆医疗是高值耗材和中低值耗材完整布局的医疗器械龙头企业。中低值耗材板块的主要产品为医疗手套、健康防护手套、急救包、医用敷料等为主的医疗防护产品线，主打产品PVC手套的全球市场份额22%。高值耗材板块的主要产品为心脏支架及介入性心脏手术相关器械产品，其业务通过新加坡柏盛国际集团来运营，在全球90多个国家拥有业务，心脏支架领域全球排名第四。

2018年10月17日，蓝帆医疗以"新动能 新起点 蓝海扬风帆"为主题的并购柏盛国际（吉威医疗母公司）完成暨新增股份上市仪式在深圳证券交易所圆满举行。

产品与解决方案
PRODUCTS & SOLUTIONS

2016中国PCI指南
2018 ESC/EACTS心肌血运重建指南

新一代DES –
生物可降解涂层药物洗脱支架

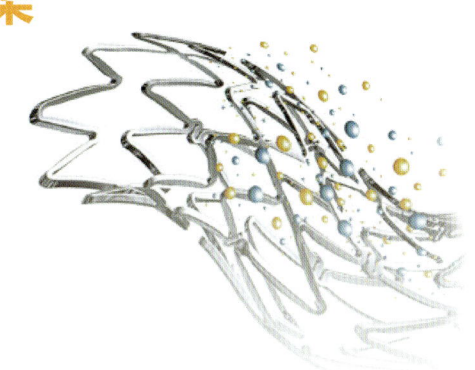

新一代生物可降解涂层
药物洗脱支架

Excrossal 心跃™

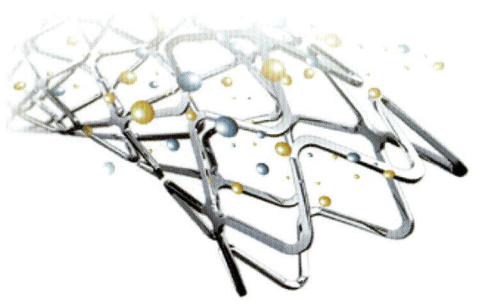

逾百万心血管患者受益于
Excel 爱克塞尔
专利涂层技术、安全特性与有效性

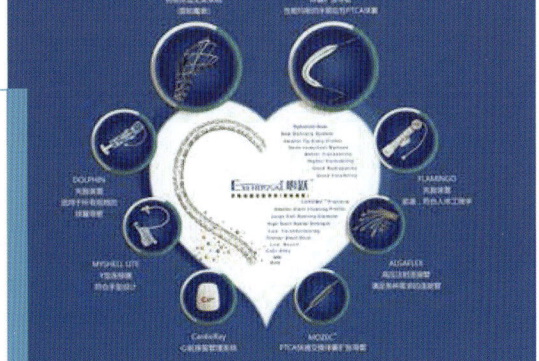

PCI全方位解决方案

原创 经典 稳健 公益
吉威医疗·给生命一个支点

Sinocare 三诺
每测一次都是爱

糖尿病监测管理专家

AGEscan®

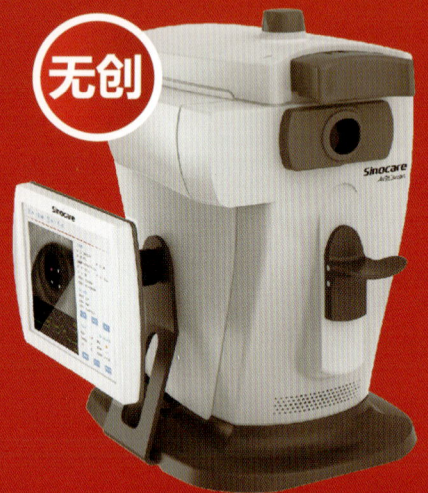

糖尿病风险
无创筛查

iCARE-2000

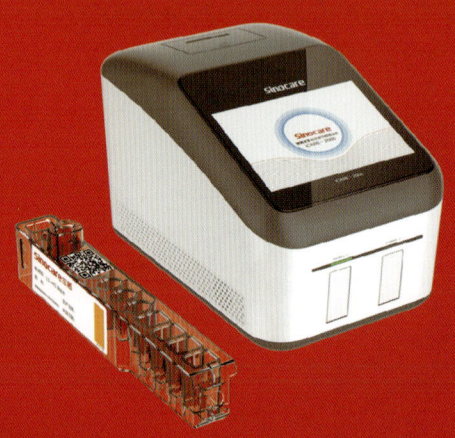

便携式全自动
多功能检测仪

三诺生物传感股份有限公司
Sinocare Inc.

长沙高新技术产业开发区谷苑路265号
电话：0731-88918123　http://www.sinocare.com

科技让糖尿病管理更简单

A1CNow®⁺
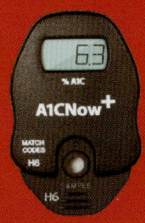

手持式
糖化血红蛋白检测仪

医院血糖管理系统

院内外一体化
糖尿病管理

血糖仪
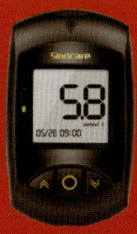

血糖即时
检测

分钟诊所
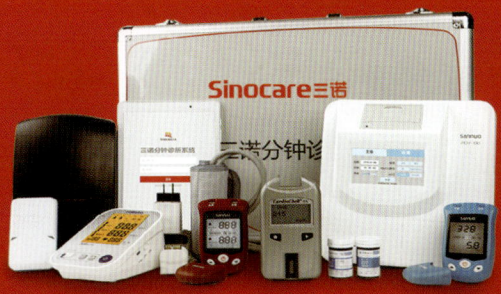

慢病监测 管理系统

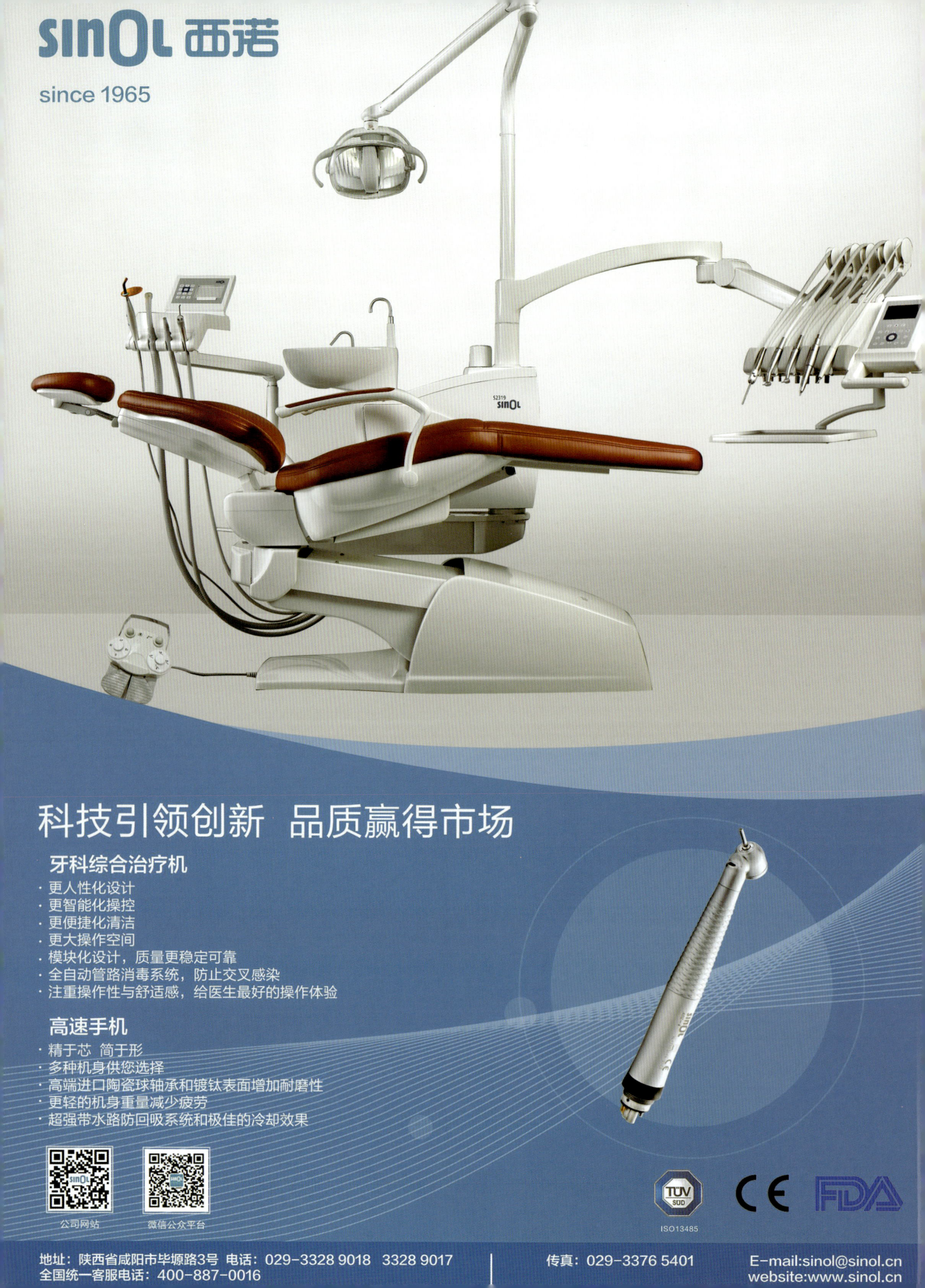

SINOL 西诺

since 1965

科技引领创新　品质赢得市场

牙科综合治疗机
· 更人性化设计
· 更智能化操控
· 更便捷化清洁
· 更大操作空间
· 模块化设计，质量更稳定可靠
· 全自动管路消毒系统，防止交叉感染
· 注重操作性与舒适感，给医生最好的操作体验

高速手机
· 精于芯　简于形
· 多种机身供您选择
· 高端进口陶瓷球轴承和镀钛表面增加耐磨性
· 更轻的机身重量减少疲劳
· 超强带水路防回吸系统和极佳的冷却效果

公司网站

微信公众平台

ISO13485

地址：陕西省咸阳市毕塬路3号　电话：029-3328 9018　3328 9017　　　传真：029-3376 5401　　　E-mail:sinol@sinol.cn
全国统一客服电话：400-887-0016　　　　　　　　　　　　　　　　　　　　　　　　　　　　　　　　website:www.sinol.cn

长春博迅生物技术有限责任公司

长春博迅生物技术有限责任公司 (Changchun Bioxun Biotech Co.,Ltd.) 成立于2001年7月16日，是一家从事生物体外诊断试剂的研发、生产和销售为一体的高新技术企业。

公司自主研发了微柱凝胶免疫检测技术，替代了在血型检测、抗体筛查以及交叉配血过程中应用多年的试管、玻片血凝检测方法，使抗人球蛋白试验（Coomb's试验）作为临床常规检测项目成为可能，同时解决了混合血液标本检测标准不统一等问题，全球率先研制成功血小板抗体检测盒（微柱凝胶）并已上市，为解决血小板输注无效（PTR）提供一个简单、便捷、准确的检测方法，结束了欧美公司在红细胞血型检测技术领域的垄断。

公司于2006年通过GMP认证，2008年、2012、2015年通过国家食品药品监督管理局体外诊断试剂生产质量管理体系考核，是国内第一家、全球第四家拥有自主知识产权的微柱凝胶免疫检测技术及产品的生产厂家。公司是国家高新技术企业、吉林省创新型科技企业、吉林省AAAAA级诚信企业、长春市科技型小巨人企业，在2015年11月16日北京召开的中国医疗器械行业协会体外诊断（IVD）分会成立大会上，公司被选举成为第一届副理事长单位。吉林省委书记巴音朝鲁、长春市委书记高广滨、长春市长姜治莹等十余位省市区领导莅临公司参观指导。截至目前，公司已取得产品注册证24个，国家专利12个，获得7项省市科技进步奖。拥有4600多家终端客户，产品遍布除港澳台外的所有省市自治区，市场占有率超过60%，是国内安全输血检测领域的龙头企业。

公司在输血检测市场领域里树立起了中国品牌，使中国普通百姓享受到高新技术产品带来的输血安全。展望未来，公司将一直秉承"讲诚信、重细节、抓质量、求创新"的企业文化，坚持"精细制作，造放心产品；诚信服务，保输血安全"的质量方针，竭诚为广大客户提供及时、周到的售后服务和技术支持，以建立"百年博迅"为目标，不断提升进步。

地址：长春市高新北区新浦路285号（邮编：130102）
电话：0431-85073169
传真：0431-85073160
网址：www.bioxun.com
邮箱：bioxun@bioxun.com

目　录

总论 …… 1

医疗器械产品注册审批统计报告 …… 15

第一章　医疗器械产品注册概况 …… 17
- 第一节　医疗器械产品注册简述 …… 17
- 第二节　医疗器械产品注册相关法规新要求 …… 19
- 第三节　医疗器械注册技术指导原则和标准 …… 21
- 第四节　医疗器械创新和优先政策法规 …… 23

第二章　医疗器械产品注册审批情况 …… 27
- 第一节　2018年医疗器械注册审批情况 …… 27
- 第二节　近年医疗器械注册审批情况 …… 31
- 第三节　医疗器械生产经营企业数量 …… 35
- 第四节　医疗器械临床试验机构备案情况 …… 37

第三章　医疗器械产品创新优先审批情况 …… 39
- 第一节　医疗器械产品创新公示情况 …… 39
- 第二节　医疗器械创新产品注册情况 …… 41
- 第三节　医疗器械产品优先公示情况 …… 44
- 第四节　医疗器械产品优先审批注册情况 …… 46

第四章　医疗器械注册人制度 …… 48
- 第一节　医疗器械注册人制度简介 …… 48

第二节　医疗器械注册人制度在我国的发展历程	50
第三节　医疗器械注册人制度在各地试点的成果和进展	52
第四节　医疗器械注册人制度促进产业的新发展	54
第五节　医疗器械注册人制度催生的新业态	54

现场快速检测行业发展报告 57

第一章　现场快速检测行业概述 59
- 第一节　现场快速检测产品概述 59
- 第二节　现场快速诊断行业发展特点 59
- 第三节　现场快速诊断行业发展现状 60

第二章　市场发展分析 61
- 第一节　现场快速检测市场发展状况 61
- 第二节　现场快速检测产品进出口分析 68
- 第三节　区域市场分析 69
- 第四节　现场快速检测市场未来发展趋势 70

第三章　现场快速检测行业发展分析 78
- 第一节　技术发展分析 78
- 第二节　现场快速检测行业竞争情况分析 84
- 第三节　现场快速检测行业销售渠道分析 86
- 第四节　产业未来发展趋势 87

第四章　国内外重点企业分析 88
- 第一节　万孚生物 88
- 第二节　基蛋生物 89
- 第三节　乐普医疗 90
- 第四节　三诺生物 91
- 第五节　科华生物 91
- 第六节　理邦仪器 92
- 第七节　迈瑞生物 93
- 第八节　明德生物 94

第五章	产业链分析	96
第一节	产业链构成	96
第二节	产业链上游行业发展分析	96
第三节	产业链下游行业发展分析	97

基因诊断行业发展报告 ······ 99

第一章	行业概述	101
第一节	产品概述	101
第二节	行业发展特点	102
第三节	行业发展现状	103

第二章	市场发展分析	105
第一节	市场发展状况	105
第二节	进出口分析	109
第三节	区域市场分析	110
第四节	市场未来发展趋势	113

第三章	行业发展分析	116
第一节	行业发展分析	116
第二节	技术发展分析	118
第三节	行业竞争情况分析	126
第四节	销售渠道分析	128
第五节	产业未来发展趋势	129

第四章	国内外重点企业分析	131
第一节	华大基因	131
第二节	百傲科技	132
第三节	之江生物	133
第四节	博奥生物	134
第五节	达安基因	135

第五章	产业链分析	137

第一节	产业链构成	137
第二节	产业链上游行业发展分析	138
第三节	产业链下游行业发展分析	139

影像 AI 辅助诊断行业发展报告 ……………………………………………… 141

第一章　影像 AI 辅助诊断行业概述 ……………………………………… 143
第一节	产品概述	143
第二节	行业发展特点	143
第三节	行业发展现状	144

第二章　市场发展分析 ……………………………………………………… 146
第一节	市场发展状况	146
第二节	进出口分析	147
第三节	区域市场分析	148
第四节	市场未来发展趋势	152

第三章　行业发展分析 ……………………………………………………… 154
第一节	行业发展分析	154
第二节	技术发展分析	157
第三节	行业竞争情况分析	160
第四节	销售渠道分析	161
第五节	产业未来发展趋势	162

第四章　国内外重点企业分析 ……………………………………………… 163
第一节	腾讯	163
第二节	飞利浦	164
第三节	美国 EDDA 科技公司	165
第四节	科大讯飞股份有限公司	166
第五节	上海联影医疗科技有限公司	167
第六节	北京深睿博联科技有限责任公司	167
第七节	北京青燕祥云科技有限公司	168
第八节	北京羽医甘蓝信息技术有限公司	169

| 第九节 | 北京郁金香伙伴科技有限公司 | 170 |

第五章 产业链分析 ... 171
- 第一节 产业链构成 ... 171
- 第二节 产业链上游行业发展分析 ... 171
- 第三节 产业链下游行业发展分析 ... 172

家用呼吸机行业发展报告 ... 175

第一章 行业概述 ... 177
- 第一节 产品概述 ... 177
- 第二节 行业发展特点 ... 177

第二章 市场发展分析 ... 181
- 第一节 市场发展状况 ... 181
- 第二节 区域市场分析 ... 184
- 第三节 市场未来发展趋势 ... 189

第三章 行业发展分析 ... 190
- 第一节 行业发展分析 ... 190
- 第二节 历年生产情况分析 ... 191
- 第三节 技术发展分析 ... 192
- 第四节 行业竞争情况分析 ... 194
- 第五节 销售渠道分析（中国互联网+家用呼吸机行业营销策略分析） ... 195
- 第六节 产业未来发展趋势 ... 196

第四章 国内外重点企业分析 ... 197
- 第一节 内资企业 ... 197
- 第二节 外资企业 ... 200

第五章 产业链分析 ... 204
- 第一节 产业链构成 ... 204
- 第二节 产业链上游行业发展分析 ... 204

| 第三节 产业链下游行业发展分析 | 205 |

可穿戴医疗设备（生命体征监护）行业发展报告 ... 207

第一章 可穿戴医疗设备（生命体征监护）行业概述 ... 209
 第一节 产品概述 ... 209
 第二节 行业发展特点 ... 210
 第三节 行业发展现状 ... 211

第二章 市场发展分析 ... 213
 第一节 市场发展状况 ... 213
 第二节 进出口分析 ... 214
 第三节 区域市场分析 ... 215
 第四节 市场未来发展趋势 ... 219

第三章 行业发展分析 ... 221
 第一节 行业发展分析 ... 221
 第二节 技术发展分析 ... 224
 第三节 行业竞争情况分析 ... 225
 第四节 销售渠道分析 ... 227
 第五节 产业未来发展趋势 ... 228

第四章 国内外重点业分析 ... 229
 第一节 华米（北京）信息科技有限公司 ... 229
 第二节 欧姆龙 ... 230
 第三节 华为 ... 231
 第四节 天津九安医疗电子股份有限公司 ... 231
 第五节 北京睿仁医疗科技有限公司 ... 232
 第六节 广东乐心医疗电子股份有限公司 ... 233
 第七节 广东宝莱特医用科技股份有限公司 ... 234
 第八节 三诺生物传感股份有限公司 ... 235
 第九节 统捷通讯科技集团有限公司 ... 236

第五章　产业链分析·····238
　第一节　产业链构成·····238
　第二节　产业链上游行业发展分析·····239
　第三节　产业链下游行业发展分析·····240

新生儿设备行业发展报告·····243

第一章　新生儿设备行业概述·····245
　第一节　产品概述·····245
　第二节　行业发展特点·····246
　第三节　行业发展现状·····246

第二章　市场发展分析·····248
　第一节　市场发展状况·····248
　第二节　进出口分析·····249
　第三节　区域市场分析·····250
　第四节　市场未来发展趋势·····254

第三章　行业发展分析·····256
　第一节　行业发展分析·····256
　第二节　技术发展分析·····259
　第三节　行业竞争情况分析·····260
　第四节　销售渠道分析·····262
　第五节　产业未来发展趋势·····263

第四章　国内外重点企业分析·····264
　第一节　宁波戴维医疗器械股份有限公司·····264
　第二节　深圳市科曼医疗设备有限公司·····265
　第三节　德国德尔格·····266
　第四节　美国通用电气公司（GE）·····267
　第五节　南京金陵自动调温床有限公司·····268
　第六节　北京巨龙三优科技有限公司·····269
　第七节　郑州迪生仪器仪表有限公司·····270

第八节	广州美琳美健医疗科技有限公司	271
第九节	深圳迈瑞生物医疗电子股份有限公司	272

第五章　产业链分析 ……… 273
第一节　产业链构成 ……… 273
第二节　产业链上游行业发展分析 ……… 274
第三节　产业链下游行业发展分析 ……… 275

人工智能医疗器械行业报告（医疗机器人方向） ……… 277

第一章　医疗机器人行业概述 ……… 279
第一节　医疗机器人产品概述 ……… 279
第二节　医疗机器人行业发展特点 ……… 279
第三节　医疗机器人行业发展现状 ……… 280

第二章　中国手术机器人市场发展分析 ……… 281
第一节　中国手术机器人市场发展状况 ……… 281
第二节　中国手术机器人进出口分析 ……… 283
第三节　中国手术机器人未来发展趋势 ……… 284

第三章　医疗机器人设备行业发展分析 ……… 286
第一节　技术发展分析 ……… 286
第二节　手术机器人和康复机器人行业竞争情况分析 ……… 294
第三节　医疗机器人销售渠道分析 ……… 295
第四节　产业未来发展趋势 ……… 296

第四章　国内外重点业分析 ……… 297
第一节　天智航 ……… 297
第二节　柏惠维康 ……… 297
第三节　华科精准 ……… 298
第四节　大艾机器人 ……… 299
第五节　直觉外科 ……… 299
第六节　MAKO ……… 300

  第七节 Medtech ……………………………………………………………… 301
  第八节 Mazor Robotics ………………………………………………… 301

第五章 医疗机器人产业链概述 …………………………………………… 303
  附件一：医疗机器人产业链全景 …………………………………………… 306

中国医疗器械创新创业大赛暨医疗器械创新周活动的实践与探索 ……… 307

  中国医疗器械创新创业大赛暨医疗器械创新周活动的实践与探索 ……… 309

企业篇 …………………………………………………………………………… 313

  北京市富乐科技开发有限公司 ……………………………………………… 315
  中山大学达安基因股份有限公司 …………………………………………… 318
  无锡祥生医疗科技股份有限公司 …………………………………………… 321
  上海百傲科技股份有限公司 ………………………………………………… 324
  深圳安科高技术股份有限公司 ……………………………………………… 328
  疆域康健创新医疗科技成都有限公司 ……………………………………… 331
  奥咨达医疗器械服务集团 …………………………………………………… 334
  北京幸福益生再生医学科技有限公司 ……………………………………… 336

后记 ……………………………………………………………………………… 339

总 论

一、我国医疗器械行业产业基础能力分析与建议

医疗器械是现代医疗卫生服务的重要组成部分。随着全球健康保障水平不断上升，人们健康意识不断加强，尤其是现代医疗技术不断创新，医疗器械产业正在全球健康领域中扮演越来越重要的角色。2009~2017年，全球医疗器械产业销售总金额从3080亿美元上升至4050亿美元，预计2017~2024年的复合年均增长率为5.6%。

医疗器械产业不仅是一个关系国计民生的战略产业，也是一个国家科技进步的重要标志。其中，高性能医疗器械更代表着第四次工业革命的技术潮流，已列入"中国制造2025"重点发展领域。

（一）朝阳产业发展潜力可期

在国家战略、新医改、进口替代、老旧设备更新换代、医疗器械升级、产品结构调整等诸多因素的影响下，我国医疗器械行业保持发展增速，超越全球医疗器械产业平均增幅，连续多年产值保持两位数的增长。我国医疗器械产业已经成为一个产品门类比较齐全、创新能力不断增强、国内外市场需求十分旺盛的朝阳产业。

1. 市场需求驱动发展

在产业升级、进口替代、人口结构变化和医改等诸多因素的影响下，我国医疗器械行业保持了较快的发展速度，大大超越了全球医疗器械产业5%左右的增长。分级诊疗的全面实施将为国产医疗器械带来更多机会；"两票制"逐步落实进一步推动了行业内并购转型，使产业结构不断升级，医疗器械产品向定制化和高附加值方向发展；早筛技术、人工智能、3D打印、医疗机器人等新技术的发展将为医疗市场带来颠覆性的革命。

2018年，我国规模以上医疗器械企业产值合计达到4400亿元，同比增长10%。虽然近年来，医疗器械产业发展速度有一定放缓，主要原因是连续高增长后基数较大，但是产品出口的数量和科技含量也不断提升。

2. 逐步实现进口替代

国产医疗设备在技术研发和产品性能上不断突破，在市场扩容和产品升级换代中不断提高市场份额。随着我国医药、机械、电子等学科的快速发展，国产医疗设备已逐步突破多项技术壁垒，X线机、超声、生化等基层新"三大件"实现了全线技术升级；MRI、彩超、CT、PET-CT、放疗等高端产品成功国产化；脑起搏器、手术机器人、血管内超声等创新产品取得了重大进展；心脏支架、创伤类骨科植入等耗材已逐步在临床开启或实现了进口替代，国产医疗器械厂商的产品质量和性能已逐步被市场认可，且企业凭借较高的性价比和逐步升级的售后服务不断塑造品牌，国产医疗设备与进口品牌医疗设备的差距正在逐步缩小。

3. 产业集聚效应显现

在政策引导和当地产业资本、工业制造的带动下，我国长三角、珠三角、环渤海湾地区已具备一定规模的基础和技术优势。以上海为中心的长江三角洲地区（含江苏、浙江、江西）是我国医疗器械三大产业群之一，这一地区的特点是产业发展迅速、中小企业活跃、地区特色明显，其一次性医疗器械和耗材的国内市场占有率超过一半。以深圳为中心的珠江三角洲地区（包括珠海、广州等地）以研发生产综合性高科技医疗器械产品为强项，主要产品有监护设备、超声诊断、MRI等医学影像设备和伽玛刀、X刀等大型立体定向放疗设备、肿瘤热疗设备等。以北京为中心的环渤海湾地区（含天津、辽宁、山东）医疗器械发展势头迅猛，正在形成包括DR、MRI、数字超声、加速器、计算机导航定位医用设备、呼吸麻醉机、骨科器材和心血管器材在内的生产企业群。

4. 本土企业崭露头角

经过较长时间的发展后，我国已经涌现出一批研发能力强、技术含量高的代表性本土企业和自主产品，例如上海联影、微创医疗、迈瑞医疗、新华医疗、东软医疗、乐普医疗、威高集团等。同时，核心部件和关键技术取得了突破。我国一些细分领域的龙头企业正努力向高端市场突破。例如，迈瑞医疗在国内高端监护仪市场的占有率已经达到49%，五分类血球仪、全自动化仪和彩超等核心产品的部分自主创新技术已达到世界先进水平。而高端耗材产品龙头山东威高也正在通过与美敦力的合作提高技术和品牌知名度，渗透高端市场。

（二）正视产业基础能力差距

我国医疗器械产业高速发展，在可喜的成果面前，仍要保持冷静，客观认识我国医疗器械产业发展面临的问题与瓶颈。

1. 企业散和低水平竞争

我国医疗器械产业发展基础薄弱，医疗器械企业小、多、散和低水平竞争的现象尚没有得到根本性转变。在一、二、三类医疗器械中，我国三类医疗器械生产企业和注册数量占比普遍偏低，多数企业生产的是一、二类竞争力不足、市场相对饱和的中低端产品。据国家食品药品监督管理总局统计，截至2018年11月底，全国实有医疗器械生产企业1.7万家，附加值较高的三类医疗器械企业仅占11.7%。

美国和欧盟的企业数量在10000家左右，日本也是几千家，我国有17000家企业不足为奇。据国家统计局统计，2018年，我国规模以上医疗器械企业2400家，占比仅为14.1%。粗略统计，内地（深市和沪市）或香港特区上市企业共计62家（其中2家为主营业务含医疗器械的上市企业）。由此可见，我国医疗器械产业不是"多"与"小"，而是"大"的不够强，"小"的不够专。由于医疗器械行业本身是典型的资本和技术密集型产业，这种分散的企业格局难以承担研发和费用推广压力，导致企业的研发力量薄弱，大部分企业处于低水平竞争阶段。因此，我国医疗器械产业在产品的创新性、工艺的稳定性、质量的可控性、原材料的可供给性等诸多方面与发达国家相比有明显的差距，仍主要处于模仿创新阶段。

2. 整体尚处产业链低端环节

从产业结构角度看，我国整体尚处产业链低端环节。由于相关基础学科和制造工艺的不足，我国医疗器械产业仍处于中低端，绝大多数企业依然集中在低值耗材、低端诊疗设备市场，高端医疗器械主要依赖进口。在医学影像设备、心电图设备、高端生理记录仪、内窥镜等部分领域，国外品牌市场份额依然保持在90%左右，西门子、飞利浦、GE、罗氏、奥林巴斯等国际品牌占据了以三甲医院为主的高端医疗器械市场。在体外诊断领域中，国外企业由于其技术优势以及"设备+试剂"的封闭系统策略，依然占据着国内体外诊断的中高端市场。相比之下，国产品牌凭借价格优势和政策支持在二级以下基层医疗机构获得了较高的市场份额。

据海关统计数据，2018年我国医疗器械出口额为236.30亿美元，进口额为221.65亿美元，出口产品仍以按摩器具、医用导管和插管及药棉、纱布、绷带为主，进口产品多以中高端的大型医疗设备和高值耗材为主。此外，在我国医疗器械进出口市场，30%~40%的产品或其主要组成部分是在中国生产，先出口至海外再进口到中国进行销售，国内主要承担了产业链上相对低附加值的环节，核心技术和高利润环节依然掌握在跨国企业手中。

3. 产业链短板突出

"十二五"以来，我国医疗器械国产化发展取得了长足进步，超导磁体、全数字正电子探测器、磁兼容电极、数字化X-射线探测器、单晶超声换能器、CT/X-射线管等核心部件取得实质性突破，但是我国医疗器械产业总体水平与国际先进水平还相差约10~15年，高端医疗器械核心技术缺乏。研发投入不足直接导致国产高端器械无法突破核心技术。2017年，全球医疗器械研发投入占总销售额比例平均为7.1%，少数跨国企业研发投入比例高达10%~15%，而我国排名前20上市企业研发投入占营业收入比例平均仅为5.1%。现在国内部分创新型企业已具备自主研发高端器械的实力，但普遍面临的问题是，核心技术无法突破，核心部件需要到国外购买，名义上实现了进口替代，实际上依然是依赖跨国巨头。

医疗器械产业链涉及计算机、电子、生物医学工程、材料、光学、声学、放射学等各种领域。虽然我国在电子信息、装备制造等方面具有一定优势，但材料及化工方面明显落后于发达国家和地区，加之精密加工技术、质量体系和生产工艺限制，导致国产医疗器械关键零部件高度依赖进口。

例如，国产超声在整机系统的设计、研发及生产环节已经接近进口设备，但是超声换能器的设计和生产是国产超声设备的薄弱环节，主要原因是我国在单晶材料的设计、制备和工艺方面起步晚、技术水平较落后。目前，单晶原材料几乎全部依赖进口。在体外诊断试剂领域，酶原料、抗原、抗体、磁珠等核心原料的国产化率比较低，以进口原料为主。还有很多设备的核心部件（材料）由于批量小、用量不大，很多企业不愿意做，可以说，产业链条的脱节是行业面临的一个非常重大的挑战。

（三）提升医疗器械产业基础能力相关建议

提升医疗器械产业基础能力，是一项长期复杂艰巨的系统工程，投入大、周期长、回报慢，需要统筹协调市场、企业、研究院所、政府各方力量，持续推进。在有限的资金和资源条件下，认真梳理下游产业的需求，遵循问题导向、聚焦突出矛盾和明显短板的基本原则，注重解决产业链的瓶颈问题，加强顶层设计，制定推进计划，或可实现突破。

1. 创新引领，发力原始重大创新

发挥创新引领作用，整合创新资源，激发医疗器械产业的创新创业。尤其是在中美贸易摩擦背景下，我国在电机、传感器、驱动器、关键零部件方面依赖欧洲、日本、美国等供应商，高端芯片等比较依赖美国供应商，虽然大部分有替换方案，但替换会带来重大设计变更，可能造成性能降低，成本提高，生产周期变长，因此，着力布局工业自主原始重大创新尤为重要。

建议注重引导原始重大创新。加强创新能力建设，完善协同创新体系，推动创新升级。加快推进医疗器械工业与新一代信息技术深度融合，引导企业提高创新质量，培育重大产品，满足重要需求，解决重点问题，提升产业化技术水平；加强医疗器械核心技术和关键部件开发，提升集成创新能力和制造水平；突破共性关键技术，推动重大创新和临床急需产品产业化。

建议注重推进新产品、新材料纵深发展。重点发展机器人、增材制造（3D打印）等现代制造技术，驱动微创治疗、精准操作迅速发展；发展组织工程、单分子检测等前沿生物技术，驱动再生医学、精准诊断、精准治疗方向；发展碳纳米管、石墨烯等新一代材料技术，推动一体化植入器械和材料不断突破；发展新一代人工智能、大数据、高性能计算等医用人工智能系统，推动第三方新型服务模式演变革新；发展面向个人和家庭的健康医疗器械产品，驱动疾病医学模式向健康医学模式的快速演进。

2. 工艺改进，促进技术产业化

医疗器械技术创新是行业持续发展的源动力，其次是要把创新的技术进行产业化，涉及医疗器械的电磁安全性、电气安全性、可靠性、可用性等方面的测试验证和整改的工程转化工作以及工业设计、工艺设计等问题。往往医疗器械研发团队的优势是功能开发，以上这些工作都不是他们的强项，特别是处于研发阶段的企业，更不具备这样的条件和能力。

此外，虽然我国生物医用材料基础研究已达到国际先进水平，但受专业技术壁垒、制备工艺经验积累不足等方面的限制，目前高值耗材原材料的半壁江山仍由国外进口产品占据。例如，血管支架用细径薄壁金属管材完全依赖进口，牙种植体等器械加工用高强度超细晶钛

合金棒材大量进口，心脏起搏器用钛箔材大量依赖进口，心脏起搏器、除颤器等器械用金属丝材完全依赖进口，3D打印用金属粉末也需大量进口。

总之，我国医疗器械产品在工艺稳定性、质量可控性方面差距较大，建议扶持医疗器械领域工业设计、制备工艺、检测验证等生产性服务性企业发展，推进技术转化和产业发展。

3. 全局谋划，培育引导产业聚集

以产业示范基地和龙头骨干企业培育为抓手，全局谋划、重点突破，培育引导产业聚集。目前，全国各地日益重视医疗器械产业作为生物医药产业发展必要补充的重要性，国家、省、县（市、区）园区或生产基地制定政策，发展医疗器械产业，建议在具有一定产业基础的代表性地区部署建设若干个产业示范基地，充分利用各地优惠政策，调动基层产业链各环节的积极性，引导产业资源向区域集聚，促进产业集群化发展。通过认定扶持一批行业龙头骨干企业，依托龙头骨干企业带动中小企业联动发展。鼓励龙头骨干企业以商招商，吸引上下游配套企业集聚，逐步形成产业集群，增强产业配套协调能力。

抢抓国家大力实施《中国制造2025》《"健康中国2030"规划纲要》机遇，在中高端医疗器械相对集中的深圳、北京、上海等地建立医疗器械全产业链创新中心。重点建设覆盖计算机、电子、生物医学工程、材料、光学、声学、放射学等细分领域的医疗器械全产业链创新中心，提高全产业链创新能力。

4. 各部联动，优化国产设备应用环境

目前，国产医疗器械在患者心中还未形成高端、先进、可靠的印象，临床认可度不足。各级医疗机构缺乏应用示范主动性，国产创新医疗器械应用环境尚未形成良性循环。同时，审评审批政策偏紧，招标采购政策未能有效倾斜，在支持国产创新产品应用推广上亟待创新的政策环境。

对行业来说，只有市场认可与盈利，才能激发医疗器械产业不停往前走，更新产品，追求卓越。尽管四川、浙江、广东、上海、北京、天津等地相继出台政策鼓励国产医疗器械进入临床，但是部分企业仍旧反映国产器械进目录难，中标难。例如，部分企业反映医疗器械行业的招标采购中存在最低价中标的现状，最低价中标，呈现忽视质量、企业微利的负面现象。我国医疗器械产业目前仍需要注重高研发投入、开拓创新，提升质量赶超国际水平，"最低价中标"无疑对行业的成长十分不利。建议在进行医疗器械产品招标采购时应遵循市场规律，充分考虑地区经济发展水平、配送及服务成本、产品质量等多种因素，因地制宜，在市场调研的基础上制定地区行业指导价，而不是在"最低价中标"基础上进行排名招标，建议取消"最低价中标"。

习近平指出，"高端医疗装备主要依赖进口，成为看病贵的主要原因之一"，国产医疗器械应用是解决这一难题的根本途径。建议卫健委、发改委、工信部、科技部、人社部、药监总局等各大部委协调配合，多层次深化优化国产创新医疗器械应用环境，推进各级医疗机

构的国产创新医疗器械应用和装备升级工作，构建我国优秀国产创新医疗器械应用推广体系。

5. 引导社会资本，助力产业发展

目前医疗器械行业中低端市场进入微利时代，推动着整个行业的改革进程。我国医疗器械产业亟需升级转型，基于产业价值链视角，以市场需求为导向开展研发、生产工作，在研发投入不能达到发达国家水平的时候，尤其需要注重研发投入的方向，更好地利用研发资金，吸纳更多的专业人才，将相关资源都纳入研发体系中。

强化企业创新主体地位和主导作用，推动企业和科研院所、高校加强合作，整合完善创新资源，加快建设工业基础领域制造业创新中心，加强共性基础技术供给。鼓励研发、制造、检测、应用等环节联合攻关，攻克一批产业发展亟需的标志性产品。

建议充分发挥财政资金的杠杆和引导作用，注重发挥金融创新对技术创新的助推作用，吸引社会资本及地方政府资金融入，创新财政科技投入方式，带动金融资本和民间投资向医疗器械领域的科技成果转化集聚，引导社会资本设立医疗器械领域多层次、投资不同研发阶段的创业投资基金、股权投资基金，投资原创性颠覆性成果，支持种子期和初创期企业，形成多元化、多层次、多渠道的科技投融资体系。

二、我国重点医疗器械企业崛起之路即将开启

近年来，在国家科技战略部署、新医改、进口替代、老旧设备更新换代、医疗器械升级、产品结构调整等诸多因素驱动之下，我国涌现出一批研发能力强、技术含量高的代表性本土企业和自主产品。通过持续的研发投入和跨国并购，我国医疗器械重点企业已积累了部分核心技术，实现了关键零部件的自产，并赢得了终端客户的高度认同，将开启跨越式发展的新征程。

（一）62家上市企业营业收入占比近30%

2018年，62家在内地或香港特区上市企业（其中2家为主营业务含医疗器械的上市企业）中，55家企业营业收入实现同比正向增长。62家上市企业营业收入为1304.40亿元，平均营业收入21.04亿元；净利润达191.48亿（2家除外），平均净利润3.19亿元。根据中国医药工业信息中心统计数据，规模以上医疗器械企业产值4370亿元，占比达29.8%。与2017年相比，2018年我国医疗器械上市企业数量增长5.08%，平均营业收入增长22.47%，平均净利润增长36.91%（见图1-0-1）。

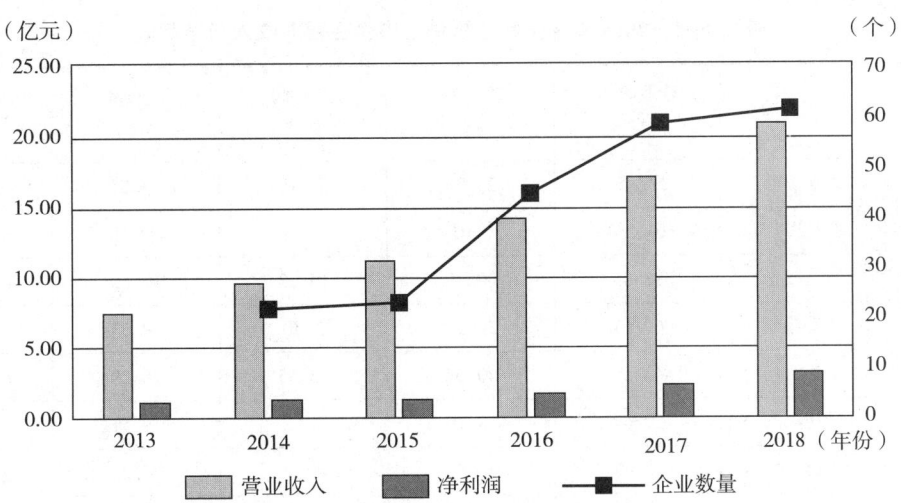

图 1-0-1 国内医疗器械上市企业平均营业收入与净利润

资料来源：中国医疗器械行业协会整理。

62家上市企业中，以体外诊断、康复高值耗材和医用耗材类生产企业居多，分别占42%、12%，10%和8%（见图1-0-2）。

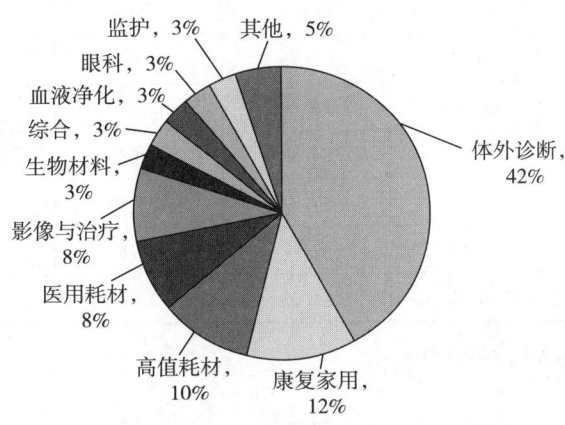

图 1-0-2 国内医疗器械上市企业所在细分领域

资料来源：中国医疗器械行业协会整理。

（二）2家医疗器械企业营业收入达百亿

营业收入排行前十位依次为：迈瑞医疗、新华医疗、威高股份、迪安诊断、乐普医疗、润达医疗、奥佳华、金域医学、微创医疗、鱼跃医疗（见表1-0-1）。

表1-0-1　2018年国内医疗器械上市企业营业收入与净利润

排名	企业名称	营业收入（亿元）	增长率（%）	净利润（亿元）	增长率（%）	领域
1	迈瑞医疗	137.53	23.09	37.19	43.65	综合
2	新华医疗	102.84	3.01	0.23	-65.23	综合
3	威高股份	88.09	40.00	14.73	12.60	高值耗材
4	迪安诊断	69.67	39.22	3.30	49.53	IVD
5	乐普医疗	63.56	40.08	12.55	26.29	康复家用
6	润达医疗	59.64	38.10	2.62	19.51	IVD
7	奥佳华	54.47	26.86	4.39	27.22	康复家用
8	金域医学	45.25	19.35	2.33	23.77	IVD
9	微创医疗	44.90	50.70	1.23	-2.70	高值耗材
10	鱼跃医疗	41.83	18.12	7.27	22.82	康复家用
11	复星医药	36.39	13.22	—	—	IVD
12	美康生物	31.35	21.32	2.41	4.99	IVD
13	迈克生物	26.85	36.31	4.43	18.42	IVD
14	蓝帆医疗	26.53	68.35	3.47	72.61	高值耗材
15	华大基因	26.01	24.13	4.04	1.51	IVD
16	奥美医疗	20.28	18.49	2.28	-2.55	医用耗材
17	科华生物	19.90	24.85	2.08	-4.58	IVD
18	安图生物	19.30	37.82	5.63	25.98	IVD
19	英科医疗	18.91	8.04	1.78	22.81	康复家用
20	万孚生物	16.50	44.05	3.08	46.06	IVD

资料来源：中国医疗器械行业协会整理。

净利润排行前十位依次为：迈瑞医疗、普华和顺、威高股份、乐普医疗、鱼跃医疗、安图生物、凯利泰、美亚光电、迈克生物、奥佳华。

其中，复星医药业务以药品、医疗器械和医学诊断的研发、生产和销售，以及医疗服务为主体，其医疗器械与医学诊断业务营业收入人民币36.39亿元，占比14.60%，同比增长13.22%。东软集团业务以医疗健康及社会保障、智能汽车互联、智慧城市、企业互联等为主体，其医疗健康及社会保障16.96亿元，占比23.65%，同比增长1.45%。

另外，上海联影尚未对外披露营业收入情况，据业内知情人士估算，其营业收入可能位列中国前10位。

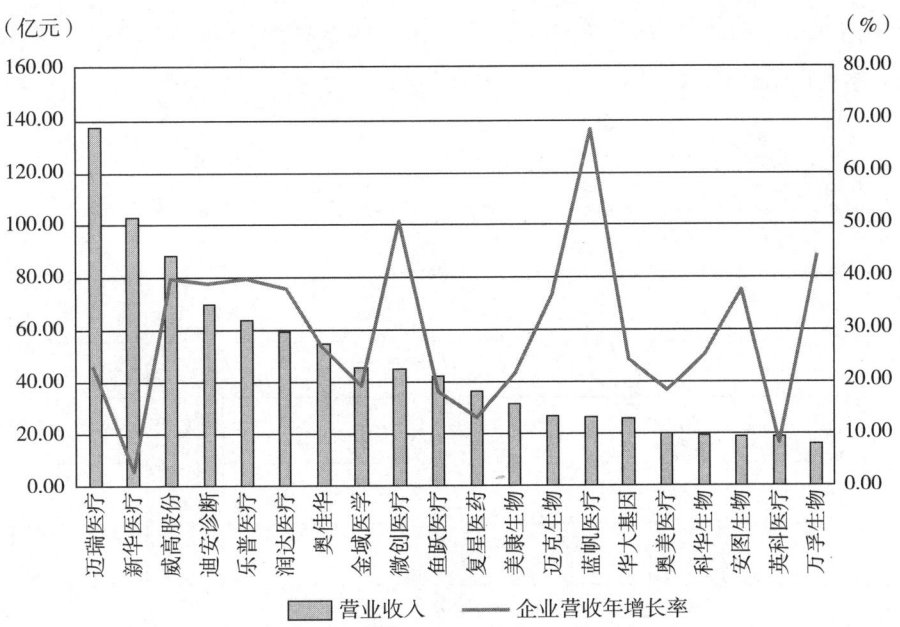

图 1-0-3 2018 年国内医疗器械上市企业营业收入前 20 名

资料来源：中国医疗器械行业协会整理。

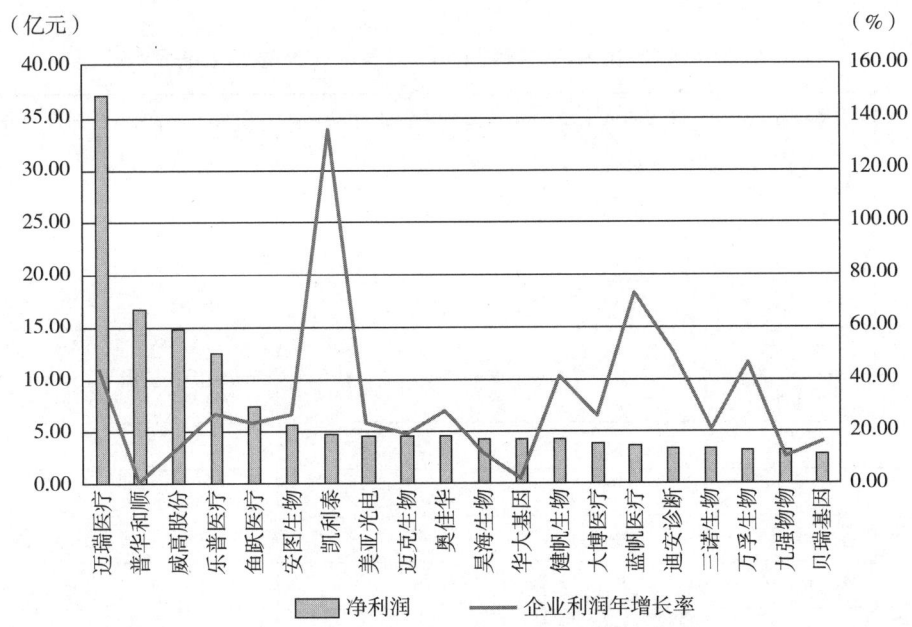

图 1-0-4 2018 年国内医疗器械上市企业净利润前 20 名

资料来源：中国医疗器械行业协会整理。

（三）研发投入占比维持 5.0%

近年来，各医疗器械上市企业重视研发，研发投入占营业收入比例维持在 5.0% 左右。

2018年营业收入前20名医疗器械上市企业营业收入总额949.81亿元，研发投入48.46亿元，研发投入占营业收入比例平均为5.10%。

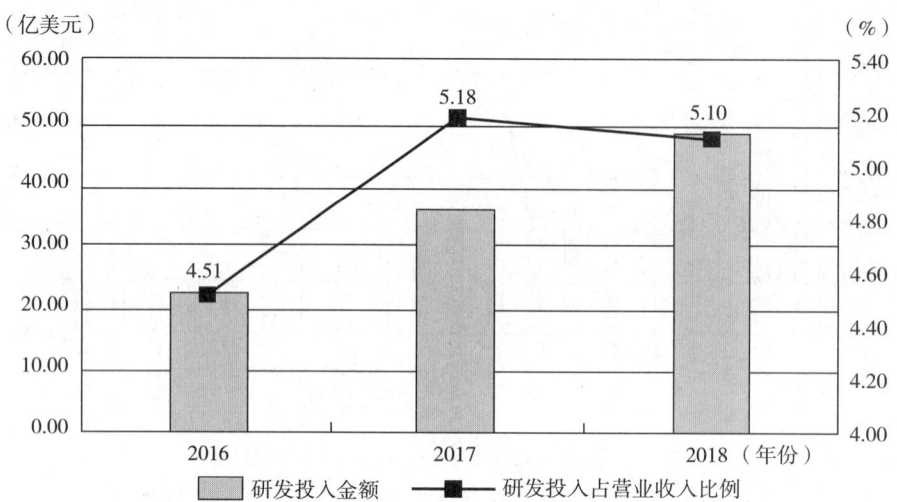

图1-0-5　2016~2018年营业收入前20名医疗器械上市企业研发投入占比

资料来源：中国医疗器械行业协会整理

表1-0-2　2018年国内医疗器械上市企业营业收入前20名研发情况

	营业收入（亿）	研发投入金额（亿）	研发投入占营业收入比例（%）	研发人员数量（人）	研发人员数量占比（%）
迈瑞医疗	137.53	14.20	10.33	2258	24.45
新华医疗	102.84	1.25	1.21	935	14.89
威高股份	88.09	3.11	3.50	9562	12.00
迪安诊断	69.67	1.69	2.43	833	10.08
乐普医疗	63.56	4.72	7.42	1769	23.01
润达医疗	59.64	0.44	0.74	72	3.37
奥佳华	54.47	1.83	3.37	948	10.24
金域医学	45.25	2.91	6.43	910	9.92
微创医疗	44.90	7.03	15.70	—	—
鱼跃医疗	41.83	1.52	3.64	539	11.06
复星医药	36.39	—	—	—	—
美康生物	31.35	1.10	3.50	302	10.55
迈克生物	26.85	1.62	49.59	428	18.98
蓝帆医疗	26.53	1.83	6.89	465	10.41
华大基因	26.01	—	—	—	—

续表

	营业收入 （亿）	研发投入金额 （亿）	研发投入占营业收入比例 （%）	研发人员数量 （人）	研发人员数量占比 （%）
奥美医疗	20.28	—	—	—	—
科华生物	19.90	0.90	4.53	227	12.83
安图生物	19.30	2.17	11.02	928	30.34
英科医疗	18.91	0.63	3.31	381	10.81
万孚生物	16.50	1.51	9.15	457	20.29

资料来源：中国医疗器械行业协会整理。

（四）新三板企业成长性强

据不完全统计，依据披露的 2017 年半年报，新三板医疗器械相关企业有 189 家，除 4 家由于 IPO 等因素未披露半年报数据，其余 185 家企业总计实现营业收入 65.35 亿元，平均营业收入 3532.52 万元，营业收入过亿的企业有 12 家，6000 万~1 亿之间的企业有 19 家，营业收入在 3000 万~6000 万的企业有 39 家，剩下 62.2%的企业收入在 3000 万以下。新三板医疗器械企业整体营业收入规模相对偏小，目前行业集中度仍然处于偏低的状态；但与此同时也出现了少量如林华医疗、信鸿医疗、达瑞生物等营业收入超过 1.5 亿的规模较大的企业[1]。

截至 2018 年 10 月，新三板市场中处于医疗器械行业的企业共 169 家。这些企业的主营业务主要可以分为体外诊断、康复护理、心血管类、创伤修复和骨科等类别，其中占比最大的为体外诊断企业，共 56 家，其次是康复护理和心血管类医疗器械企业。新三板市场中共有 56 家从事体外诊断业务的企业，其中新健康成的 2018 半年报净利润最高为 0.15 亿元，同比增长 114%。总体上看，新三板医疗器械企业整体规模偏小，但成长性强[2]。

（五）流通企业集中度较高

医疗器械流通领域过去一直很分散，集中度不高，当前迎来了寡头争霸的时代。国药控股、瑞康医药、九州通、华润医药、上海医药名列前茅，粗略统计，医疗器械业务营业收入收入达到 900 亿元，占 2018 年医疗器械行业市场规模 5100 亿元的 17.6%[3]。

国药控股及其附属公司实现营业收入约 3445 亿元，比上年度同比增长 11.73%。净利润

---

[1] 资料来源：新三板智库。
[2] 资料来源：联讯证券。
[3] 资料来源：企业公告、赛柏蓝器械/米克。

同比增长4.7%至人民币58亿元。医疗器械业务实现营业收入约494.7亿元，占据国药控股总营业收入的14.16%，且较2017年度380.6亿元的营业收入增加约30%。同时，医疗器械的分销毛利率为10%~11%，高于药品分销7%的毛利率。其附属公司国药器材是我国最大的医疗器械分销企业，2018年营业收入约为376亿元（见表1-0-3）。

表1-0-3 医疗器械流通领域业务营业收入收入

	医疗器械业务营业收入收入（亿元）	增长率（%）	公司营业收入（亿元）	增长率（%）	净利润（亿元）	增长率（%）
国药控股	494.7	30	3445	11.73	58	14.16
瑞康医药	128.76	75.58	339.19	45.61	7.79	22.77
九州通	112.21	60.85	871.36	17.84	12.28	21.61
华润医药	低于100	—	1612.3	9.90	32.3	15.90
上海医药	—	—	1590.84	1590.84	38.81	10.24

资料来源：中国医疗器械行业协会整理。

华润医药器械业务占比不高，营业收入不足百亿，但是其关注医疗器械领域。与耗材试剂集约化服务供应商塞力斯（塞力斯出资1715万元，华润持有新公司49%的股权）合作开办新公司，共同开展医疗检验集约化等业务。

瑞康医药立足山东省，进一步向全国拓展，目前已完成全国31个省份（直辖市）并购和业务覆盖，实现医疗器械和医用耗材业务的快速增长。

2018年上海医药完成了收购康德乐的业务，康德乐中国的医疗器械流通业务已经全部并入上海医药。

九州通在2018年收购及成立了位于全国各地的60多家医疗器械子公司，搭建了骨科耗材等的供应链体系。从整个医药流通领域看，九州通规模以及营业收入虽不及国药、华润、上药，但在医疗器械流通领域，九州通占据优势地位。

全球医疗器械3C产业平台

奥咨达医疗器械服务集团创建于2004年,是全球领先的医疗器械第三方产业平台(CDMO+CRO+CSO),包含医疗器械研发转化及生产制造平台、全球注册及临床试验平台、医疗器械管理云平台、投融资服务平台(专利评估、中银奥贷)和产业服务平台,为全球医疗器械研发者、生产者、使用者和政府提供全方位、一站式的医疗器械产业解决方案。

奥咨达致力于中国成为全球医疗器械产业中心

超级医疗器械工程转化中心
- 自建重资产

核心城市:北京、上海、广州、深圳

医院、院校、科研机构聚集、海外技术聚集、海量资本聚集、创新创业人才聚集

医疗器械 3C产业平台
- CDMO 医械研发及智能制造
- CRO 全球注册及临床试验
- CSO 供应链管理及冷链物流

地方医疗器械工程转化中心
- 共建轻资产

省会城市:南昌、天津、成都、武汉、江浙、其他

地方产业规划、地方产业升级、地方医疗器械产业落地、超级中心的资源导入

中银奥贷 — 金融服务平台
普惠金融 | 基金推荐

专业人才
研发体系 | 检测法规 | 生产临床

MDAC — 医械云服务平台
3C平台系统 | SAAS | 专利评估系统

📞 **400-6768632 / 400-OSMUNDA**

🌐 www.osmundacn.com

📍 广州大学城青蓝街26号国家数字家庭应用示范基地研发楼8-9楼(广州总部)

医械查 | 医械人的口袋百科

MID-LINK 海河生物医疗集团

· 海河咨询 · 海河标测 ·

专业助力合规！

海河生物医疗集团是国内领先的医药法规咨询、检测综合服务提供商。

旗下**海河咨询**成立于2005年，已经成为业界领先的医疗器械法规咨询机构，在北京、天津、上海、济南、苏州、深圳、西雅图、温哥华都建立了服务网点，向世界各国的企业提供全球法规策略、上市准入申请、质量管理等咨询和培训服务，成为全球医疗器械法规服务的综合平台。

旗下**海河标测**成立于2015年，按照国际标准ISO17025和美国21 CFR Part 58良好的实验室规范建立，可依据国内和国际先进检测标准开展大鼠、小鼠、豚鼠、兔、狗、羊、猪等动物试验，提供生物相容性检测、临床前动物试验、再处理过程确认和微生物检测等服务，是国内唯一一家为医药厂商从产品研发到上市各个阶段提供服务的实验室。

专业助力合规，海河生物医疗集团服务全球医药厂商，提供专业、及时、高效的服务！

海河生物医疗集团

海河咨询	海河标测
中国CFDA注册	生物相容性测试
CFDA规范辅导	临床前动物实验
FDA, CE, ANVISA, Health Canada注册认证	重复性使用医疗器械清洗、消毒确认
ISO 13485, QSR, MDSAP	包装完整性测试
特殊过程确认	过程确认相关测试
培训	

400 821 7661
www.mid-link.net
www.biocompatibility.com.cn
sales@mid-link.net

合作・创新・转化
Cooperation, Innovation, Translation

公司简介 Introduction

　　北京通和立泰生物科技有限公司位于北京市大兴区生物医药产业基地中关村医疗器械园。建设了1250m²的转化医学研究中心，设有杂交手术室、CT室、DR室、介入导管室及显微外科手术室和2个普通外科手术室及配套完整的中心实验室，能够完成19类疾病动物模型的创制及各类植入性医疗器械的临床前评价工作。

　　按照美国FDA和国际AAALAC的认证标准，建设了3000m²为符合GLP标准的屏障级模型动物护理中心，可同时容纳500头小型猪、120只猴、120条比格犬、480只兔和6000只大鼠、小鼠及豚鼠，普通级羊疾病模型护理中心可容纳300只羊。

　　建设了1500m²配套设备齐全的医学检测中心，用于医疗器械生物相容性研究和多种医学研究测试。

　　建设了1150m²的临床医学培训中心，可同时开展2台介入手术、10台腔镜微创手术和17台普通外科手术。该中心配备了可容纳300人的多媒体会议厅，5G网络传输，实现远程教学直播、培训转播等。

　　公司拥有梯队合理的科研技术团队，其中博士8人，高级专业技术职称7人，具有GLP实验室运行和动物实验的丰富经验。每年可完成结构性心脏病类、血管类、骨科类、眼科类、牙科类、代谢类、普通外科类、肿瘤类和各类有源性医疗器械的生物相容性及临床前安全性研究90项。

苏州大学卫生与环境技术研究所
助您医械产品畅行中美欧

- 最早获得国家CNAS & CMA认可认定的第三方医疗器械检测机构之一
- 多次通过美国FDA的GLP飞行检查

 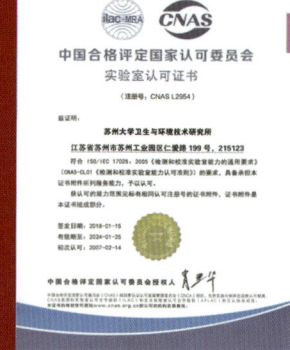

医疗器械评价及检测学院派
Medical Device Evaluation and Testing Oriented and Refined by Academia

生物相容性检测与评价
Biocompatibility Testing and Evaluation

安全性与有效性评估
Safety and Effectiveness Evaluation

包装验证
Package Verification

微生物试验
Microbiology Testing

化学分析
Chemical Analysis

物理性能检测
Physical Performance

医疗器械检测技术培训
Technical Training of Medical Device Testing

SuZhou : 400 107 8828
　　　　　+86 512 65880038
　　　　　med@sudatest.com

BeiJing : 153 5889 5526
　　　　　beijing@sudatest.com

ShenZhen: 133 5804 0912
　　　　　shenzhen@sudatest.com

 http://www.sudatest.com

 苏州工业园区仁爱路199号苏州大学304号楼
No. 199 Ren'ai Road, Suzhou Industrial Park, China

江苏头桥医械特色小镇

总面积：3.45平方公里（核心区1平方公里）
总投资：40亿元　　收入总目标：150亿元
建造周期：5年（2019年—2024年）　总建筑面积：200万平方米

- 全国医疗器械生产制造示范基地
- 全国知名医疗用品博览交易流通中心
- 江苏省医疗科普和康养适验目的地
- 中国医疗器械耗材之乡
- 江苏省科技创新型试点乡镇
- 江苏省科协医疗器械协同创新基地
- 江苏省扬州健康医疗科技产业园
- 扬州市重点工业集中区
- 扬州市特色园区

① 生产智造集聚区
② 北部居住片区
③ 北部现有医械企业集中区
④ 交易博览展示区
⑤ 健康疗养生活区
⑥ 南部现有医械企业集中区

❖ 小镇交通区位

头桥医械小镇地处东南沿海，长三角中心，中国经济最为活跃的城市群中央，拥有独特的交通区位条件。

航空：距上海虹桥国际机场约3小时车程，距南京禄口机场约1小时车程，距扬州泰州机场仅30分钟车程。

铁路：距扬州火车站30分钟路程，距即将建成的扬州高铁站仅20分钟路程。

港口：园区距国家一类对外开放口岸——扬州港约20分钟车程，扬州港年吞吐达3000万吨，设有保税仓库和口岸联检服务机构。京杭二级航道京杭大运河仅20分钟，为内陆水运提供了极为便利的条件。

公路：高速公路四通八达，沿江高级公路和京沪高速南延线在境内经过，距离沪陕高速入口6公里，到南京约1个小时，到上海约3个小时。

❖ 核心区三大板块

1 / 生产制造集聚区

- ▶ 医疗创谷：规划面积约200亩，吸纳小微实体企业、孵化类企业入驻，提供公共服务平台。
- ▶ 生产集中区：规划面积约400亩，面向需要单独供地的企业（供地面积不少于22亩，投资额不小于1亿）

2 / 博展交易展示区

- ▶ 会展中心：商务酒店及相关配套，建筑面积约1.5万平方米
- ▶ 营销街区：为各类经营公司、营销平台、第三方服务机构提供载体；
- ▶ 物流仓储中心：提供必备的物流仓储服务

3 / 康养生活配套区

- ▶ 医疗中心：为区域医疗提供服务，政府已投资在建，建筑面积约1万平方米；
- ▶ 康养中心：提供康复养生服务，建筑面积约1万平方米；
- ▶ 居住及商业配套：提供居住及商业配套服务

地址：江苏省扬州市广陵区头桥镇丰裕路8号
电话：+86 514 82395768　传真：+86 514 82395768
网址：www.yzthmp.com　微信号：yzthmp

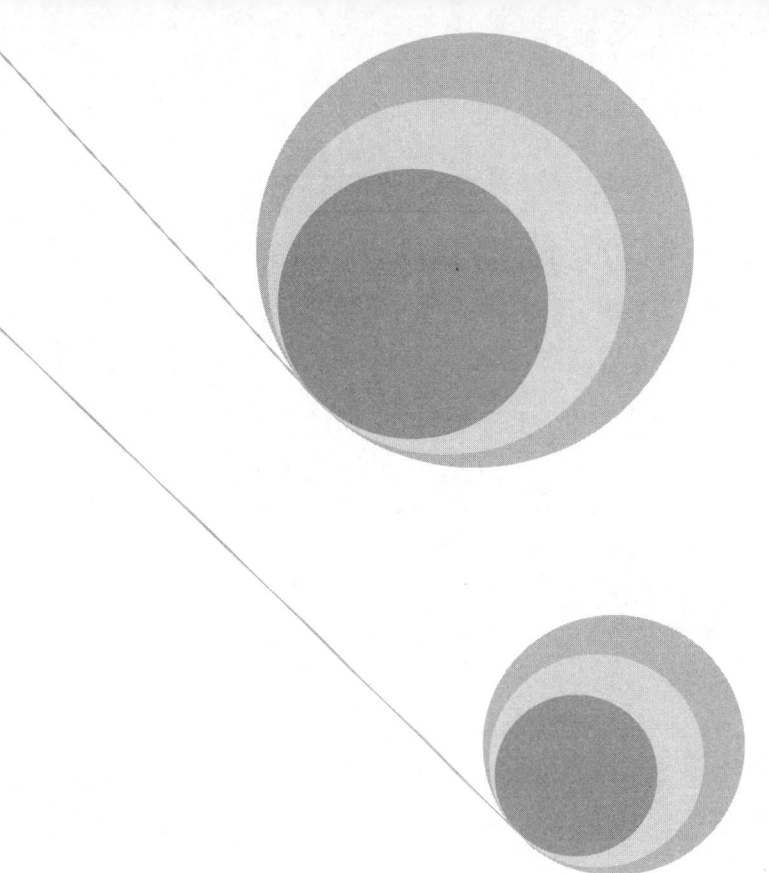

医疗器械产品注册审批统计报告

第一章 医疗器械产品注册概况

近年来,医疗器械行业一直保持高于同期国民经济发展的增幅。医疗器械作为现代卫生健康事业的三大技术支撑之一,与临床医学、药物共同维护人类的生命健康。

作为健康行业的细分板块,医疗器械行业以其多学科交叉的行业特性,与众多学科紧密关联,更是与健康中国 2030、中国制造 2025、互联网+、工业 4.0 能顺利衔接的新兴产业。此外,全面破除以药养医、公立医疗机构的改制完成,国家版"4+7 带量采购"方案的公布,人口老龄时代的来临,以及庞大内需市场的拉动,其市场规模连续多年保持高位增长,产品出口数量和科技含量日益提升。同时,在分级诊疗制度落地、鼓励国产器械发展,以及设立特别审批通道等诸多政策带动下,我国医疗器械产业规模快速增长,一批优秀国产医疗器械企业不断壮大,在国内市场的份额逐年提升。

医疗器械产业,已经成为大健康产业中最活跃的新经济增长点,成为很多国家和地区的重点发展支柱产业之一。

第一节 医疗器械产品注册简述

医疗器械注册,是食品药品监督管理部门根据医疗器械注册申请人的申请,依照法定程序,对其拟上市医疗器械的安全性、有效性及其结果进行系统评价,以决定是否同意其申请的过程。医疗器械产品注册旨在通过监管部门的市场准入审批,获得合法的上市通行证。因此,医疗器械注册需要特别关注监管部门的法规要求。

我国对医疗器械按照风险程度实行分类管理,按照医疗器械类别和生产属地的不同,由不同级别的食品药品监督管理部门负责注册:国家药品监督管理局负责境内Ⅲ类和境外医疗器械(含港澳台),省级药品监督管理局负责境内Ⅱ类医疗器械,设区的市级药品监督管理局负责境内Ⅰ类医疗器械。

医疗器械产品的注册过程包括申请企业需做的前期工作、申请受理、技术审评、行政审评、证件发放五个环节。医疗器械注册管理是对研发的医疗器械产品,在使用中的安全性和有效性进行符合性认定,是建立医疗器械生产质量控制和市场监督的依据。通过对医疗器械的注册管理,对批准的产品给予特定的标志(注册号)并建立技术档案,形成上市后的市场监督的依据。

因此，医疗器械产品注册的分类和要求，涉及一系列的政策法规、工作文件，详见表 2-1-1。

表 2-1-1 医疗器械产品注册相关法规文件

环节	文件名称	发文字号	发布日期	实施日期
研发	医疗器械标准管理办法	原国家食药监总局令第 33 号	2017 年 4 月 17 日	2017 年 7 月 1 日
	关于印发《医疗器械标准规划（2018-2020 年）》的通知	原国家食药监总局食药监科[2018] 9 号	2018 年 1 月 29 日	2018 年 1 月 29 日
命名	医疗器械通用名称命名规则	原国家食药监总局令第 19 号	2015 年 12 月 21 日	2016 年 4 月 1 日
分类	医疗器械分类规则	原国家食药监总局令第 15 号	2015 年 7 月 14 日	2016 年 1 月 1 日
	关于发布医疗器械分类目录的公告	原国家食药监总局 2017 年第 104 号	2017 年 9 月 4 日	2018 年 8 月 1 日
	关于实施《医疗器械分类目录》有关事项的通告	原国家食药监总局 2017 年第 143 号	2017 年 9 月 4 日	2017 年 9 月 4 日
	关于规范医疗器械产品分类有关工作的通知	原国家食药监总局 2017 年第 127 号	2017 年 9 月 26 日	2018 年 8 月 1 日
	《医疗器械分类目录》实施有关问题解读	—	2018 年 8 月 1 日	2018 年 8 月 1 日
	关于发布第一类医疗器械产品目录的通告	原国家食药监总局通告 2014 年第 8 号	2014 年 5 月 30 日	2014 年 6 月 1 日
	6840 体外诊断试剂分类子目录（2013 版）	食药监科[2013] 242 号	2013 年 11 月 26 日	2013 年 11 月 26 日
注册	医疗器械注册管理办法	原国家局食药监总局令第 4 号	2014 年 7 月 30 日	2014 年 10 月 1 日
	体外诊断试剂注册管理办法	原国家局食药监总局令第 5 号	2014 年 7 月 30 日	2014 年 10 月 1 日
	医疗器械说明书和标签管理规定	原国家局食药监总局令第 6 号	2014 年 7 月 30 日	2014 年 10 月 1 日
	体外诊断试剂注册管理办法修正案	原国家局食药监总局令第 30 号	2017 年 2 月 8 日	2017 年 2 月 8 日
	关于调整部分医疗器械行政审批事项审批程序的决定	原国家局食药监总局令第 32 号	2017 年 4 月 6 日	2017 年 5 月 1 日
临床试验	医疗器械临床试验质量管理规范	原国家食药监总局卫计委令第 25 号	2016 年 3 月 23 日	2016 年 6 月 1 日
	关于发布医疗器械临床试验设计指导原则的通告	原国家食药监总局 2018 年第 6 号	2018 年 1 月 8 日	2018 年 1 月 8 日
	关于发布接受医疗器械境外临床试验数据技术指导原则的通告	原国家食药监总局 2018 年第 13 号	2018 年 1 月 11 日	2018 年 1 月 11 日
	关于公布新修订免于进行临床试验医疗器械目录的通告	国家药监局 2018 年第 94 号	2018 年 9 月 30 日	2018 年 9 月 30 日

续表

环节	文件名称	发文字号	发布日期	实施日期
材料要求	关于发布医疗器械产品技术要求编写指导原则的通告	2014年第9号	2014年5月30日	2014年6月1日
	关于公布医疗器械注册申报资料要求和批准证明文件格式的公告	2014年第43号	2014年9月5日	2014年10月1日
	关于公布体外诊断试剂注册申报资料要求和批准证明文件格式的公告	2014年第44号	2014年9月5日	2014年10月1日
	关于医疗器械（含体外诊断试剂）注册申报有关问题的公告	2014年第129号	2014年11月25日	2014年11月25日
	关于医疗器械延续注册申请过渡期相关问题的公告	2015年143号	2015年3月31日	2015年4月1日
	关于医疗器械（含体外诊断试剂）延续注册申报资料有关问题的公告	2015年144号	2015年3月31日	2015年4月1日
	关于发布药品、医疗器械产品注册收费标准的公告	2015年第53号	2015年5月27日	2015年5月27日
	关于发布医疗器械注册证补办程序等5个相关工作程序的通告	2015年第91号	2015年11月23日	2015年11月23日
	关于医疗器械产品技术要求有关问题的通知	食药监办械管〔2016〕22号	2016年3月1日	2016年3月1日
	关于医疗器械延续注册申请有关事宜的公告（第179号）	2016年第179号	2016年9月26日	2017年1月1日
	总局关于发布医疗器械注册单元划分指导原则的通告	2017年第187号	2017年11月23日	2017年11月23日
	国家药品监督管理局关于修改医疗器械延续注册等部分申报资料要求的公告	2018年第53号	2018年8月23日	2018年8月23日

第二节 医疗器械产品注册相关法规新要求

2018年，国家药监主管部门在认真落实"四个最严"要求，按照中办、国办《关于深化审评审批制度改革鼓励药品医疗器械创新的意见》（厅字〔2017〕42号），持续深化医疗器械审评审批制度改革、进一步完善医疗器械注册管理法规体系、不断夯实医疗器械监管，在提质增效上取得瞩目成绩。

随着两办《创新意见》的出台，监管方式从管"证照"向管"能力"转变，监管重心从事前审批向事中事后的风险监控转变，监管格局也变为以政府监管为主、社会协同的模式。监管模式的转变，旨在加强医疗器械全生命周期的管理，加速医疗器械注册和管理规范与国际接轨,从产品全生命周期保障药械的品质。

一、《医疗器械监督管理条例》的再次修订

《医疗器械监督管理条例》是为保证医疗器械的安全、有效,保障人体健康和生命安全而制定,2000年它由国务院首次颁布实施,这是我国医疗器械行业监督管理走上法治之路的标志,是医疗器械行业的监管母法。

2018年6月25日,司法部就《医疗器械监督管理条例修正案(草案送审稿)》公开征求意见,送审稿进一步明确了医疗器械上市许可持有人制度,为改革和监管提供法律支撑。目前,《医疗器械监督管理条例》的修订,已经正式纳入《国务院2019年立法工作计划》,将提请全国人大常委会审议通过。

二、新版分类目录的有序实施

面对医疗器械产业发展的新形势和新要求,国家药监主管部门于2018年8月1日正式实施《医疗器械分类目录》(简称新版分类目录)。其实施是一次"牵一发而动全身"的改革,对医疗器械注册、生产、经营、使用等各环节都将产生影响。

为此,药监主管部门同步实施《关于实施新修订的〈医疗器械分类目录〉有关事项的通告》,给予了近一年的实施过渡时间,确保各方统一认识、平稳过渡、有序实施。

三、医疗器械豁免临床目录进一步扩容

2018年9月30日,国家药监局关于公布新修订免于进行临床试验医疗器械目录的通告(2018年第94号)(简称新豁免临床目录),对已发布的三批免于进行临床试验的医疗器械(含体外诊断试剂)目录进行了梳理,分别涵盖855项医疗器械产品和393项体外诊断试剂产品,合计1254类产品免于进行临床试验。

四、新修订的创新程序助力研发创新

2018年11月5日,国家药监局发布了新修订的《创新医疗器械特别审查程序》(简称创新程序),自2018年12月1日起施行。新修订的创新程序完善了适用情形、细化了申请流程、提升了创新审查的实效性、完善了审查方式和通知形式,并明确对创新医疗器械的许可事项变更优先办理。该程序的实施,极大地推动了医疗器械的研发创新和医疗器械新技术推广应用,对产业的高质量发展起到了积极的作用。

五、推进医疗器械注册人制度试点

2018年1月和8月,根据国务院全面深化自由贸易试验区改革开放方案的意见,分别在上海、广东、天津自贸区开展医疗器械注册人制度试点,打破现行制度中注册与生产两大环节的"捆绑"模式。

从三地试点工作情况来看,医疗器械注册人制度有利于鼓励产品创新、优化资源配置、落实主体责任、推动管理创新,有利于推动医疗器械产业高质量发展。

第三节 医疗器械注册技术指导原则和标准

为规范医疗器械注册技术审查、指导医疗器械注册申请人注册申报,国家药品监督管理局持续推进医疗器械注册技术审查指导原则的制修订工作。指导原则不涉及注册审批等行政事项,亦不作为法规强制执行,应在遵循相关法规的前提下使用指导原则。

医疗器械注册技术审查指导原则适用于注册人对其拟上市医疗器械产品注册申报资料的准备,是医疗器械上市前注册管理的重要组成部分。同时,也适用于审评人员对医疗器械产品上市前申报材料的审查,是医疗器械上市批准的重要技术支撑文件。

2018年国家药品监督管理局发布了《医疗器械注册技术审查指导原则制修订管理规范》,规范注册技术审查指导原则的制修订工作。2018年发布了《用于罕见病防治医疗器械注册审查指导原则》、8项临床评价指导原则、以及53个产品的注册指导原则(见图2-1-1),提升了各级药品监管部门审查水平,统一了审查尺度。

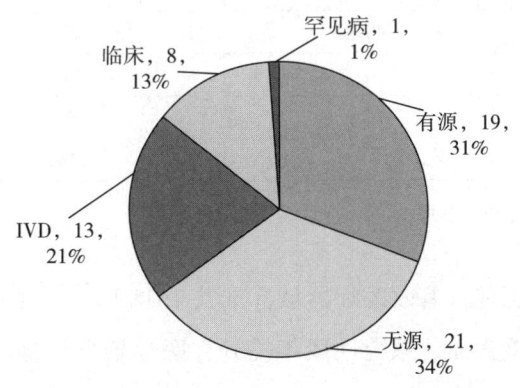

图 2-1-1 2018年发布的医疗器械注册技术审查指导原则

资料来源:中国医疗器械行业协会整理。

近年来，国家药监局加强了医疗器械注册技术审查指导原则的制修订工作，2016年发布指导原则54项，2017年发布指导原则79项，2018年发布指导原则62项（见图2-1-2）。

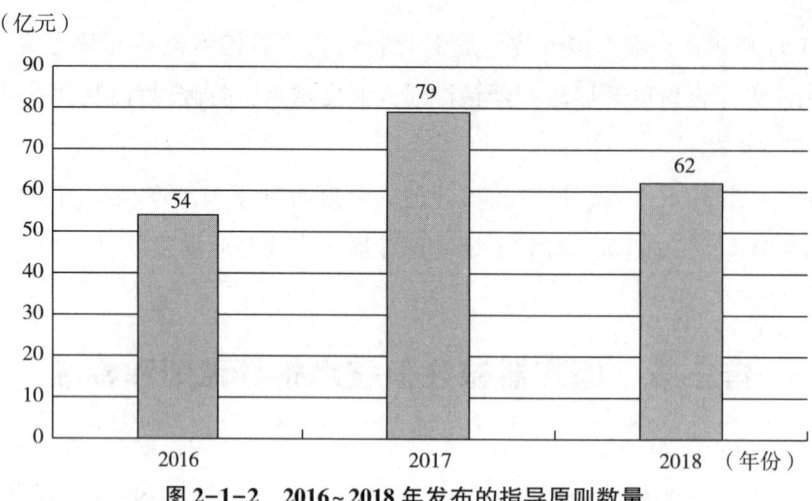

图2-1-2 2016~2018年发布的指导原则数量

资料来源：中国医疗器械行业协会整理。

医疗器械标准是指由国家食品药品监督管理总局依据职责组织制修订，依法定程序发布，在医疗器械研制、生产、经营、使用、监督管理等活动中遵循的统一的技术要求。医疗器械标准，也是医疗器械产业发展水平的重要标志。

为满足国家大力支持和促进医疗器械产业创新发展的要求，国家药品监管部门加快建立"最严谨的标准"，以更好地满足公众用械需求，2018年国家药监部门共遴选确定99项医疗器械行业标准制修订项目，审核发布医疗器械行业标准97项（见表2-1-2）。

表2-1-2 2016~2018年发布的医疗器械行业标准

	强制性行业标准YY	推荐性行业标准YY/T	合计
2016年	48	202	250
2017年	70	45	115
2018年	16	81	97
合计	134	328	462

资料来源：中国医疗器械行业协会整理。

截至2018年底，我国现行有效医疗器械标准共1618项，其中国家标准219项、行业标准1399项。标准体系的覆盖面、系统性逐年提升，医疗器械标准与国际标准一致性程度已达90%以上[①]。

---

① 国家药品监督管理局，2018年度医疗器械注册工作报告，2019年。

第四节 医疗器械创新和优先政策法规

近年来,为贯彻落实国务院《关于改革药品医疗器械审评审批制度的意见》(国发〔2015〕44 号)和中办、国办《关于深化审评审批制度改革鼓励药品医疗器械创新的意见》(厅字〔2017〕42 号),深入推进医疗器械审评审批制度改革,国家药监局制定发布了《创新医疗器械特别审批程序》和《医疗器械优先审批程序》,促进了医疗器械创新发展,保障了医疗器械临床使用需求。

表 2-1-3 医疗器械创新/优先审批法规文件

环节	文件名称	发文字号	发布日期	实施日期
创新	关于发布创新医疗器械特别审查程序的公告	国家药监局 2018 年第 83 号	2018 年 11 月 5 日	2018 年 12 月 1 日
	关于发布医疗器械技术审评中心创新医疗器械特别审查申请审查操作规范的通告	2018 年第 11 号	2018 年 11 月 29 日	2018 年 11 月 29 日
	关于发布创新医疗器械特别审查申报资料编写指南的通告	国家药监局 2018 年第 127 号	2018 年 12 月 18 日	2018 年 12 月 18 日
优先	关于发布医疗器械优先审批程序的公告	原国家食药监总局 2016 年第 168 号	2016 年 10 月 26 日	2017 年 1 月 1 日
	关于《医疗器械优先审批程序》的说明	—	2016 年 10 月 26 日	2016 年 10 月 26 日
	关于发布医疗器械优先审批申报资料编写指南(试行)的通告	原国家食药监总局 2017 年第 28 号	2017 年 2 月 16 日	2017 年 2 月 16 日

一、创新医疗器械特别审批程序

2014 年,原国家食药监总局为了保障医疗器械的安全、有效,鼓励医疗器械的研究与创新,促进医疗器械新技术的推广和应用,推动医疗器械产业发展,于 2014 年 3 月 1 日起实施了《创新医疗器械特别审批程序(试行)》(以下简称《创新试行程序》)。该程序的实施,为拥有我国发明专利、技术上具有国内首创、国际领先水平,并且具有显著临床应用价值的医疗器械产品设置了特别审批通道。

为进一步深化"放管服"改革，促进医疗器械技术创新，推动医疗器械高质量发展，国家药监局对创新试行程序的适用情形、申请流程、审查实效性、审查方式和通知形式等内容进行了完善修改，自2018年12月1日起施行新修订的《创新医疗器械特别审查程序》。

主要变化体现在以下五个方面：

（1）提升了专利的要求：明确要求了产品核心技术的发明专利，需在授权后5年内提出创新申请；未获专利授权的，增加了由专利检索资讯中心出具检索报告的要求；如最终未取得专利授权、或失去专利权的推出创新程序。

（2）提高了审查标准：细化了申报资料的要求，明确如资料存在严重问题、或已确认不属于国内首创、或审查结果告知后5年内未申报注册的，将重新提交创新申请。

（3）明确了审查事项：第一类医疗器械不适用，属性不清的先进行属性界定，省级药监主管部门可设立二类创新特别审查通道。

（4）增加服务内容：明确对创新医疗器械的许可事项变更优先办理。

（5）增加了沟通交流的方式和途径，企业可通过远程视频方式与专家交流；完善了审查结果告知方式和内容，将不再印送纸质通知。

修订的创新程序，程序设置更为科学有效，有利于提升创新医疗器械审查效率，对鼓励医疗器械的研究与创新、促进医疗器械新技术的推广和应用、推动医疗器械产业高质量发展起到了积极作用。

二、医疗器械优先审批程序

为了加快诊断或者治疗罕见病、恶性肿瘤、老年人特有和多发疾病、专用于儿童、临床急需等医疗器械，以及列入国家科技重大专项或国家重点研发计划的医疗器械审评审批，原国家食品药品监督管理总局制定了《医疗器械优先审批程序》（以下简称《优先程序》），于2017年1月1日开始实施。

根据优先程序，将对符合条件的医疗器械实施优先审批：

（一）符合下列情形之一的医疗器械

（1）诊断或者治疗罕见病，且具有明显临床优势；

（2）诊断或者治疗恶性肿瘤，且具有明显临床优势；

（3）诊断或者治疗老年人特有和多发疾病，且目前尚无有效诊断或者治疗手段；

（4）专用于儿童，且具有明显临床优势；

（5）临床急需，且在我国尚无同品种产品获准注册的医疗器械。

(二) 列入国家科技重大专项或者国家重点研发计划的医疗器械

(三) 其他应当优先审批的医疗器械

对确定予以优先审批的项目，监管部门将全环节加快审评审批效率，优先进行技术审评，优先安排医疗器械注册质量管理体系核查，优先进行行政审批，缩短产品上市时间，保证相应成果和产品能够尽快应用于临床。

三、医疗器械创新和优先审批程序的比较

通过研读比较《创新试行程序》和《优先程序》的法规文件，发现两者在适用范围、优先事项、审批时限和申报时点等方面有所差异。

表 2-1-4 医疗器械创新/优先审批程序对比表

对比项目	创新医疗器械特别审查程序	医疗器械优先审批程序	不同点
文号	国家药品监督管理局 2018 年第 83 号	原国家食品药品监督管理总局 2016 年第 168 号	—
实施时间	2014 年 3 月 1 日试行 2018 年 12 月 1 日实施	2017 年 1 月 1 日	新修订实施的创新程序是总结四年多的实践经验并加以完善发展的结果，将会更有利于医疗器械的研发创新、新技术的应用
适用范围	(一) 产品核心技术中国发明专利权，或者依法受让取得专利权或其使用权，且距专利授权公告日≤5年；或者核心技术发明专利已公开，并由国知局专利检索咨询中心出具检索报告证明具备新颖性和创造性。 (二) 样机基本定型产品，过程真实受控，数据完整和可溯源。 (三) 工作原理或者作用机理为国内首创，性能或者安全性有根本性改进，技术国际领先、且具有显著的临床应用价值	一是诊断或治疗罕见病、恶性肿瘤且具有明显临床优势的医疗器械、诊断或治疗老年人特有和多发疾病且目前尚无有效诊断或治疗手段的医疗器械、专用于儿童且具有明显临床优势的医疗器械、临床急需且在我国尚无同品种产品获准注册的医疗器械； 二是列入国家科技重大专项或国家重点研发计划的医疗器械。 三是根据各方面情况和意见，组织专家审查后，确定的"其他应当优先审批的医疗器械"	创新程序的申报前提是产品核心技术拥有中国发明专利，而优先程序则无此要求

续表

对比项目	创新医疗器械特别审查程序	医疗器械优先审批程序	不同点
优先事项	优先注册检验 临床方案指导、阶段结果评价单独排序、优先技术审评 优先质量体系核查 优先行政审批 审评专项交流 优先许可事项办理	单独排序、优先技术审评 优先质量体系核查 优先行政审批 审评专项交流	创新程序优先事项更多，这是由于申报时点不同所致
审批时限	境内产品，省局受理后：95个工作日；境外产品，国家局受理后：70个工作日	属于国家科技重大专项或者国家重点研发计划的产品，28个工作日；其余产品，43个工作日	优先程序审批时限略短
申报时点	在产品基本定型后	与首次注册合并申请	创新申报理论上在产品基本定型后的注册阶段均可申报，而优先申报是与注册申请同时进行
收费情况	免费	免费	无差异

虽然医疗器械的《创新试行程序》和《优先程序》略有不同，但两者均是医疗器械审批的快速上市通道，在加速医疗器械创新发展、满足人民群众的临床急需、推进行业高质量发展方面，均起到了积极的推动作用。

第二章 医疗器械产品注册审批情况

医疗器械注册，根据国产和进口、医疗器械（MD）和体外诊断试剂（IVD）的不同品种、一二三类的管理类别、以及首次注册、延续注册和许可变更注册的类型，由不同层级的监管部门、适用不同的文件要求和操作指南进行备案或注册。

第一节 2018年医疗器械注册审批情况

本章根据国家药监局发布的《2018年度医疗器械注册工作报告》的数据和内容，具体介绍2018年的医疗器械注册/备案情况。

一、2018年全国医疗器械证书情况

根据国家局的统计，2018年国家局共办理进口第一类医疗器械备案数量1744项，全国设区的市级药品监管部门共办理境内第一类医疗器械备案数量17177项，合计办理第一类医疗器械备案18921项。

2018年国家药监局共批准医疗器械注册5528项，各省级药监部门共批准国产第二类医疗器械注册11062项，合计审批第二、第三类医疗器械注册16590项（见表2-2-1）。

表2-2-1 2018年医疗器械第二、第三类注册审批情况

国产/进口	首次注册	延续注册	许可变更	汇总
国产第二类	5046	3189	2827	11062
国产第三类	599	543	567	1709
进口第二类	325	818	849	1992
进口第三类	204	789	834	1827
合计	6174	5339	5077	16590

资料来源：中国医疗器械行业协会整理。

截至2018年底，全国各级药监部门审批或办理医疗器械证书合共35511张。其中，第一类备案证18921张、占全部证书数的53%，第二类注册证13054张、占37%，第三类注册证3536张、占10%；国产证书29948张，占84%，进口证书5563张，占16%（见图2-2-1）。

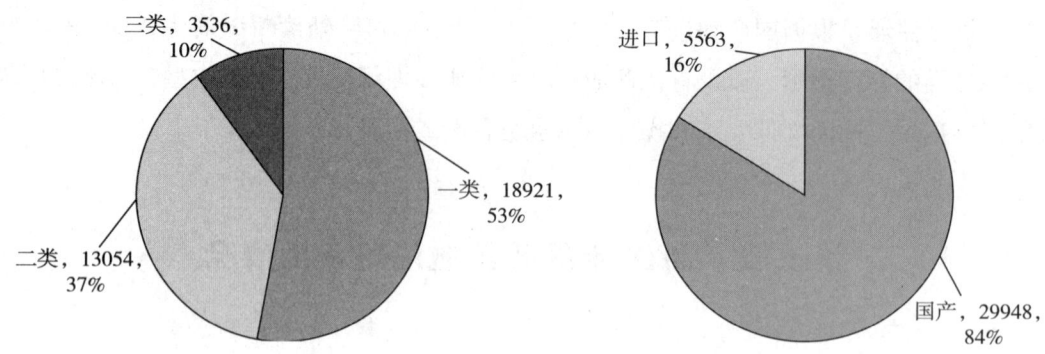

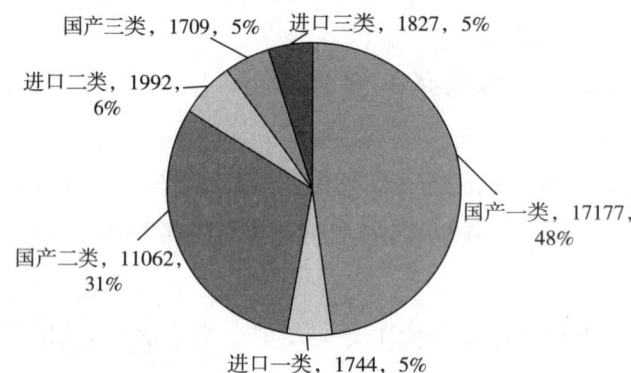

图 2-2-1　2018年全国医疗器械证书情况

资料来源：中国医疗器械行业协会整理。

二、2018年国产第三类医疗器械注册审批情况

2018年，国家局批准国产第三类医疗器械注册1709项。其中，医疗器械1194项，体外诊断试剂515项；从注册形式看，首次注册599项、延续注册543项、许可事项变更注册567项（见图2-2-2）。

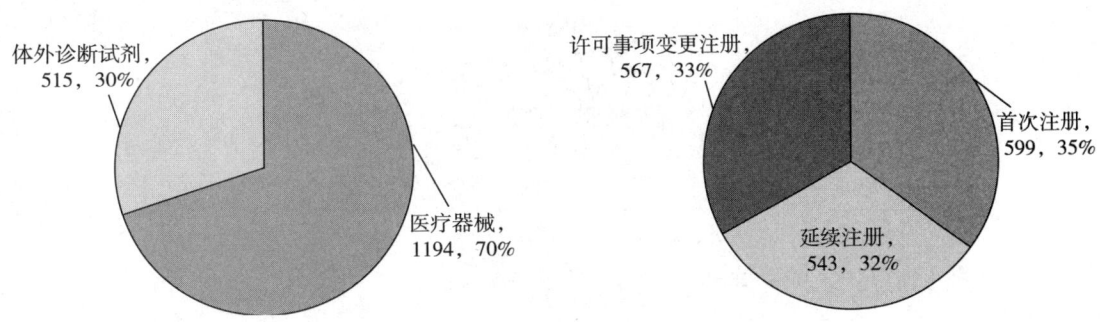

图 2-2-2 2018年国产第三类医疗器械审批情况

资料来源：中国医疗器械行业协会整理。

从生产企业地域分布来看，国产第三类主要集中在沿海经济较发达省份。其中，江苏、北京、广东、上海、山东、浙江、天津、四川、河北和重庆是国产第三类医疗器械首次注册数量排前十名的省（直辖市），占2018年国产第三类首次注册总数的84.75%（见图2-2-3）。

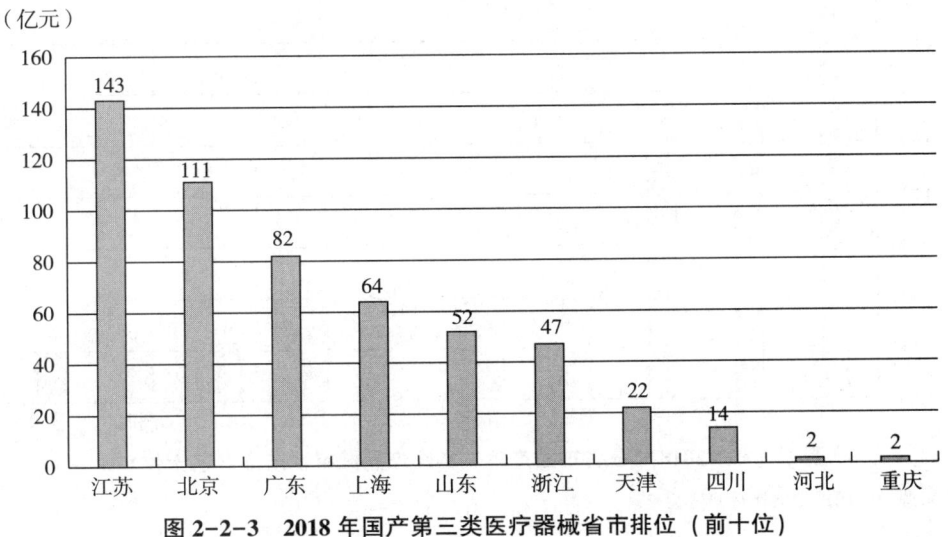

图 2-2-3 2018年国产第三类医疗器械省市排位（前十位）

资料来源：中国医疗器械行业协会整理。

三、2018年国产第二类医疗器械注册审批情况

2018年，各省级药监部门共批准国产第二类医疗器械注册11062项，其中首次注册5046项、延续注册3189项、许可事项变更注册2827项（见图2-2-4）。

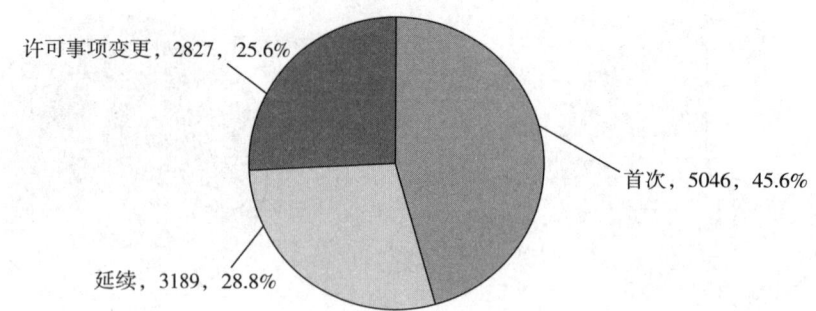

图 2-2-4 2018年国产第二类医疗器械审批情况

资料来源：中国医疗器械行业协会整理。

从注册情况看，江苏、广东、河南、浙江、山东、北京、上海、河北、湖北、重庆十省份注册的国产二类医疗器械数量较多，占2018年国产第二类医疗器械首次注册数量的73.06%（见图2-2-5）。

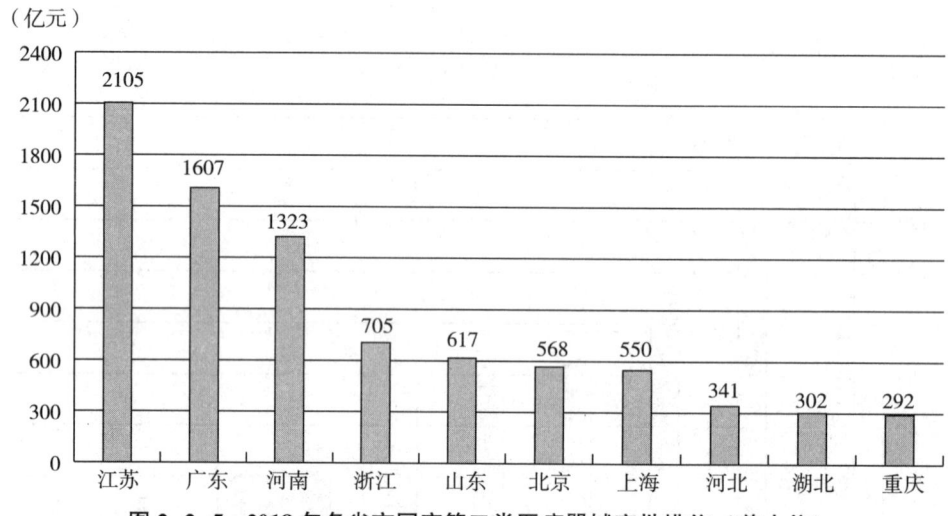

图 2-2-5 2018年各省市国产第二类医疗器械审批排位（前十位）

资料来源：中国医疗器械行业协会整理。

四、2018年进口第二、第三类医疗器械注册审批情况

2018年，国家药监局共批准进口第三类医疗器械注册1827项。其中，医疗器械注册1452项，体外诊断试剂注册375项（见图2-2-6）。

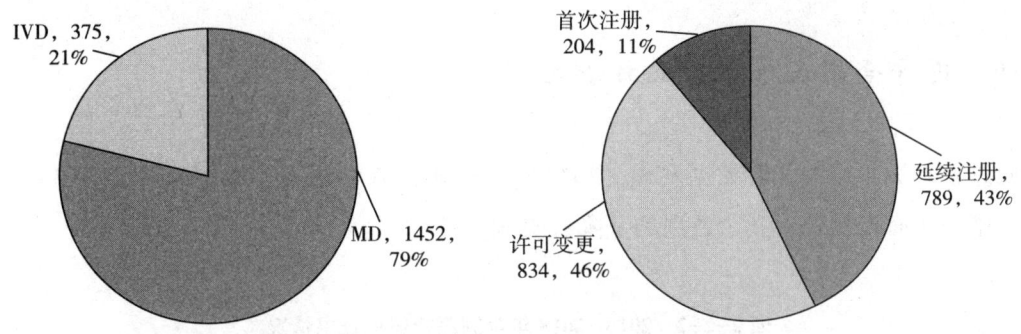

图 2-2-6 2018年进口三类医疗器械审批情况

资料来源：中国医疗器械行业协会整理。

从注册形式看，首次注册204项，延续注册789项，许可事项变更注册834项。

2018年，国家药监局共批准进口第二类医疗器械注册1992项。其中，医疗器械注册1088项，体外诊断试剂注册904项（见图2-2-7）。

从注册形式看，首次注册325项，延续注册818项，许可事项变更注册849项。

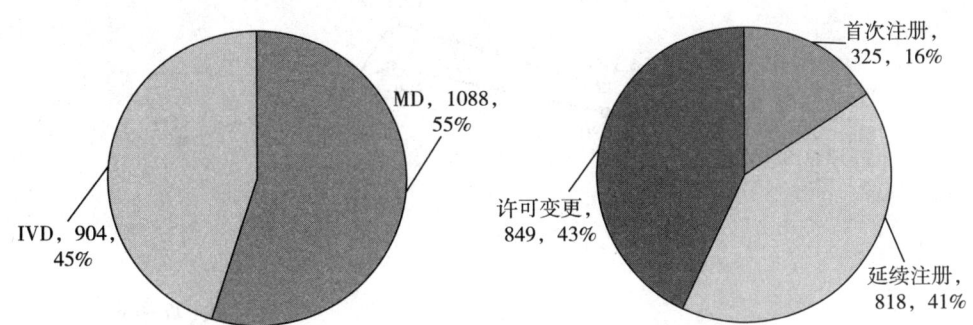

图 2-2-7 2018年进口第二类医疗器械审批情况

资料来源：中国医疗器械行业协会整理。

第二节 近年的医疗器械注册审批情况

现行的《医疗器械监督管理条例》自2014年6月1日起实施，《医疗器械注册管理办法》及其配套文件则从2014年10月1日后才开始实施。本节介绍了2015~2018年我国的医疗器械注册情况。

一、近年全国医疗器械证书情况

通过整理近年相关注册数据发现,2018年,全国医疗器械证书数量同比下降17.46%。除国产第一类有增长外,其余各项均下降(见表2-2-2)。

表2-2-2 2015~2018年全国医疗器械证书情况

管理类别	2015年	2016年	2017年	2018年	汇总
第一类	16004	13974	15518	18921	64417
第二类	15164	18636	21405	13054	68259
第三类	4650	5570	6100	3536	19856
合计	35818	38180	43023	35511	152532

资料来源:中国医疗器械行业协会整理。

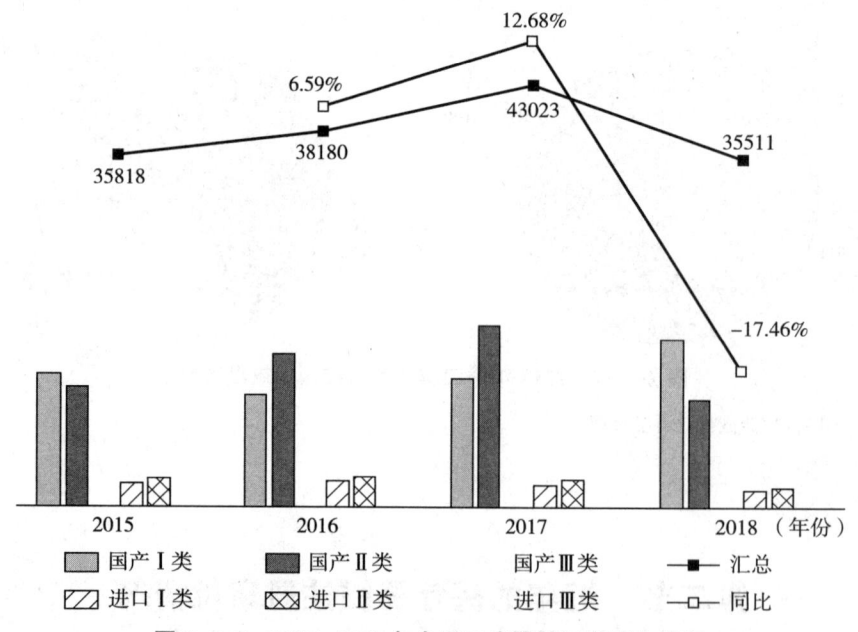

图2-2-8 2015~2018年全国医疗器械证书同比情况

资料来源:中国医疗器械行业协会整理。

二、近年国产第三类医疗器械注册审批情况

2018年,国家药监局批准国产第三类医疗器械注册1709项。与2017年相比注册批准

总量减少48.21%,与2015年相比减少了37.40%(见图2-2-9)。

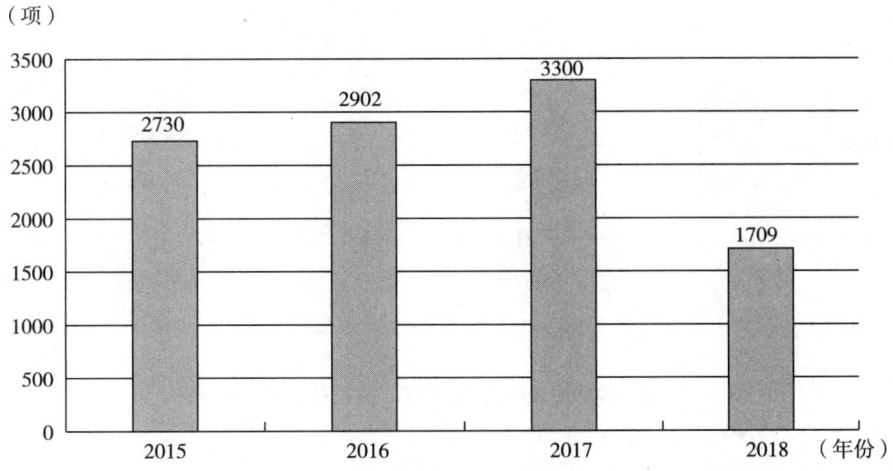

图2-2-9　2015~2018年国产第三类医疗器械审批情况

资料来源:中国医疗器械行业协会整理。

从国产第三类医疗器械的生产企业地域分布来看,2015年以来排名靠前的还是医疗器械的传统强省(直辖市):北京、江苏、广东和上海(见表2-2-3)。

表2-2-3　2015~2018年国产三类医疗器械审批情况(前五位)

	北京	江苏	广东	上海	浙江	山东
2015年	445	419	297	236	—	202
2016年	526	395	284	309	175	—
2017年	482	450	417	273	215	—
2018年	104	128	76	53	—	49
合计	1557	1392	1074	871	390	251

资料来源:中国医疗器械行业协会整理。

三、近年国产第二类医疗器械注册审批情况

2018年,各省级药监部门共批准国产第二类医疗器械注册11062项,与2017年相比减少40.5%(见图2-2-10)。

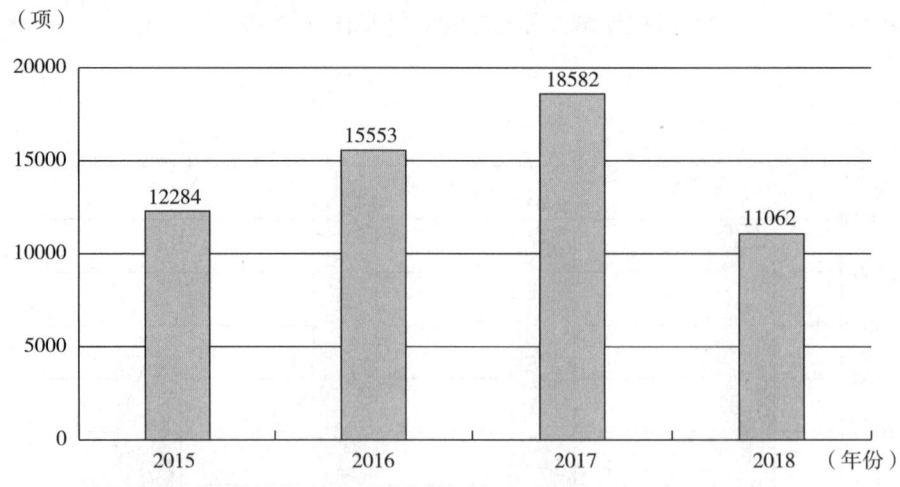

图 2-2-10　2015~2018 年国产第二类医疗器械审批情况

资料来源：中国医疗器械行业协会整理。

与国产第三类类似，国产第二类的医疗器械注册审批同样主要集中在经济较发达地区，江苏、广东、北京、浙江、河南、山东、上海、四川、河北、湖南十省（直辖市）。排名前十位的国产第二类注册数量占近年来全部国产第二类注册审批总数的 78.07%（见图 2-2-11）。

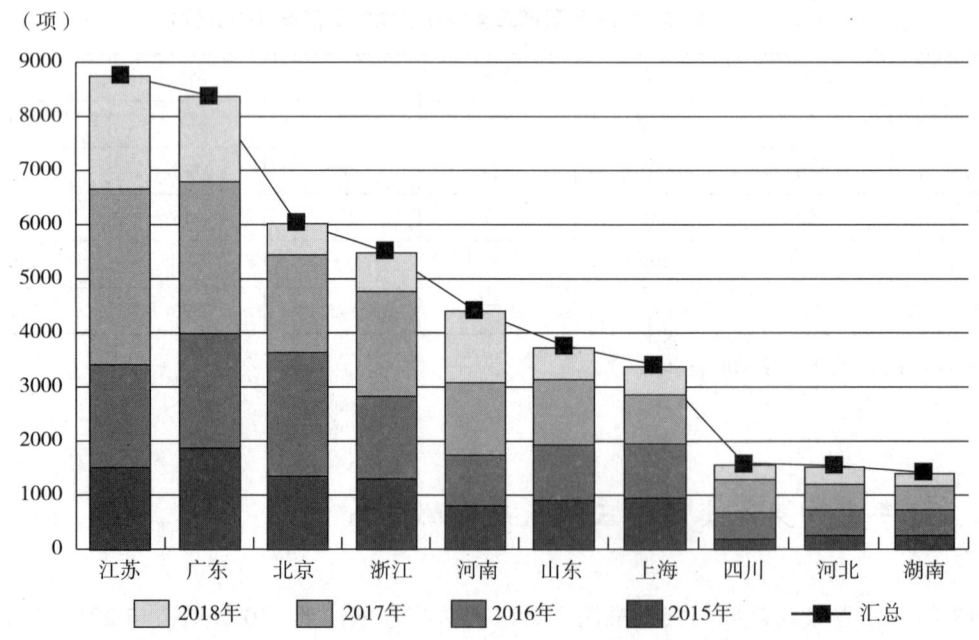

图 2-2-11　2015~2018 年国产第二类医疗器械审批情况（前十位）

资料来源：中国医疗器械行业协会整理。

四、近年进口第二、第三类医疗器械注册审批情况

2018年的进口第二、第三类医疗器械注册审批数分别是1992项和1827项,比2017年双双下降1/3左右(见图2-2-12)。与2015年相比,进口三类医疗器械下降4.79%、进口第二类则下降30.86%。

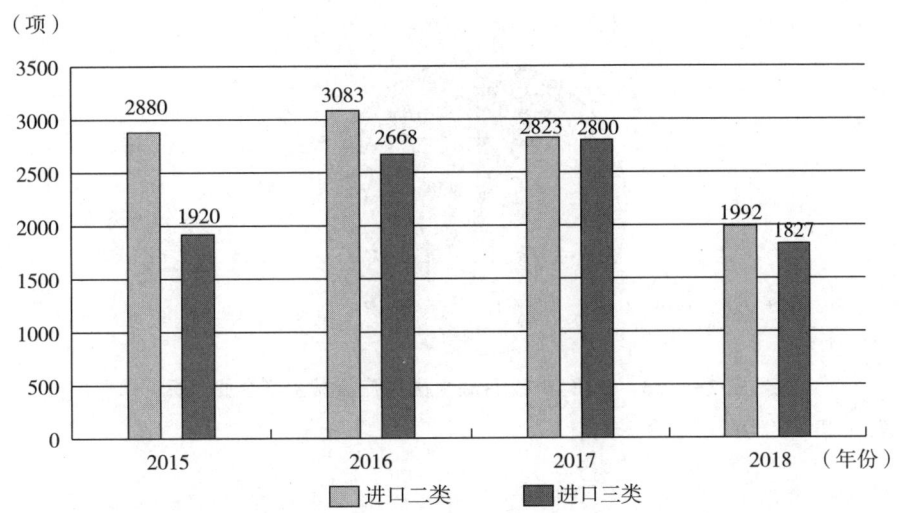

图 2-2-12 2015~2018 年进口第二、第三类医疗器械注册审批情况

资料来源:中国医疗器械行业协会整理。

第三节 医疗器械生产经营企业数量

医疗器械是救死扶伤、防病治病的特殊产品,其质量的基本要求是安全有效、可控。医疗器械生产是医疗器械产业的基础,抓好医疗器械生产环节的监管,是保障医疗器械安全、有效的关键一步。

一、医疗器械生产企业情况

为加强医疗器械生产监督管理,规范医疗器械生产行为,保证医疗器械安全、有效,根据《医疗器械监督管理条例》,在我国境内从事医疗器械生产活动及其监督管理应当遵守《医疗器械生产监督管理办法》。

开办第二类、第三类医疗器械生产企业的,应当向所在地省、自治区、直辖市药监部门申请生产许可;开办第一类医疗器械生产企业的,应当向所在地设区的市级药监管理部门办理第一类医疗器械生产备案。

据国家药监局统计,截至2018年11月底,全国实有医疗器械生产企业1.7万家,与2017年相比同比增加6.25%。其中,可生产第一类产品的企业7513家,可生产第二类产品的企业9189家,可生产第三类产品的企业1997家(见图2-2-13)。

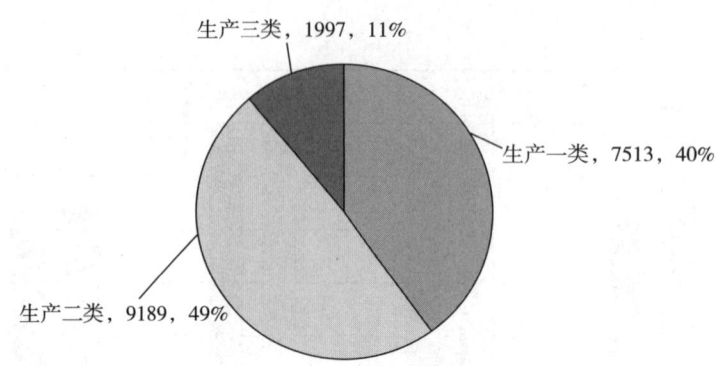

图2-2-13　2018年11月底全国医疗器械生产企业情况

资料来源:中国医疗器械行业协会整理。

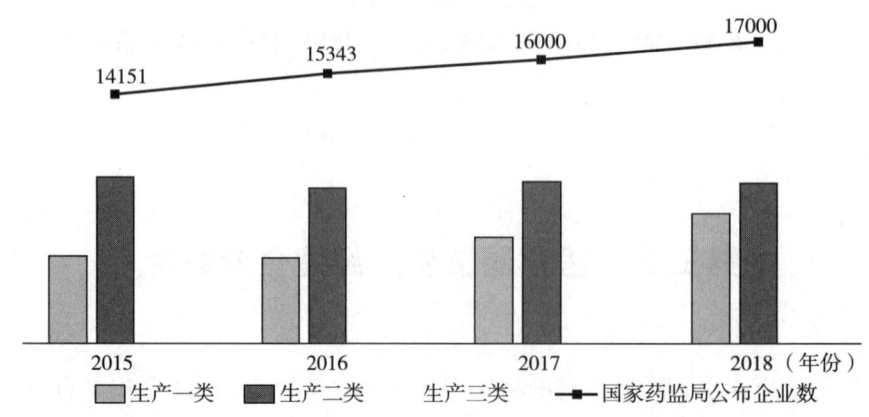

图2-2-14　2015~2018年医疗器械生产企业情况

资料来源:中国医疗器械行业协会整理。

二、医疗器械经营企业情况

为加强医疗器械经营监督管理,规范医疗器械经营行为,保证医疗器械安全、有效,根据《医疗器械监督管理条例》,在我国境内从事医疗器械经营活动及其监督管理,应当遵守

《医疗器械经营监督管理办法》。按照医疗器械风险程度，医疗器械经营实施分类管理。

经营第一类医疗器械不需许可和备案，经营第二类医疗器械实行备案管理，经营第三类医疗器械实行许可管理。

根据国家药品监督管理局统计，截至2018年11月底，全国共有第二、第三类医疗器械经营企业51.1万家，其中，仅经营第二类医疗器械产品的企业29.2万家，仅经营第三类医疗器械产品的企业6.7万家，同时经营第二、第三类医疗器械产品的企业15.2万家（见图2-2-15）。

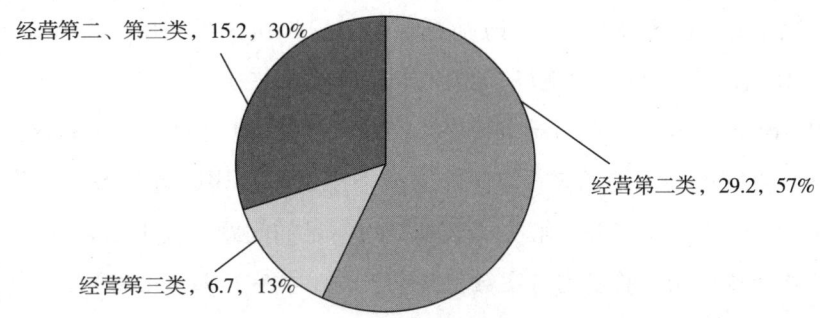

图2-2-15　2018年11月底全国医疗器械经营企业情况（万家）

资料来源：中国医疗器械行业协会整理。

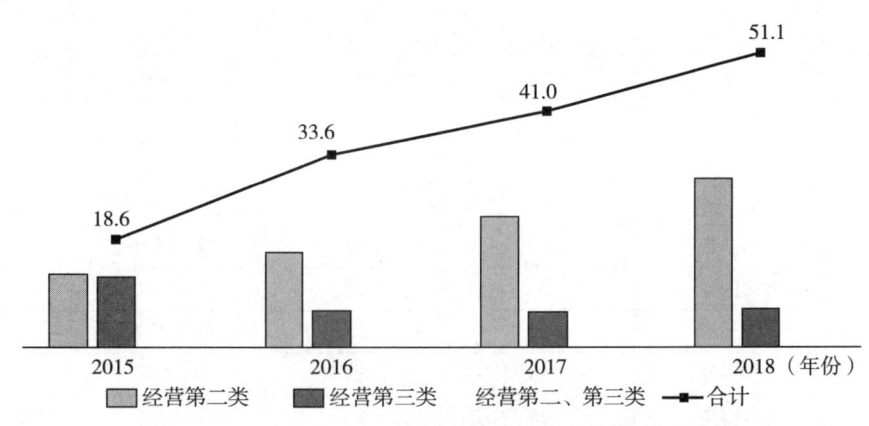

图2-2-16　2015~2018年医疗器械经营企业情况（万家）

资料来源：中国医疗器械行业协会。

第四节　医疗器械临床试验机构备案情况

根据《医疗器械监督管理条例》（国务院令第680号）第十八条规定：开展医疗器械临

床试验，应当按照医疗器械临床试验质量管理规范的要求，在具备相应条件的临床试验机构进行，并向临床试验提出者所在地省、自治区、直辖市人民政府食品药品监督管理部门备案。接受临床试验备案的食品药品监督管理部门应当将备案情况通报临床试验机构所在地的同级食品药品监督管理部门和卫生计生主管部门。医疗器械临床试验机构实行备案管理。医疗器械临床试验机构应当具备的条件及备案管理办法和临床试验质量管理规范，由国务院食品药品监督管理部门会同国务院卫生计生主管部门制定并公布。

在没有认定医疗器械临床试验机构前，临床试验都是在药物临床试验机构进行。2017年11月，原国家食药监总局会同原国家卫计委颁布《医疗器械临床试验机构条件和备案管理办法》（以下简称《备案办法》），鼓励更多医疗卫生机构参与医疗器械临床试验。《备案办法》于2018年1月1日开始施行，2018年1月1日~2018年12月31日为过渡期。

截至2018年12月30日，除了台湾地区、香港特区、澳门特区和西藏自治区外，共29个省（自治区、直辖市）医院的676家医疗器械临床试验机构通过了备案，共备案1409个临床专业、扩大了临床试验资源、解决了试验机构不足的问题。其中广东省、江苏省、北京市、上海市和浙江省临床试验机构备案数位列前五位，共完成备案260家。

表 2-2-4　全国临床机构备案情况（截至 2018 年底）

序号	省份	数量（个）	序号	省份	数量（个）
1	广东省	68	16	山西省	17
2	江苏省	51	17	吉林省	17
3	北京市	50	18	重庆市	14
4	上海市	50	19	安徽省	11
5	浙江省	41	20	广西壮族自治区	11
6	山东省	40	21	内蒙古自治区	10
7	河南省	35	22	云南省	9
8	四川省	32	23	黑龙江省	9
9	湖南省	28	24	陕西省	8
10	天津市	25	25	新疆维吾尔自治区	7
11	河北省	25	26	海南省	6
12	湖北省	25	27	贵州省	6
13	江西省	21	28	甘肃省	4
14	福建省	18	29	宁夏回族自治区	4
15	辽宁省	18	30	部队医院	16
合计					676

资料来源：中国医疗器械行业协会。

第三章 医疗器械产品创新优先审批情况

2018年，国家药监局继续按照国务院《关于改革药品医疗器械审评审批制度的意见》（国发〔2015〕44号）、中办和国办《关于深化审评审批制度改革鼓励药品医疗器械创新的意见》（厅字〔2017〕42号），做好创新医疗器械审批工作。不仅修订了《创新医疗器械特别审查程序》，批准了21个创新医疗器械上市，降低了临床治疗成本；同时，依据《医疗器械优先审批工作程序》的要求，批准了5个优先审批产品上市，满足临床急需。

第一节 医疗器械产品创新公示情况

一、2018年医疗器械国家创新公示情况

2018年，依据《创新医疗器械特别审查程序》的要求，国家药品监督管理局医疗器械技术审评中心创新医疗器械审查办公室组织有关专家对创新医疗器械特别审查申请进行了审查，一共50个产品进入创新医疗器械特别审批通道。

这些创新产品核心技术都有我国的发明专利权或者发明专利申请已经国务院专利行政部门公开，产品主要工作原理/作用机理为国内首创，具有显著的临床应用价值。其中，41个是国产产品，分别来自14个省市。

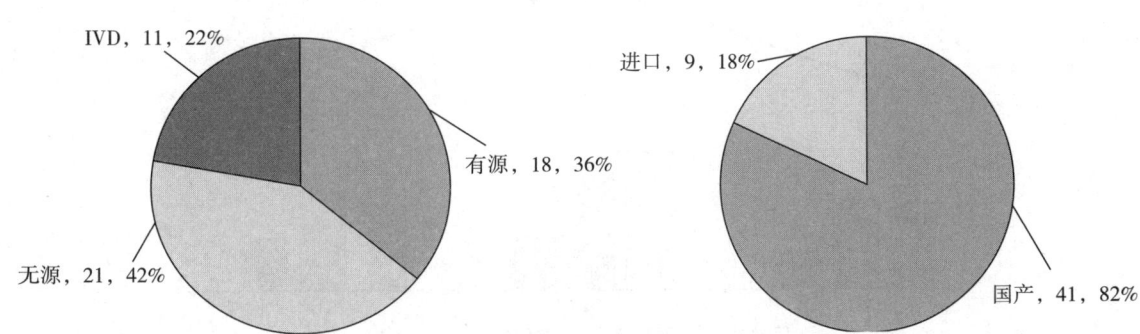

图 2-3-1 2018年公示的国家创新医疗器械情况

资料来源：中国医疗器械行业协会。

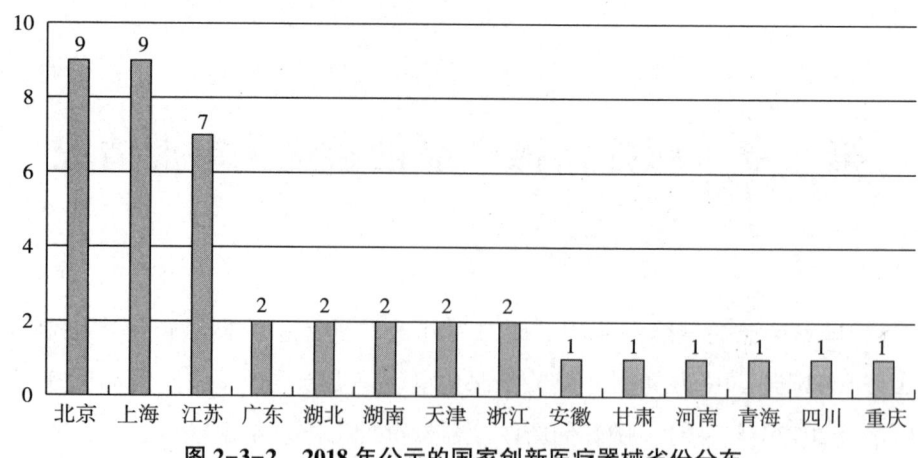

图 2-3-2 2018年公示的国家创新医疗器械省份分布

资料来源：中国医疗器械行业协会。

二、近年来医疗器械国家创新公示情况

《创新医疗器械特别审批程序（试行）》自2014年3月1日起实施，为拥有我国发明专利、技术上国内首创、具有国际领先水平，并且具有显著临床应用价值的医疗器械产品设置了特别审批通道。

通过前两年的探索，特别是在国家药品监督管理局制定发布了《创新医疗器械特别审批申报资料编写指南》，规范了创新医疗器械申报资料的准备和撰写要求，明确了在申报过程中应予关注的重点内容，解决了申报过程中的一些共性问题。

2016年以来，国家创新产品申报数量大幅度提高，极大地推动了医疗器械的研发创新和医疗器械新技术推广应用，对产业的高质量发展起到了积极的作用。2016~2018年公示的国家创新医疗器械产品数量如图2-3-3所示。

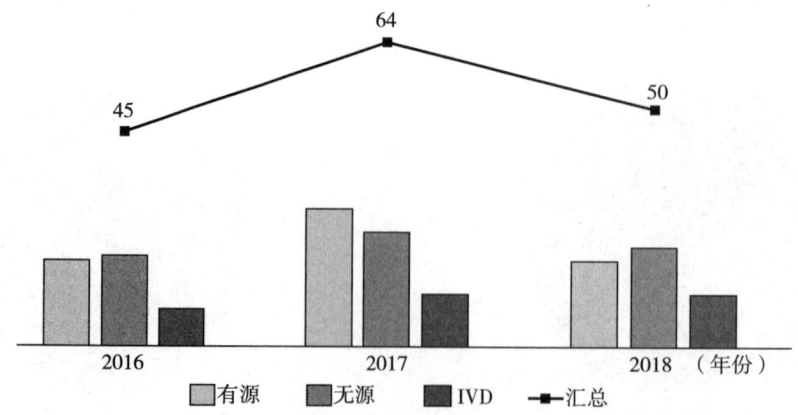

图 2-3-3 2016~2018年公示的国家创新医疗器械产品数量

资料来源：中国医疗器械行业协会。

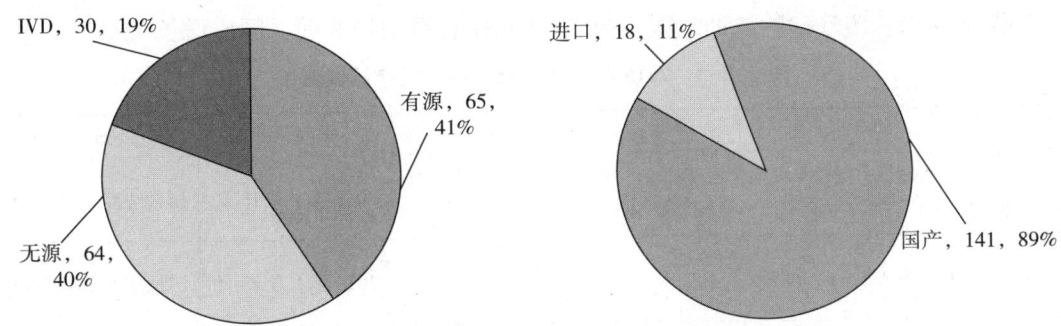

图 2-3-4 2016~2018 年公示的国家创新医疗器械情况

资料来源：中国医疗器械行业协会。

2016~2018 年，141 个国产国家创新医疗器械，来自 18 个省市。其中，北京市和上海市以 30 个独占鳌头，广东省和江苏省以 22 个紧跟其后，体现了医疗器械强省、大省的创新实力。

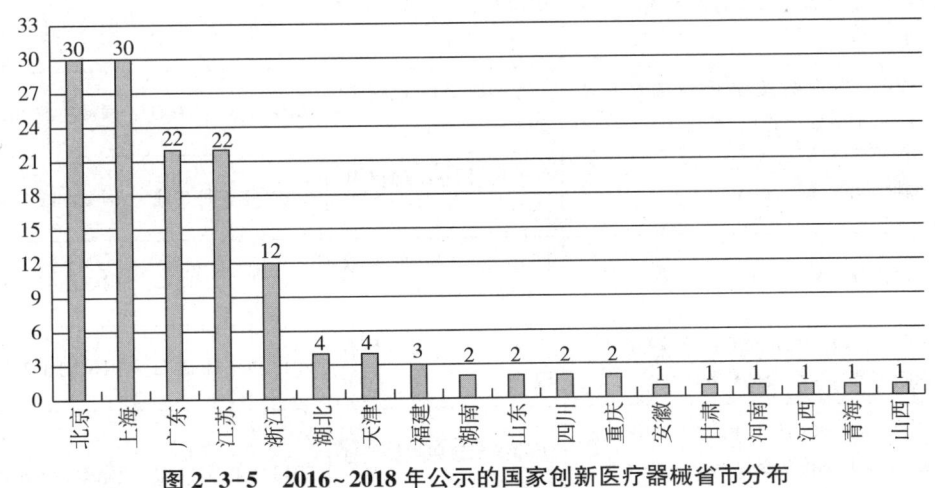

图 2-3-5 2016~2018 年公示的国家创新医疗器械省市分布

资料来源：中国医疗器械行业协会。

第二节 医疗器械创新产品注册情况

一、2018 年医疗器械国家创新产品注册情况

2018 年，国家局共批准了 21 项创新医疗器械产品上市。其中，有源医疗器械 7 项，无

源医疗器械 5 项，体外诊断试剂 9 项，与 2017 相比总数增加 8 项，同比增长 75%。

表 2-3-1　2018 年注册审批的创新医疗器械清单

序号	产品名称	申请人	批准日期	注册证号
1	人类 EGFR 基因突变检测试剂盒（多重荧光 PCR 法）	厦门艾德生物医药科技股份有限公司	2018 年 1 月 18 日	国械注准 20183400014
2	全自动化学发光免疫分析仪	北京联众泰克科技有限公司	2018 年 1 月 23 日	国械注准 20183400021
3	可吸收硬脑膜封合医用胶	山东赛克赛斯药业科技有限公司	2018 年 1 月 25 日	国械注准 20183650031
4	药物洗脱 PTA 球囊扩张导管	浙江归创医疗器械有限公司	2018 年 2 月 11 日	国械注准 20183770047
5	GNAS 基因突变检测试剂盒	天津精耐特基因生物技术有限公司	2018 年 2 月 27 日	国械注准 20183401020
6	血管重建装置	微创神通医疗科技（上海）有限公司	2018 年 3 月 15 日	国械注准 20183770102
7	miR-92a 基因表达水平检测试剂盒（荧光 RT-PCR 法）	深圳市晋百慧生物有限公司	2018 年 3 月 27 日	国械注准 20183400108
8	丙型肝炎病毒核酸定量检测试剂盒（PCR-荧光探针"磁珠-管法"）	北京纳捷诊断试剂有限公司	2018 年 4 月 20 日	国械注准 20183400157
9	脑血栓取出装置	江苏尼科医疗器械有限公司	2018 年 5 月 8 日	国械注准 20183770186
10	定量血流分数测量系统	博动医学影像科技（上海）有限公司	2018 年 7 月 12 日	国械注准 20183210282
11	人 EGFR/ALK/BRAF/KRAS 基因突变联合检测试剂盒（杂交捕获测序法）	广州燃石医学检验所有限公司	2018 年 7 月 18 日	国械注准 20183400286
12	人 EGFR、KRAS、BRAF、PIK3CA、ALK、ROS1 基因突变检测试剂盒（半导体测序法）	天津诺禾致源生物信息科技有限公司	2018 年 8 月 11 日	国械注准 20183400294
13	外科生物补片（膀胱、腹壁修补专用）	上海松力生物技术有限公司	2018 年 8 月 12 日	国械注准 20183130292
14	骶神经刺激系统	北京品驰医疗设备有限公司	2018 年 9 月 28 日	国械注准 20183120409
15				国械注准 20183120410
16	肺癌靶向药物基因突变检测试剂盒（高通量测序法）	南京世和医疗器械有限公司	2018 年 9 月 28 日	国械注准 20183400408
17	人类 SDC2 基因甲基化检测试剂盒（荧光 PCR 法）	广州市康立明生物科技有限责任公司	2018 年 11 月 16 日	国械注准 20183400506
18	人类癌症多基因突变联合检测试剂盒（可逆末端终止测序法）	厦门艾德生物医药科技股份有限公司	2018 年 11 月 16 日	国械注准 20183400507

续表

序号	产品名称	申请人	批准日期	注册证号
19	具有心肺复苏质量监测功能的病人监护系统	深圳迈瑞生物医疗电子股份有限公司	2018年11月20日	国械注准20183070510
20	紫杉醇洗脱PTCA球囊扩张导管	浙江巴泰医疗科技有限公司	2018年11月28日	国械注准20183030527
21	瓣膜成形环	金仕生物科技（常熟）有限公司	2018年12月7日	国械注准20183130534

资料来源：中国医疗器械行业协会。

二、近年医疗器械国家创新产品注册情况

经国家药品监督管理局统计，自2014年3月1日发布实施《创新医疗器械特别审批程序》以来，截至2018年底已批准了54个产品注册，对创新优先平均审评审批时间较其他普通三类首次注册产品平均压缩83天，创新产品从研发到上市的时间进一步缩短，一批创新性强、技术含量高、临床需求迫切的创新产品上市，填补了相关领域的空白，更好地满足了人民群众的健康需求[①]。

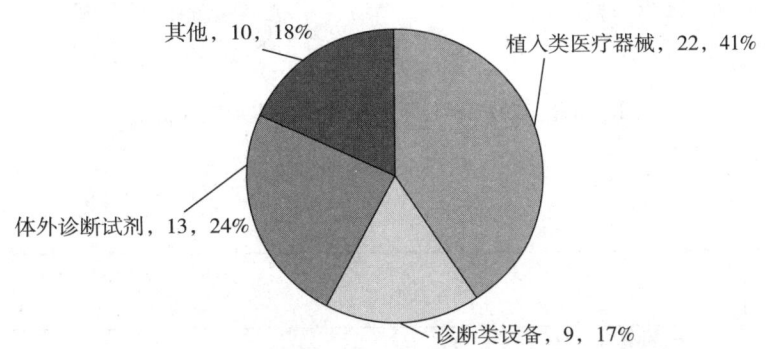

图2-3-6 2014~2018年国家创新医疗器械注册情况

资料来源：中国医疗器械行业协会。

从批准产品所在地来看，产业大省创新医疗器械数量排名靠前，分别是北京18个、上海10个、广东10个、江苏8个，占全部批准上市产品数的85%。

---

① http://www.nmpa.gov.cn/WS04/CL2176/334397.html，2019年1月11日发布。

第三节 医疗器械产品优先公示情况

一、2018年医疗器械国家优先公示情况

2018年，依据《医疗器械优先审批工作程序》要求，国家药品监督管理局医疗器械审评中心对申请优先审批的医疗器械注册申请进行了审核，共公示了11个优先审批项目。

这些优先审批的产品中，有6个是进口产品，5个国产医疗器械主要来自广东、北京、山东和浙江四省市。其中，以临床急需理由入选的数量最多，共6个产品，没有有源医疗器械（见图2-3-7）。

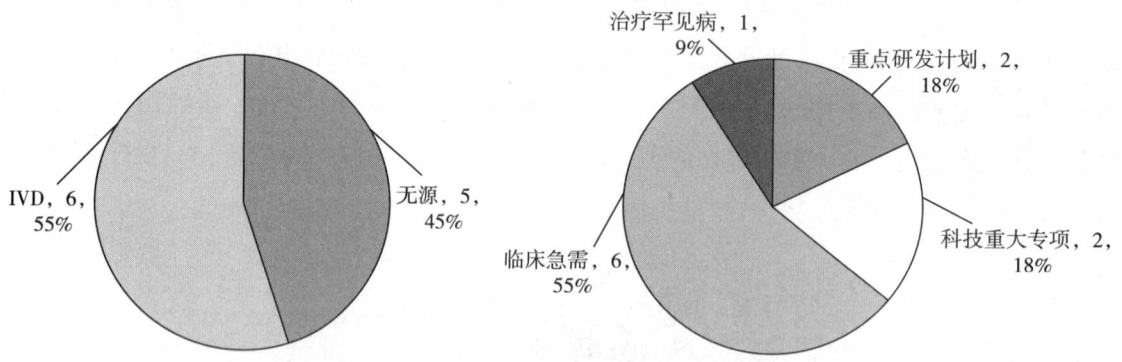

图2-3-7 2018年公示的国家优先审批医疗器械

资料来源：中国医疗器械行业协会。

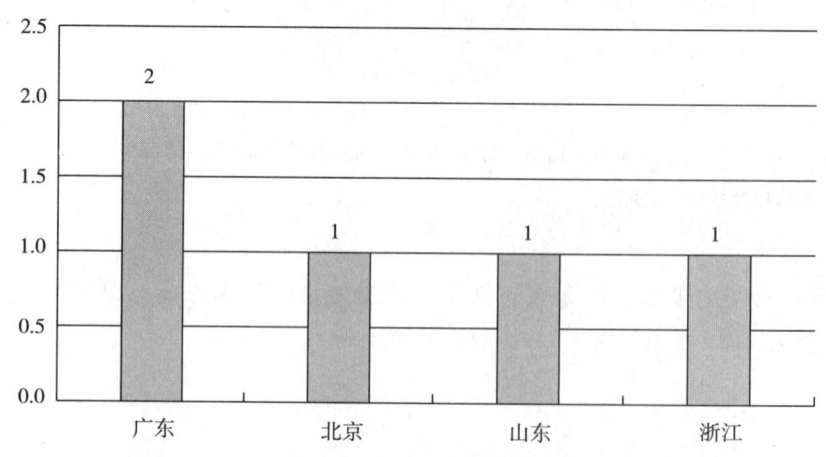

图2-3-8 2018年公示的国家优先审批医疗器械分布

资料来源：中国医疗器械行业协会。

二、近年来医疗器械国家优先公示情况

医疗器械优先审批工作程序是2017年1月1开始实施的、又一条医疗器械的绿色通道，主要针对符合条件的医疗器械予以优先审批。

两年来，一共公示了20个医疗器械产品优先审批，其中国产医疗器械14个，占优先审批公示数量的70%；纳入国家重点或重大科研计划的产品共12个、占比6成。

国产优先审批产品中，主要来自广东、北京、湖北等七省市。其中，广东以5个优先审批产品独领风骚。

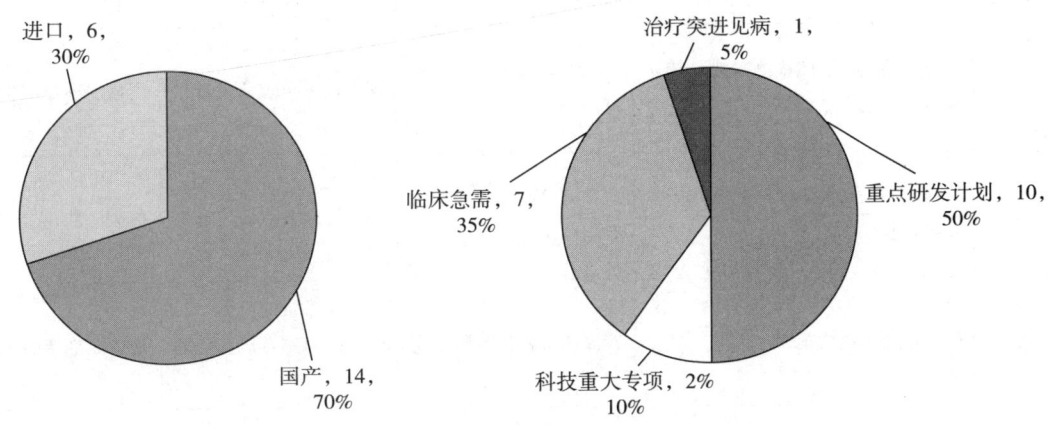

图 2-3-9　2017~2018 年公示的国家优先审批医疗器械

资料来源：中国医疗器械行业协会。

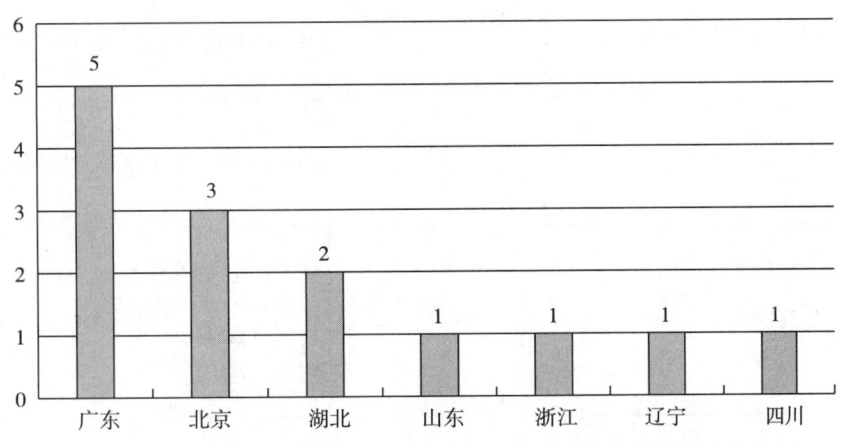

图 2-3-10　2017~2018 年公示的国家优先审批医疗器械省市分布

资料来源：中国医疗器械行业协会。

第四节 医疗器械产品优先审批注册情况

自 2017 年实施《医疗器械优先审批工作程序》以来，器审中心对优先审批的医疗器械注册进行审批。至 2018 年底，一共批准 7 个产品上市，满足了临床急需。其中，无源器械占 3 个、有源产品和体外诊断试剂各 2 个。

表 2-3-2 2017~2018 年批准的优先审批医疗器械产品清单

序号	产品	申请人	入选理由	注册证
1	风疹病毒 IgG 抗体检测试剂（荧光免疫层析法）	广州万孚生物技术股份有限公司	列入国家重点研发计划	国械注准 20183400062
2	麻疹病毒 IgG 抗体检测试剂（荧光免疫层析法）	广州万孚生物技术股份有限公司	列入国家重点研发计划	国械注准 20183400063
3	硬性电凝切割内窥镜	武汉唐济科技有限公司	列入国家重点研发计划	国械注准 20183060483
4	疝修补片	北京博辉瑞进生物科技有限公司	列入国家重点研发计划	国械注准 20183130498
5	中空纤维膜血液透析滤过器	成都欧赛医疗器械有限公司	列入国家重点研发计划	国械注准 20183450207
6	基因测序仪	武汉华大智造科技有限公司	列入国家重点研发计划	国械注准 20173401605
7	药物洗脱球囊导管	辽宁垠艺生物科技股份有限公司	临床急需，且在我国尚无同品种产品获准注册的医疗器械（可用于冠脉分叉病变）	国械注准 20173771535

资料来源：中国医疗器械行业协会。

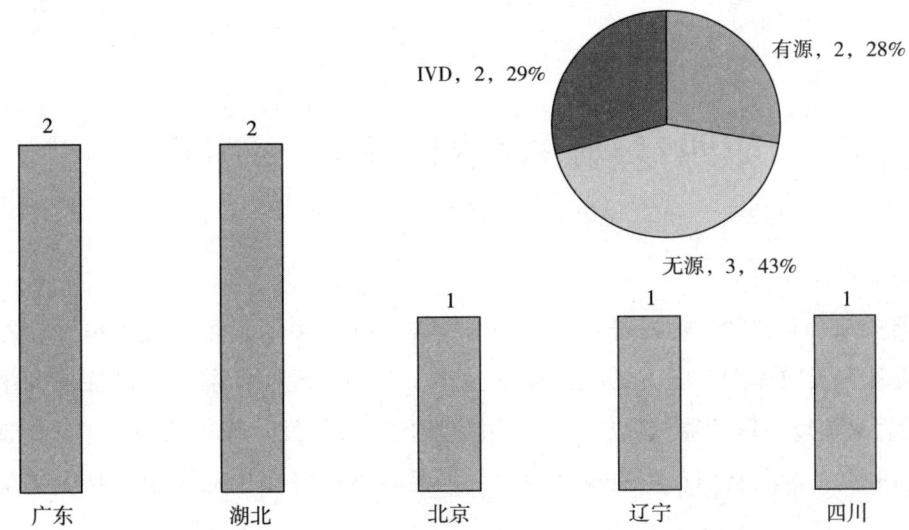

图 2-3-11 2017~2018 年批准的优先审批医疗器械情况

资料来源:中国医疗器械行业协会。

第四章 医疗器械注册人制度

医疗器械注册人制度，是指符合条件的医疗器械注册申请人可单独申请医疗器械注册证，然后委托有资质和生产能力的生产企业生产，从而实现医疗器械产品注册和生产许可"解绑"的管理制度。医疗器械注册人，对医疗器械设计开发、临床试验、生产制造、销售配送、售后服务、产品召回、不良事件报告、产品再评价等全生命周期产品质量承担全部责任。

第一节 医疗器械注册人制度简介

注册人制度是世界发达国家普遍使用的一项管理制度，这将推动医疗器械行业的生产组织方式变革，从而改变产业发展格局。

医疗器械注册申请人可以单独申请医疗器械注册证，然后委托给有资质和生产能力的生产企业生产，从而实现医疗器械产品注册和生产许可的"解绑"，是将上市许可与生产许可分离的管理模式。在这种机制下，注册人可以将产品委托给不同的生产商生产，产品的安全性、有效性和质量可控性均由注册人负责。我国现行的医疗器械生产注册管理制度是一种"捆绑式"制度，要求医疗器械企业先取得生产许可，再获得产品注册；生产许可和产品注册必须为同一主体。这种模式下，医疗器械注册证一般只颁发给具有医疗器械生产资质的企业。

表 2-4-1 医疗器械注册人制度主要文件清单

序号	标题	发文字号	发布日期	实施日期
1	国务院关于改革药品医疗器械审评审批制度的意见	国发〔2015〕44号	2015年8月18日	2015年8月18日
2	国务院关于印发全面深化中国（上海）自由贸易试验区改革开放方案的通知	国发〔2017〕23号	2017年3月30日	2017年3月30日
3	中共中央、国务院办公厅关于深化审评审批制度改革鼓励药品医疗器械创新的意见	厅字〔2017〕42号	2017年10月8日	2017年10月8日

续表

序号	标题	发文字号	发布日期	实施日期
4	上海市食品药品监督管理局关于实施《中国（上海）自由贸易试验区内医疗器械注册人制度试点工作实施方案》的通知	沪食药监械管〔2017〕257号	2017年12月1日	2017年12月1日
5	总局关于上海市食品药品监督管理局开展医疗器械注册人制度试点工作的公告	2018年第1号	2018年1月9日	2018年1月9日
6	上海市人民政府办公厅关于本市推进研发与转化功能型平台建设的实施意见	沪府办规〔2018〕6号	2018年1月18日	2018年2月1日
7	医疗器械注册人制度试点商业保险投保指南	—	2018年5月15日	2018年5月15日
8	国务院关于印发进一步深化中国（广东）自由贸易试验区改革开放方案的通知	国发〔2018〕13号	2018年5月24日	2018年5月24日
9	国务院关于印发进一步深化中国（天津）自由贸易试验区改革开放方案的通知	国发〔2018〕14号	2018年5月24日	2018年5月24日
10	医疗器械监督管理条例修正案（草案送审稿）	—	2018年6月25日	2018年6月25日
11	天津市市场监管委等11部门关于印发天津市关于深化审评审批制度改革鼓励药品医疗器械创新的实施方案的通知	津市场监管药注〔2018〕23号	2018年6月29日	2018年6月29日
12	上海市食品药品监督管理局关于将本市医疗器械注册人制度改革试点扩大至全市范围实施的公告	2018年第49号	2018年7月5日	2018年7月5日
13	上海市食品药品监督管理局关于发布《上海市医疗器械注册人委托生产质量管理体系实施指南（试行）》的通告	2018年第36号	2018年8月14日	2018年8月14日
14	国家药品监督管理局关于同意开展医疗器械注册人制度试点工作的批复	国药监函〔2018〕42号	2018年8月16日	2018年8月16日
15	国家药品监督管理局关于同意开展医疗器械注册人制度试点工作的批复	国药监函〔2018〕43号	2018年8月16日	2018年8月16日
16	广东省食品药品监督管理局关于印发《广东省医疗器械注册人制度试点工作实施方案》的通知	—	2018年8月22日	2018年8月22日
17	天津市市场和质量监督管理委员会关于印发《中国（天津）自由贸易试验区内医疗器械注册人制度试点工作实施方案》的通知	天津市场监管械注〔2018〕7号	2018年8月25日	2018年8月25日
18	上海市人民政府关于深化审评审批制度改革鼓励药品医疗器械创新的实施意见	—	2018年11月7日	2018年11月7日

续表

序号	标题	发文字号	发布日期	实施日期
19	广东省药品监督管理局关于发布《广东省医疗器械注册人生产质量管理体系实施指南（试行）》的通告	2018年第7号	2018年11月8日	2018年11月8日
20	天津市食品药品质量监督管理协会关于发布中国（天津）自由贸易试验区医疗器械注册人委托生产质量协议编写指南的通知	天津食药监协字（2018第1号）	2018年11月8日	2018年11月8日
21	天津市市场监督管理委员会关于发布天津市医疗器械注册人委托生产质量管理体系实施指南（试行）的通知	天津市场监管械监〔2018〕28号	2018年11月21日	2018年11月21日
22	国务院关于全面推进北京市服务业扩大开放综合试点工作方案的批复	国函〔2019〕16号	2019年2月22日	2019年2月22日

资料来源：中国医疗器械行业协会。

第二节　医疗器械注册人制度在我国的发展历程

2000年4月1日，《医疗器械监督管理条例》（国务院令第276号）施行，明确规定医疗器械生产企业在取得医疗器械产品生产许可证和注册证书后，方可生产经营医疗器械。

2014年6月1日，全面修订的《医疗器械监督管理条例》（国务院令第650号）颁布施行。该条例颁布后，产品注册与生产场地许可的次序发生了变更，从必须先办理生产企业许可证再注册产品，转为可先注册产品再办理生产许可。在2014年之后需要以产品为单位，依次取得产品注册证和生产许可证两个证书后才能上市销售。

2015年8月，国务院发布《关于改革药品医疗器械审评审批制度的意见》，提出推进药品上市许可人制度。

2016年6月，国务院办公厅正式出台《药品上市许可持有人制度试点方案》，10省市进入试点，原定试点期到2018年11月4日止。目前全国人大常委会已授权国务院将药品上市许可持有人制度试点工作延长一年。

2017年3月31日，《国务院关于印发全面深化中国（上海）自由贸易试验区改革开放方案的通知》明确"允许自贸试验区内医疗器械注册申请人委托上海市医疗器械生产企业生产产品"。

2017年10月8日，中共中央、国务院办公厅印发的《关于深化审评审批制度改革鼓励药品医疗器械创新的意见》，成为医疗器械注册人制度的重要依据和纲领性文件。

2017年12月7日，上海市食品药品监督管理局率先发布了关于实施《中国（上海）自由贸易试验区内医疗器械注册人制度试点工作实施方案》的通知，医疗器械注册人制度在上海试点落地，从此拉开了医疗器械注册人制度的大幕。

表 2-4-2　医疗器械注册人制度发展历程

时间	药监文件发布或标志性事件	说明
2017年12月7日	上海市食品药品监督管理局发布了关于实施《中国（上海）自由贸易试验区内医疗器械注册人制度试点工作实施方案》的通知	注册人制度率先在上海实施
2018年1月9日	国家食品药品监督管理总局发布《总局关于上海市食品药品监督管理局开展医疗器械注册人制度试点工作的公告》	为注册人制度实施提供了制度保障
2018年2月27日	上海远心医疗科技有限公司的单道心电记录仪获得了医疗器械注册人制度试点之后的第一张注册证，受托生产企业为上海微创电生理医疗科技股份有限公司	上海实施注册人制度以来的第一个成果
2018年5月24日	国务院印发《进一步深化中国（广东）、（天津）、（福建）自由贸易试验区改革开放方案》	注册人制度扩展到广东和天津两地
2018年7月5日 2018年7月10日	上海市发布《关于将本市医疗器械注册人制度改革试点扩大至全市范围实施的公告》以及"扩大开放100条"行动方案	注册人制度试点推广到上海全市及长三角地区
2018年8月16日	国家食品药品监督管理总局发布《国家药品监督管理局关于同意开展医疗器械注册人制度试点工作的批复》	天津市、广东省试点方案正式获批
2018年8月22日 2018年8月25日	《广东省医疗器械注册人制度试点工作实施方案》和《中国（天津）自由贸易试验区内医疗器械注册人制度试点工作实施方案》正式发布	为广东和天津的注册人制度提供制度保障
2018年9月29日	深圳迈瑞科技有限公司委托母公司深圳迈瑞生物医疗电子股份有限公司生产的注射泵	广东省注册人制度施行后的首张注册证
2018年12月17日	广州市豪尔生医疗设备有限公司取得了广东省的第一张医疗器械注册人制度试点产品的优先批件——样机是委托奥咨达集团的深圳CDMO基地"深圳奥兴医疗器械科技发展有限公司"生产	开创全国先河，打造委托生产医疗器械的新型生产方式
2019年2月22日	国务院批复了关于全面推进北京市服务业扩大开放综合试点工作方案，同意在北京市继续开展和全面推进服务业扩大开放综合试点。	注册人制度试点工作范围进一步扩大。

资料来源：中国医疗器械行业协会。

至此，国家相继在上海、广州、深圳、珠海、天津、北京等地实施医疗器械注册人制度试点，打破现行制度中注册与生产两大环节的"捆绑"模式。

第三节 医疗器械注册人制度在各地试点的成果和进展

一、上海市医疗器械注册人制度的新举措和试点成果

上海市在医疗器械注册人制度试点工作方面主要实施了四项创新举措：一是允许上海市内的医疗器械注册人直接委托上海市医疗器械生产企业生产产品和样品。二是允许满足相应的条件的生产企业、研发机构、科研人员作为医疗器械注册申请人申请医疗器械注册证。三是允许注册人多点委托生产。注册人在获批首家生产后，可以再委托其他生产企业生产。四是允许本市受托生产企业提交委托方持有的医疗器械注册证申请生产许可。

公开资料显示，上海注册人制度实施至今，已有8款医疗器械产品获得了注册证，分别针对集团内委托、非关联主体跨区域委托、进口产品国产化、扩大生产场地、多点委托、科研机构医工互动等情形，涵盖了第二类医疗器械和体外诊断试剂。另有8家企业16个产品已经纳入试点范围，正在积极申报，109家企业的334项产品有意向参与试点，并在积极准备相关材料。

自上海市实施医疗器械注册人制度试点一年多以来，上海医疗器械产业产值有明显的增长，2018年产值比2017年增长了30个亿，显示了医疗器械注册人制度的强大生命力。同时，更多的企业有在上海聚集的趋势，TCL、阿里健康、顺丰等医疗器械行业外的著名企业都表明了借助上海医疗器械注册人制度的优势拓展医疗器械领域业务的想法。

二、广东省医疗器械注册人制度的新举措和成果

广东省在医疗器械注册人制度试点工作方面主要实施了五项创新举措。一是允许符合条件的医疗器械注册人直接委托广东省医疗器械生产企业生产样品、产品。二是允许注册人多点委托生产。三是允许广东省受托生产企业提交注册人持有的医疗器械注册证申请生产许可。第四，已取得医疗器械注册证的医疗器械生产企业且所在地为广州、深圳、珠海市（含上述自贸区）的，可参照《方案》有关规定执行。

第五，鼓励集团公司成为注册人，集团公司对各子公司实行统一的质量管理体系，集团公司对所有上市的产品质量负全部责任。

广东省实施医疗器械注册人制度虽然时间不长，但已取得了一定的成绩。

委托集团母公司生产的迈瑞科技的注射泵、输液泵和输液管理系统，获得了注册人制度

试点以来的首张医疗器械产品注册证，证明了广东省医疗注册试点的可行性，也是探索并整合集团内部资源优势的成功尝试。

委托奥咨达医疗器械服务集团、深圳 CDMO 平台生产样机的广州市豪尔生手提式压力蒸汽灭菌器取得了第一张广东省注册人制度试点优先批件，这是真正意义上的委托合同生产组织生产医疗器械样品的新型生产方式的大胆实践，形成了注册人和受托人相互监督制约的质量安全"双保险"，迈出了探索创新监管模式的第一步，着力推动行业的高质量创新发展。

广东省自实施医疗器械注册人制度试点以来，共有 5 家企业的 5 个产品进入优先注册检测通道，其中 8 家企业 15 个产品进入审评通道；1 家企业的 5 个产品获准许可；33 家企业有参与试点的意向，涵盖第二类、第三类医疗器械。

三、医疗器械注册人制度在京津冀试点进展

天津的试点工作也取得了一定成效，截至目前，在天津自贸区已有 1 家企业完成医疗器械注册人申报，注册产品在审。有 4 家企业已完成注册人与受托企业协商考察，处于注册样品生产、注册样品检验等申报前期的准备阶段。

京津冀三地正在积极探索建立京津冀医疗器械注册人制度统筹协同发展机制。2018 年 4 月，北戴河新区管委会、北戴河生命健康产业研究院、河北省食品药品监督管理局与北京市食品药品监督管理局进行商洽，拟就落实医疗器械注册人制度实施的监管职责签订合作协议。12 月，北京药监局向北京市委市政府推进京津冀协同发展领导小组办公室报送了《关于对支持北戴河生命健康产业创新示范区试点医疗器械上市许可持有人（注册人）制度的意见》。

自北京市服务业扩大开放综合试点工作方案获批以来，三地统筹研究，积极谋划，探索京津冀医疗器械监管协同发展机制，建立联席沟通会议制度，研究制定并实施注册人制度，进一步促进创新医疗器械成果快速转化，不断深化"放管服"改革工作，加快创新产品上市步伐，努力构建京津冀地区单元互补、合作共赢的产业体系和发展格局，在重点区域试点实施注册人制度。

注册人制度在京津冀试点，有利于统筹利用三地的科研资源、医疗资源、人力资源和土地资源，盘活现有产能，实现优势互补，有利于深入落实医疗器械审评审批制度改革、促进小微创新企业发展、加快创新产品转化落地。

第四节 医疗器械注册人制度促进产业的新发展

实施医疗器械注册人制度，是认真贯彻落实新发展理念、实施创新驱动发展战略、鼓励医疗器械创新的重要举措。从各地试点工作情况来看，医疗器械注册人制度有利于鼓励产品创新、优化资源配置、落实主体责任、推动管理创新，有利于推动医疗器械产业高质量发展。

（1）激发了研发人员和医院医生的积极性，加速"产学研用融"的成果转化，极大鼓励了产品创新。

（2）对接国际医疗器械生产通行规则，促进高端医疗器械国产化。

（3）降低医疗器械产品研发的合规成本，加快医疗器械上市。

（4）推动生产组织方式的变革，优化医疗器械产业链分工与合作，促进行业资源合理配置。

（5）落实主体责任、创新管理方式，促进医疗器械产业高质量发展。

医疗器械注册人制度从根本上解决了委托生产的过程问题，预示着医疗器械生产方式转型的真正开始。这将对医疗器械行业发展产生深远影响，进一步加快改变医疗器械行业的格局。

第五节 医疗器械注册人制度下的新业态

改革开放走过 40 年，中国经济总量已经突破 90 万亿元。站在这一新的高度，原有发展模式已经难以为继。现阶段国内医疗器械行业面临机遇和挑战并存的局面，加速提高中国医疗器械产业的技术创新能力，加强医疗器械研发的产、学、研、用、融联合，已经成为行业当务之急。国产医疗器械企业需要加大自主创新力度，加速医疗器械科技成果转化落地，打造企业自有品牌。

医疗器械合同研发生产组织（Contract Development Manufacture Organization，CDMO），是一种新兴外包服务模式，主要接受医疗器械注册申请人的委托，为其提供生产工艺的的开发和改进服务以及临床试验和商业化销售所用原辅料、管理、生产的生产供应服务。

临床研究组织（Clinical Research Organization，CRO），是通过合同形式为制药企业、医疗机构、中小医药医疗器械研发企业、甚至各种政府基金等机构在基础医学和临床医学研发过程中提供专业化服务的一种学术性或商业性的科学机构。

合同销售组织（Contract Sales-logistics Organization，CSO），主要是指为医疗器械生产和流通企业提供仓储、配送、物流管理等专业第三方物流服务，解决流通环节中存在的成本高、不专业、不合规等问题。

随着国内创新大潮的来临和医疗器械注册人制度等相关热点政策的落地，国内服务外包市场也将迎来新一轮增长，尤其是具有研发创新能力的合同研发生产组织成长空间更为巨大。合同研发生产组织（CDMO）+临床研究组织（CRO）+合同销售组织（CSO）的3C新模式探索，三者有机结合、互为补充，为医疗器械产品和企业提供一站式"闭环"服务，实现了医工转化新业态，推动产业集聚发展，具有明显的低成本、高质量、产能灵活等特点和优势，可以促进科技成果转化、减少产品上市资源投入、拓宽销售渠道增加收入。三者贯穿于医疗器械全生命周期的全流程，成为注册人制度下医疗器械企业的新尝试。

国务院颁布的《中国制造2025》要求"以创新发展为主题，围绕产业链部署创新链，围绕创新链配置资源链，加强关键核心技术攻关，加速科技成果产业化，提高关键环节和重点领域的创新能力"，其中"生物医药及高性能医疗器械"是十大需重点突破发展的领域之一。提高医疗器械的创新能力和产业化水平是重中之重，而3C创新服务平台是促进医疗器械创新及转化能力、加快产业化进度的重要服务平台。

新制度催生新业态，也带来了行业新变革，CDMO+CRO+CSO这一全新的模式应运而生。医疗器械3C服务平台，构建创新孵化、产业集聚和资本助力的医疗器械产业生态圈，助力地方产业升级，推进医疗器械研发落地、产品上市、企业和产业快速集聚发展。

公司介绍

北京中生金域诊断技术股份有限公司

富业绩者为人杰，善创新者雄天下

中生金域成立于2003年，致力于妇女儿童保健、慢病管理、临床营养诊断等即时检测（POCT）相关产品的研发、生产和销售于一体的高新技术企业，2010年被北京经济和信息化委员会评为"北京市企业技术中心"，是北京市产学研一体化示范单位。公司始终坚持科技技术创新，以中国科学院生物物理研究所研发平台为依托，由国内数名专家组成的科技创新研发团队，承担了多项国家"863计划"、"十一五规划"和"十二五规划"重大课题研究。目前经营的产品均为国内首创，获得十余项自主知识产权，填补了国内多项医学诊断技术的空白。中生金域秉承"做特色，求完美"的经营理念，恪守"挚诚守信"的商业道德，大力倡导"富业绩者为人杰，善创新者雄天下"的企业精神，聚四海英才，锐意进取，不断超越，携手五洲朋友共步辉煌明天！

2011年，发起组建中国临床营养产业技术创新战略联盟；
2014年，发起组建即时检测与健康监测物联网产业技术创新战略联盟；
2018年，发起组建中华预防医学会微生态学分会诊断微生态学组。

十一五成果

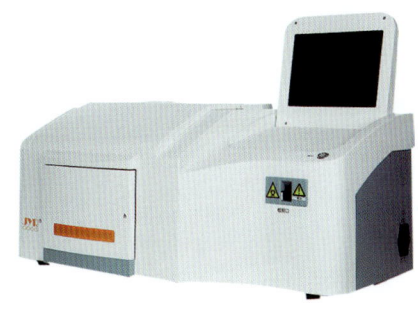

阴道分泌物分析系统

- 可检测乳酸菌、需氧菌、厌氧菌等多种生物标志物和形态学指标，提供全息化的功能学与形态学检测方案，准确/全面评价阴道微生态。
- 强大的数据库与决策支持系统，为临床提供阴道微生态综合评价、阴道感染诊断与鉴别诊断、临床辅助诊断决策的解决方案，提升生殖道感染诊疗能力。
- 依据采集的阴道菌群结构和功能信息，对阴道菌群的密集度、多样性、优势菌、机体炎性反应和病原菌等5个方面进行全面评价，通过数据库的序列对比，更全面、更系统的评估患者阴道微生态。
- 依据镜检和生化检查等信息，通过诊断决策支持系统，能够查出36种阴道感染（单一感染10种、双重感染15种和多重感染11种），鉴别诊断单一性感染和混合性感染。

十二五成果

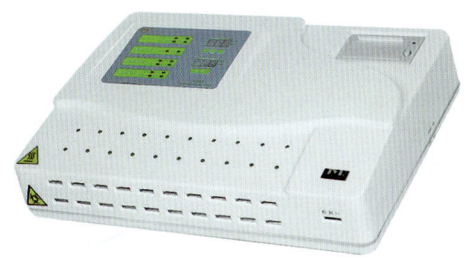

肠道屏障功能分析系统

肠源性感染的早期预警和风险评估，为临床提供个体化营养治疗方案

- 儿科：感冒、发烧、流感、肺炎
- 创伤应激：外科手术、烫伤、烧伤等。
- 急慢性疾病：炎性肠病、肠梗阻、重症胰腺炎、严重创伤、重症胆管炎、梗阻性黄疸、肝硬化、心肺肾功能障碍、慢性肠衰竭、多器官功能衰竭、脓毒症、糖尿病、感染、物理性损伤、营养不良、静脉营养、肥胖等。

国内首创系列产品：

- 需氧菌阴道炎/细菌性阴道病五项联合测定试剂盒（爱必维）
- 细菌性阴道病联合测定试剂盒（妇炎知）
- 骨源性碱性磷酸酶试剂盒
- 肠道屏障功能分析系统

- 尿液碘测定试剂盒
- 尿半乳糖测定试剂盒
- 肿瘤营养评价决策系统

北京中生金域诊断技术股份有限公司

地址：北京市·昌平区
电话：010-80108963-1160
热线：18910776376
网址：www.jyr.cc

做特色，求完美

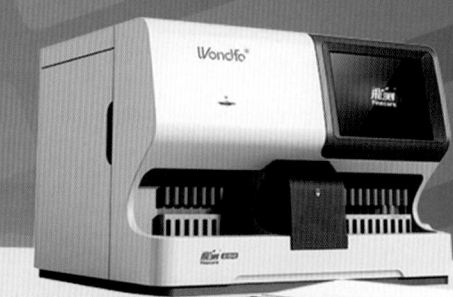

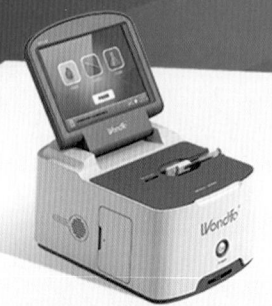

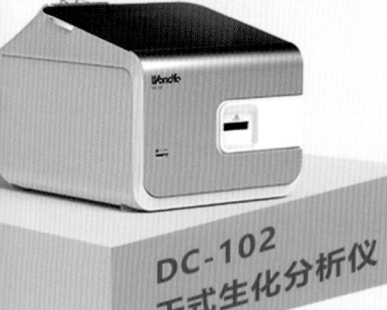
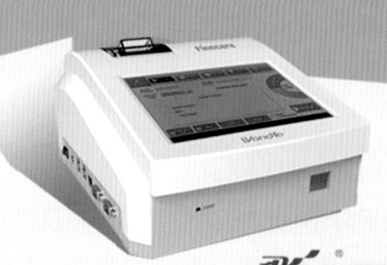

全自动化学发光免疫分析系统

全球最快 600T/H

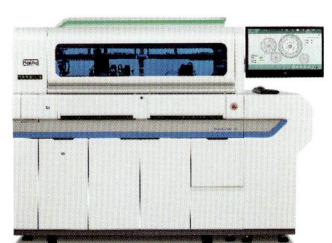

MAGLUMI® X8
- 测速：600T/H，拓展可达2400T/H
- 样本位：300个
- 试剂位：42个

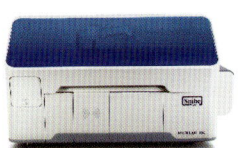

MAGLUMI® 800
- 测速：180T/H
- 样本位：40个
- 试剂位：9个

MAGLUMI® 2000
- 测速：180T/H
- 样本位：144个
- 试剂位：15个

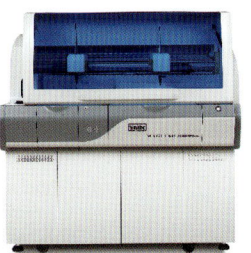

MAGLUMI® 2000 Plus
- 测速：180T/H
- 样本位：144个
- 试剂位：25个

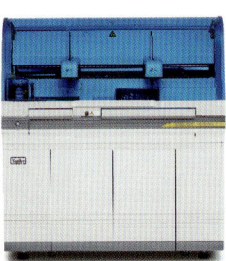

MAGLUMI® 4000 Plus
- 测速：280T/H
- 样本位：144个，可拓展至280个
- 试剂位：25个

全自动生化分析系统

Biossays® BC1200
- 测速：900T/H
  (生化600T/H，标配电解质300T/H)
- 样本位：115个
- 试剂盘：90个位置

Biossays® BC2200
- 测速：1600T/H，拓展可达6400T/H
- 样本位：280个
- 试剂盘：90个位置

全自动生化免疫流水线 Biolumi® 8000

灵活的组合方案，充分满足实验室需求

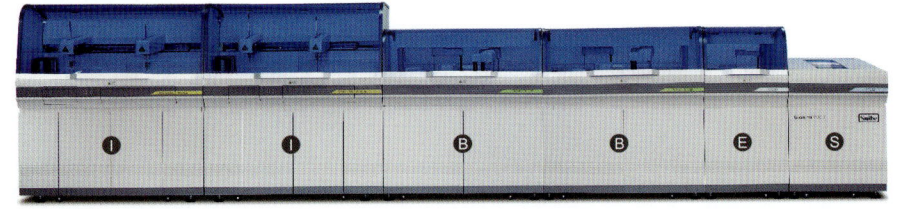

模块基本参数
- **I** 化学发光免疫模块 280T/H
- **B** 生化模块 1600T/H
- **E** 电解质模块 1000T/H
- **S** 样本处理模块 可同时装载280个样本

灵活的组合方案

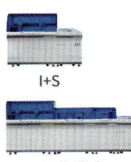

I+S　　I+I+B+S
I+B+E+S　　I+I+B+B+E+S

深圳市新产业生物医学工程股份有限公司

地址：深圳市南山区科园路1008号软件产业基地1栋A座19-21层
邮箱：marketsnibe@snibe.cn

营销中心
电话：400-776-8886　0755-86028334
传真：0755-26508339　26654810

BaiO 百傲
关注基因 改善健康

股票简称：百傲科技
股票代码：430353

中国
个体化用药
基因诊断
先行者

 20年行业经验

 数百家一线三甲医院广泛应用

 自主研发形成闭环产业链

 智能制造迎接新工业革命

上海百傲科技股份有限公司

地址：上海市徐汇区桂平路333号1号楼4楼
电话：021-64851599、400-001-2126
邮箱：contact@baio.com.cn
网址：www.baio.com.cn

百傲基因芯片技术平台

全血直扩　通量更高　更精准　更便捷

获批中国第1张个体化用药基因诊断产品注册证　试剂均获三类医疗器械注册证

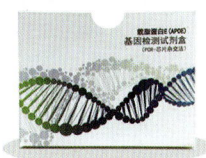

载脂蛋白E（APOE）基因检测试剂盒
PCR-芯片杂交法

国械注准20193400285

临床应用：他汀类降脂药疗效评估、老年痴呆症辅助诊断及健康管理

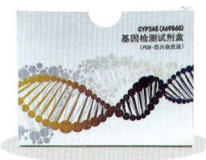

CYP3A5（A6986G）基因检测试剂盒
PCR-芯片杂交法

国械注准20193400286

临床应用：免疫抑制剂、地平类降压药等个体化用药指导

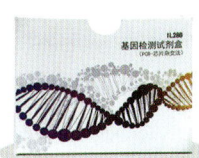

IL28B基因检测试剂盒
PCR-芯片杂交法

国械注准20193400287

临床应用：慢性丙肝患者干扰素疗效评估及药物选择

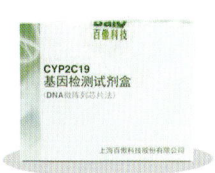

CYP2C19 基因检测试剂盒
DNA微阵列芯片法

国械注准20173400643

临床应用：氯吡格雷、抗抑郁药、质子泵抑制剂等个体化用药指导

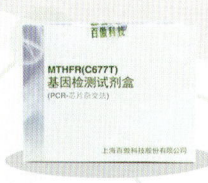

MTHFR（C677T）基因检测试剂盒
PCR-芯片杂交法

国械注准20163402259

临床应用：孕产妇、高血压等人群叶酸个体化补充及多种疾病的危险度评估

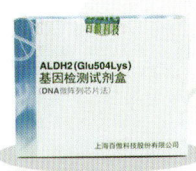

ALDH2 基因检测试剂盒
DNA微阵列芯片法

国械注准20163402573

临床应用：硝酸甘油疗效评价、健康饮酒及酒精性疾病危险评估

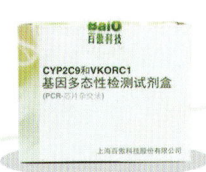

CYP2C9&VKORC1 基因多态性检测试剂盒
PCR-芯片杂交法

国械注准20163402239

临床应用：华法林、沙坦类降压药、磺脲类降糖药等个体化用药指导

BaiO 百傲　关注基因　改善健康

股票简称：百傲科技
股票代码：430353

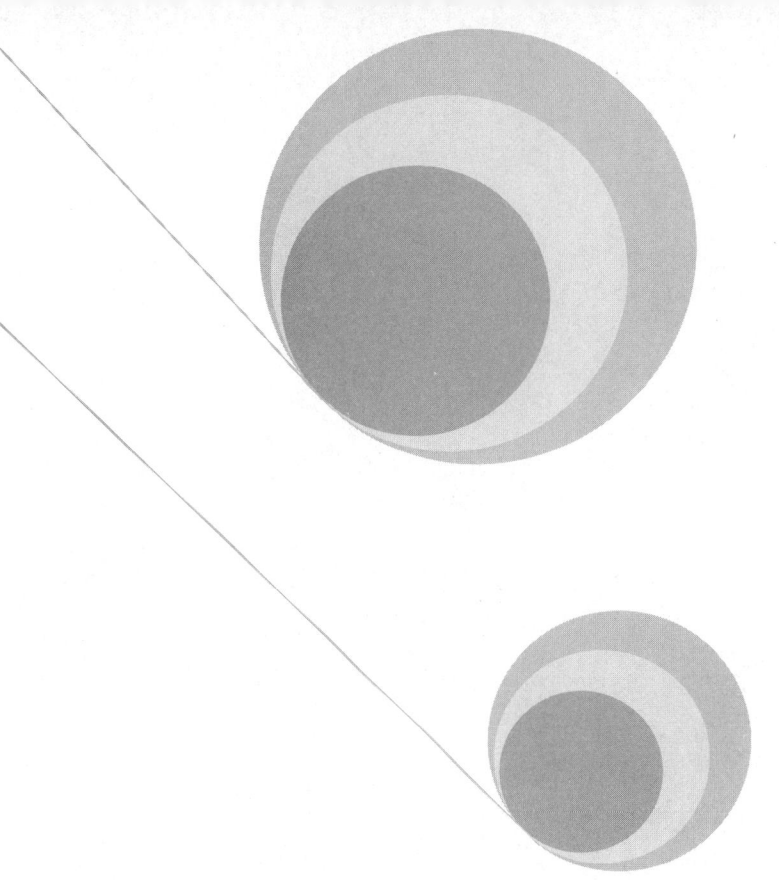

现场快速检测行业发展报告

第一章 现场快速检测行业概述

第一节 现场快速检测产品概述

现场快速检测（POCT）的定义：在采样现场进行的、利用便携式分析仪器及配套试剂快速得到检测结果的一种检测方式。

现场快速检测设备主要包括血糖检测、血气和电解质分析、快速血凝检测、心脏标志物快速诊断、药物滥用筛检、尿液分析、怀孕测试、粪便隐血、血液分析、食品病原体筛查、血红蛋白检测、传染病检测、肿瘤标志物检测、毒品/酒精检测等检测设备。

第二节 现场快速诊断行业发展特点

中国医疗器械产业持续保持快速增长态势。生产、销售继续保持较快增长，效益继续增长，出口稳定增长，整体效益情况良好，同比增长高于医药行业平均水平。

现场快速检测作为检验医学中具有革命性的飞速发展领域，越来越受到关注和重视，现场快速检测技术的发展对检验医学起了很大的推动作用，高质量的仪器和试剂的使用又推动了现场快速检测的发展。随着经济的发展、社会的进步和人口整体素质的提高，人们对有关医疗、保健知识的了解及关注程度不断提高，特别是亚健康及慢性病患者需要经常了解身体及疾病进展情况。这些需求促使临床检验仪器、试剂向着携带便捷、操作方便、结果"即时即地"可得的现场快速检测方向发展。

现场快速检测的特点决定了其应用场所极其广泛，其产品既可放置于规范的实验室内，也可出现在多种现场，包括大型医院的病房、门诊、急诊、胸痛中心、手术室、监护室；基层医院、社区保健站和私人诊所；疾病预防控制中心、灾害医学救援现场、食品安全现场、环境保护现场；海关检疫、违禁药品快速筛查；法医学现场；生物反恐现场等。

国际上现场快速检测技术发展迅速，它是高新技术的缩影，是检测技术的集大成者。在世界范围内，新兴的现场快速检测技术在临床医疗、生物应急、社区医疗乃至家庭慢病管理领域的应用及其管理都有一个发展过程。近10年来，我国在此领域发展迅猛，但仍需要向先进国家学习科学的理念、先进的技术、市场应用管理政策。为推动我国现场快速检测产业的发展，2012年国务院印发关于生物产业发展规划，2011~2013年国家通过"863"计划，"十二五"科技项目计划大力支持现场快速检测产业发展，极大地推动了我国POCT产业的迅速崛起，对检验医学的发展将会带来巨大的推动作用。

近年来，随着医疗模式与健康理念的转变、科学技术的快速发展强力推动了现场快速检测的发展。现场快速检测弥补了传统临床实验室流程烦琐不能实施床旁检测的缺点，向着产品智能化、产品信息化、产品更便携、速度更快、方法更简单、检测现场实时化、精确度更高的方向发展，实现"互联网+"的集约化管理，高度体现了当代科技的信息化。

第三节 现场快速诊断行业发展现状

我国现场快速检测产业的发展开始于20世纪80年代，经历多年的发展，从无到有，从弱到强，现已具备产业规模发展条件。我国现场快速检测产业的增长速度高于发达国家现场快速检测产业的增长速度。其产品市场广阔，2017年我国现场快速检测市场约70亿元，年增长率为20%以上。近年来，我国产品出口量增长也极为迅猛，正日益成为国际现场快速检测市场的重要角色。

现场快速检测设备集合了多学科的新技术，是高新技术的微缩。小型便携现场快速检测测定仪器的发展对现场快速检测技术进步起到巨大的推动作用，无需肉眼观察即可定性结果，而且大大缩短了检测时间。不管是医院内的床旁检测还是突发公共卫生事件的应急检测，现场快速检测设备具有大型仪器不具备的时间、现场检测和家庭检测等优势，是大型仪器无法替代的检测技术。

在发达国家，现场快速检测设备用于临床医疗、生物应急、社区医疗乃至家庭化慢病管理等领域，有着完善的发展、管理、应用规划。2013年，全球现场快速检测设备的市场规模约为100亿美元。目前，我国现场快速检测设备产品主要用于血糖检测、妊娠检测、血气和电解质检测、凝血功能以及疾病标志物检测。我国现场快速检测设备市场还刚起步，但增速快，这也是我国现场快速检测设备产品的潜力所在。我国已经加大对现场快速检测设备产业的扶持，总的扶持规模将达上百亿元。在我国科技部、"863计划"、"973计划"等多个重大专项中，都有现场快速检测设备项目。2011年我国正式启动"十二五""863计划"生物和医药技术领域"体外诊断技术产品开发"重大项目，2012年国务院印发关于生物产业发展规划。此外，居民健康意识的提升和医保覆盖范围的推进等因素，都将极大推动我国现场快速检测设备产业的迅速崛起。

第二章 市场发展分析

第一节 现场快速检测市场发展状况

一、市场规模

现场快速检测是检验医学发展的新领域，同时也是体外诊断产品（IVD）行业中最具发展潜力的领域之一。现场快速检测具有快速简便、现场分析等特点，能减少样品转送流程，缩短报告时间，得以顺应现代社会快节奏的工作方式并满足个性化的服务要求。因此，现场快速检测的应用范围也日益广泛。从应用领域看，现场快速检测产品可应用于临床检验、慢病监测、应急反恐、灾害医学救援、传染病监测、检验检疫、食品安全、毒品检验等公共卫生领域。

从市场规模来看，全球现场快速检测市场发展迅速，2017年规模约为140亿美元，预计在2026年将达到240亿美元的市场规模。我国POCT行业年增速保持在20%~30%，高于国际市场8%左右的增长水平，尽管起步较晚，但由于其特点及优势较为突出，显示出良好的成长性，2013年国内POCT市场规模接近35亿元，2016年达到60亿元，发展速度极快，2018年市场规模接近100亿元（见图3-2-1）。

二、细分市场份额

1. 细分产品市场份额

现场快速检测项目包括血糖、血气、电解质、心脏标志物、优生优育检测、感染因子检测、传染病检测等。从目前市场份额占比来看，感染因子类及心脏标志物类POCT占总产品（除血糖类）份额最高，超过50%，其次是血气/电解质类、妊娠类及其他快速检测类（见图3-2-2）。总体来看，感染因子类和心血管产品目前仍然处于成长期，未来随着胸痛中心、脑卒中心等的建立，其市场份额将持续增长。未来会有更多现场快速检测产品进入家庭，行业总容量不断扩充，未来发展空间大。

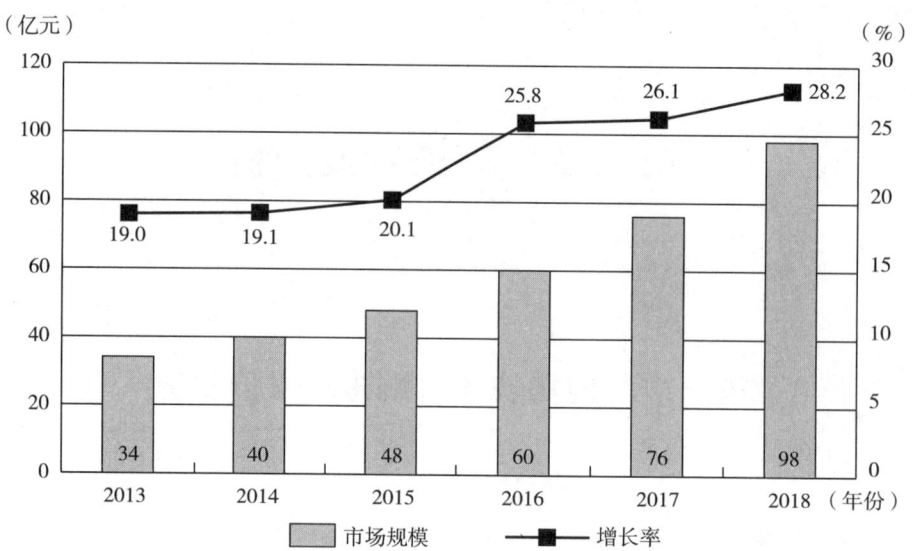

图 3-2-1 国内 POCT 市场规模统计

资料来源：中国医疗器械行业协会。

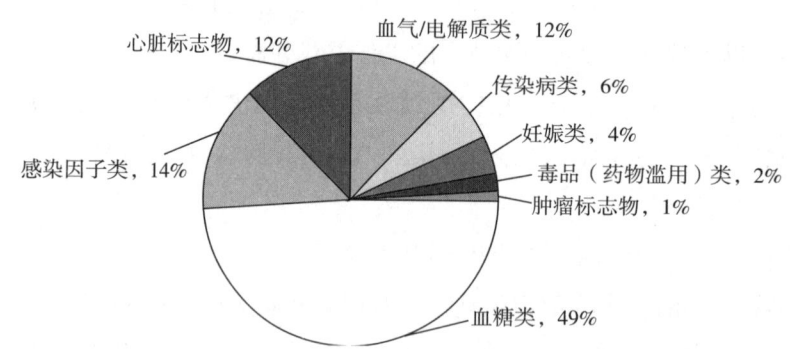

图 3-2-2 2017 年中国 POCT 细分产品市场份额

资料来源：中国医疗器械行业协会。

2. 血糖检测企业市场份额

血糖是现场快速检测细分领域中最早的检测项目之一，从最初的蚂蚁诊断尿糖到后来的光化学再到电化学，从最初的移动走向智慧语音，WIFI 蓝牙远程，从传统的血糖发展到如今新的动态血糖监测系统、糖化血红蛋白的推广以及无创血糖检测尝试，日新月异的血糖检测总是在不断突破，与技术革新的新时代相得益彰。

血糖检测起源于欧美，经过近 30 年的发展，欧美的血糖检测市场增长已经趋于平缓，相较于欧美，中国血糖检测引进时间较短，增长迅猛，正处于爆发期，产品年复合增长率近 20%，国内血糖检测技术引进以及市场培育较早，在国家分级诊疗战略以及医疗下基层（基层医疗）的大背景下，血糖检测进展得如火如荼。血糖仪在现场快速检测行业当中比重最大，占据近半壁江山。

目前，全球血糖仪市场规模极其庞大，超过60亿美元，主要被罗氏、拜尔、雅培、美敦力、强生等国外品牌强力主导市场竞争格局，其中，罗氏与强生占比超过50%，主要产品或服务包括无创血糖仪、智能血糖检测仪、云平台应用等。国产品牌主要以三诺、北京怡成、鱼跃为主，与国外企业相比还是有一定的差距，但随着国内外血糖仪生产开发技术差距的缩小，国内企业生产的血糖仪能满足大部分患者的需求且价格较低，具有较高的性价比，未来有望实现对国外品牌的进口替代。

2018年我国血糖仪检测系统整体市场规模约55亿~60亿元。城市地区血糖仪渗透率约20%~25%，农村地区渗透率约5%~10%，平均渗透率约为20%，相比发达国家90%的渗透率，还存在巨大的差距。

我国血糖仪销售格局分为零售渠道（OTC）和医院渠道，市场份额各占50%，无论是OTC终端还是医院终端，近年来均保持较为稳定的竞争格局。在OTC市场，国产品牌因其价格优势而占据大部分市场，占比约60%；医院市场则基本被强生、罗氏、雅培等外资企业所占据，市场占有率为90%左右。

从目前整体竞争格局来看，外企仍占据60%以上市场份额，其中强生约35%，罗氏约20%，雅培约8%。国内企业在30%多的市场份额中，三诺约13%，北京怡成约6%，艾康生物约4%，鱼跃医疗也进入血糖市场，将建立起传统血糖检测和糖化血红蛋白检测的全面平台，目前市占率约为2%（见图3-2-3）。

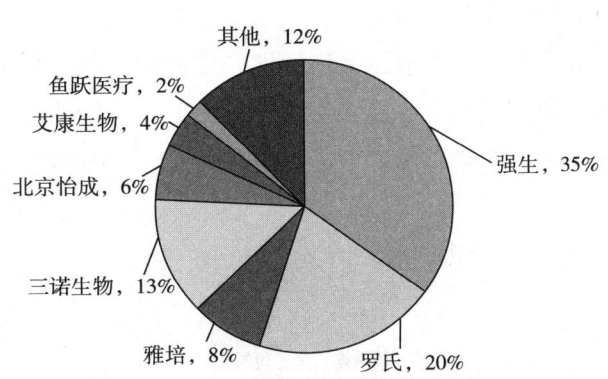

图3-2-3　血糖检测系统竞争格局

资料来源：中国医疗器械行业协会。

3. 心血管检测企业市场份额

心血管类疾病现场快速检测产品主要用于常见心血管疾病（心梗、心衰等）的快速定量或定性检测筛查，包括心肌肌钙蛋白Ⅰ（CTnI）检测试剂、肌红蛋白定量检测试剂、心脏型脂肪酸结合蛋白（H-FABP）检测试剂、N末端B型钠尿肽原定量检测试剂、D-二聚体（D-dimer）定量检测试剂、尿微量蛋白（MAU）检测试剂等快速检测试剂及定量分析仪器。

根据 TriMark 的市场调查，2014 年全球心血管类疾病检测现场快速检测产品市场容量为 17.6 亿美元，预计 2018 年可达 28.7 亿美元，增速保持在 13% 左右。目前市场还是由美艾利尔、罗氏和雅培三巨头垄断。现场快速检测准确的诊断优势在心血管疾病领域得到充分发挥，2015 年国内市场心血管类产品规模大约 13.5 亿元，行业增速 30% 左右，预计 2020 年市场规模 50 亿元。三甲医院市场主要被罗氏、美艾利尔、梅里埃等公司占据，合计占比达 64%，技术路线主要为小型化学发光和免疫荧光定量。国产产品在二级以下医院占据主要市场，技术路线主要为免疫层析和胶体金，其中基蛋生物和瑞莱生物市场占有率领先，合计占比约 23%，主要聚焦于中小医院市场（见图 3-2-4）。

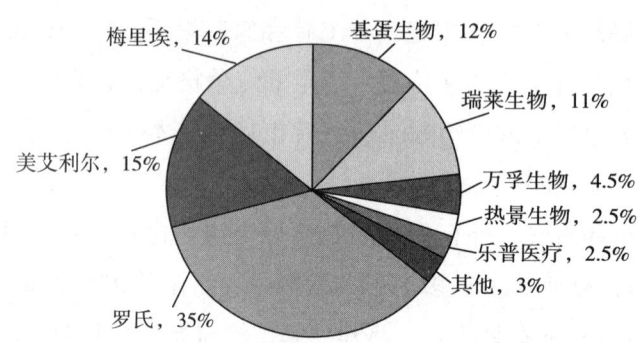

图 3-2-4　心血管领域 POCT 市场竞争格局

资料来源：中国医疗器械行业协会。

综合市场占有率、技术路径、检测速度精确度、集成化检测、渠道及品牌等综合因素，目前，在心血管现场快速检测领域第一梯队主要包括罗氏、美艾利尔、梅里埃、基蛋生物和瑞莱生物；第二梯队包括万孚生物、热景生物、乐普医疗（见图 3-2-5）。

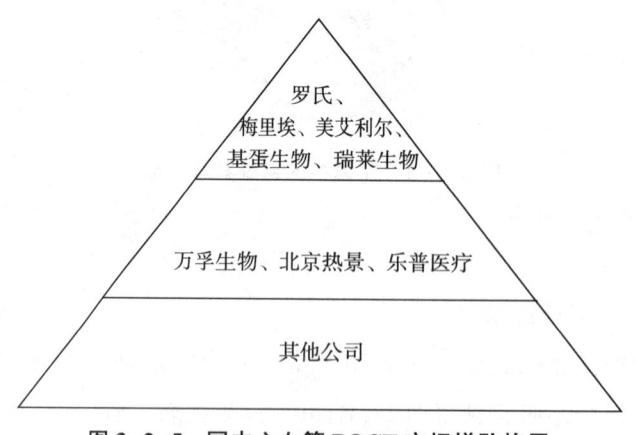

图 3-2-5　国内心血管 POCT 市场梯队格局

4. 感染因子检测企业市场份额

感染因子检测 POCT 主要用于炎症的分析检测，主要检测项目有 C 反应蛋白（CRP）、PCT、IL-6 等。目前市场规模为 8 亿~10 亿元（主要是 CRP 和 PCT），年增长率 25%。

从竞争格局来看，国产品牌国赛生物在 2006 年就开始进入感染因子检测市场，在国产 CRP 产品中占据市场份额最多。在 PCT 市场中，因为技术原因，几乎被国外产品占据，但是主流国产品牌已经开始进行布局。目前，国内市场格局由国赛生物、禾柏生物、奥普生物、万孚生物、西莱恒等构成。目前感染因子标志产品主要为血常规+CRP 一体机。随着市场教育的逐渐深入，指标检测价值逐渐深入人心，捆绑操作也成为科室习惯，但更简单、更方便的操作，节约样本周转时间、提高质量控制管理效率将成为科室的需求点，一体机可以解决以上问题，同时对于超敏 C 反应蛋白的检测方法学的要求限制，检验科将更青睐一体机的使用。

5. 血气/电解质检测企业市场份额

血气/电解质分析广泛应用在重症监护病房、急诊室、手术室、呼吸科、康复室或透析病房。血气分析是指分析血液中所含的 O_2 和 CO_2 气体，是评价病人呼吸、氧化及酸碱平衡状态的必要指标。电解质分析仪可反映病人体内急性和潜在的酸碱平衡和气体交换的内环境变化，血清 K^+、Na^+、Cl^- 离子测定也是临床上常用的检测项目和急诊项目之一。血气分析仪作为检验科的常规仪器，临床科室配备的比例在快速增长，渗透率逐步提升。由于血气分析一般用于急诊抢救，刚性需求较强，危重病人依赖度很高，现场快速检测的优势更容易发挥，因此占据不可替代的作用。

我国的血气/电解质市场规模约 10 亿元，年增长率 25%。国内血气/电解质市场主要依赖于大型传统设备，而 POCT 市场则几乎完全被外资企业垄断，以雷杜米特和雅培为代表，市场占有率分别达到了 35% 和 30%，沃芬市场占有率为 25%，西门子、罗氏分别为 3% 和 2%，国内企业理邦仪器规模相对较大，但也只占到了 1% 的市场份额（见图 3-2-6）。

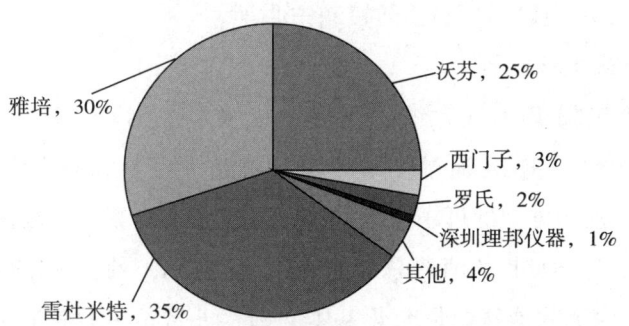

图 3-2-6　血气/电解质领域 POCT 市场竞争格局

资料来源：中国报告网。

根据麦姆斯咨询的数据，2016年，全球血气分析仪的市场规模为5.07亿美元，预计到2021年将达到6.36亿美元，2016~2021年复合年增长率为4.6%。

6. 传染病类检测企业市场份额

传染病类检测产品主要指针对各类常见传染病及重大传染病等基层现场筛查、快速检测的产品，包括艾滋病、梅毒、病毒性肝炎（甲肝、乙肝、丙肝、戊肝）、疟疾、流感等传染病的快速检测产品。2014年全球传染病类现场快速检测的消费总额为8.47亿元，预计2018年可达12.59亿元（见图3-2-7）；2015年我国传染病类现场快速检测市场规模为5亿元左右（不包括炎症类），国内企业主要包括万孚生物、明德生物、科华生物等。

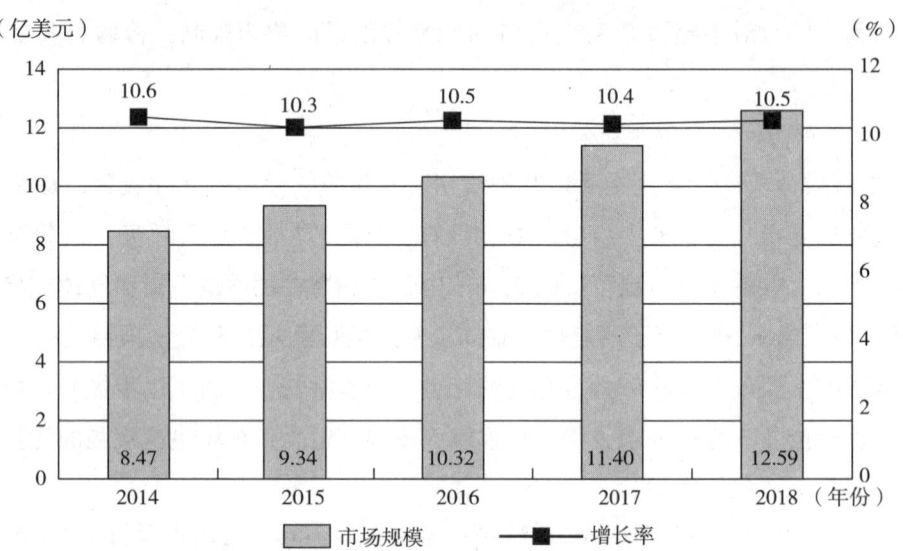

图3-2-7 全球传染病检测类POCT产品市场规模及增速

资料来源：中国医疗器械行业协会。

目前，国内传染病类现场快速检测市场规模为5亿~6亿元，市场主要集中在基层医疗机构、社区健康服务中心门诊和疾病预防控制中心等。

7. 妊娠类检测企业市场份额

妊娠类检测主要包括HCG（人绒毛膜促性腺激素检测）、LH（促黄体激素）检测、FSH（促卵泡激素）检测。HCG通过受孕的妇女尿液检测，是早期检测怀孕的最好标志；LH通过尿液检测，是预测排卵的可靠指标；FSH通过尿液检测，是预测排卵的可靠指标。

2014年全球妊娠类POCT的消费总额为4.16亿美元，预计2018年可达4.78亿美元（见图3-2-8）；妊娠检测的消费数量变化基本与新生儿数量变化呈正相关趋势，随着国家生育政策的逐渐调整放开，国内妊娠检测类产品的空间巨大。

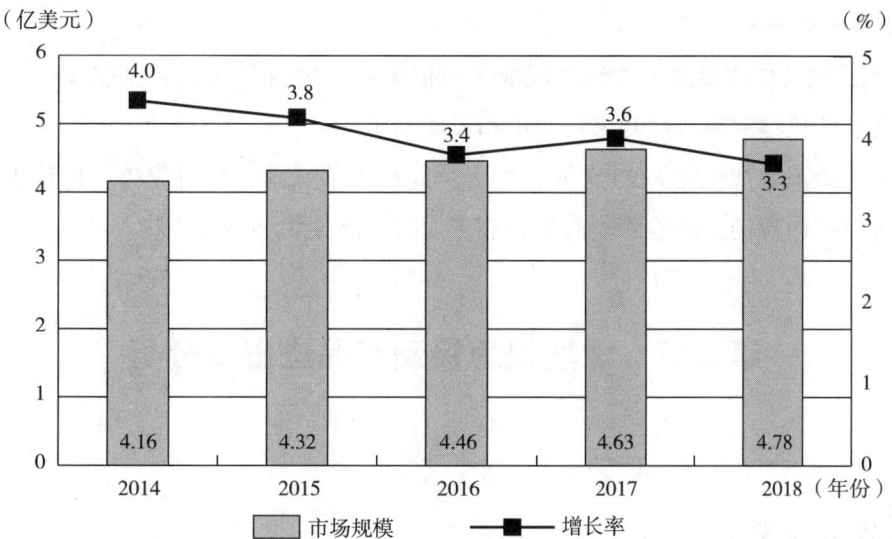

图 3-2-8　全球妊娠检测类 POCT 产品市场规模及增速

资料来源：中国医疗器械行业协会。

在妊娠检测领域，中国市场规模约为 3 亿元，广州万孚销售额约为 2 亿元，市场占有率约为 66%，其他企业占 34%。

8. 毒品（药物滥用）检测

毒品（药物滥用）检测产品主要以金标法进行尿液或唾液检测为主的定性类产品居多，广泛适用于戒毒所、医院、军队征兵、海关边检、特种行业和招工体检的筛查工作。在我国征兵检测领域，自 2006 年起增加了吸食毒品的检测，为药物滥用类 POCT 提供了稳定的市场。

9. 肿瘤标志物检测

肿瘤标志物包括肿瘤相关抗原、糖蛋白类、含黏蛋白的糖蛋白类、酶和同工酶、激素及相关分子、免疫系统分子等，它们广泛存在于肿瘤患者的组织、体液和排泄物中。目前现场快速检测肿瘤标志物包括甲胎蛋白（AFP）、癌胚抗原（CEA）、前列腺特异性抗原（PSA）检测等。现场快速检测因其多重优点发展迅速，但在肿瘤标志物检测中的应用尚存在一些问题。由于肿瘤标志物对应急性的要求相对不高，其 POCT 市场相对不大，国内企业进入相对较少。

肿瘤标志物检测一般对时间要求相对较低，而对检测准确度和灵敏性要求极高，因此现场快速检测虽然有一定的应用优势，但是大型全自动化学发光检测优势更大，且应用更为普及，如罗氏、新产业等国内外公司已经在医院尤其是三甲医院优先布局。从技术的角度来讲，未来现场快速检测在肿瘤标志物领域应用主要依赖于生物传感器及微流控技术的突破与发展。

10. 快速血凝市场

2013年，现场快速凝血检测试产规模5.6亿美元，2018年预计在7亿美元左右，全球最主要的现场快速检测凝血检测来自罗氏和美艾利尔。

中国的血凝市场规模约为27亿元，外资企业在该领域具有绝对优势，预计占90%以上的市场份额。国内现场快速检测凝血类企业主要有艾康生物和微点生物。

第二节 现场快速检测产品进出口分析

一、进口分析

在中国现场快速检测领域中，国内企业在中低端领域供给能力较强，而中高端领域市场则主要被外资企业占据。这是由于外资企业起步较早，在技术及品牌知名度方面具有较大优势，产品受到下游市场的认可。

在现场快速检测产品中，高端免疫领域已经基本实现了化学放光技术对酶联免疫的替代，70%的免疫市场已经采用化学发光技术，而化学发光市场基本被罗氏、雅培、贝克曼库尔特、西门子等垄断，国内企业仅占10%左右。

在细分领域中，血糖仪的70%市场份额被强生、罗氏、雅培等国外品牌占据，糖化血红蛋白的70%市场份额被Bio-Rad、奥克莱、希森美康等品牌占据，在感染因子检测中，O-rion、罗氏、梅里埃、Boditech等国外品牌占比分别为25%、20%、20%、8%，合计73%，在心脏标志物检测中，罗氏、美艾利尔、梅里埃等国外牌品占比分别为35%、15%、14%，合计64%，在血气分析中，Radiometer、雅培、沃芬、罗氏、西门子等国外品牌占比分别为35%、31%、25%、2%、2.6%，合计95.6%。

二、出口分析

出口方面，根据2017年1季度维斯马医疗器械研究中心的设备检验环境分析，POCT（床边检验设备）出口总额3662万美元。根据细分领域统计，血糖类检验设备出口额以3545万美元居首（见图3-2-9），血液细胞设备出口额以2120万美元位居第二，生化检验设备以1468万美元占据第三。

2018年根据维斯马医疗器械研究中心大连的设备检验环境划分，POCT（床边检验）出口总额33674万美金，POCT占总IVD设备出口50.16%。

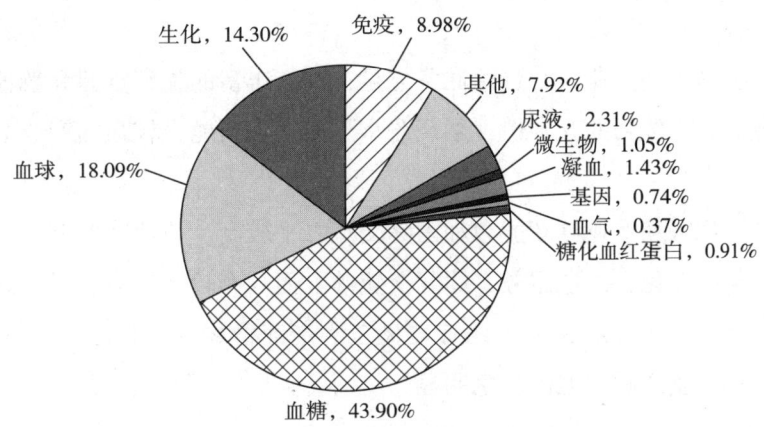

图 3-2-9　2017 年 POCT 与检验中心设备出口概况

资料来源：中国医疗器械行业协会。

第三节　区域市场分析

一、区域市场份额分析

国内现场快速检测行业的领军企业以珠三角、长三角和京津冀地区企业为主，大多分布在北京、广东、上海和南京等东南沿海经济发达地区，本土 POCT 企业除了万孚生物、基蛋生物和明德生物三家上市企业之外，具有代表性的还有奥普生物、普门科技、热景生物、国赛生物、乐普医疗等。根据布局的细分领域不同，企业在不同细分市场上的竞争格局大不相同，比如血糖检测市场中，还有三诺生物、鱼跃医疗、北京怡成、艾康生物等公司也占据了较大的市场份额。

二、主要区域市场分析

从目前发展水平来看，在区域分布上非常类似于医疗器械行业，主要分布在经济发达的沿海地区。其中，北京作为中国经济政治中心，集聚了大量的高校、科研单位，高水平专业人才丰富，为体外诊断产业发展提供了丰富的智力支持；长三角地区凭借其雄厚经济实力，规模逐渐扩大；珠三角地区市场经济体系比较完善，加之企业广泛同国外展开技术、资金的交流合作，形成了围绕深圳、广州的产业发展集群。

1. 京津冀地区

京津冀地区生物医药产业人力资源储备充足，拥有丰富的临床资源和教育资源。该地区在医药产业链方面具有较强的互补性，围绕北京形成了创新能力较强的产业集群。

2. 长三角

长三角地区生物医药产业创新能力和国际交流水平较高。该地区拥有最多的跨国生物医药企业，在研发与产业化、外包服务、国际交流等方面具有较大优势。以上海为中心的长江三角洲地区（含江苏、浙江）是我国医疗器械三大产业群之一，长三角产业带的特点是产业发展迅速、中小企业活跃、地区特色明显。

3. 珠三角

珠三角生物医药产业发展势头迅猛，优势明显，形成了我国目前空间跨度最大、互补性极强、发展潜力巨大的生物医药产业集群。珠三角地区市场经济体系成熟，市场潜力巨大。该地区医药流通体系发达，毗邻中国香港、中国澳门，对外辐射能力强，民营资本比较活跃。围绕广州、深圳、珠海等重点城市形成了商业网络发达的生物医药产业集群。

第四节　现场快速检测市场未来发展趋势

一、市场发展驱动因素分析

（一）市场需求分析

1. 家庭、专业市场需求增长

家庭市场需求上扬：我国糖尿病、高血压等慢性病患者基数巨大，家庭日常检测需求不断增长，同时由于保健意识和支付水平逐步提升，现场快速检测产品的渗透率和使用频率的增长空间可观。

专业市场需求变化：由纯粹治疗向预防保健治疗康复一体化的转变，医院工作范围由院内向院外的转变，均会导致患者对医疗服务需求发生变化。包括院前急救、院内快速诊断、自然灾害抢救以及刑侦缉毒等领域都需要通过现场快速检测获取即时、可靠的检验参数。

2. 新增市场和新项目需求强劲

现场快速检测除在医院作为中心实验室的补充，还可用于检验科、门急诊、ICU、心内、泌尿等临床科室。随着临床需求越来越精细化，科室对检测的需求呼声越来越高。检验科和临床的需求、利益的博弈，使得检测不再局限于中心实验室，满足临床需求成为了最迫切的需求。新增需求科室和检验项目逐步分流到现场快速检测平台，现场快速检测的空间具有更大的弹性。

3. 分级诊疗推动基层市场扩容，现场快速检测最先受益并且持续受益

分级诊疗是医疗改革的重要课题，随着医院资源不平衡的加剧，分级诊疗势在必行。医疗行业诊疗人次在稳步增长，通过医保报销与否或者报销比例，强制分流，门诊量的增长在逐步发生结构性变化，一二级医院、社区健康服务中心等基层医疗机构门诊量增速提升。基于基层医疗机构的硬件条件、医生水平、门诊人次的局限，并不适合采用大型设备，而现场快速检测产品方便快捷和应用场景灵活多变，最适合基层医疗市场，是成本和需求平衡的最佳选择。

4. 国家五大医疗中心建设助力POCT新的增量空间

2018年1月，原国家卫生健康委员会发布《关于印发进一步改善医疗服务行动计划（2018-2020年）的通知》，明确在地级市和县的区域内，符合条件的医疗机构建立胸痛中心、卒中中心、创伤中心、危重孕产妇救治中心、危重儿童和新生儿救治中心，五大中心会在全国各个市县构建，每个市构建一个中心。中心的共同点是危急状态的应急，而检验、影像等诊断类项目都是必配产品。血液检验结果需要最大限度缩短样本周转时间（TAT）来达到预防和救治的效果。尽管POCT产品精确度有限，但是可为医生抢夺珍贵的急救时间，五大医疗中心分建设助力POCT新的增量空间。

（二）供需平衡分析

POCT产品的应用极为广泛，医院、基层医疗机构、家庭、突发事故现场是POCT产品的主要应用领域。我国POCT尚处于发展初期，整体市场规模相对偏小，2017年我国POCT市场规模约为75亿元，未来几年将保持20%以上的年复合增长率。我国人口众多，地区发展不均衡，医疗资源差异较大，POCT潜在市场巨大。我国POCT领域集中度较低，大部分国产企业市场占有率集中在2%~6%。临床应用的广泛决定了行业集中度的分散，产品开发与市场推广能力突出成为企业发展壮大的关键。

在产品需求发展方面，由于POCT产品的下游需求增长各异和技术的发展成熟度不同，各细分领域出现了分化。近年来，血糖检验类POCT产品由于技术和商业推广都较为成熟，需求占比逐步下滑；心脏标志物、传染性疾病和凝血类POCT产品需求占比则逐步上升。随着医疗改革的推进和在基层卫生建设中政府对POCT产品技术的投入，预计未来3年也将保持大于20%的年增长率，2018年将达到接近100亿元的市场规模（见图3-2-10）。

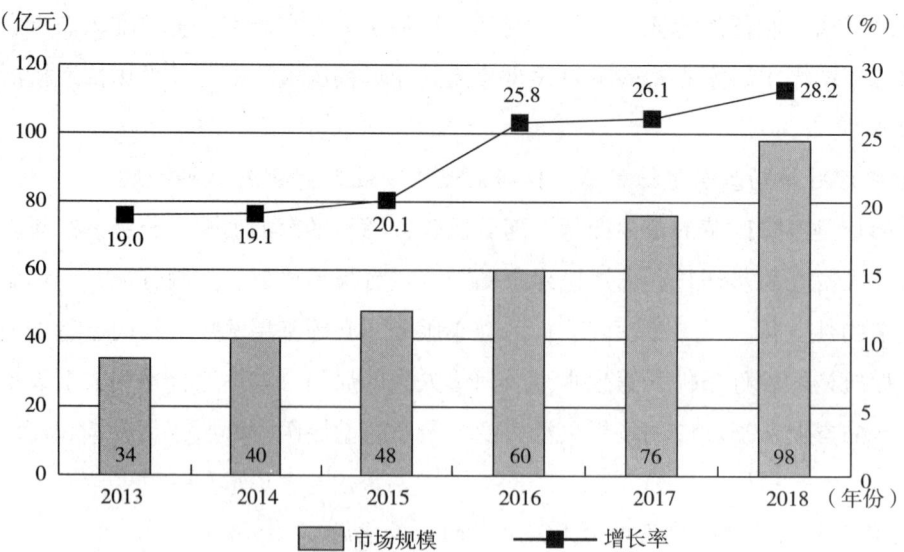

图 3-2-10 中国 POCT 市场规模及增速

资料来源：中国医疗器械行业协会。

（三）政策环境分析

1. 分级诊疗推动基层市场扩容，现场快速检测领域最先受益并且持续受益

近几年，关于医疗改革的政策层出不穷，医疗产业链中重要的三方——医疗产品服务供给方（厂家）、消费决策者（医院）和消费支付者（医保），都是医疗改革进程中重要的三个环节。归结起来不外乎医疗资源重分配、医疗产品供给侧改革和重新定价。因此分级诊疗成为医改的重要课题，随着医院资源不平衡的加剧，分级诊疗势在必行。

2015年9月，国务院办公厅印发《关于推进分级诊疗制度建设的指导意见》，力图实现常规检测的家庭化和基层化。系列医疗改革推进（见表3-2-1），使得基层卫生投入加大，农村三级卫生服务网络和城市社区卫生服务体系建设对快速便捷、简单易用的检验需求不断增长，有利于现场快速检测产品市场的细分和扩展。

表 3-2-1 分级诊疗政策梳理

法规名称	发文日期	相关内容
《关于做实做好2017年家庭医生签约服务工作的通知》	2017年5月2日	2017年，以省（区、市）为单位要在85%以上的地市开展家庭医生签约服务工作
《国务院办公厅关于印发深化医药卫生体制改革2017年重点工作任务的通知》	2017年4月25日	分级诊疗试点和家庭医生签约服务扩大到85%以上的地方
《国务院办公厅关于推进医疗联合体建设和发展的指导意见》	2017年4月23日	推动构建分级诊疗制度，实现发展方式有以治病为中心向以健康为中心转变

续表

法规名称	发文日期	相关内容
《关于做好2017年新型农村合作医疗工作的通知》	2017年4月13日	助力分级诊疗制度建设，将符合规定的家庭医生签约服务费纳入医保支付范围
《国务院关于落实〈政府工作报告〉重点工作部门分工的意见》	2017年3月22日	全面启动多种形式的医疗联合体建设试点
《关于印发2017年深入落实进一步改善医疗服务行动计划重点方案的通知》	2017年2月16日	改进预约渠道，提高诊疗效率
《国务院办公厅关于印发中国防治慢性病中长期规划（2017~2025年）的通知》	2017年1月22日	优先将慢性病患者纳入家庭医生签约服务范围，积极推进高血压、糖尿病、心脑血管疾病、肿瘤、慢性呼吸系统疾病的患者的分级诊疗
《国家卫生计生委关于印发2017年卫生计生工作要点的通知》	2017年1月13日	多方位推进分级诊疗；因地制宜推广城市紧密型医联体、县域医共体、专科联盟、远程医疗协作网等
《国务院关于印发"十三五"深化医药卫生体制改革规划的通知》	2016年12月27日	分级诊疗制度建设加快推进；推进大医院与基层医疗卫生机构、全科医生与专科医生的资源共享和业务协同，健全基于互联网、大数据技术的分级诊疗信息系统
《中共中央、国务院关于深化医药卫生体制改革的意见》	2009年3月17日	首次提出"分级诊疗"概念；逐步建立分级诊疗和双向转诊制度

资料来源：国务院、天风证券研究所。

由于医疗改革的进程非一朝一夕可以完成，在产业发展过程中，其中首先受益和确定受益的就是体外诊断行业。询证医学中，检验是医生做诊断的先导指标。检验产品分为高度自动化的大型检验设备（比如大生化、发光设备等）和操作便利、成本低廉的小型检验设备（血球、POCT）。由分级诊疗产生的基层需求，最先源自小型检验设备。以普及程度来看，常规的血液分析（血球），目前已经在基层普及，常规的蛋白、酶学检测（生化）也已经下放基层，而免疫类检测在基层还未达到普及的程度。

免疫类检测包括大型发光和小型的POCT设备，然而大型发光在通量达到临界点之前，考虑到成本和检测量，医院是不会选择采用高通量免疫设备，厂家亦不会选择这样的医疗机构投放产品。因此既能满足基层医疗需求，操作简单，又不要求通量的小型设备成为了成本和需求平衡的最佳方案。POCT产品将在这轮医改中最早受益，分级诊疗政策红利将带来现场快速检测行业的高速发展。

2. 国家五大医疗中心建设助力现场快速检测新的增量空间

原国家卫生和计划生育委员会发布的《关于印发进一步改善医疗服务行动计划（2018-

2020年）的通知》中，明确提出在地级市和县的区域内，建立胸痛中心、卒中中心、创伤中心、危重孕产妇救治中心、危重儿童和新生儿救治中心，这五大中心的共同点是解决危急状态救治服务，需要铺设大量POCT设备，解决"快、急、预"的需求。2017年率先布局的胸痛中心在开始落地，截至目前已经完成超过400家胸痛中心，并且设置了明确的标准和胸痛发作的必测项目，预计在2019年完成1000家中心建设。而其他中心也有望开始逐步增加，将直接为现场快速检测行业带来30亿~50亿元增量空间。

表 3-2-2 国家建设五大医疗中心的相关政策

政策文件	日期	内容
《关于进一步加强脑卒中诊疗管理相关工作的通知》	2018年4月	完善全国脑卒中诊疗服务体系。要大力推进急诊急救体系建设，强化脑卒中诊疗相关院前急救设备设施配备，完善技术规范和操作流程。鼓励开展"卒中急救地图"建设，打造"区域黄金时间救治圈"
《关于印发进一步改善医疗服务行动计划（2018~2020年）的通知》	2018年1月	明确在地级市和县的区域内，符合条件的医疗机构建立胸痛中心、卒中中心、创伤中心、危重孕产妇救治中心、危重儿童和新生儿救治中心
《胸痛中心建设与管理指导原则（试行）》	2017年11月	明确规定二级以上医院胸痛中心建设的相关标准
《国家卫生计生委办公厅关于印发危重孕产妇和新生儿救治中心建设与管理指南的通知》	2017年3月	二级以上综合医院都要建危重孕产妇救治中心、危重新生儿救治中心
《2017年深入落实进一步改善医疗服务行动计划重点工作方案》	2017年2月	要求创新急诊急救服务，为抢救患者生命赢得时间，随后各省积极谋划建设创伤中心，尽管目前尚无成熟的创伤中心评审标准可供参考

资料来源：国家卫生健康委员会、天风证券研究所。

3. 创新政策扶持推进POCT技术升级，行业具有提升空间

高端制造和创新是未来的大趋势，POCT产品的准确度和重复性一直是产品应用的痛点，因此技术的变革和提升也是未来变革格局的重要因素。《增强制造业核心竞争力三年行动计划（2018~2020年）》明确，指出支持高通量基因测序仪、化学发光免疫分析仪、新型分子诊断仪器等体外诊断产品，高精度即时检验系统（POCT）等产品升级换代和质量性能提升。政策、竞争的推动都是未来POCT产品不断完善和提升的源动力，而近几年推出的创新通道、绿色通道等鼓励政策，将加速创新医疗器械审评速度。

表 3-2-3 技术政策梳理

政策	内容	影响分析
《增强制造业核心竞争力三年行动计划（2018~2020年）》	支持高通量基因测序仪、化学发光免疫分析仪、新型分子诊断仪器等体外诊断产品，高精度即时检验系统（POCT）等产品升级换代和质量性能提升。	大力扶持POCT行业发展
《关于深化审评审批制度改革鼓励药品医疗器械创新的意见》	提出优化临床试验审批程序、加快临床急需药品医疗器械审评审批	有利于新研发的POCT产品可加快上线
《关于促进医药产业健康发展的指导意见》	推动全自动生化分析仪、化学发光免疫分析仪、高通量基因测序仪、五分类血细胞分析仪等体外诊断设备和配套试剂产业化	力推POCT产品向定量方向进一步深化发展

二、发展趋势预测

（一）市场容量

现场快速检测项目种类丰富，包括血糖检测、妊娠检测、传染病检测、心脏标记物检测、血气分析、电解质检测、肿瘤标志物检测等。凭借其操作的便捷性，它的适用场景也非常多样，不仅包括医疗机构、防疫站，还包括部队、畜牧业、公检法，而且还可以用在家庭场景中。现场快速检测在中国有很大的商业化发展空间。

从市场容量来看，现场快速检测进入中国晚，存在较大的市场空白，尤其是心血管检测和传染病检测有很大的市场空间。数据显示，POCT应用于心血管检测的国内市场容量约为10亿元，且保持30%左右的增速；此外POCT应用于传染病检测的市场容量为6亿元，且保持10%左右的增速。

1. 分级诊疗带动基层医疗市场扩容，POCT景气度提升

根据国家卫生健康委员会统计数据，截至2018年2月底，中国定级医院（一二三级医院）20950家，然而医疗机构有990000家，三级医院数量2379家，0.24%，在我国70多亿诊疗人次中，占比则达到20.2%。与发达国家不同，我国门急诊患者主要集中在城市的大中型医院，特别是三级医院，据统计，在二级以上医院就诊者占81%。

分级诊疗带来医疗器械增量，并促使患者分流至基层医疗机构，利好于国产品牌。目前50%的公立医院分流90%的患者，50%的民营医院占据10%的患者流量。分级诊疗的落地将20%~30%的患者流量分至民营医院。未来的就医模式将会根据疾病的严重程度进行分级，合理有效利用有限的医疗资源。三级医院主要提供急危重症和疑难复杂疾病的诊疗服务；城市二级医院主要接收三级医院转诊的急性病恢复期患者、术后恢复期患者及危重症稳定期

患者。

未来医疗资源分配势必由倒三角结构逐步扁平化,加强基层医疗资源的分配,现场快速检测将是一个新的蓝海市场。

2. 老龄化、慢性病管理等主动健康管理促进现场快速检测发展

老龄化刺激医疗需求增长。我国开始步入老龄化社会,预计我国60岁以上人口将会在2020年达到2.45亿人;随着年龄的增长和患病率的增加,医疗、药品、器械整体需求将会持续增长。过去10年我国医疗费用复合增长率在18%左右,若该趋势持续,到2020年卫生支出将超过9.5万亿元。

慢性病是一组发病率高、致残率与死亡率高,严重耗费社会资源,危害人类健康的疾病,也是可预防、可控制的疾病。目前,我国确诊的慢性病患者已达3亿人,慢性病导致的死亡已占我国总死亡的85%,导致的费用占70%。我国慢性病具有控制率低、并发症高的特点,如我国高血压的平均控制率不足5%,并发症高达70%,糖尿病的控制率仅6%,并发症高达80%,我国有2亿多心脑血管病患者和1.2亿慢性肾病患者,90%为高血压和糖尿病所致。慢性病是导致我国群众因病致残、因病致贫或返贫的主要原因,已成为我国重大的公共卫生问题与民生问题。

3. 国家五大医疗中心建设助力POCT新的增量空间

2017年胸痛中心率先布局,相应的POCT、影像类产品都有刚性需求,需要重新购买设备及耗材。胸痛中心对于急诊重症有了明确的检测要求和指标考核,比如要求考核质量的指标有:肌钙蛋白、D-二聚体、脑钠肽、血气分析等即时检测项目从抽血到获取报告的时间;D-二聚体和肌钙蛋白等联合检测的比例。

以广东省为例,三个血液检测项目合计收费约为600元(医保),以新建1000家胸痛中心测算,假设单个中心接诊1000~1600个患者,粗略估算增量的单个中心市场为6亿~10亿元,而其他中心的建立,又持续提高门急诊项目的需求。假设2022年完成所有五大中心(胸痛中心、卒中中心、创伤中心、危重孕产妇救治中心、危重儿童和新生儿救治中心)的建立,除去POCT本身行业的高速增长,有30亿~50亿元增量空间。

2017年开始建立的胸痛中心和2018年开始建立的其他中心,预计会在2020~2022年全部完成布局,在此阶段,增量的POCT空间将给市场带来强劲的增长动力。

(二) 市场规模预测

预计未来十年,中国现场快速检测市场规模持续增长。2017年我国POCT市场规模约为76亿元,到2022年将达到210亿元左右,市场年增速30%以上(见图3-2-11)。国内现场快速检测虽起步较晚,但发展潜力巨大。

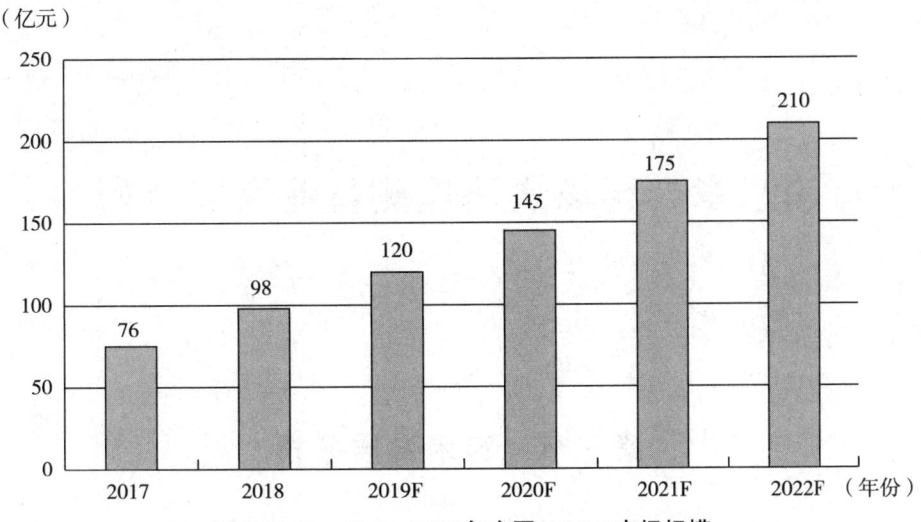

图 3-2-11 2017~2026 年中国 POCT 市场规模

资料来源：中国医疗器械行业协会。

第三章 现场快速检测行业发展分析

第一节 技术发展分析

一、技术的发展状况

随着技术变革,现场快速检测产品经历了从第一代试纸法定性产品到第二代板卡比色或半定量仪器阅读产品,再到第三代以手工操作较少的全定量系统,最后发展成现在第四代智能化、自动化的技术平台(见图3-3-1)。

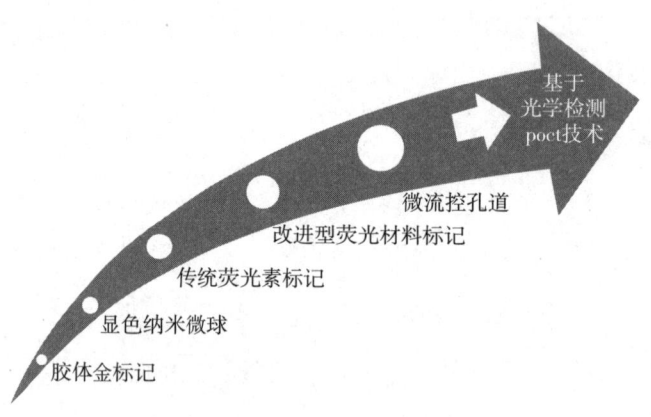

图 3-3-1　POCT 技术发展历程

表 3-3-1 产品变迁情况

阶段	产品类型	简介	图片
第一代	试纸法定性产品	（1）室中检验需要用的相关液体试剂浸润于滤纸和各种微孔膜的吸水材料内，整合为干燥试剂块，然后固定于硬质型基质上，成为各种形式的诊断试剂条，适用于全血、血清、血浆、尿液等各类样品 （2）接着将需要检验样本放置在试剂条上，通过样本与试剂之间的免疫反应等化学反应，结果显示出来在试剂条上 （3）根据相关的显示原理，如颜色，对反应结果进行分析，获得相应的检验结论。早孕检测的试纸卡就是其中一种	
第二代	板卡比色或半定量仪器阅读产品	通过研究开发，将传统分析仪器微型化，操作过程简单化，便捷携带，在床旁也可以实现实验室的仪器检验，如快速血糖仪	UPPER-GOLD U2金标检测仪
第三代	以手工操作较少的全定量系统	将试纸与微型化分析仪器相结合研制成系统，综合试纸的显示原理以及分析仪器的分析功能，快速获取经验结果，如尿液分析仪	

续表

阶段	产品类型	简介	图片
第四代	智能化、自动化的技术平台	应用生物芯片、生物传感技术检测待测样品，利用光学和电学的方法、光学吸收度以及蛋白质之间反应等原理，实现对待测样品的快速、准确的检测，如电化学技术和光学生物	

二、技术的进展

（一）干化学技术

干化学技术又称之为干试剂化学或固相化学技术，它将反应所需要的部分或全部试剂吸附、固相在载体上，检测时，将待测样品滴加载体上，引起待测物与载体上的试剂发生生化或化学反应产生信号，通过目测比对法或仪器检测获取待测物的浓度。干化学法是运用最早的POCT技术，目前普遍用于尿液试纸条、孕期试纸条、血清干式试剂片等检查项目，尿液试纸条经历了由二层结构（试剂层+支撑层）、三层结构（试剂层+支撑层+过滤层）到多层涂布技术的革新，随之配套仪器相继涌现并发展迅速。近年来，采用荧光光度法的多层膜干片及其配套POCT仪器和利用酶促反应、纸层析技术进行测定的用于全血分析的干化学POCT系统也已出现，干化学分析技术在POCT领域的应用更加广泛。

（二）免疫胶体金技术

免疫胶体金技术（Immune Colloidal Gold Technique，GICT）是以胶体金作为示踪标志物应用于抗原抗体反应的一种新型的免疫标记技术，根据检测线显色进行检测。免疫胶体金技术用胶体金作为标记物标记单克隆抗体，以硝酸纤维素膜作为固相载体，广泛应用于快速检测技术，常用的技术有胶体金免疫层析法（GICA）和斑点金免疫渗滤法（DIGFA）。GICA（胶体金免疫层析法）将胶体金标记和蛋白质层析相结合，以微孔滤膜为载体进行免疫分析，优点是可进行单标本检测，简便使用，检测人员不需技术培训，可不借助仪器设备直接

目测等，因此发展迅速并广泛应用于 POCT 领域。该技术较高的灵敏度可应用于检测正常体液中不存在的物质（如传染病抗原和抗体以及毒品类药物）或正常含量极低而在特殊情况下异常升高的物质（如 HCG）的检测。GICA 检测法在诊断急性心肌梗死时，肌酸激酶同工酶、肌钙蛋白、肌红蛋白灵敏度分别是 96.3%、85.2%、100%，在临床心肌梗死诊断中发挥良好实用价值。

斑点金免疫渗滤法（Dot Immunogold Filtration Assay，GIGFA）是将抗原或抗体点加在固相载体硝酸纤维素薄膜上，制成抗原或抗体包被的微孔滤膜并贴置于吸水材料上，依次在膜上滴加标本、胶体金及洗涤液等试剂并与硝酸纤维素膜上的相应抗体或抗原发生反应，由于过量试剂很快渗入吸水材料中，因此特异性有所提高。在初筛选试验中，DIGFA 检测法是一种有效措施，其在粪便隐血临床检验效果显著，其抗干扰能力和灵敏度都比邻苯胺法更佳。

（三）化学发光技术

化学发光免疫分析（Chemiluminescence Immunoassay，CLIA）是利用免疫反应结合化学发光的方式检测微量抗原或抗体的一种新型标记免疫分析技术。同其他免疫法检测技术相比，CLIA 具有灵敏度高、特异性强、无放射性危害的优势。根据化学发光免疫分析中标记物的不同及反应原理不同，主要分为化学发光免疫分析法、化学发光酶免疫分析法（CLE-IA）和电化学发光免疫分析法（ECLIA）。直接化学发光免疫分析是用化学发光剂（如吖啶酯）直接标记抗体（抗原），与待测抗原（抗体）发生免疫反应后形成固相包被抗体-待测抗原-吖啶酯标记抗体复合物后进行分析。其中，ECLIA 利用电化学发光剂标记的抗原（体）在电场中电子转移而发生特异性发光进行检测。由于在电场中不断得到电子供体的电子，可周而复始地发光，因此 ECLIA 的检测持续时间很长，信号强度高，容易测定。近年来，由于化学发光免疫测定技术无放射性污染，同时能达到放射免疫测定的灵敏度，且具有快速、准确、特异、可自动化等特点，已被广泛应用各种激素、肿瘤标志物、药物浓度及其他微量生物活性物质的测定领域。

（四）生物芯片技术

生物芯片（Biochip）又称为微阵列（Microarray），是指采用光导原位合成或微量点样等方法，通过微加工和微电子技术在固相载体芯片表面构建微型生物化学分析系统，将大量生物大分子比如核酸片段、多肽分子甚至组织切片、细胞等生物样品有序地固化于支持物的表面，组成密集二维分子排列，然后与已标记的待测生物样品中靶分子联合后对信号进行分析，以实现对核酸、蛋白质、细胞、组织以及其他生物组分的准确、快速、大信息量检测。生物芯片能够快速准确获取样品中的生物信息，效率是传统检测手段的上千倍，其在疾病筛查和早期诊断方面的技术优势促使其逐渐成为POCT技术的发展方向以及检验医学发展的热点之一。

其中，液相芯片技术是生物芯片技术的发展趋势，被誉为后基因组时代的芯片技术，它具有高通量、高灵敏、特异性强、样本量少、快速、准确、灵活性好、重复性好和动力学范围广等特点，被广泛应用于蛋白分析、核酸研究和受体-配体识别等众多领域。固态生物芯片的主要优势是能提供超高密度的分析，在基因组学、蛋白质组学和药物筛选等领域具有很强的适用性。而随着纳米技术和纳米材料的快速发展，一些新型纳米光学材料的产生使液态生物芯片能提供更优质的检测结果。比如具有较宽的吸收光谱和可调的较窄的发射光谱的量子点，进行编码能获得更多编码，且所有编码信号可通过同一激光激发；近红外激发的上转换纳米颗粒降低了背景噪声；贵金属表面增强的等离子共振（SERS）信号能够用做编码定量信号，从而进行超高灵敏度的检测；利用周期性的纳米结构产生的反射光信号能够获得非常稳定的编码信号等。这些功能性纳米新型材料的出现对液相芯片技术起到极大的促进作用，使得液相生物芯片不仅可以提供比固态芯片更优质的检测结果和更高的检测通量，还具有与固态生物芯片媲美的高密度分析能力。

（五）微流控芯片技术

微流控芯片（Microfluidic chip）以微机电加工为依托，以微通道网络为结构特征，其目标是将生物、化学、医学分析过程中所涉及的采样、预处理、加试剂、混合、反应、分离、检测等操作单元部分或全部集成于一块微米尺度的芯片上，通过对芯片微通道网络内微流体的操控实现自动完成分析全过程，有文献称之为芯片实验室（Lab on a chip）。微流控芯片是微流控技术实现的主要平台，具有体积轻巧、液流可控、使用样品及试剂量少，反应速度快、可大量平行处理及可即用即弃等特点。微流控芯片实现了对原有检验仪器的微型化，制成便携式POCT仪器可以对待测物进行快速、准确、高通量的检测。

三、未来几年技术的发展趋势分析

随着临床医学、生物医学、纳米技术、计算机技术的发展，对现场快速检测技术的可靠性、响应速度、获得的信息量等要求越来越高，发达国家投入巨资对现场快速检测尖端技术进行研究，使即时检测产品的技术性能发生了革命性变化，其发展方向主要有以下六个方面。

1. 精准化

2015年1月30日时任美国总统奥巴马宣布一项名为"精准医学"的计划，其主旨是更好地了解疾病形成机理，进而为开发相应药物、实现"精准施药"铺平道路。要实现精准，关键是测量技术。单细胞和单分子（或超微量）技术，将会引领未来医学检测技术的发展。DNA 测序、质谱、微流控、各类影像、微纳加工等技术的国内空白亟待填补。

2. 智能化

智能化检测技术发展始于 20 世纪 90 年代，是计算机技术、微电子技术与传感技术结合的产物。智能化检测技术具有自动数据处理、自我检测诊断、报警以及网络传输功能，是目前发展最快的一类现场快速检测技术。美国已研制成基于智能化现场快速检测技术的糖尿病管理系统，该系统可监测患者食物的成分，经网络传输到医院的数据中心，医院据此计算患者需要注射的胰岛素用量，并反馈给患者，完成患者的自动给药。

3. 可穿戴化

穿戴式人体监测是通过可直接穿戴人身体上的传感装置对人体生理和生化过程进行检测与监测，是可穿戴设备的一种。2013 年被喻为可穿戴设备的元年，世界范围内谷歌、苹果、三星等各大科技厂商均提前布局可穿戴设备领域，国内也由百度、盛大等公司牵头，掀起一场可穿戴革命。目前中国可穿戴设备市场以手表型智能设备与穿戴型医疗设备为主。在医疗方面，主要以血压、心率等一般生理指标监测为主，其技术和实用性面对挑战，但增长潜力巨大，是未来现场快速检测的主流，可能发展为颠覆性产品。未来发展将以构造"终端设备+物联+多参数+人机交互"的发展模式为重心。

4. 融合化

多技术融合是新生物技术的一大特征，是系统生物学研究的重要手段，也是衡量 21 世纪生物技术创新能力的一个重要指标。多技术融合是 21 世纪问世的 NBIC 会聚技术的产物。现场快速检测的技术融合主要有两种方式，一是多指标组合，二是多技术融合，如将物理量、化学量和生物量检测技术与计算机技术、纳米技术融合形成可动态监测患者多个器官功能的变化，用于对危重患者的监测，可有效提高危重症患者的救治成功率。

5. 无创化

对生物体不造成创伤或仅引起微创伤的检测方法称为无创或微创检测。由于不会对病人造成伤害，病人容易接受，特别是对人体活体的原位进行检测，可有效检测被测对象的生理状态，便于准确地对被测对象的生理、生化过程进行长期实时监测，广泛用于健康促进、临床诊断、疾病康复和重症监测，是生物医学检测技术的重要发展方向。据此技术研制的可穿戴式产品在国外已大量上市，被称为可引领 21 世纪产业革命的标志性技术。

6. 网络化

随着物联网的快速发展，健康监测和疾病诊治的网络化也逐渐深入健康促进和医学诊疗领域并成为重要发展方向。物联网的应用包括三个层次：一是传感网络，二是传输网络，三是应用网络。目前在医疗领域主要应用形式是远程医疗。现场快速检测的主体技术是传感技术，所使用的物理量、化学量或生物量传感技术本身就是物联网的组成部分，因此现场快速检测网络化的技术成本最低。网络化是未来现场快速检测的发展方向，应引起高度关注。

第二节 现场快速检测行业竞争情况分析

一、竞争情况概述

我国POCT市场起步较晚，目前市场规模较小，但是增长速度快，市场潜力巨大。随着医疗改革的推进和对社区医疗体系的建立，预计我国POCT市场未来几年将保持20%~30%的年复合增长率。无论是进口产品还是国产产品，市场占比都比较小，没有明显的龙头企业，进口品牌在激烈的竞争下，市场份额也被逐步挤压，行业呈现分散、凌乱的格局。早期胶体金产品由于门槛相对较低，因此竞争激烈，导致行业检测量的增长远超销售额的增长。然而随着临床需求的不断升级，从定性必然过渡到定量，因此出现了一系列特异性和灵敏度相对较高的技术平台，比如荧光免疫、小型发光、上转发光、量子点、微流控等平台。随着技术的进步和精准度的提升，POCT在临床的市场空间逐步打开，同时由于其广泛的应用场景，在临床之外的应用极大地提升了其"天花板"高度。

二、竞争格局

目前我国共有体外诊断企业400余家，但真正具备自主研发和生产能力、并具备一定规模的仅少数几家，行业内企业普遍规模小、品种少、整体质量和技术水平较低、竞争实力弱。

从目前国内POCT行业竞争现状来看，主要是以外资企业为主，国内企业在免疫胶体金技术领域的竞争力相对较强，在其他领域则远不及外资企业。发达国家因其产品质量和技术，在全球市场占据主要地位，其中代表企业有雅培、BD和罗氏等。国内企业规模普遍偏小，研发能力和市场竞争力较弱，并没有出现强势的品牌领导者，对于终端医院和消费者的使用倾向的影响力也较为薄弱。目前国内POCT生产商主要为科华生物、三诺生物、英科新创、九安医疗、璟泓科技和明德生物等公司。

表 3-3-2　国内 POCT 市场主要竞争者

技术平台	检测项目	厂家
微流控	血气、电解质、慢性病、凝血、心脏标志物等	雅培、罗氏、微点生物
电化学	血糖、血气、电解质	雷度米特、雅培、罗氏等
化学发光	心脏标志物、炎症	罗氏、梅里埃、Mitsubishi、Tosho
高效液相法	糖化血红蛋白	Bo-Rad、Primus、Axis-shield 等
免疫比浊	炎症因子 CRP	Axis-shield、国赛生物、奥普生物等
免疫荧光	传染病、心脏标记物、炎症、慢性病、毒品等	美艾利尔、艾博生物、万孚生物、基蛋生物、瑞莱生物、锦瑞物生等
免疫胶体金	妊娠、传染病、心脏标记物、炎症、慢性病、毒品等	万孚生物、英科新创、蓝十字、汕头大卫、基蛋生物、瑞莱生物等

资料来源：前瞻产业研究院。

三、竞争策略

1. 产品生命周期的竞争策略

POCT 产品很多是小型产品、便携式产品，生命周期一般较短，把 POCT 产品的生命周期分为投入期、成长期、成熟期、衰落期。每个时期的竞争策略都应包含相应时期的特点，因而每个时期的竞争策略不同。

2. 产品产量策略

产品产量是指产品存在发展的规模、程度、速度、水平等。POCT 的产品产量指标上其规格、速度和产品定位等都需要纳入考虑。

3. 产品品种竞争策略

产品品种主要指不同性能的产品和同类产品的型号、规格、系列、款式等特性的总和。在市场定位时主要考虑两个层面：一是针对大型三甲医院的稍大型大仪器，二是针对基层医院的小型便携类产品。这两类产品满足消费者的多层次需求，能让产品占领市场，产品品种竞争是企业适应科技发展和获得生存发展的重要途径。产品竞争和产品品种发展互相促进，相互影响，产品竞争能促进产品品种发展，产品品种的发展能使企业在产品竞争中获胜。

4. 产品价格竞争策略

要想让产品成为争夺市场份额的"利器"，产品价格是不能忽视的因素。价格要以销量为基础，拥有价格优势的优质产品能战胜竞争对手，占领市场，也能带动其他领域产品销量。

5. 产品质量竞争策略

质量是产品的生命,它直接关系到终端客户的切身利益,质优就有市场,靠提高产品质量去竞争是成功的良策。对产品质量任一方面的改进都能增强公司产品的竞争能力。

6. 产品创新竞争策略

技术的飞速发展一方面使产品更新换代的周期不断缩短,另一方改变着人们的消费观念和消费习惯,产品畅销、流行的时间不断缩短,这就要求企业努力开发新产品,以适应时代的发展,满足人们日益变化的需要。因此,企业必须掌握技术和市场需求的变动趋势及变化规律,做到销售一代产品,储备一代产品,试制一代产品,开发一代产品,保证新产品投入市场的连续性。以旧一代产品增加用户的黏度,拉动新一代的销售与储备。

第三节 现场快速检测行业销售渠道分析

一、市场运作模式分析

现场快速检测产品的销售模式主要包括直销和经销,根据不同的环境选择不同的销售模式。

经销模式是指公司先将产品销售给经销商,再由经销商销售给终端客户。现场快速检测行业的终端客户主要包括各级医疗机构、体检中心等专业机构,较为分散,且对供应商的专业性、服务的及时性要求较高。采用经销模式,公司可利用经销商在当地的资源优势,迅速占领未开发市场,有利于提升产品的市场占有率,强化公司的市场推广能力,及时获取市场信息并为终端客户提供周到的服务。

直销模式是指公司直接将产品销售给终端客户。

二、营销模式分析(含招标采购)

当前,中国现场快速检测行业生产企业主要采用经销和直销相结合的方式进行销售。

经销模式的具体流程包括:甄别、筛选经销商;与经销商签署相关协议;经销商根据终端客户需求发出订单;公司组织生产、物流等;货物验收、安装;开具发票、收款等;售后服务。

直销模式的具体流程包括:市场人员获取客户需求;公司通过投标、商业谈判的方式,与客户确定合作关系；客户发出订单或签署销售合同；公司组织生产、物流等；货物验收、安装；开具发票、收款等；售后服务。

第四节　产业未来发展趋势

POCT 行业未来发展趋势："技术+需求"推动行业快速发展。

1. 技术驱动

高新技术在 POCT 中的应用将会出现新的高潮，即时检验新技术不断涌现。胶体金技术、化学、电发光、时间分辨荧光、免疫层析、免疫斑点渗滤技术、生物传感器技术以及生物芯片的新技术不断推出，成为 POCT 技术发展的有力支柱。以胶体金技术为例，突出的进步从初期的定性，变为准确的全定量测定，因此胶体金技术在 POCT 即时检验学术领域具有独特的竞争优势，完全能满足"抢时间，省空间"的技术要求，当技术精度提高和检测成本下降取得更大进步时，其发展潜力巨大。

2. 需求驱动

一是需求领域的不断扩张带来需求增长：社区卫生服务中心、体检中心、海关、防疫站、军队、学校等社会部门对 POCT 技术的需要呼声很高，这些新兴领域的拓展以及新技术在未来十年带来更多的需求量。二是需求人群的增长带来 POCT 需求的增长：随着国内老龄化社会的到来，患慢性病人（糖尿病、冠心病、肝肾病）的人越来越多，他们不仅希望得到医院的系统诊治，更需要能进行自我检验，更为简单、更易掌握的 POCT 技术和仪器。三是近年来我国致力于医疗改革，新医疗改革的核心是要使城乡居民人人获得基本医疗，基本医疗的概念包含了诊断必需的检验项目。现场快速检验仪器以"小型便携、操作简单、使用方便、即时报告"的特点，最适应于城市和农村社区医疗服务，可使政府少投入，也可使民众享受必要的检验服务。

第四章 国内外重点企业分析

第一节 万孚生物

一、概况

广州万孚生物技术股份有限公司（以下简称万孚生物）成立于 1992 年。公司致力于生物医药体外诊断行业中快速检测产品的研发、生产和销售。万孚生物构建了完善的胶体金与胶乳标记层析技术平台、荧光标记定量检测技术平台、干式生化以及电化学定量检测、分子诊断等技术平台，产品涵盖传染病、妊娠、心血管疾病、毒品、肿瘤疾病、代谢疾病等业务领域。百余种产品应用于各级医院、社区门诊、卫生院、OTC 药房以及疾病控制中心、公安、军队等。

公司在美国成立了子公司和研发中心，在肯尼亚、印度尼西亚成立了营销中心，并与欧洲零售巨头 BOOTS、亚洲零售巨头 WATSONS、南欧零售连锁著名品牌 SONAE 以及国内海王星辰、金象、老百姓大药房等建立了稳定的合作关系，为全球 180 多个国家和地区客户提供产品解决方案和技术支持。

二、企业市场情况

2018 年，万孚生物在化学发光、分子诊断、智能互联、资本运作方面都有重大的战略突破。其中，在精准医疗领域与 iCubate 和 Biocartis 达成战略合作，通过在国内建立合资公司的方式，在感染性疾病领域、肿瘤伴随诊断等领域进行深度合作，共同开拓中国市场。未来，公司将在分子诊断领域持续发力。2018 年公司实现营业收入 16.5 亿元，同比增长 237%（见表 3-4-1）。

表 3-4-1　2016~2018 年万孚生物在 POCT 领域的销售情况

年份	销售额（亿元）	增速（%）
2016	3.69	34
2017	4.9	32
2018	16.5	237

资料来源：万孚生物。

第二节　基蛋生物

一、概况

基蛋生物科技股份有限公司（以下简称基蛋生物）成立于 2002 年 3 月，总部位于南京。公司拥有专业的诊断产品研发团队，相继建立了胶体金免疫层析、荧光免疫层析、生化胶乳试剂、化学发光和诊断试剂原材料开发五大技术平台，进行全产业链布局。

基蛋生物制定了进军海外的战略方针，2019 年 3 月在墨西哥设立子公司，旨在开拓南美等海外市场。基蛋生物还与卢氏实验室合资，利用墨西哥廉价劳动力研发适合欧美市场的创新产品。

二、企业市场情况

基蛋生物在 POCT 领域里的明星产品线是心血管检测和感染性疾病检测领域，是国内最早成功开发并生产心血管类试剂的企业之一。基蛋生物营业收入主要来源是毛利率较高的心血管类检测和炎症类检测（感染性疾病检测），心脏标志物检测已达世界先进水平。

表 3-4-2　2016~2018 年基蛋生物的营业收入情况

年份	收入额（亿元）	同比增长率（%）
201 年	3.69	—
2017	4.89	32.37
2018	6.89	40.92

资料来源：基蛋生物。

第三节 乐普生物

一、概况

乐普（北京）医疗器械股份有限公司（以下简称乐普医疗）创立于1999年，主营业务覆盖医疗器械、医药、移动医疗和医疗服务四大领域，经过多年的发展，公司心血管产业领域构建的医疗健康全产业链平台已具雏形。在医疗器械方面，公司是医疗器械领域能够与国外产品形成竞争的少数企业之一，是心血管病植介入诊疗器械与设备的高端医疗产品产业集团。公司先后承担了国家发改委高技术产业化示范工程项目、国家科技部"863计划"发展项目、科技支撑计划项目等国家重大课题，组建了"国家心脏病植介入诊疗器械及设备工程技术研究中心"。

二、企业市场情况

乐普医疗研发的心血管疾病快速体外诊断试剂，已经成为该领域的前沿产品。其公司生产的心脏标志物类检测产品占国内市场一定份额。2018年公司体外诊断类产品主营收入3.20亿元，占收入比例的5.03%。

2018年，公司首个人工智能产品AI-ECG Platform获得美国FDA批准注册和欧盟CE认证，AI-ECG Platform是国内首项实现产业化的AI医用技术，也是处于世界前列的用于心电分析和诊断的AI医用技术，AI平台是连接医疗机构与家庭的纽带，未来将成为乐普平台化延伸的重要工具，实现预防诊疗一体化布局。

表3-4-3 2016~2018年乐普医疗营业收入情况

年度	收入额（亿元）	同比增长率（%）
2016	34.67	25.10
2017	45.38	32.86
2018	63.47	39.87

资料来源：乐普医疗。

第四节 三诺生物

一、概况

三诺生物传感股份有限公司（以下简称三诺生物）于 2002 年在长沙成立，专注于研究生物传感技术快速检测慢性疾病产品的高新技术企业，致力于推动糖尿病健康事业的发展，在中国长沙建有亚洲最大的血糖仪及试条生产基地。公司主要产品为微量血快速血糖测试仪及配套血糖检测试条，构成血糖监测系统，用于血糖监测。

二、企业市场情况

三诺生物通过收购 Trividia 和 PTS。建立了光化学检测平台、电化学检测平台、免疫荧光平台，在此基础上搭建先进的血脂、血糖监测系统。

表 3-4-4 2016~2018 年三诺生物营业收入情况

年度	收入额（亿元）	同比增长率（%）
2016	7.96	23.29
2017	10.33	29.80
2018	15.5	49.86

资料来源：三诺生物。

第五节 科华生物

一、概况

上海科华生物工程股份有限公司（以下简称科华生物）创立于 1981 年，公司集产品研发、生产、销售于一体，主营业务涵盖体外诊断试剂、医疗检验仪器，拥有生化、酶免、光免、POCT、分子诊断五大产品线、190 项试剂和仪器产品，是国内体外诊断行业产品线最为丰富的企业之一，其中，69 项试剂和仪器产品通过了欧盟 CE 认证，主要产品国内市场占有率名列前茅；公司在打造国内最优秀营销网络的同时，积极拓展国际市场，公司艾滋病诊断试剂人类免疫缺陷病毒抗体检测试剂盒（胶体金法）V2 于 2017 年初再次通过世界卫卫组织体外诊断产品资格审查。

二、企业市场情况

科华生物是国内生产量最大、市场占有率最高、品种最齐全、报批量最大的体外诊断试剂生产企业之一，其中代表产品有禽流感检测试剂、胱抑素 C 定量测定试剂盒（免疫比浊法）产品、α-L-岩藻糖苷酶试剂盒（CNPF 速率法）、甲型流感病毒抗原检测试剂盒（酶联免疫法）、艾滋病诊断试剂（胶体金法）等，是国内 POCT 传染病检测领域的龙头企业。其中，艾滋病诊断试剂（胶体金法）与美国克林顿基金会艾滋病防治项目部签署了长期供货合同。

表 3-4-5 2016~2018 年科华生物营业收入情况

年份	收入额（亿元）	同比增长率（%）
2016	14.00	21.12
2017	16.11	15.37
2018	20.17	26.55

资料来源：科华生物。

第六节 理邦仪器

一、概况

深圳市理邦精密仪器股份有限公司（以下简称理邦仪器）立足健康产业，以全球化的视野、持续的创新和卓越的服务，成为知名的医疗健康产品、解决方案和服务提供商。涵盖病人监护、心电产品、超声影像、妇幼健康、体外诊断、智慧健康六大业务板块。在中国，理邦仪器辐射全国市场的服务网络已为超过 30000 家医疗机构提供了创新型、高品质的产品

和服务。在全球设立五大研发中心、19个子公司,产品远销160多个国家和地区。理邦仪器坚持有价值的创新,致力于为医疗机构提供贴近临床需求的优质产品和解决方案。

二、企业市场情况

目前公司的POCT产品主要依托血气平台和磁敏平台,三款体外诊断产品——m16磁敏免疫分析仪、i15血气生化分析仪和血细胞分析仪均已获得相关医疗认证通过。其中,i15血气生化分析仪为中国首创。2018年公司在体外诊断上的营业收入为1.15亿元,相较于2017年同比增长了42.99%。

表3-4-6 2016~2018年理邦仪器营业收入情况

年份	收入额(亿元)	同比增长率(%)
2016	6.98	26.88
2017	8.43	20.81
2018	9.92	17.72

资料来源:理邦仪器。

第七节 迈瑞生物

一、概况

深圳迈瑞生物医疗电子股份有限公司(以下简称迈瑞生物)始创于1991年,是全球领先的医疗设备与解决方案供应商。迈瑞生物总部位于深圳,为全球市场提供医疗器械产品。分公司遍布中国,全球员工近万人,其中研发人员占比超过20%,外籍员工超过10%,来自全球30多个国家及地区,形成了庞大的全球研发、营销和服务网络。迈瑞生物的主营业务覆盖生命信息与支持、体外诊断、医学影像三大领域,通过前沿技术创新,提供更完善的产品解决方案,帮助世界改善医疗条件、提高诊疗效率。

二、企业市场情况

迈瑞生物体外诊断业务涵盖血球、化学发光、生化、血凝、尿液、流式细胞、微生物、糖化八大领域，产品型号涉及100余项，能提供具有溯源性的18个套餐，120余项生化免疫试剂项目，可针对不同医疗机构需求提供适宜的实验室整体解决方案，并实现不同实验室结果的可比性，逐步向全实验室自动化方向迈进。

表 3-4-7　2016~2018 年迈瑞生物营业收入情况

年份	收入额（亿元）	同比增长率（%）
2016	9.03	12.7
2017	11.17	23.7
2018	13.75	23.09

资料来源：迈瑞生物。

第八节　明德生物

一、概况

武汉明德生物科技股份有限公司（以下简称明德生物）以"创新即时诊断、引领智慧医疗"为经营宗旨，主要从事POCT快速诊断试剂与快速检测仪器的自主研发、生产和销售。通过多年持续研发投入，公司构建了以全血滤过技术、多重抗体标记技术、胶体金炼制技术、化学发光磁酶免疫技术为核心的技术平台以及高通量智能POCT定量检测平台，形成了覆盖感染性疾病、心脑血管疾病、肾脏疾病、糖尿病、妇产科优生优育、健康体检六大领域20余类疾病检测的产品线，公司产品目前已应用于国内各级医院、卫生服务中心、社区门诊、体检中心等医疗机构中。

二、企业市场情况

公司以感染性疾病系列、心脑血管疾病系列、肾脏疾病系列、糖尿病系列、妇产科优生优育系列、健康体检系列六大类产品为基础，以POCT差异化应用为依据，搭建起满足不同医疗机构需求的产品结构，可为客户提供多样的POCT快速诊断解决方案。

表 3-4-8　2016~2018 年明德生物营业收入情况

年份	收入额（亿元）	同比增长率（%）
2015	1.41	17
2016	1.65	3.6
2017	1.71	7.31

资料来源：明德生物。

第五章 产业链分析

第一节 产业链构成

现场快速检测行业上游主要包括生物原料行业、电子信息行业以及化学合成行业等，试剂上游包括精细化学品以及抗原、生物酶和高分子材料等生物原料供应商，仪器上游主要是电子元件和模具供应商。下游是各级医院、卫生服务中心、社区门诊、体检中心等。

第二节 产业链上游行业发展分析

一、产业链上游行业发展状况

现场快速检测行业的发展需要上游许多产业的支撑，主要包括生物原料行业、电子信息行业以及化学合成行业等，试剂上游包括精细化学品以及抗原、生物酶和高分子材料等生物原料供应商，仪器上游主要是电子元件和模具供应商。

二、产业链上游行业对本行业影响

上游核心原料技术壁垒高，大多依赖进口。上游原材料行业中的生物原料对POCT行业的影响尤其大，但是由于其开发领域技术含量高、资金投入大、开发周期长、生产工艺流程复杂、技术掌握和革新难度大、质量控制要求高，导致目前国内厂家核心原材料几乎全部依靠进口，议价能力相对较低。虽然已有厂家通过自主研发掌握了一定的技术，部分原材料可以自己生产，但是规模和质量暂时无法与进口产品匹敌。

第三节 产业链下游行业发展分析

一、产业链下游行业发展状况

下游需求市场中,医疗机构占据了90%的市场,包括各级医院、卫生服务中心、社区门诊、体检中心等。另外,诸如血糖仪和血糖试纸等在家庭和个人使用领域发展较为成熟的产品,也可以通过药店等零售终端直接到达消费者端。

我国医疗机构数量整体上呈增长趋势,截至2017年末,我国有医疗机构98.66万个,比2016年的98.34万个增加了0.32万个。

我国医疗机构产业发展稳中向好,目前中国正快速进入医疗需求的爆发期,中国人口进入老龄化,"二胎"政策以来,儿童人数逐渐上升,社会对医疗的需求逐步增加。在《"健康中国2030"规划纲要》中,明确提出个体诊所设置不受规划布局限制,无论是中医诊所、西医诊所,还是连锁诊所,都是国家重点鼓励的社会办医发展方向。政策开放后,大批由医生合伙或个人举办的全科、专科诊所将大量涌现。

未来,高效优质的专科医院将大幅增长,重点解决疑难杂症的综合性医院将大幅减少。随着目前"倒金字塔型医疗机构设置"的改变,百姓看病将会变得容易,大医院看病拥挤不堪的局面将得到明显改善。小型诊所和小型医院将发展更好,尤其连锁的品牌诊所和专科医院将得到更多百姓的认可。

二、产业链下游行业对本行业影响

下游需求不断上扬,推进检测家庭化和基层化。目前医院仍然是主要的需求终端,随着分级诊疗的推进,数量庞大的基层医疗卫生机构对POCT产品的庞大需求将逐渐被释放。另外,慢性疾病发病率的攀升,使得家用POCT市场的需求水涨船高,"治未病"的新型医疗模式和健康管理理念的逐渐深入人心,也使得血糖检测、妊娠检测等较为成熟的家用POCT产品的市场规模、渗透率和国产化替代都在不断提升。

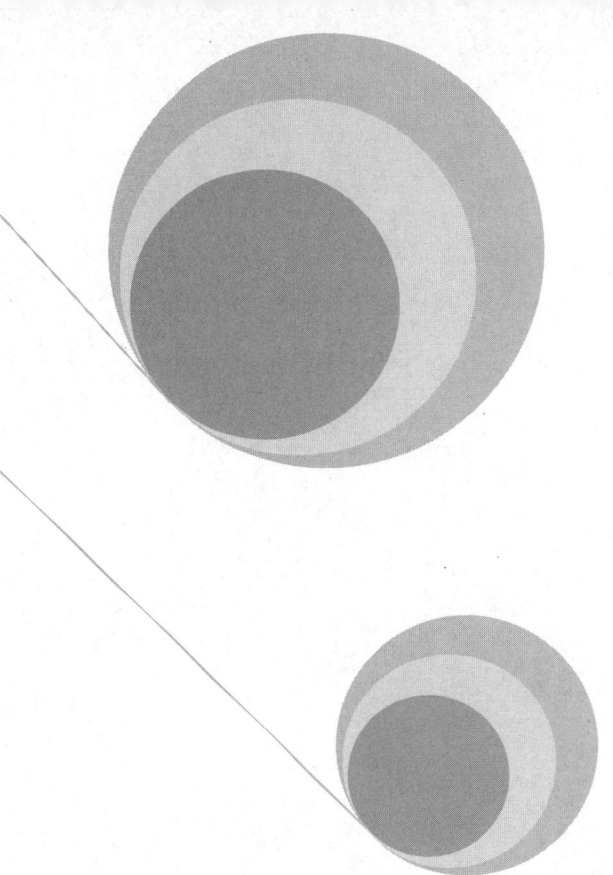

基因诊断行业发展报告

第一章 行业概述

第一节 产品概述

基因诊断是指应用分子生物学方法检测患者体内遗传物质的结构或表达水平的变化而做出诊断的技术。基因诊断检测标的包括编码与疾病相关的各种结构蛋白、酶、免疫活性分子等。

2003年第一个人类基因组计划的完成敲开了后基因组时代和基因组医学的大门，从而建立起医学研究向临床实践转化的纽带，为精准医学奠定了基础。2015年，美国政府宣布"精准医疗（Precision Medicine）"计划，依据基因组学和其他分子生物学信息为患者制定个体医疗方案。同年，习近平批示科技部和国家卫健委，要求成立中国精准组医疗战略专家，启动精准医疗计划，跟进精准医疗的研究，这一重大举措预示着中国正式进入了个体化医疗时代。

个体化医疗是以基因诊断技术为基础，借助基因组学、蛋白组学、转录组学以及生物信息学和大数据科学的交叉应用，通过对大样本人群特定疾病类型进行生物标志物的分析、鉴定、验证，寻找疾病的原因和治疗的靶点，实现疾病和特定人群个体化治疗的目的，为疾病的预防、诊断、治疗及预后评价提供决策依据。

经过多年的发展，基因诊断技术已成为当前顺利实施个体化医疗的核心技术和强有力武器。目前基因诊断技术包括PCR技术、基因芯片技术、测序技术、质谱、限制性片段长度多态性方法（RFLP）、琼脂糖凝胶电泳等，基因诊断技术以其简捷、快速、准确、安全等特点在临床及科研领域发挥着越来越重要的作用。根据每种不同基因诊断技术原理的差异，使用范围及侧重点也各有不同。目前应用于临床的基因诊断项目涉及感染性疾病、肿瘤、遗传病、心血管疾病等常见疾病的检测。

根据相关数据显示，截至2017年初，可根据基因诊断进行个体化医疗的疾病病种多达4949种，涉及相关基因5875个，随着研究的不断深入，将会有越来越多的基因被纳入指南，作为个体化医疗实施的标准。同时，随着检测技术的飞速发展、循证数据的不断积累及临床应用的转化，未来将会有更多的基因诊断产品获得临床准入。

作为一种新型的医学概念与医疗模式，个体化医疗已成为当前医疗机构及行业关注的焦点，必将带来该领域的研究热潮和医疗史上前所未有的革命。

第二节 行业发展特点

一、起步晚，增速快，潜力大

广泛的应用领域促进了基因诊断行业的快速发展，近年增速在20%左右。我国基因诊断技术起步较晚，但由于技术起点较高，且市场规模基数小，基因诊断成为近年来增长速度最快的细分诊断领域。随着国内医疗支出的扩大和生活水平的提升，基因诊断行业成长空间巨大。

二、技术发展为第一驱动力

基因诊断行业首要驱动力是技术发展，自从1996年美国ABI公司发明第一台荧光定量PCR仪以来，PCR技术和应用从定性向定量快速发展；基因芯片技术也突破了国外微流控芯片、液体芯片等技术的垄断，建立了国内荧光显色及免疫显色等特色芯片平台；测序技术的发展与更新迭代使得个体全基因组检测成本大幅降低，未来基因组测序的成本会使每一个普通老百姓都能承受得起。

三、符合市场发展需求

随着社会逐步发展、人民生活水平逐步提高，人们对健康的意识、需求、理解都越来越高。从原来简单的有病治病到现在的早期预防、诊断治疗以及预后指导一体化的健康管理模式，通过对人群DNA的检测，发现每个个体的基因差异，这种差异可能会在疾病风险、用药效果、预后评估等方面存在不同。基因诊断技术发展刚好能够满足这种医疗模式发展和人们对健康理念的重新定位的需求。

四、准入机制趋严

国家重视生物技术及其产业化的发展，体外诊断产业获得政府全方位的政策扶持，基因检测也在产业发展浪潮中获益。但是，基因检测行业内企业的设立、产品的生产等涉及多种资质审批、准入机制及后续监管政策。体外诊断试剂需根据《医疗器械监督管理条例》《医疗器械临床试验规定》《强制性产品认证管理规定》等规定，由国家药品监督管理局负责审查批准并实行统一管理；临床机构需根据《医疗机构临床基因扩增检验实验室管理办法》等进行检测项目的引入和监督；无资质、无证或注册证分类级别不符合法规要求的企业及产品将会被市场淘汰，临床机构引入不合规产品也将面临惩罚。因此，合规、合法成为行业发展的基本要求。

第三节 行业发展现状

一、行业发展处于早期

虽然我国的基因检测行业已经有 20 年的发展历程，1998 年达安基因成立，而后华大基因、博奥生物、上海百傲也相继成立，形成了最早的一批基因检测公司。但相较于检验医学中的生化、免疫等检验类别，基因诊断尚处在早期发展阶段，还有很多待发展领域以及完全空白领域。市面上越来越多的新公司、新产品陆续上市，行业内部处在"洗牌"阶段，各地政策也略有不同，缺少成熟的商业模式，用户对其整体认知不高，了解也不够深入。

二、政策支持力度大

2015 年科技部首次召开了"国家精准医疗战略专家会议"，从此中国开始进入"精准医疗"时代，2030 年前国家将投入 600 亿元发展精准医疗。2016 年《"十三五"国家科技创新规划》，提到重点攻克新一代基因测序技术、组学研究和大数据融合等核心关键技术。2017 年初《"十三五"生物产业发展规划》指出以临床价值为核心，在治疗适应症与新靶点验证、临床前与临床试验、产品设计优化与产业化等全程进行精准监管，提供安全有效的数据信息，实现精准医疗。

三、应用市场广阔

基因检测在医疗领域应用主要分为两类：第一类，科研研究，主要是各个科研机构、高等院校等；第二类，临床应用，主要是为患者提供临床报告，可作为医生诊断、治疗的辅助工具,这一类也是目前应用范围最广、商业价值最大的部分,涉及领域包括病原微生物检测、肿瘤相关基因检测、常见遗传病基因检测、药物相关基因检测等方向。但纵观当前行业政策、临床需求,不论哪个细分方向,未来的发展趋势是多基因、多指标检测,以满足精准医疗发展的需要。

四、存在的问题

个体化医疗发展前景广阔,市场潜力巨大,但就目前国内现状而言,仍有很多需要加以重视的问题:①检测项目多、医师的接受程度不一;②自制试剂较多,试剂质量难以保证;③实验室基础建设、软硬件设施、人员资质、操作标准、管理规范等有待完善;④存在对结果的过度解读;⑤缺乏大数据的分享途径和机制;⑥监管部门的控制力度不够、医疗保险的覆盖程度较小等均在一定程度上制约了个体化医疗的发展。

针对当前个体化医疗发展现状及面临挑战,我们应该本着以人的健康为核心的中心思想,立足国情,完善相关法律法规,积极创造医疗数据共享环境,发挥各学科技术之间的技术优势,有效合理地配置有限的医疗资源,从而真正地保证个体化医疗的蓬勃发展。

第二章 市场发展分析

第一节 市场发展状况

一、市场规模

基因诊断行业在我国高速发展,近年来行业规模逐渐扩大,2016年,我国基因诊断行业市场规模达46.1亿元,同比增长22.9%,2018年行业市场规模为71.5亿元,同比增长23.9%(见图4-2-1)。随着医疗改革的深入和终端需求的不断旺盛,基因检测在未来还有非常大的发展空间。

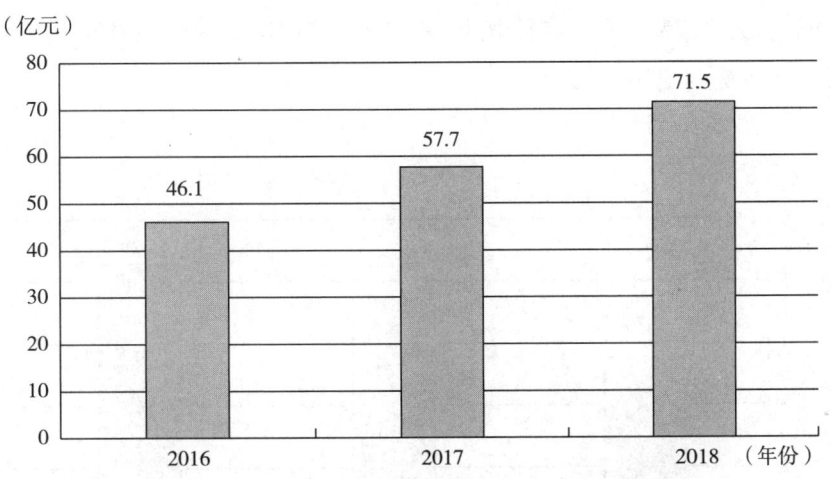

图 4-2-1　2016~2018年我国基因诊断主要细分市场规模

资料来源:中国医疗器械行业协会。

1. PCR 市场

PCR 技术开发、使用门槛低,目前临床应用较为广泛。我国PCR市场规模不断扩大,但因存在通量低等技术壁垒,未来无法满足临床多基因多指标的检测需求,近几年增速低于基因诊断规模增速,其中,2016年PCR市场规模为15.43亿元,同比增长10.69%;2018年PCR市场规模为23.71亿元,同比增长15.77%(见图4-2-2)。

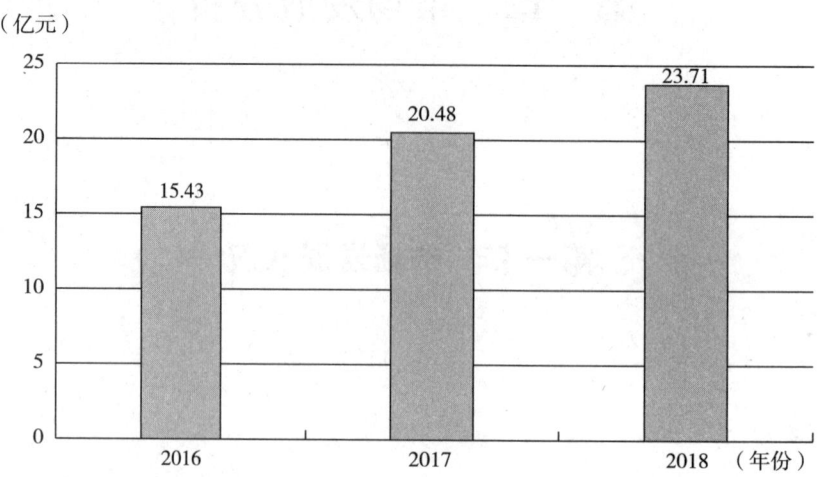

图4-2-2　2016~2018年我国PCR市场规模

资料来源:中国医疗器械行业协会。

2. 基因芯片市场

当前,我国拥有完全自主知识产权的基因芯片企业不多,规模均偏小,但市场发展空间巨大。2016~2018年,我国基因芯片市场不断扩大,但增速有所趋缓。其中,2016年我国基因芯片市场规模为3.76亿元,同比增长37.73%;2018年基因芯片市场规模为5.29亿元,同比增长12.08%(见图4-2-3)。

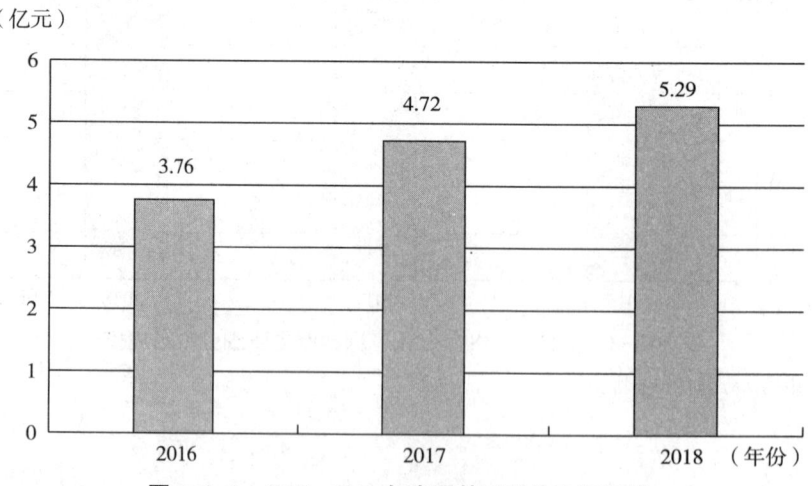

图4-2-3　2016~2018年我国基因芯片市场规模

资料来源:中国医疗器械行业协会。

3. 测序市场

在基因诊断市场中，如今相对受市场欢迎的莫过于基因测序，据统计，行业内主营基因测序的企业数量也是最多的，市场上近一半的营业额来自于基因测序业务，当然这也得益于基因测序较高的成本带来的昂贵价格所致。2016 年我国测序市场规模为 22.05 亿元，同比增长 25.07%；2018 年测序市场规模为 34.72 亿元，同比增长 18.38%（见图 4-2-4）。

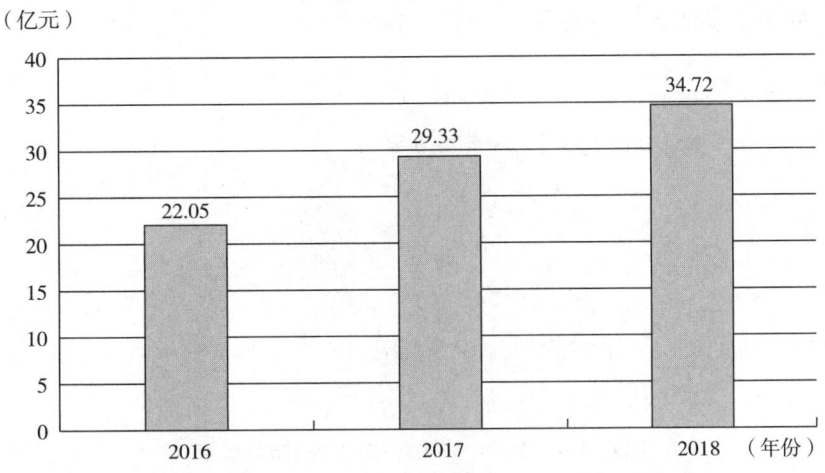

图 4-2-4 2016~2018 年我国基因测序市场规模

资料来源：中国医疗器械行业协会。

二、市场份额

1. 细分领域市场份额

从当前基因诊断行业细分领域来看，呈现"三分天下"的格局，主要包括 PCR 技术、基因芯片技术、测序技术。其中，2018 年基因测序大约占比 48.56%；PCR 技术占比 33.16%；基因芯片技术约占 7.40%（见图 4-2-5）。

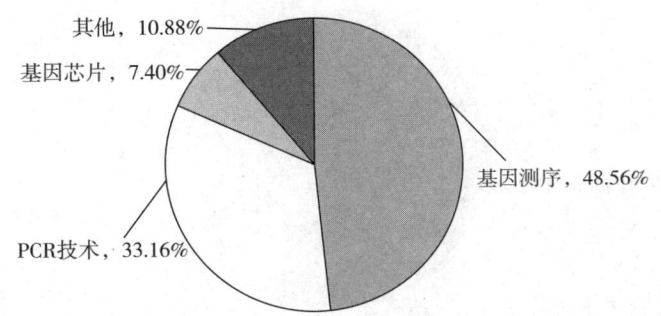

图 4-2-5 2018 年国内基因诊断行业不同检测方法市场份额分布

资料来源：中国医疗器械行业协会。

2. PCR 技术企业市场份额

从市场份额来看，国内 PCR 企业大致可分为四个梯队，头部企业已经形成一定规模，第一梯队企业达安基因的 PCR 市场份额约 50%，行业集中度较高；第二梯队为在技术、资金、规模或渠道上占据一定优势的企业，如科华生物、之江生物、湖南圣湘等，合计所占 PCR 市场份额约 35%；第三梯队为拥有自己的核心技术及优势产品的非上市公司，如博日科技、天隆生物等，合计所占市场份额 10% 左右；第四梯队为行业内其他规模较小，同质化竞争激烈，处于竞争弱势地位的企业（见图 4-2-6）。

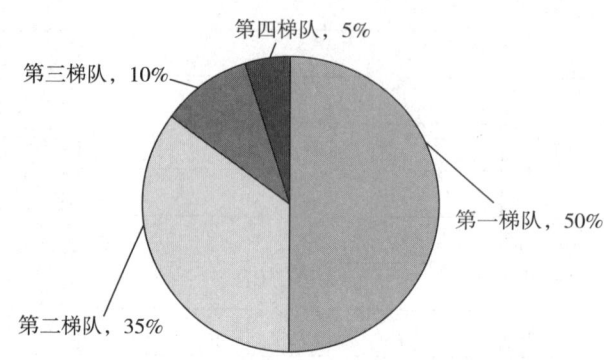

图 4-2-6　2018 年 PCR 技术企业市场份额

资料来源：根据公开数据整理。

3. 基因芯片技术企业市场份额

我国基因芯片产品市场格局初步形成，尚未形成垄断，在细分领域深耕并具备强大渠道优势的公司市场份额将获得提升。其中，基因芯片诊断试剂盒均有专利保护，当前临床应用领域正逐渐铺开，在病毒基因分型、耐药突变位点检测、药物代谢基因分析等方面发展前景广阔。国内基因芯片诊断试剂盒领域的代表企业有博奥生物、上海百傲、赛乐奇、宏灏基因。目前，国家药品监督管理局（NMPA）批准的基因芯片相关仪器较少，但基因芯片检测系统的市场空间同样巨大。

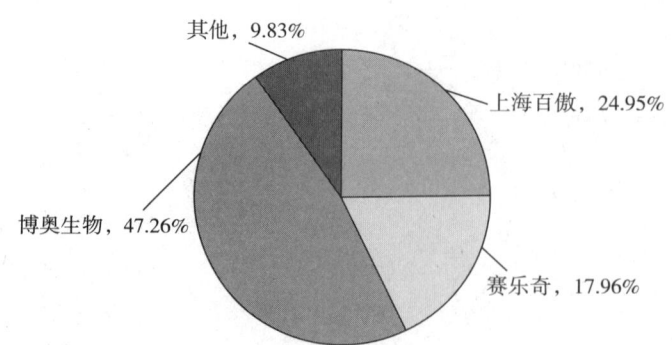

图 4-2-7　2018 年主要芯片企业市场份额

资料来源：根据公开数据整理。

4. 测序技术企业市场份额

面对全球基因测序行业的高速发展，我国通过引进国外先进基因测序技术，购买第二代基因测序仪用于开发下游的应用，基本与全球基因测序行业发展保持同步。国家政策不断支持，基因测序新技术不断取得突破，我国基因测序市场规模保持高速增长，以华大基因为龙头的测序类公司均实现100%以上的复合增长。

基因测序将在医疗行业的无创产前诊断、肿瘤精准防控、传感染病防治等领域有较好前景。

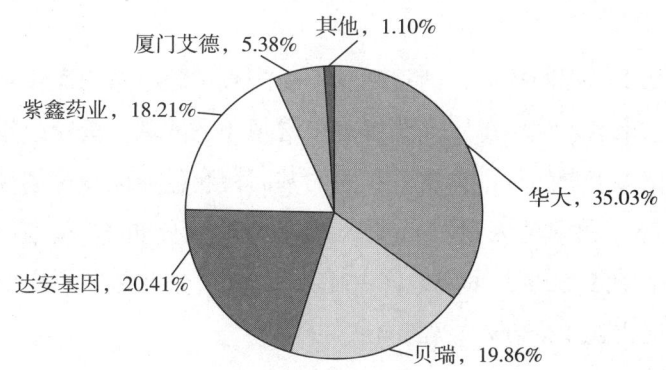

图 4-2-8　2018 年主要测序企业市场份额

资料来源：根据公开数据整理。

第二节　进出口分析

罗氏为全球最大的基因检测公司，市场占比达32%，是全球基因诊断领域的领军企业。而我国基因诊断虽然起步较晚，但目前在个体化治疗用药指导领域领跑整个国内基因诊断行业，从上游仪器制造、软件开发到下游检测服务均已形成相对完整的产业链，且形成了比较成熟的售前和售后服务模式，基本已实现产品线国产化趋势。

此外，由于分子水平、基因水平的种族差异性巨大，国内的基因诊断产品可能并不一定适合其他国家的国情或者相应人群，这也导致了目前基因诊断领域尤其是产业化的诊断试剂进出口比例相对较少的局面。相比上游与中游业务，基因诊断服务将长期持续被国内企业主宰，国内企业不仅在渠道、服务和医院资源方面有巨大优势，还因为基因检测服务掌握大量遗传资料，属于敏感领域，国外企业也难以涉足，这也是国内企业在基因诊断服务领域能够取得快速发展的原因之一。

随着中美贸易摩擦的不断升级，国家对医疗器械国产化的需求及对国产试剂和仪器的保护，国家应出台相应政策，政府采购以国产仪器、试剂优先，鼓励国产仪器及试剂的发展，使企业有更多资金投入研发。

第三节 区域市场分析

一、区域市场规模分析

随着我国城镇化水平不断提高，消费观念不断升级，健康意识逐步增强，我国医疗器械市场规模快速扩大。市场表现突出，主要得益于宏观经济环境、国家政策的支持、产业内部结构升级等多方面积极因素的集中释放。我国的基因检测行业区域市场规模表现出与我国区域经济正相关的态势。我国基因检测行业区域市场规模分布如下，其中，华东地区占比28.19%，华中地区占比9.52%，华南地区占比23.90%，华北地区占比18.9%，东北地区占比6.69%，西部地区占比12.80%（见图4-2-9）。

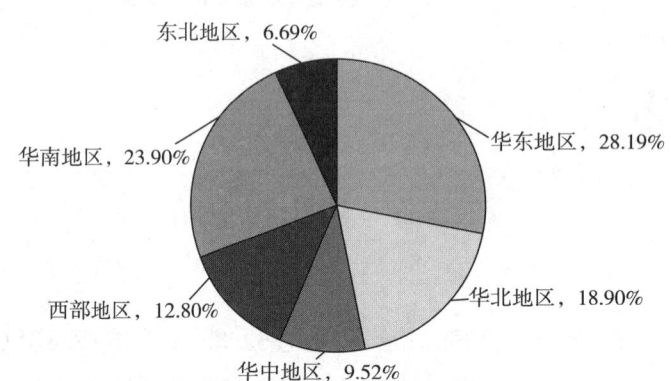

图2-9 2018年中国基因诊断行业区域市场规模分布

资料来源：中国医疗器械行业协会。

二、主要区域市场分析

1. 华东地区

华东地区包括上海、江苏、浙江、安徽、福建、江西、山东六省一市。华东地区长三角四个省市的国内生产总值占全国的23.6%，是全国经济最发达的经济区块之一。其常住人口数量占全国总人口的16.1%，区域内人均可支配收入超过全国平均值，对医药行业而言，其重要意义不言而喻。华东地区作为我国基因诊断行业主要下游市场之一，2018年华东地区市场规模达到20.16亿元（见图4-2-10）。

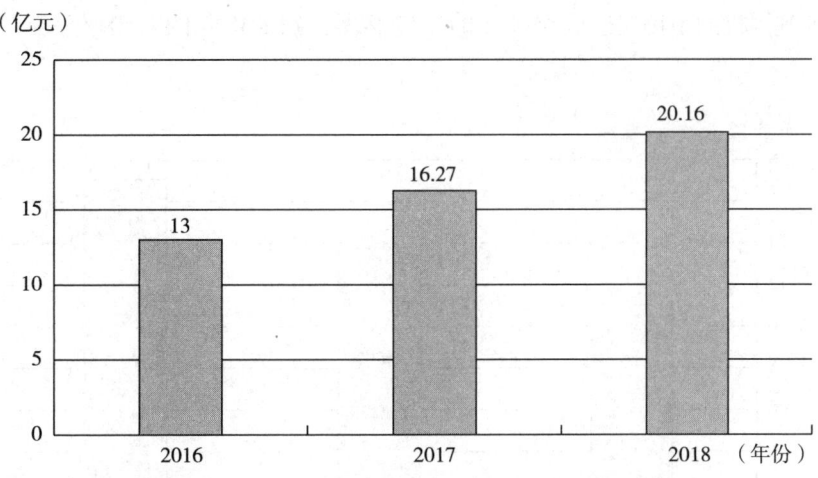

图4-2-10　2016~2018年华东地区基因诊断市场规模

资料来源：中国医疗器械行业协会。

2. 华中地区

华中地区包括河南、湖北、湖南三省。华中地区作为我国经济发展较快的区域之一，近年来的经济发展取得了较大的进展，基因诊断市场规模也不断扩大，2018年华中地区市场规模达到6.81亿元（见图4-2-11）。

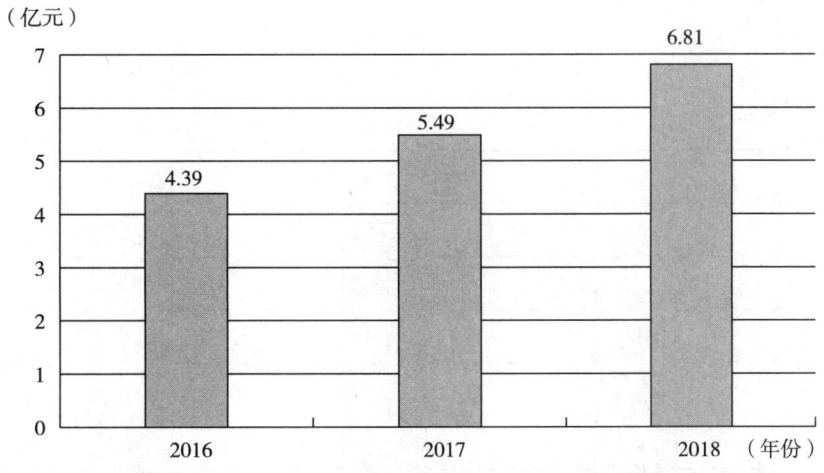

图4-2-11　2016~2018年华中地区基因诊断市场规模

资料来源：中国医疗器械行业协会。

3. 华南地区

华南地区包括广西、广东、海南。近年来，华南地区的基因诊断市场需求较为旺盛。同时，随着华南地区人口老龄化程度的不断增长，进一步刺激了基因诊断等生物医药产品的需求，华南地区基因检测市场规模从2014年的7.17亿增长到2018年的17.09亿元（见图4-2-12）。

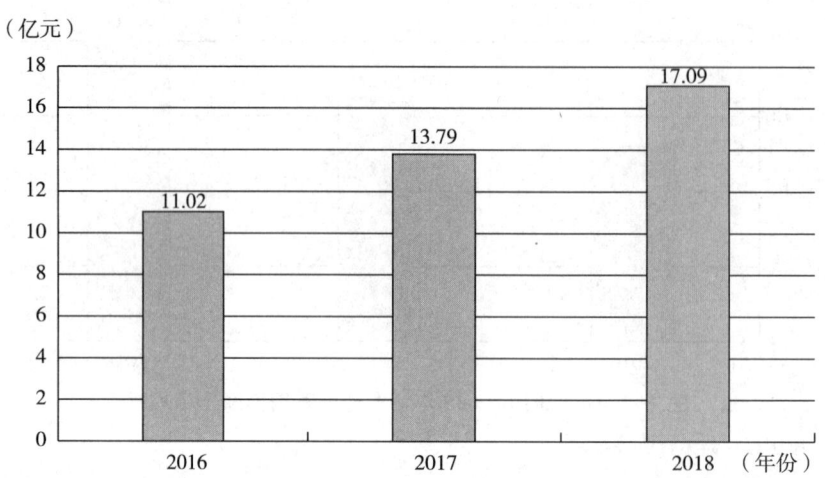

图 4-2-12　2016~2018年华南地区基因诊断市场规模

资料来源：中国医疗器械行业协会。

4. 华北地区

华北地区包括北京、天津、山西、河北、内蒙古。华北地区汇集了众多高校及科研型人才，经济发展迅速，基因诊断市场增长迅猛，2018年该地区基因诊断市场规模为13.51亿元（见图4-2-13）。

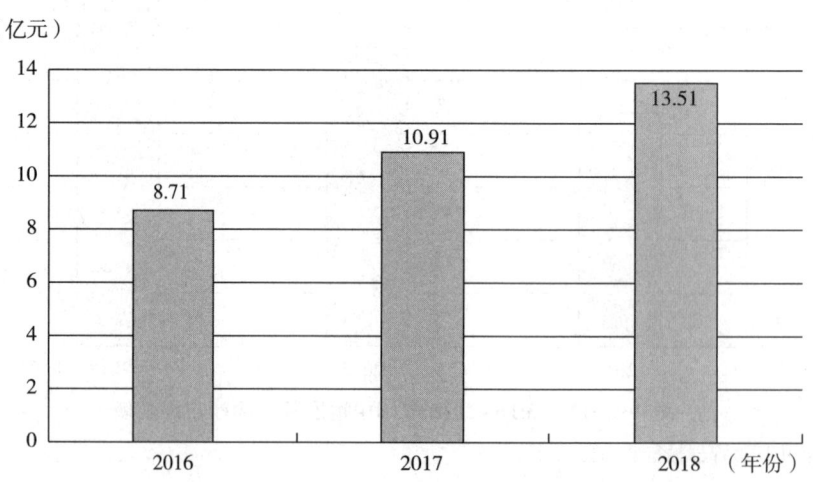

图 4-2-13　2016~2018年华北地区基因诊断市场规模

资料来源：中国医疗器械行业协会。

第四节 市场未来发展趋势

一、市场发展驱动因素分析

1. 市场需求分析

中国作为人口大国，恶性肿瘤、心脑血管疾病等慢性病占据中国居民疾病死亡率前列，人口老龄化、重大疾病是造成国家人力资源损失和经济损失的重要因素。基因诊断在生育健康领域、重大疾病治疗领域的应用需求在中国有庞大的基础。调研显示，辅助生殖、心脑血管疾病个体化治疗、肿瘤早期筛查等产品的市场接受程度较高。随着中国精准医学计划的布局实施和人们健康意识的提高，越来越多的普通老百姓会将基因检测作为首选的疾病诊断手段。

2. 政策环境分析

政府对基因产业的支持，是基因诊断行业发展的一个利好因素。以 2015 年科技部首次召开"国家精准医疗战略专家会议"为标志，中国在战略层面进入"精准医疗"时代，并计划在 2030 年前拟投入 600 亿元发展精准医疗。而基因诊断是实现精准医疗的基础路径，并且在之后的有关生物产业、科技创新的"十三五"规划中，政府又多次提及要把基因诊断作为重点发展的新兴产业，快速推进基因诊断在重大疾病早期筛查、个体化治疗等方面的临床应用。2017 年 12 月 28 日，我国启动"中国十万人基因组计划"，包括汉族和人口数量在 500 万人以上的壮族、回族等。

目前，我国对包括体外诊断产品在内的医疗器械实行严格的分类管理；对医疗器械产品生产采取注册制度；对医疗器械生产企业实行备案和许可证制度。这一系列的行业监管制度和规范措施提高了行业的进入门槛，有效促进了体外诊断行业的有序发展，并为一批拥有自主知识产权和技术骨干的优秀企业提供了良好的发展平台。

3. 技术持续进步

基因诊断技术的高速发展，是基因组学应用行业发展的重要驱动力。1983 年，Mullis 发明了具有跨时代意义的聚合酶链式反应（PCR）技术，使体外扩增核酸片段的愿望成为现实，核酸扩增技术以其快速、灵敏和特异的优势，广泛应用于医学、农业、食品领域；DNA 芯片技术则以其高通量、并行性、高灵敏度、微型化、自动化等特点在 SNP 检测、药物筛选、产前诊断、司法鉴定方面均有应用，更由于其在多基因、多位点检测方面的独特优势而被当前临床机构及市场所推崇和引进；而被称为基因诊断金标准的 Sanger 测序技术，同样广泛应用于疾病的诊断与治疗，目前在科研领域应用居多。

随着我国国民经济实力的增强以及医疗器械产业的发展逐渐受到重视，政府的大力扶持使得我国体外诊断产业得到长足发展，国内外企业的技术差距正逐步缩小，在荧光定量PCR、基因芯片和肿瘤基因检测等先进技术领域都已达到或接近国际先进水平。一批拥有自主知识产权及核心竞争力的国内体外诊断企业已经在市场上崭露头角，并逐步通过产品自主创新进入过去由国外企业垄断的免疫诊断、基因诊断等细分领域。这将是推动我国诊断试剂行业高速增长的持续动力。

另外，移动互联网技术、大数据处理技术也是基因组学应用行业发展的关键驱动力，移动互联网技术加速向医疗健康服务行业渗透，使得渠道网络化，线上线下联动，提升服务效率和覆盖度，为消费者提供更大的选择空间。大数据相关技术帮助人们多维度理解基因的功能，并且提供更可靠的基因知识，大数据的共享为数据的关联和知识的整合提供可能。

二、发展趋势预测

1. 市场容量

（1）大健康产业已经上升到国家战略层面。2015年十八届五中全会公布的"十三五规划"首次将"健康中国"写入纲领性文件，预示着健康产业将获重点扶持。特别是2016年生物技术、精准医疗正式纳入"十三五"规划，基因检测被列入我国战略新兴产业规划，同年4月国家发展改革委下发了《关于第一批基因检测技术应用示范中心建设方案的复函》（发改办高技〔2016〕534号）正式批复建设27个基因检测技术应用示范中心。产业政策的利好，使我国基因诊断行业迎来了较好的投资环境，市场容量将进一步扩大。

（2）产业发展空间巨大。随着基因组学技术的高速发展，临床诊断、药物、个体化治疗、农业等领域发生了巨大的变革，并且随着社会各界对基因组学应用行业的关注度越来越高，各领域基于基因组学应用的需求也越来越大。截至目前，国内对基因诊断的监管体系基本形成，产业发展进入正轨，发展走上快车道。此外，公众自身健康意识的不断提升，将为基因诊断行业带来巨大的市场价值。

（3）近年来，随着医疗卫生相关改革措施的推进，我国城镇医保和农村医保的覆盖人数显著增加，实现了城乡医疗保险95%以上覆盖率，预计2020年可实现覆盖各人群的医疗保障网，相当程度上实现了"病有所医"。医疗保险覆盖面的提高将促进人们的就诊积极性，基因诊断试剂的市场需求也将随之扩大。

随着居民人均可支配收入的不断增长，极大地提高了居民医疗健康服务的支付能力，加上公众对于基因诊断导向下精准医疗价值的认知不断提高，推动了基因诊断行业的发展。

2. 市场规模预测

随着我国经济和社会的发展，基因检测拥有着巨大的市场前景。在技术不断成熟和应用领域不断扩大的背景下，基因检测市场规模将持续快速增长，预计到2024年基因诊断市场规模将达到232.4亿元（见图4-2-14）。

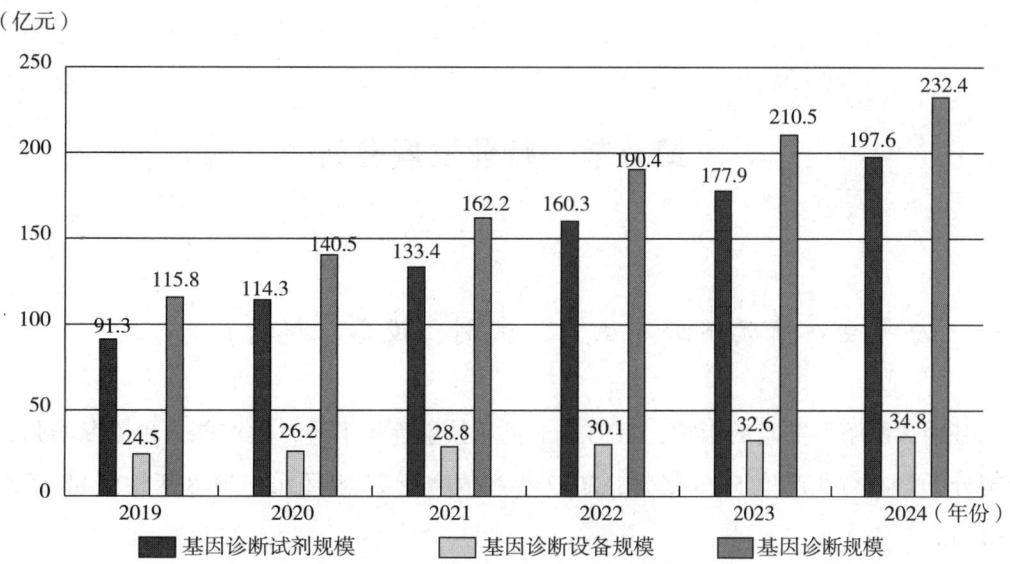

图4-2-14　2019~2024年中国基因诊断市场需求预测

资料来源：中国医疗器械行业协会。

第三章 行业发展分析

第一节 行业发展分析

一、历年生产情况分析（生产、试剂、设备、耗材）

受基因诊断下游需求的影响，目前本土企业数量逐年上升，生产能力也不断增强，2016年中国分子诊断行业产值57.8亿元，2017年产值增至72.8亿元，2018年达到88亿元（见图4-3-1）。

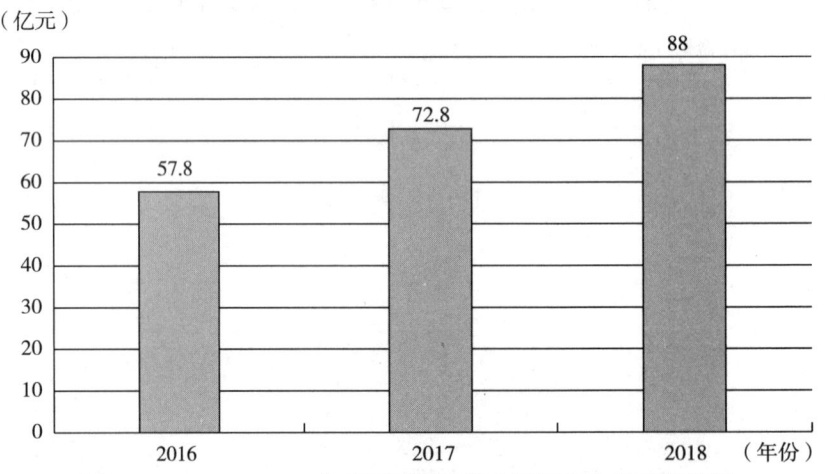

图4-3-1　2016~2018年我国基因诊断主要细分市场产值分析

资料来源：中国医疗器械行业协会。

二、细分领域生产情况分析

1. PCR市场产值分析

随着相关部门对实验室的规范管理，PCR技术的大力推广，以及下游市场对基因检测需求的释放，PCR 市场也在产业升级的浪潮中稳步前进。2016 年，我国 PCR 市场产值为 19.15 亿元；2018 年，产值达到 29.36 亿元（见图 4-3-2）。

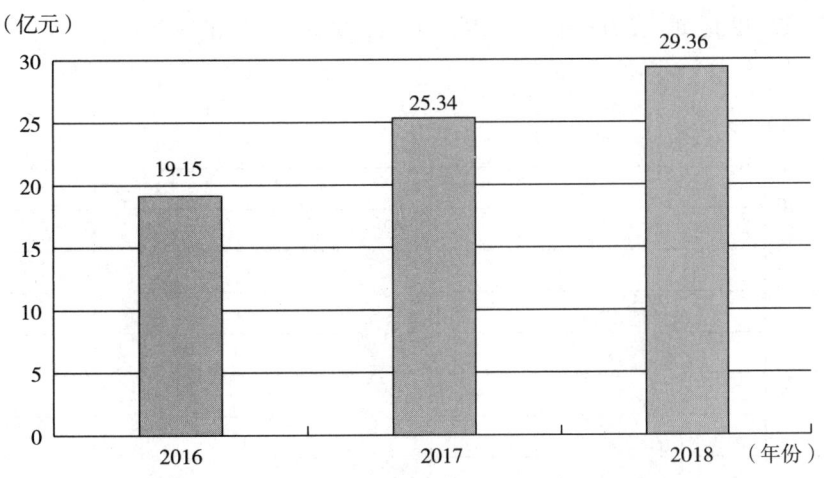

图 4-3-2　2016~2018 年我国 PCR 市场产值分析

资料来源：中国医疗器械行业协会。

2. 基因芯片市场产值分析

中国基因芯片研究起步较早，技术和产业发展迅速，实现了从无到有的阶段性突破，部分芯片和试剂已经实现国产化，并逐步走向技术应用和产品销售阶段。2016 年，我国基因芯片市场产值为 4.74 亿元；2018 年，基因芯片市场产值达到 6.55 亿元（见图 4-3-3）。

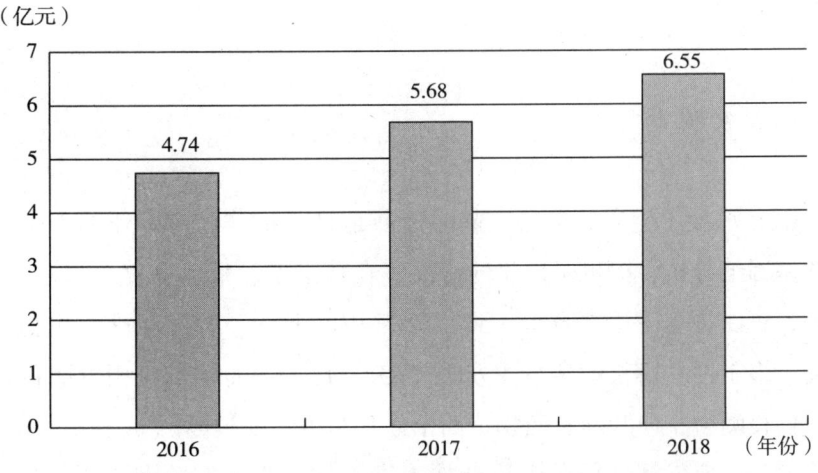

图 4-3-3　2016~2018 年我国基因芯片市场产值分析

资料来源：中国医疗器械行业协会。

3. 测序技术市场产值分析

测序技术是目前全球基因诊断技术研究的热点，相较其他诊断技术，各国基因测序相关研究均呈增长态势，其中，美国和中国的增速较高，市场产值也不断提高，2016年我国测序行业产值为27.48亿元，2018年产值达到43.28亿元（见图4-3-4）。

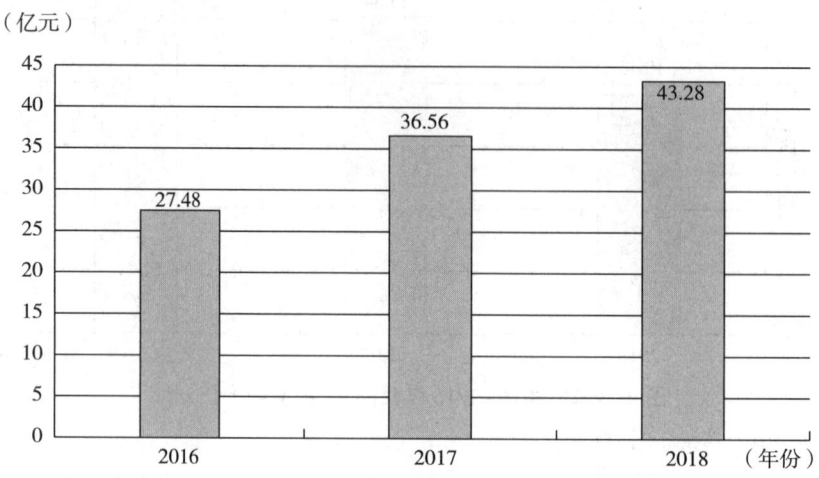

图4-3-4　2016~2018年我国基因测序市场产值分析

资料来源：中国医疗器械行业协会。

第二节　技术发展分析

一、技术发展现状

基因（DNA）承载了生命的奥秘，基因诊断是打开精准医疗行业的强有力武器，可以实现对个人的基因组分析，提供个性化的诊断，在精准度、信息密度上远超其他诊断方式。按照技术原理，可以将基因诊断技术大致划分为PCR技术、分子杂交、生物芯片、基因测序、核酸质谱、限制性片段长度多态性方法（RFLP）等。而技术应用方面目前已逐渐由之前传染病、产前检测为主向肿瘤及药物代谢个体化基因诊断过渡。

分子生物学的快速发展，使基因诊断技术进入常规临床实验室应用。目前PCR技术、基因芯片技术、高通量测序技术为主要的临床三大技术，不同的检测技术具有不同的特点和使用范围（见图4-3-5）。

	PCR技术	基因芯片技术	高通量测序技术
检测通量	低	高	超高
技术开发门槛	低	高	很高
技术使用门槛	低	低	高
自动化设备成本	低	适中	很高
检测时间	短	适中	长
医院实验室自主检测	是	是	否
其他	影响因素多,质控成本和复检率较高	拥有该技术的企业数量少,拥有竞争优势	医院小检测通量无法摊薄成本,不具备大数据处理条件
商业现状			
销售方式	销售产品给医院	销售产品给医院	为医院提供服务为主
企业数量	多,竞争激烈	少,竞争较小	较多,竞争激烈
企业掌握核心技术	否	是	否

图 4-3-5　三种主流基因诊断技术的应用比较

1. PCR 技术

PCR 是模板 DNA、引物和 dNTP 在 DNA 聚合酶作用下发生酶促聚合反应,特异性的合成特定核酸片段并达到富集的目的,实现体外扩增,得到所需数目的 DNA,然后通过凝胶电泳或荧光定量等方式实现定性或者定量检测的方法。

1985 年 Kary Mullis 发明第一代 PCR 技术,目前 PCR 技术已发展到第三代。

第一代:定性 PCR 技术,通过凝胶电泳得到定性检测结果,但是有交叉污染的风险。

第二代:实时荧光定量 PCR（qPCR）,是一种在 DNA 扩增反应中,以荧光化学物质为探针,测定每次聚合酶链式反应（PCR）循环后产物总量的方法,极大地简化了定量检测的过程,且实现了定量测定。

第三代:数字式 PCR（dPCR）,实现了对核酸分子绝对定量的技术,相较于 qPCR,数字 PCR 可直接读出 DNA 分子的个数,是目前 PCR 检测中最先进的技术。

PCR 技术的发展历程如图 4-3-6 所示。

PCR 技术是目前国内应用比较广泛的基因诊断技术平台,具有灵敏度高、特异性好、及时方便等优点,广泛应用于感染性疾病病原体检测、肿瘤基因检测、血筛、遗传病基因检测等多个领域。

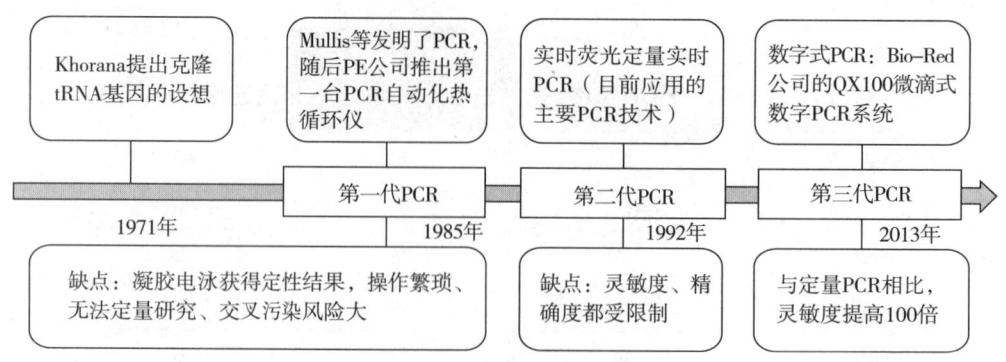

图 3-6　PCR 技术的发展历程

2. 核酸测序

从 1986 年 ABI 公司推出第一台商用基因测序设备，基因测序技术至今形成四代更迭；二代测序技术使基因检测成本大幅度降低，为基因检测进入大众市场埋下伏笔；第三代测序技术测序读长有了明显的提升，但准确率较低，而且测序通量也小于二代测序；第四代测序技术相比于第三代技术通量有所提高且准确率也有所上升，仪器更小，第三代、第四代测序技术主要用于科学研究，临床应用还需技术进一步的成熟（见图 4-3-7）。

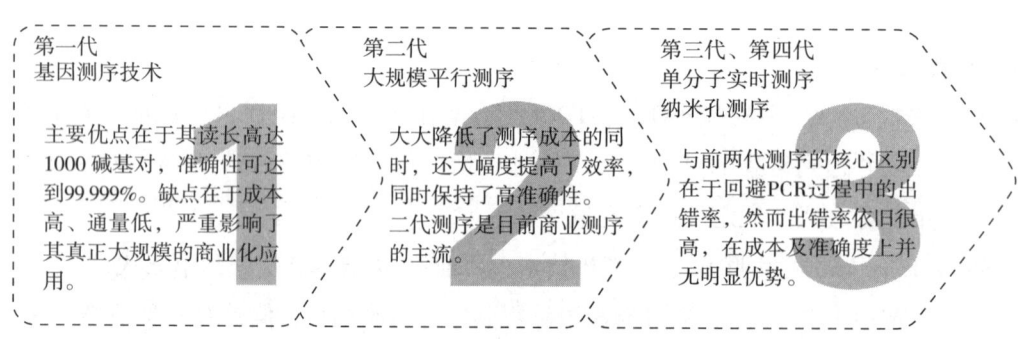

图 4-3-7　测序技术的发展历程

测序技术目前大范围应用到科研之外的多个领域，特别是在医疗诊断方面发挥了更大的作用，其中医疗诊断领域应用最广的是生育健康领域和肿瘤领域。

3. 基因芯片技术

基因芯片技术目前主要可分为基于微阵列（micro-array）的杂交芯片和基于微流控（micro-fluidic）的反应芯片两类。

微阵列芯片（micro array chip），1991 年，Affymetrix 公司的 Fordor 利用其研发的光蚀刻技术制备了首个以玻片为载体的微阵列，标志着生物芯片正式成为可实际应用的分子生物学技术。该技术可分为固相芯片和液相芯片两类。固相芯片是将大量已知序列的 DNA 探针集成在同一个载体上（尼龙膜、玻璃片、硅胶晶片等），使其与 DNA 样本进行杂交，通过检测杂交信号的强度来获取样本的基因序列信息,从而实现对核酸等生物信息的准确、快速、大量检测。固相芯片又包含DNA芯片(SNP、甲基化、拷贝数变异CGH);RNA芯片(mRNA、lncRNA、microRNA)(见图4-3-8)。

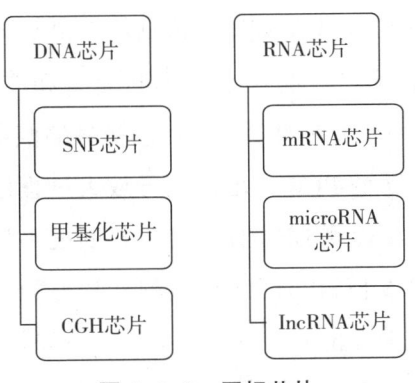

图4-3-8　固相芯片

液相芯片则是通过搭配不同比例的荧光染料,得到具有多种荧光编码的微球,将不同的特异性杂交探针交联至编码微球上,利用探针-微球复合物与待测样本杂交,使微球在流动鞘液的带动下通过检测仪器,检测微球编码和信号强度并获取样本的基因序列信息。微阵列芯片技术的核心原理是分子杂交,但具有高通量的特点。可以一次对十几万甚至几百万条DNA分子序列进行检测,远高于杂交技术的检测量。因此,该技术在生命科学研究、医学诊断、新药筛选、药物个体化等方面具有广泛的应用。

微流控芯片(micro fluidic chip)又称芯片实验室(lab on a chip)。1992年,Harrison等首次提出将毛细管电泳与进样设备整合到固相玻璃载体上构建"微全分析系统"的构想,通过分析设备的微型化与集成化,完成传统实验室向芯片实验室的转变。其由微米级管道、反应器等元件构成,在微升或纳升尺度操控流体,在芯片微通道网络内形成微液滴,通过精确操控反应中的微液滴,减少反应试剂的用量、同时使用多种技术进行分析,在1张芯片上完成样品进样、预处理、分子生物学反应、检测等分析功能。具有体积小、使用样本量少、反应速度快、可大量平行处理及即用即弃等优点。目前,该技术在医药方面的应用领域主要包括基因检测、蛋白质分析、细胞学应用等。

自20世纪90年代美国一些成熟的生物技术公司开始基因芯片产业化研究以来,世界各大型诊断企业陆续利用基因芯片开展新药超高通量筛选、遗传学、基因组等研究。目前,国外已经有十多家从事基因芯片研究的公司,知名的有Illumina、Affymetrix等,国内主要企业为上海百傲、博奥生物等。

4. 其他检测技术

(1) FISH技术。FISH(fluorescence in situ hybridization)技术是一种重要的非放射性原

位杂交技术。它的基本原理是：如果被检测的染色体或DNA纤维切片上的靶DNA与所用的核酸探针是同源互补的，二者经变性-退火-复性，即可形成靶DNA与核酸探针的杂交体，从而发现样本DNA的异常情况。FISH结合了探针的高度特异性与组织学定位的优势，可检测定位完整细胞或经分离的染色体中特定的正常或异常DNA序列；由于使用高能量荧光素标记的DNA探针，可实现多种荧光素标记同时检测数个靶点。

（2）单分子测序技术。在第二代测序平台不断完善和广泛应用的同时，以对单分子DNA进行非PCR测序为主要特征更新的测序技术也初显端倪——单分子测序技术。该技术完全摒弃了原有测序平台所基于的PCR扩增的信号放大过程，真正达到了读取单分子荧光的能力。具体原理为：首先，将待测DNA样品随机打断成小片段，在每个小片段的末端加上polyA；然后，将小片段DNA模板与固定在检测芯片上的polyT引物进行杂交并精确定位，并逐一加入荧光标记的末端终止子。在掺入了单个荧光标记的核苷酸后，洗涤、成像，之后切开荧光染料和抑制基团，洗涤、加帽，允许下一个核苷酸的掺入。通过掺入、检测和切除的反复循环，即可实时读取大量序列。

表4-3-1 各检测技术的原理及特点比较

技术	检测原理	代表方法	技术特点
基因测序	通过物理或化学的方式将DNA随机打断成无数的小片段，之后通过建库富集DNA片段测序	NGS测序	高通量、可能未知序列测序，存在一定偏向性，对数据注释和解读要求高
基因芯片	杂交测序方法，在一块基片表面固定已知序列的靶核苷酸的探针，互补匹配确定序列	微阵列芯片 微控流芯片	通量及自动化程度高，最易实现多基因多位点检测，快速、准确，需联合信号放大及高灵敏度信号读取技术使用
PCR技术	DNA高温度变成单链，低温互补配对链合成	荧光PCR 数字PCR	灵敏度高，可定性定量检测，但一次只能检测一个或数个基因
FISH技术	特定标记的已知序列核酸为探针与细胞或组织切片中核酸进行杂交，从而精确定量定位的过程	荧光原位杂交	灵敏度较高、通量低、成本较高，对操作和判读要求高
单分子测序	将待测序列打断成小片段并在末端加上polyA，同时随机固定多个polyT引物，通过成像定位、建立边合成边测序的位点、孵育、洗涤、加帽等步骤，掺入、检测和切除的反复循环，实现测序	单分子实时测序	具有超长读长、测序周期短、无需模板扩增和直接检测表观修饰位点等特点，但目前测序成本较高，准确率较差

5. 生物信息技术

所谓生物信息技术，是在特定领域的数据处理和挖掘技术。基因诊断所得数据，需要经过生物信息技术处理，才能从数据中得出与健康疾病等应用相关的结果，并传递给终端用户。生物信息分析是对核酸、蛋白质等生物原始数据进行获取、存储、检索与分析，使之成为具有明确生物学意义的生物信息，从而揭示数据所蕴含的生物学意义的过程。生物信息技术包括对所测基因/蛋白序列数据的预处理、比对数据库、突变检测等分析、功能注释、疾病-基因关系分析等。

随着基因诊断市场的不断扩大，现有的依托公有数据库、算法相对传统的生物信息分析软件，将无法满足基因诊断企业业务发展的需要及用户需求。云计算和人工智能技术的发展，为大规模、快速运算和分析基因大数据提供了便利条件，在未来基因诊断行业市场竞争中，将发挥越来越重要的作用。

二、主要技术的进展

基因诊断核心技术的发展经历了DNA分子杂交、PCR技术、生物芯片、测序技术四个阶段（见图4-3-9）。第一阶段：1978年，简悦威等应用液相DNA分子杂交成功地进行了镰形细胞贫血症基因诊断，标志着基因诊断的诞生，此阶段基因诊断仅应用于检测遗传病以及产前诊断；第二阶段：90年代以来以PCR技术为基础的DNA、RNA诊断，特别是定量PCR和实时PCR在临床应用、商品检疫、法医鉴定等领域大放光彩；第三阶段：1992年，美国Affymetrix公司制造出第一张基因芯片，标志着基因诊断进入生物芯片阶段，此后，各国科研机构纷纷加强在生物芯片领域的研究工作，基因诊断应用进一步扩展；第四阶段则是以PCR、生物芯片技术和基因测序技术并行发展的阶段，基因诊断开始从关注单个基因转向关注整个人类基因组。

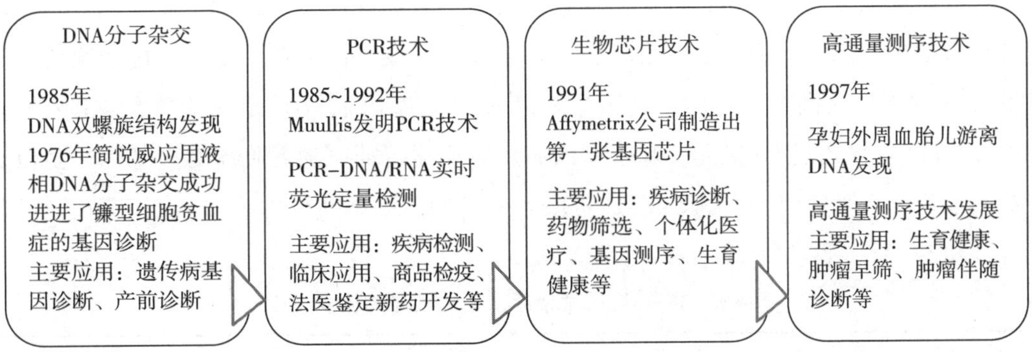

DNA分子杂交	PCR技术	生物芯片技术	高通量测序技术
1985年 DNA双螺旋结构发现 1976年简悦威应用液相DNA分子杂交成功进进了镰型细胞贫血症的基因诊断 主要应用：遗传病基因诊断、产前诊断	1985~1992年 Muullis发明PCR技术 PCR-DNA/RNA实时荧光定量检测 主要应用：疾病检测、临床应用、商品检疫、法医鉴定新药开发等	1991年 Affymetrix公司制造出第一张基因芯片 主要应用：疾病诊断、药物筛选、个体化医疗、基因测序、生育健康等	1997年 孕妇外周血胎儿游离DNA发现 高通量测序技术发展 主要应用：生育健康、肿瘤早筛、肿瘤伴随诊断等

图4-3-9 基因诊断技术的发展历史

分子杂交技术（也称印迹杂交技术），包括Southern杂交、Northern杂交等方法。最早的Southern杂交技术用于基因变异的检测，主要基于限制性酶切位点的有无和标记两个酶切位点之间的野生型探针进行分子杂交，通过判断酶切片段的大小，推测是否存在酶切位点的变异，但这种方法无法检测影响酶切位点的机体内碱基变异。随后人们发展了一种等位基因特异性寡核苷酸印迹技术（Allele Specific Oligonucleotide Blot），这种技术标记含有DNA变异部位的野生型和突变型的特异性寡核苷酸DNA探针（探针长度一般20~30个碱基），通过与人体内DNA进行杂交，如果和野生型探针有杂交信号的DNA，该部位的碱基为野生型；而和突变型探针有杂交信号的DNA，该部位的碱基为突变型。这种发展的印迹技术，将可以检测机体内任何碱基的变异，不受变异是否影响酶切位点的限制。

PCR技术壁垒相对较低，国产化程度高，国内企业布局相对较早，就国内市场而言，PCR诊断市场规模占基因诊断市场规模的比例超过30%。截至2018年9月，国家市场监督管理总局已经批准838份PCR产品注册证，其中病毒性肝炎、性病类、优生优育类疾病检测为主要应用领域。感染性肝炎注册证数量有118份，其中乙型肝炎病毒基因分型检测试剂盒注册数量有81份；性病类注册证数量有230份，其中HPV人乳头瘤病毒检测试剂盒注册证批件数量有108份；优生优育类注册证数量有140份；肿瘤检测类有75份。

随着经济的不断发展和测序市场规范化，中国测序市场增速明显，中国将进入快速发展期，有望成为全球新一代测序技术（Next-Generation Sequencing，NGS）市场的大本营之一，2014~2018年年平均增长率约为30%，位居全球前列。保守估计，中国测序市场规模2020年将突破百亿元。

基因芯片技术（DNA微阵列芯片）是通过合成变异部位的20~30个野生型和突变型寡核酸探针，将这些探针固定在芯片上，然后将机体内DNA扩增出来，与固定的探针进行分子杂交，通过杂交信号的有无，明确机体内是否存在特定位点的碱基变异。从原理上看，基因芯片技术属于经典印迹杂交技术，是该技术的升级和延伸。

相比基因芯片产业在国外发达国家的高速发展，国内基因芯片市场也不甘落后，十年磨一剑，经过长期的发展，已逐渐形成产业化趋势，在基因诊断领域得到广泛应用。在基因芯片设备和试剂生产制造方面，上海百傲、博奥生物、达安基因、赛乐奇、亚能生物等厂商获得NMPA或权威机构批准。当前，我国生物芯片（含基因芯片）市场规模约25亿~30亿元，预计2020年将超过50亿元。基于基因芯片集成化特征，随着临床对多基因、多位点检测需求的增长，未来3~5年内基因芯片将成为主流的基因诊断技术。

表 4-3-2 基因芯片诊断试剂盒领域的代表企业

企业名称	产品特点
赛乐奇	具有两款肿瘤基因芯片和乙肝、丙病毒分型与耐药突变位点检测
百傲科技	拥有7款自主研发产品，涉及药物代谢、抗凝治疗、脂质代谢、丙肝个体化、新生儿畸形预防等领域
博奥生物	耳聋基因芯片可以检测4个基因中的9个基因突变位点
宏灏基因	高血压芯片可以检测5个高血压药物相关基因位点

对技术的应用而言，国外基因诊断服务开展较早，目前市场已经非常成熟，此外，国外基因诊断行业已经相对规范，如美国的基因诊断实验室需要获得美国卫生和公共服务部《临床实验室改进修正案》（CLIA）的认证。CLIA是美国国会指定的旨在规范临床实验室检测的各项标准。获得认证的实验室可以出具基因诊断报告。

同国外相比，国内基因诊断的项目还偏少，所关注的基因与位点也不多，目前明确能在临床开展的基因诊断项目较多集中在感染性疾病、肿瘤分子生物学及药物个体化等领域，产前诊断和预防性诊断也占一定比例。相应的准入标准和管理规范也在不断的完善当中，从2014年基因检测在临床应用中的暂停到先后颁布《关于开展高通量基因测序技术临床应用试点工作的通知》和《个体化医学检测微阵列基因芯片技术规范》等文件，可以看出国内对基因诊断技术的认可及对其规范性、合规性的重视。尤其是对临床应用的项目有明确规定，基因诊断类产品被划分为Ⅲ类体外诊断试剂进行管理，必须获得国家的批文方可在临床开展应用。

三、未来几年技术的发展趋势分析

基因诊断技术可以对感染性疾病的病毒基因情况、人体基因遗传物质情况及变化等导致疾病的相关因素进行准确诊断，且可以对疾病的发生进行预判。基因诊断技术具有诊断速度快、灵敏度高、特异性强等优势，可以广泛应用于感染性疾病诊断、血液筛查、遗传性疾病诊断、肿瘤基因诊断、药物相关检测等领域，还能在部分应用领域替代其他体外诊断技术，是体外诊断领域的重要分支，具有广阔的发展前景。

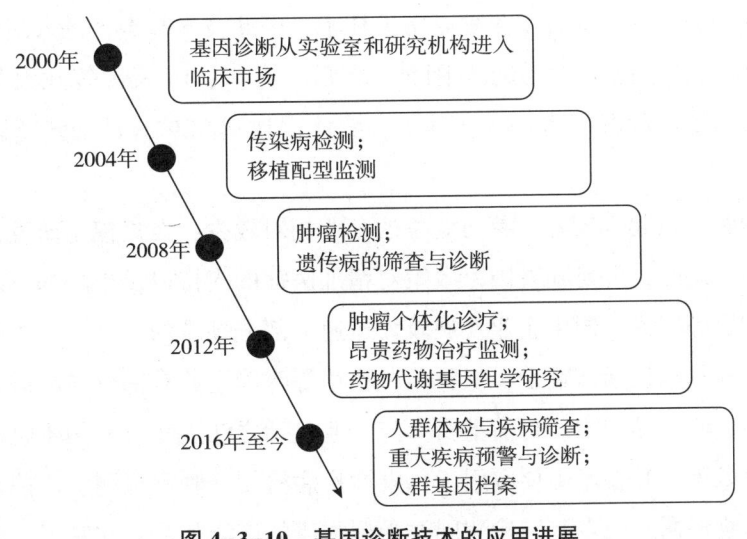

图4-3-10 基因诊断技术的应用进展

基因诊断的高速发展离不开分子生物学技术日新月异的进步。在过去的 50 年中，基因诊断技术取得了三大转化与三项提升：报告信号检测从放射核素标记向荧光标记转化、操作方法由手工操作向全自动化转化、检测分析通量从单一标志物向高通量多组学联合判断转化；检测灵敏度、精密度、特异性也得到快速提升。

越来越多的公司将从科研级基因检测切入临床级基因检测，实现业务的转型；同时覆盖研究方案设计、基因诊断、数据挖掘、功能验证等多个模块的综合性解决方案将替代单纯的基因检测服务，以满足临床更复杂的科研需求。

临床应用领域将逐步从当前以个体化用药相关基因检测向以疾病方向为核心的多基因多指标分析为主。

从技术趋势来看，随着第三代测序技术逐渐成熟及国家政策的开放，未来肿瘤领域会有更多的市场空间。但当前很长一段时期内，临床项目选择上仍以 PCR 技术与芯片技术为主。

整体来看，未来中国基因诊断行业将从商业化产品逐渐迈向数据平台输出阶段转化，以整合临床个体化全面解决方案为解决途径，在研发能力、服务标准、数据解析等方面进行强化和提升。

第三节　行业竞争情况分析

一、竞争情况概述

在基因诊断领域，由于综合了多种高精尖技术，因此技术起点、进入门槛相对较高，整个行业也呈现高度集中特点。从全球范围看，罗氏、诺华、Hologic 等几大基因诊断领域巨头垄断该市场，市场份额占比达 88%，其中，罗氏占比达 32%，是全球基因诊断领域的领军企业。

我国基因诊断市场起步较晚，参与竞争的企业相对较少，在规模与研发创新能力等方面与国际巨头还存在差距，但是随着国家政策对精准医疗的支持以及市场的不断扩大，同时由于专利和产品注册等因素，国内企业发展较为迅速，部分领域的产品已与国际巨头基本处于同一技术水平。在基因诊断试剂上，仅罗氏、雅培等跨国企业有部分产品进入中国市场，其他产品仍以国内企业产品为主。目前主要参与企业包括之江生物、科华生物、达安基因、博奥生物、上海百傲等，其技术主要应用于传染性疾病检测、肿瘤检测、产前和遗传病等的检测等，近几年药物代谢及靶点基因检测同样受到临床的广泛关注；在基因诊断仪器市场，由于 PCR、自动化、高通量等技术大部分由跨国企业所掌握，罗氏、雅培等企业占据了国内高端基因诊断设备市场的大部分份额，国内企业在诊断设备自主研发与创新方面也不断实现突破，加上国产诊断设备价格低、售后服务好等特点和优势，用户也逐渐由二级医院和基层医院等中低端市场向综合性三甲医院、科研院所等机构渗透，且已形成一定的规模。

二、竞争格局

经过多年的发展，我国的基因诊断行业已经形成了一定的产业规模，其中规模较大的企业有华大基因、达安基因、金域检验、博奥生物、上海百傲等。数据统计显示，目前我国1096家基因诊断相关企业形成以上海、广东、四川、浙江为代表的产业集聚区，其中PCR技术439家，基因芯片技术98家，基因测序647家。截至2019年3月，基因诊断产品获批数量达1197项。

除此之外，我国基因诊断行业还有较多的外资企业和合资企业，如罗氏、雅培、凯杰、伯乐等，其产品线丰富，不仅包括各类体外诊断试剂，还包括各类诊断仪器以及与之相关的医疗技术服务，且在各自细分领域都极具竞争力，给我国的基因诊断行业带来了较大的冲击，这也促使我国企业加快战略研究和布局，通过加大技术研发、实施外部并购扩充自身技术实力和丰富产品线，提高产品竞争力和品牌影响力，从而逐步实现进口替代，在一定程度上有利于我国基因诊断行业的发展进步。

我国的基因诊断市场与发达地区如美国、欧盟、日本等基因诊断成熟市场相比，仍具有很大的发展潜力，随着国内生活水平的提升和医疗支出的扩大，预计基因诊断的占比还将进一步提升。基因诊断在我国拥有广阔的成长空间，有望成为最有前景的体外诊断细分领域之一。

三、竞争策略

（1）分析中国基因诊断领域消费者广泛的需求特征，寻求符合企业发展的路径，同时挖掘在医疗健康领域尚未被开发的市场机会。国内体外诊断市场远没有触及"天花板"，尚有很多未饱和的市场待开发，中国每年新增310万癌症病例，每年有近300万人死于心血管疾病，高血压患者累计2.6亿人，每年全国新生儿1600万人，出生缺陷人群90万人，对于病因的深入探究和市场的有效细分能识别出极具潜力的消费者需求，进而通过创新性研发，形成产业化的核心竞争力。

（2）建立多元化的营销模式和销售手段，积极参与高端市场的布局，根据政策的变化适时做出战略规划和调整。由于中国体外诊断的客户地域分布广，单一客户的采购量小，所以具备良好的市场开拓能力和专业服务能力、覆盖区域广泛的营销网络有利于企业快速占领市场。同时随着集中采购模式逐渐推广，产品线丰富的厂家在集中采购招标中更具优势，拥有各品类齐全产品线的企业可凭借企业品牌优势、规模优势、获取渠道资源优势、技术平台优势、服务优势等掌握竞争主动权，有望抓住核心医院诊断产品的入院及更替机会，实现快速发展和壮大。

（3）由于基因诊断领域的专业性比较强，属于技术密集型行业，集成了分子生物学、免疫学、病理学、信息学、大数据分析等多学科技术领域的复合型技术，具有较高的技术门槛，因此人才的引进和培养则显得尤为重要。该行业的基础信息量巨大，知识更新迅速，需要从业者具有敏锐的洞察力和对市场准确的研析、判断及解决实际问题的能力，多维度的综合性人才是业内大多数企业培育新的利润增长点和持续发展的必要条件。

第四节　销售渠道分析

一、市场运作模式分析

1. 直销

基因诊断产品主要包括基因诊断试剂及基因诊断仪器。因此除单独销售试剂之外，也存在试剂和仪器产品的共同销售。在共同销售的情形下，试剂厂商将基因诊断仪器销售给直接终端客户（临床机构、科研院所、体检中心等），从而建立稳定的合作关系并带动试剂的销售。直销模式的优点是可以使企业减少销售成本，快速获得市场信息，及时了解客户需求；缺点是账期较长、资金压力较大、拓展客户速度较慢。

2. 经销

除直销外，基因诊断产品的销售还有经销模式。经销商为法人，需具有三类体外诊断试剂和三类医疗器械经营许可证，具有符合法规要求的存储、运输设施设备，配套人员，具有相关数据收集、提供的能力。经销模式下，企业通过经销商销售产品至终端客户。经销的优点在于开拓市场的速度较快、账期较短、资金压力小，能够在资金、人员、渠道等方面克服企业发展初期阶段、营销网络薄弱区域的市场限制。

3. 一体化运作模式

一体化运作模式即除了向终端客户销售仪器设备及试剂外，企业还会提供医学检验实验室功能的辅助设计、操作人员培训、设备的调试校准和维护保养、科研协作、产品定制、科会院会学术讲座、检测结果的辅助解读等一体化服务。一体化销售服务模式不仅能够降低终端客户引进项目的资金投入，提高项目运行的整体效率，还有利于优化科室人员配置，提高系统安全性，降低损耗，提升社会效益。

二、市场营销模式分析（含招投标）

利用较为完善的营销网络，由业务人员建立业务渠道和客户关系网络，收集与自身业务相关的项目信息，直接或通过经销商间接向医院等机构客户进行产品推广。

目前行业内主要采用"经销和直销相结合"的销售模式。根据面向客户的类型不同，基因诊断企业的营销模式有所差异，其中，对公立医院等客户，考虑到进入其供应链体系较高的难度、复杂性及账期等因素，通常采取以经销为主、直销为辅的模式；而对疾病控制中心、防疫控制中心等行政事业单位客户，总数相对较少，则较多采取直销方式。对于试剂产品的销售，一般通过直接洽谈或招投标的方式进行，与客户达成意向后，由客户通过订单等方式购买试剂产品。强大的营销网络是基因诊断企业核心竞争力的重要方面，通过销售模式的不断优化，形成较为立体、全面，且适合行业特性及目前发展现状的营销网络，有利于销售收入的增长和市场份额的提升。

第五节 产业未来发展趋势

一、大数据成为基因诊断技术的基石

大数据的介入会让整个医疗对象由具体的个人向全民转化。面对全部生长周期，大数据通过从生到死这个过程的健康评估，并对医疗对象进行预测、干预及综合管理。未来在大数据的支撑下，整个医疗过程也将从目前的诊断治疗向疾病预防过渡。基因（或者多组学）大数据的作用则是在某一个细分领域，对某一个病种或者人群进行分析和研究，建立更可靠的模型，再用这一套模型去覆盖更多未知的人群。基因组学作为底层最大的数据库，其价值是可以预见的。

二、行业整合成为主流

由于国内基因诊断细分行业众多，虽然高速增长，但短期内规模仍相对有限，加上每个子行业都有国内外厂商的激烈竞争，所以积极地向纵向发展、横向合并可以让企业获得多个增长点，成为企业不断发展的重要选择。例如，从近年来中源协和收购上海傲源，科华生物并购西安天隆与苏州天隆,华大基因宣布收购无锡青兰生物的情况来看,行业整合趋于明显。

三、资本化进程加速,资本市场普遍认可,估值居高不下

基因诊断作为体外诊断最重要的组成部分,在医疗领域备受资本青睐。在市场层面,整个精准医疗市场规模正以不断提升的速度逐年扩大。2017年有8家龙头企业IPO成功,行业证券化趋势明显。另外,行业内众多优秀的新三板企业,如新产业、之江生物、百傲科技等借助资本市场的力量,积极布局产业链,以期待未来获得更好的发展。

四、市场集中度越高,竞争越激烈

我国基因诊断行业在很长一段时期内仍然是外资企业与国内本土企业并存的状态,但随着国家对审批注册及生产经营各个环节监管力度的加强,未来会有大批小企业被市场淘汰,而拥有强大研发能力和质量管理能力的优秀企业将享受政策的红利,行业集中度大大提升。同时随着中美贸易摩擦的升级,国内企业的市场份额也将逐渐提高,基因诊断也将占据未来体外诊断细分领域的主导地位。

第四章 国内外重点企业分析

在基因诊断企业中,以罗氏、雅培为代表的外企占主导地位。在基因诊断的高增长领域,罗氏开发了多种筛查工具,如血液供应筛查试剂盒以及基于DNA分析的艾滋病毒和肝炎检测。雅培则为核心实验室、输血、基因诊断等领域提供信息一体化及共享服务,雅培的诊断产品优势在于其在全球的布局,该公司在130多个国家有直接的业务,并有广泛的销售渠道,涵盖范围从消费网点到临床实验室,雅培还与领先公司建立了许多联盟和伙伴关系,以增强和加强其体外诊断的市场。

国内也已经有多家上市公司积极在体外诊断各个领域布局,在产业链上占据不同位置,取得了较好业绩,这些公司顺应了前文中论述的基因诊断行业发展趋势,具有较大的发展空间,可以重点关注。

第一节 华大基因

一、企业概况

2017年7月14日,深圳华大基因股份有限公司(以下简称华大基因)正式挂牌,成为深圳证券交易所第2001家上市公司。华大基因是全球领先的基因组学类检测和研究服务商,通过基因检测等手段,为医疗机构、科研机构、企事业单位等提供基因组学类的检测和研究服务。华大基因以推动生物研究进展和提高全球医疗健康水平为出发点,基于基因领域研究成果及生物技术在民生健康方面的应用,进行科研和产业布局,致力于助力和加速科学创新,减少出生缺陷,加强肿瘤防控,抑制重大疾病对人类的危害,实现精准治愈感染,助力精准医学。依托世界领先的生物信息研发、转化和应用平台,以及上百台高性能测序仪、质谱仪和大型计算机,为数据的输出、存储、分析提供有力保障。凭借先进的技术平台、丰富的临床经验以及庞大基因数据库等多项优势,华大基因成为实至名归的基因测序龙头企业,也是具有全球品牌影响力的中国生命科学企业代表。

二、市场情况

2018年，公司实现营业收入253640.61万元（见表4-4-1），同比增长21.04%，实现归属于上市公司股东的净利润38664.55万元，同比下降2.88%。在出生缺陷防治领域，公司生育产品临床检测累计服务近745万人次，已完成超过430万例无创产前基因检测，超过217万名新生儿和成人接受了遗传性耳聋基因筛查的检测服务，发现数千名先天性耳聋及迟发性耳聋受累者，为这些聋儿和迟发性耳聋受累者提供了早发现早治疗的机会；在肿瘤精准防控方面，公司充分利用平台优势和生物信息大数据优势，围绕多类肿瘤进行精准防控，成功测试运行了多家肿瘤高通量测序实验室，累计为超过5万例受检者提供肿瘤相关基因检测服务，免疫检测和核酸检测业务共接受样本超过500万例，检测结果为临床诊疗提供了科学依据；而在感染精准防控领域，PMseqTM感染病原高通量基因检测作为核心产品，实现感染病原的快速精准诊断。覆盖国内省市自治区及直辖市近30个，其中覆盖三甲医院410家，累计完成约3.2万份样本检测。

表4-4-1 2016~2018年华大基因在国内基因诊断行业的市场情况

年份	销售额（亿元）	营业收入（亿元）
2016	17.11	3.5
2017	20.96	3.98
2018	25.36	3.87

资料来源：华大基因。

第二节 达安基因

一、企业概况

中山大学达安基因股份有限公司（以下简称达安基因）依托中山大学的科研平台，是以分子诊断技术为主导的，集临床检验试剂和仪器的研发、生产、销售以及全国连锁医学独立实验室临床检验服务为一体的生物医药高科技企业。公司于2004年8月在深圳证券交易所挂牌上市，成为广东省高校校办产业中第一家上市公司。公司以实现成为中国一流、国际

知名的诊断产业上下游一体化供应商为公司发展的战略目标，摸索出以投资方式推进产业链发展的模式，使公司的产业布局与公司的战略目标保持一致。

二、市场情况

经过二十多年不断地发展，公司业务范围涵盖了分子诊断技术、免疫诊断技术、生化诊断技术、医疗器械、检测服务、优生优育、食品安全和产业投资等诸多领域，以PCR、公共卫生、仪器、时间分辨荧光免疫产品（TRF）、血筛、地贫、科研服务等产品线全面进入整个体外诊断产业，不断延伸公司的产业布局到大健康领域。在国内市场，拥有在行业内处于市场领导地位的"达安基因"品牌，以及在行业内处于市场领先地位的"云康"、"达瑞生物"等品牌，以及区域优势品牌"中山生物"，建立并执行了多品牌并行和专业化发展战略，形成了强大的市场合力，巩固并提升了公司在中国诊断市场领域的整合竞争能力。2018年实现营业收入14.8亿元，同比下降4.55%，净利润1.02亿元（见表4-4-2）。

表4-4-2 2016~2018年达安基因在国内基因诊断行业的市场情况

年份	销售额（亿元）	营业收入（亿元）
2016	16.13	1.07
2017	15.40	0.86
2018	14.8	1.02

资料来源：达安基因。

第三节 博奥生物

一、企业概况

博奥生物成立于2000年9月，是生命科学研究和健康产业的国有创新型高科技企业。公司总部位于北京，公司以生物芯片为核心技术平台，拥有研发、生产、销售以及全国第三方独立医学检验所服务为一体的大医学完整产业链，并响应国家关于"预防为主"的健康方针，将现代医学与中国传统医学紧密结合，打造出集健康产品、健康管理和医疗康复于一体的大健康产业版块。迄今，博奥生物在国内已经形成了北京、上海、重庆、成都等大型产业化基地,并形成了以北京博奥晶典生物技术有限公司为核心的产业化平台。

至今,博奥生物已在全球获得专利授权 300 余项,专利转化率近 50%。2007 年,博奥生物的生物芯片和相关仪器设备的研制及应用项目荣获国家技术发明奖二等奖。作为原国家卫生和计划生育委员会最早批复的个体化医学检测试点单位,博奥生物也成为首批在遗传病诊断、产前筛查与诊断、植入前胚胎遗传学诊断、肿瘤诊断与治疗项目高通量基因测序技术临床应用试点单位。

二、市场情况

企业成立以来,以清华大学、中国医学科学院等科研单位为技术依托,致力于为集成医疗(包括预测、预防和个体化医疗)领域开发和提供创新性产品和服务,研制开发出了生物芯片(包括基因、蛋白、细胞芯片和芯片实验室等)及相关仪器设备、试剂耗材、软件数据库四个系列数十项具有自主知识产权的科研成果。博奥生物已经将旗下科研板块进行模块化拆分,分别设立了博奥晶典、博奥检验、博奥颐和、博奥新景和博奥木华五家公司。目前这五家公司分别完成了多轮次融资,其中博奥晶典已经处于筹划上市的步伐当中,公司的各业务板块的规划均为力争上市。博奥基因芯片产品以遗传性耳聋基因检测为主。2017 年营业总收入为 11 亿元,净利润微亏,2018 年营业收入约 12 亿元,预计能达到 7000 万元左右的净利润(见表 4-4-3)。

表 4-4-3　2017~2018 年博奥生物在中国基因诊断行业的市场情况

年份	销售额(亿元)
2017	11.00
2018	12.00

资料来源:博奥生物。

第四节　之江生物

一、企业概况

上海之江生物科技股份有限公司(以下简称之江生物)成立于 2005 年,是一家专业从事基因诊断产品的研发、生产、销售的高新技术企业，公司连续被评选为上海市"专利试点企业"、上海市"科技小巨人培育企业"。于 2015 年在全国中小企业股份转让系统（新三板）成功挂牌，并于 2016 年成功进入创新层。

公司研发的快速实时荧光 PCR 诊断检测试剂主要应用于医学临床、公共卫生突发事件、出入境检验检疫、食品检验、畜牧业、水产业等领域。目前产品已形成 20 个系列，300 多个类型 PCR 试剂盒，其中 30 余个产品获得医疗器械注册证书，200 多个产品获得 CE 证书，很多为国内乃至国际首创。公司研制的高危型人乳头瘤病毒（HPV）分型核酸测定试剂盒是科技部宫颈癌筛查专项唯一入选的国产 HPV 试剂；研发的埃博拉病毒核酸检测试剂盒是中国历史上首个被列入世界卫生组织和联合国官方采购名录的产品。

二、市场情况

公司主要依靠实时荧光定量 PCR 技术实现核酸诊断试剂的研发生产以及销售。公司已完成 300 余项的基因诊断快速诊断产品的研发，研制的产品几乎覆盖国内所有的法定传染病，是国内感染性疾病基因诊断产品最为齐全的企业。已有 30 余个产品获得国家 SFDA 颁发的准产批件。目前产品市场已经覆盖国内所有省市，且远销欧美 70 多个国家。2017 年上半年公司主营业务保持较快增长，实现营业收入 0.84 亿元，归属母公司所有者的净利润 0.20 亿元，较 2016 年同期分别增长了 32.58%、19.30%。

表 4-4-4　2016~2018 年之江生物在中国基因诊断行业的市场情况

年份	营业收入（亿元）	净利润（亿元）
2016	1.57	0.49
2017	1.92	0.51
2018	2.24	0.60

资料来源：之江生物。

第五节　百傲科技

一、企业概况

百傲科技聚焦于基因芯片，是国内个体化用药的先行者。公司拥有自主研发的基因芯片核心技术平台,该平台自动化程度高,操作简单、稳定、可靠,检测通量满足临床要求,获得了系列发明专利。在核心技术基础上,公司研究开发了核心原料、系列基因检测试剂盒、实验检测设备、软件、质控品等完整的产品链。目前已与全国数百家综合性三甲医院、体检中心、科研院所等建立了友好合作关系。主要提供快速、准确、高性价比的体外诊断试剂盒、耗材、体外诊断仪器设备及基因诊断产品开发与技术服务。已成功开发并形成规模销售四项Ⅲ类体外诊断试剂盒产品,技术水平国内领先,受到广泛好评。2019年5月又获得三张免抽提基因检测试剂产品注册证(ApoE基因检测试剂盒、CYP3A5基因检测试剂盒及IL-28B基因检测试剂盒),进一步巩固了其在个体化领域的龙头地位。未来依据市场需求将逐步开展肿瘤、高血压等领域产品研发。

为满足临床集约化、批量化检测需求,百傲科技为此做了大量研究,成功开发了基于工业4.0的全自动生物芯片点样系统,目前正着手开发新一代全自动基因芯片检测设备,该设备集扩增、杂交、信号识别、分析于一体,无需人工操作可直接输出项目检测报告,并逐步打造智能化无人检测平台。

二、市场情况

百傲科技从国内空白市场起步,经过多年的市场开拓,至今已形成覆盖全国的销售网络。产品成功进入国内多家大型综合医院,累计使用人数已超过百万人次,用量持续增长,销量保持领先,已成为个体化用药基因诊断细分领域的行业标杆,2018年企业医疗器械生产产值达1.32亿元(见表4-4-5)。

表4-4-5 2016~2018年百傲科技在中国基因诊断行业的市场情况

年份	营业收入(亿元)	净利润(亿元)
2016	0.92	0.17
2017	1.22	0.25
2018	1.32	0.19

资料来源:百傲科技。

在临床应用方面,百傲基因检测产品覆盖心脑血管疾病、妇产围产、遗传生殖、新生儿出生缺陷、移植免疫等多个领域,涉及药物个体化使用、病因辅助诊断、疾病风险评估等方面。未来将继续有节奏地持续增加新产品,不断改进、升级现有技术,保持领先优势。目前,公司产品原料99%实现国产化,实现了对关键资源的把控,为产品成本下降和稳定供给提供了基础,产品良好的性价比保证了企业的竞争优势。

第五章　产业链分析

第一节　产业链构成

随着诊疗人次逐年增长，医疗水平和诊断占比不断上升，基因检测服务越来越受到民众的认可和接受，整个产业链呈现供不应求的现状，将继续保持高速增长的状态。基因诊断产业链分上、中、下游三个部分。上游主要为诊断试剂和设备原材料提供商；中游为基因诊断试剂和设备以及基因诊断服务商等；下游则为基因诊断服务使用者，包括医疗机构、科研机构、制药公司和疾病控制中心等（见图4-5-1）。

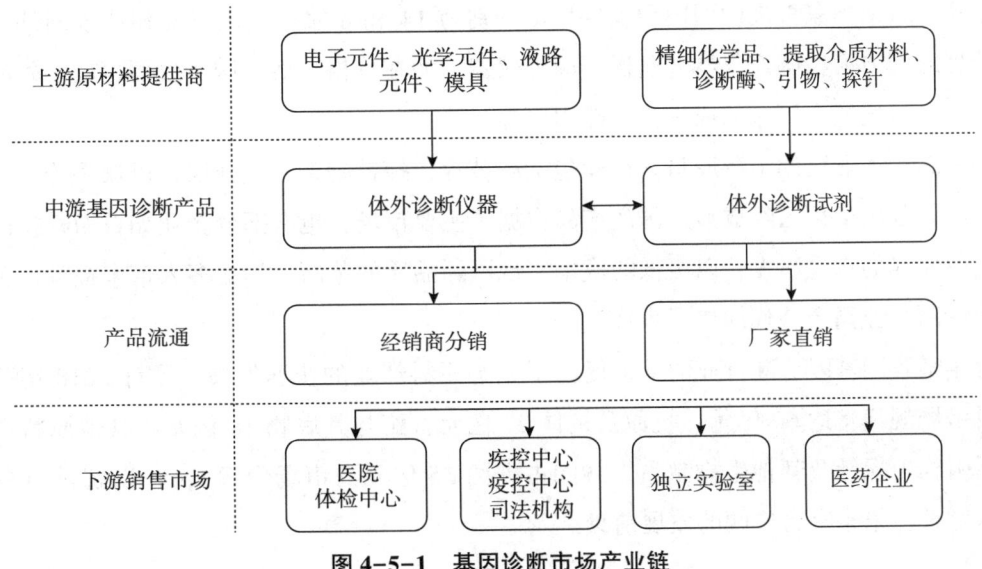

图 4-5-1　基因诊断市场产业链

第二节 产业链上游行业发展分析

一、产业链上游行业发展现状

基因诊断试剂的上游主要是相关的化学和生物原材料供应商；基因诊断仪器的上游主要是电子器件和模具生产商等。由于我国在核心生物原料方面的制备技术还不是很成熟，试剂部分关键原料如酶、引物等将在长时间依赖进口。此外，在提取介质材料供应商中，掌握纳米级磁珠制备技术的企业更是少之又少。

从全球范围看，基因诊断产业链上游呈现高度垄断格局。由于极高的技术壁垒，能提供基因诊断试剂原材料的厂商较少，主要是由赛默飞、罗氏等少数国外巨头企业掌握。

基因测序仪市场更是呈现高集中度特征，Illumina 和 Thermo Fisher 市场份额占比较高。基因测序仪国产化刚起步，但也有 7 款国产基因测序仪器获批上市，以国内的基础工业和科研创新水平，短期内要直接挑战测序仪器为时尚早；PCR 仪由于其普适性，临床机构普遍存在，也占据了大部分市场，PCR 仪器已经部分实现国产化；核酸提取仪方面国产优于外资品牌，目前国家批准的国内和国外厂家分别为 14 和 6 家，国内仪器相比于国外，在通量、处理时间方面，国产仪器普遍优于国外仪器，而在价格方面，国产仪器也较国外品牌更为实惠，显示出国内厂家的成本控制能力更强。

基因芯片产业链的上游原材料行业包括载玻片、探针制备、点样仪、机械手等。基因芯片仪器和试剂国产化已经成型，国产产品占据了主要市场，也有部分企业如百傲科技已经完成了上游原料的自主研发，以更低的成本实现国际品质的革新，为更多人带来福音，也为中国基因诊断行业国产替代加快了步伐。

近年来我国基因诊断行业的繁荣促进了上游原料产业的快速发展，预计 2018 年基因诊断原料市场规模将达 60 亿元（抗原及抗体 27 亿元，酶与其底物 18 亿元，其他原料产品主要包括引物、探针及其他生物制品，共同占据约 15 亿元的市场份额），并以超过 20% 的速度快速增长，未来有着广阔的发展前景。

二、产业链上游行业对本行业影响

由于外资垄断所带来的采购试剂和测序仪器的高昂成本对国内下游企业产生了沉重的压力，因此部分领先企业开始和国际测序工业企业合作，合作生产（类似于贴牌）测序仪，典型代表如与 Thermo Fisher 合作的华大基因、博奥生物、达瑞生物（基于 IonProton 平台）以及与 Illumina 合作的贝瑞基因、安诺优达。

此外，受生产工艺、技术水平等因素影响，能提供基因诊断试剂上游原材料的厂商少，主要由国外几个巨头企业，如罗氏诊断、Meridian life science、Solulink、Surmodics 等垄断，据统计，2017 年罗氏在中国 IVD 原料销售额超过 2 亿元，是中国诊断试剂生化酶原料市场份额最大者和市场领跑者。国产诊断酶、抗原、抗体在产品性能及品质稳定性上与国外产品存在较大差距，原料领域国内企业短期难有突破，定价权被外资品牌牢牢把控。目前诊断酶、抗体等主要原料仍依赖国外进口。从主要以基因检测为主业的供应商分析，之江生物、至善生物、益善生物采购的基因检测原材料/产品均来自国外品牌，且采购占比均高达 20%以上。

第三节　产业链下游行业发展分析

一、产业链下游行业发展现状

基因诊断产业链下游为应用端。应用端从应用领域可分为：医疗机构，科研领域，司法界定、疾病控制中心、药企等。

医疗机构是基因诊断最主要的使用领域，且是未来增长潜力最大的领域。临床主要应用领域包括：生殖生育诊断、肿瘤基因诊断、药物代谢个体化检测、遗传病诊断、新药研发及医学基础研究等。

公立医院系统在我国卫生体制中占据绝对地位，随着生活水平的提高，国人对健康的重视程度不断加强，医疗支出也相应增加，基因诊断市场呈现抗经济周期能力强的特点，一线医院对科研和设备品牌的要求也更高，更有意愿使用高通量、全自动的检测方法，呈现高端诊断技术替代低端技术的趋势。基层医院由于经费和病人人数有限，难以形成规模效应，对高通量的新检测技术需求并不大。地市级及以下医院因资金有限及对高端检测技术的需求，将是未来国产进口替代的理想阵地。

近年来随着国家相关政策的支持，民营医院和第三方独立实验室不断发展壮大，体外诊断产品的终端客户将实现进一步丰富，截至 2017 年 9 月，全国已成立第三方医学实验室 1271 家，四大独立诊断实验室（金域、达安、迪安、艾康达）市场占有率超过 65%。

二、产业链下游行业对本行业影响

得益于经济环境和人们生活水平普遍提高的影响，基因诊断作为一种效果显著的诊疗手段，日益受到人民的青睐，进一步加快了行业的发展。

目前一线城市的综合性医院、体检中心等终端市场竞争激烈，但仍有发展空间，二三线城市对基因需求日益壮大，很多采购通过政府集中招标进行，下游市场有很高的议价能力。

随着中美贸易摩擦的不断升级，国家对医疗器械国产化的需求及国产试剂和仪器的保护政策，会有越来越多的声音呼吁保护民族工业，未来将会出现国产逐渐替代进口的局面。

未来科技
智能深图

通过我们的努力，
持续促进人类医疗条件的改善，
医惠全人类。

深图产品全系标配

深图AI辅助诊断系统
远程阅片·深图云诊
远程监控·深图云联

深图500系列动态平板DR ▶

扫一扫关注深图

www.sontu.com.cn

蓝韵影像

创新路上 从未止步

Innovation for clarity

深圳蓝韵医学影像有限公司是中国专业、领先的医学影像解决方案供应商,业务涵盖放射影像、超声诊断和医学影像信息化解决方案三大领域。

蓝韵影像坚持自主创新,深刻洞察临床需求,快速推出多项解决方案。蓝韵影像始终致力于提高医学影像质量、降低医疗成本,让更多人获得医疗机会,共享健康生命之悦。

新品速览

悬吊DR
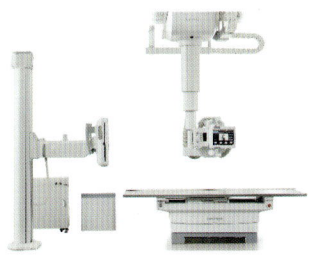

移动DR
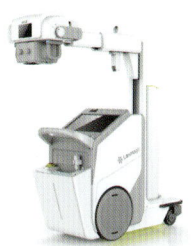

动态平板DRF
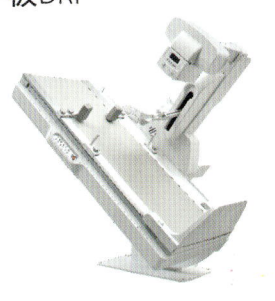

乳腺DR
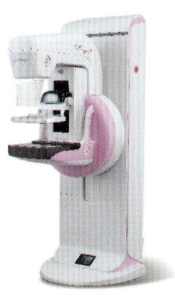

彩超系统
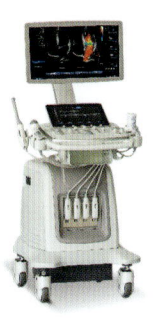

平板超声
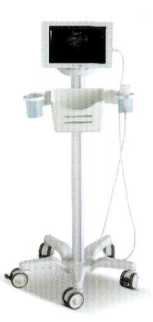

更多新品资讯 欢迎登录
蓝韵影像官方网站
www.lanmage.com

全国统一客服热线
400 888 6452

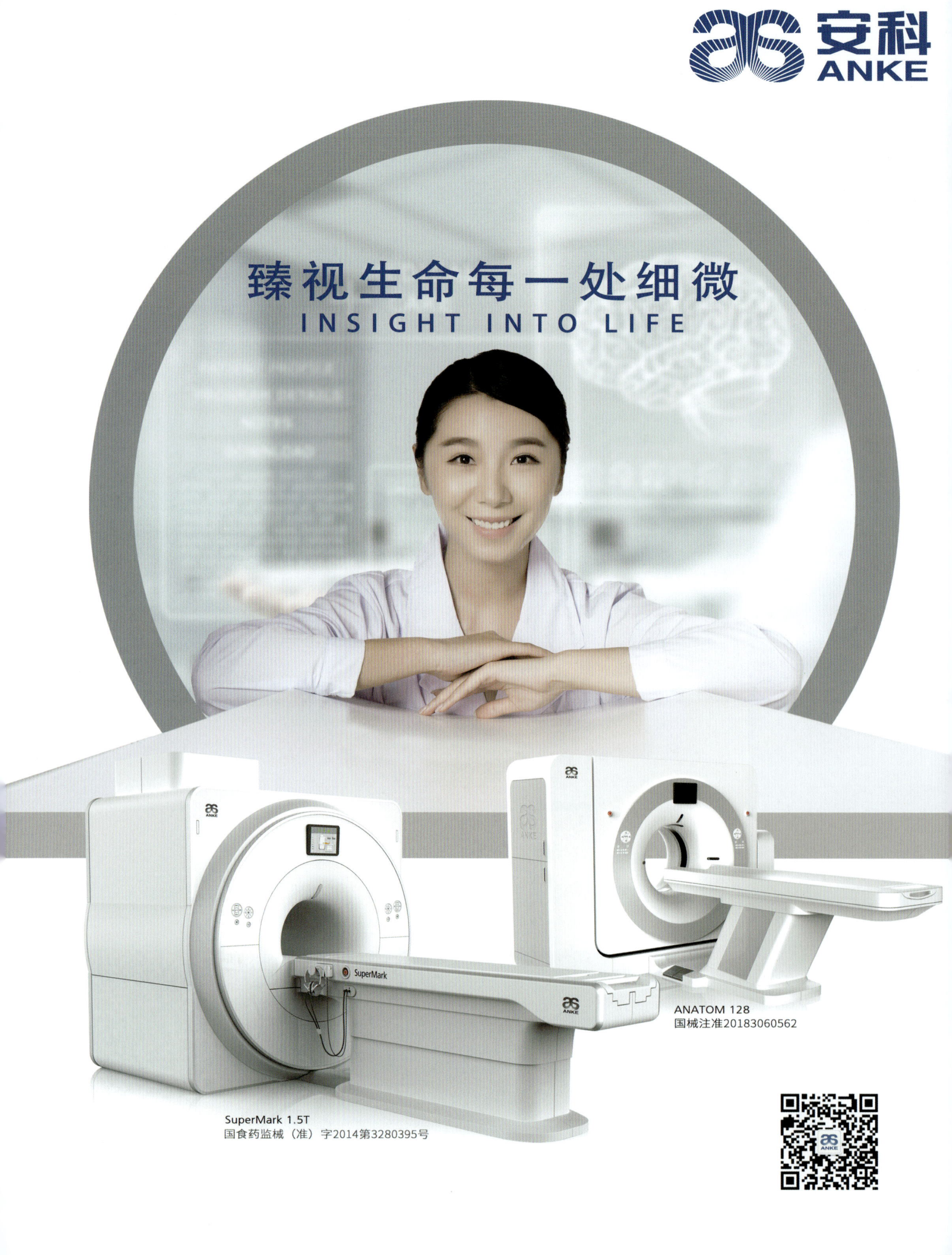
安科
ANKE
臻视生命每一处细微
INSIGHT INTO LIFE
SuperMark
ANATOM 128
国械注准20183060562
SuperMark 1.5T
国食药监械（准）字2014第3280395号

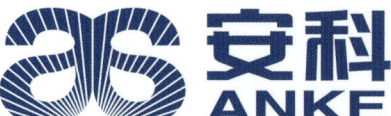

车载CT新定义 时代由此划分
New definition of vehicle-mountce CTA new era begins

2018年4月11日-14日上海国家会展中心,中国第一台车载CT亮相第79届医博会,这是国内第一次将全身CT应用到车载领域,安科车载CT首次公开展出就引起了业内人士的广泛关注。早在2016年,安科车载CT在天津市武警后勤学院附属医院参与了"强震巨灾现场车载CT方舱"科技部项目验收,充分验证了安科移动车载全身CT适应能力强,性能优异可靠。

鑫高益医疗设备股份有限公司

浙江省重点企业研究院/国家博士后科研工作站/院士工作站

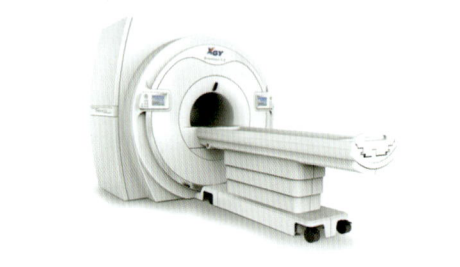

磁共振成像系统
MagicScan-1.5 注册证：国械注准20183280183
BroadScan-1.5 注册证：国械注准20183060339

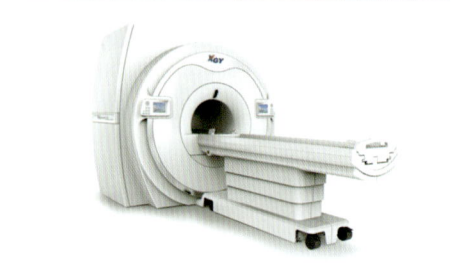

超导磁共振成像系统 Superscan-1.5T
注册证号：国械注准20153282329

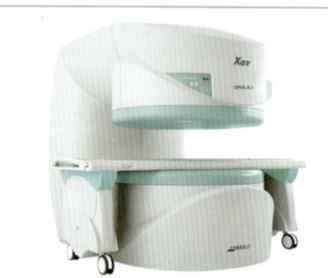

开放式永磁型磁共振成像系统
OPER-0.3 注册证：国械注准20163282269
OPER-0.35 注册证：国械注准20163282268

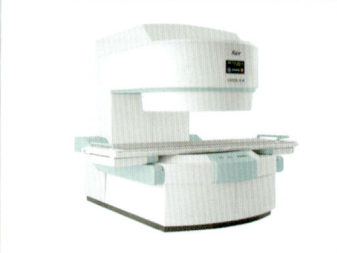

开放式永磁型磁共振成像系统
OPER-0.4 注册证：国械注准20163282267

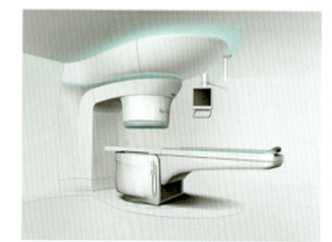

开放式永磁型磁共振成像系统
OPER-0.4(B) 注册证号：国械注准20153282259

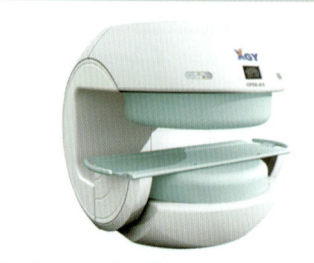

开放式永磁型磁共振成像系统
OPER-0.5 注册证：国械注准20163282266

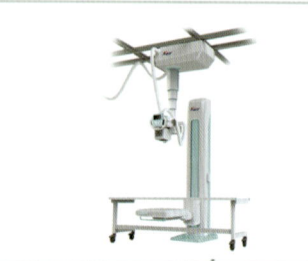

X射线摄影设备 GDX-EAGLE(PLUS)-1/-2
注册证：浙械注准20172300978
GDX-FALCON：浙械注准20182300244

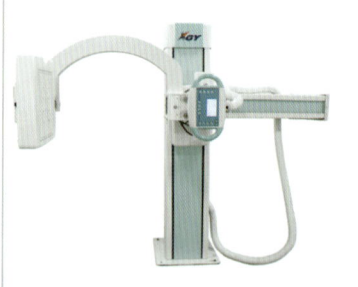

X射线摄影设备 GDX-HAWK(PLUS)-1/-2
注册证号：浙械注准20152300639

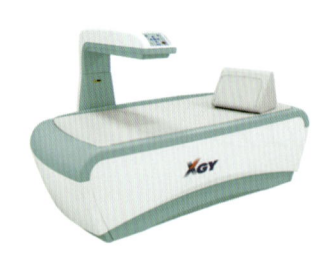

双能X射线骨密度仪(XGY-SUPRA)
注册证号：浙械注准20152300691

磁共振成像系统 Oper-s0.7
注册证编号：国械注准20183280185

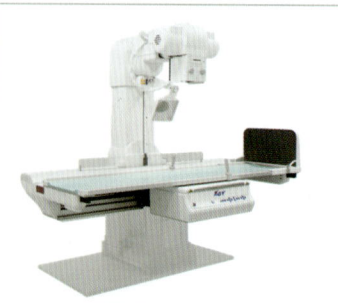

胃肠X射线设备 XGY-DRF-4343
注册证编号：浙械注准20182300245

禁忌内容或注意事项详见说明书

 地址：浙江省余姚市冶山路555号　　 电话：0574-62730899

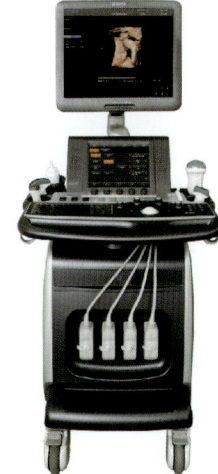

乐凯医疗

医用干式胶片KX410

本产品以蓝色聚酯片基为支持体，双面分别涂布成像层和保护层。本胶片适用经过计算机处理后以数字方式存贮的医疗影像的热敏打印输出，可再现经过处理的医疗影像。本胶片可以在明室条件下操作，具有灰雾小、清晰度高、大密度高、色调明快、使用方便的特点，可以直接用于市场上的热敏打印机的输出。

明室操作
可在明室条件下正常操作。

热敏打印
本产品是直接打印耗材，可以在热敏打印机上直接打印。

使用环境
最佳使用环境为温度18℃～24℃、相对湿度50%～65%。

贮存条件
应原包装储存于干燥、凉爽、无尘室内，防止太阳光直接照射、酸碱性气体的侵害。具体要求如下：
1. 温度10℃～25℃，相对湿度30%～65%，远离热源存放。
2. 储存室内不得有硫化氢、氨气、二氧化硫和甲醛等酸碱性气体。
3. 应立放储存，以免受压力而产生不良影响。

规格包装

规格Size		包装Package	
英制（英寸）in	公制（厘米）cm	张/盒Sheets/box	盒/箱Boxes/case
8×10	20×25	100	5
10×12	25×30	100	5
10×14	26×36	100	5
11×14	28×35	100	5
14×17	35×43	100	5

自助取片机LK601

乐凯自助取片机LK601是以乐凯医用图像打印机和医用干式胶片为基础，与当前主流的PACS、RIS、LIS等系统无缝对接开发的一站式自助系统。该系统在不改变医务人员现有工作模式的前提下，替代人工分发胶片和报告，让患者获取检验结果并打印。

产品特点
- 24小时不间断工作
- 双槽在线
- 支持四种规格胶片打印
- 支持各种报告打印

备 案 号：冀保械备20160021号
　　　　　冀保械备20160026号

地址：河北省保定市竞秀区乐凯南大街6号
电话：4006189997　0312-7923120 / 7923121
传真：0312-7922996
邮编：071054

禁忌或注意事项详见说明书

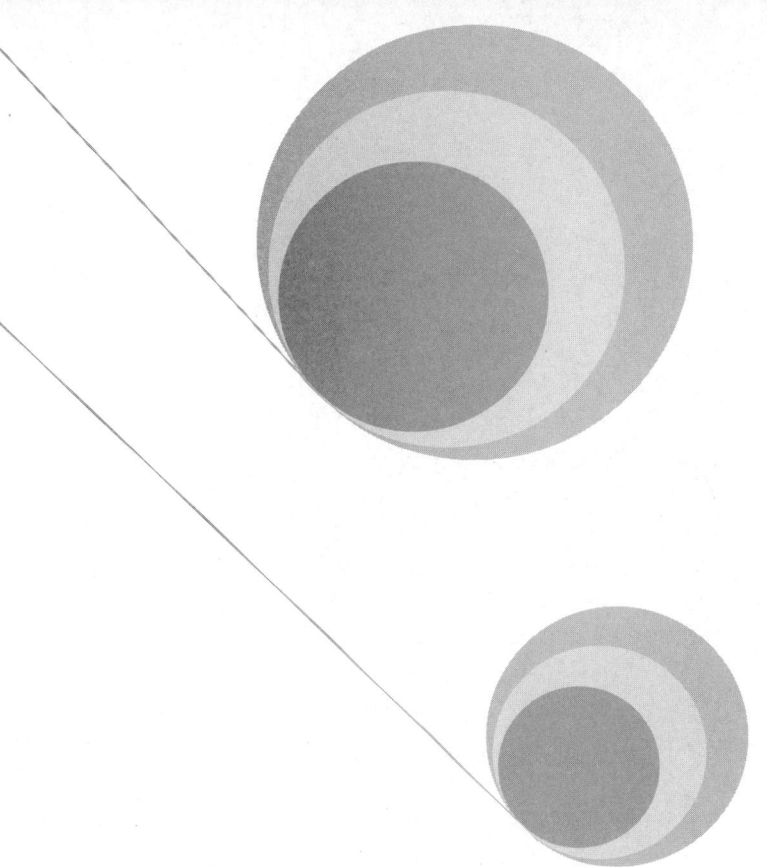
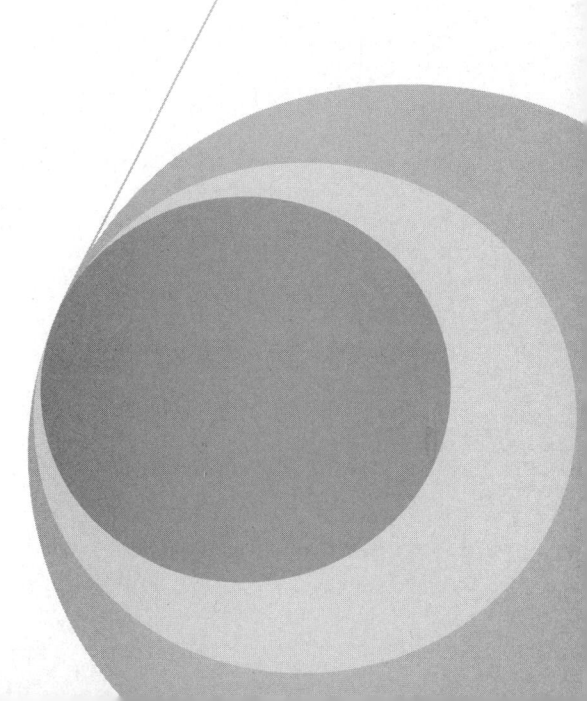

影像 AI 辅助诊断行业发展报告

第一章 影像 AI 辅助诊断行业概述

第一节 产品概述

影像 AI 辅助诊断主要是通过计算机视觉技术对医疗影像进行快速读片和智能诊断，从而提升影像医生诊断效率和准确率。影像 AI 辅助诊断主要解决三种需求：一是病灶的识别与标注，针对医学影像进行图像分割、特征提取、定量分析、对比分析等工作；二是靶区自动勾画与自适应放疗，针对肿瘤放疗环节的影响处理；三是影像三维重建，在人工智能进行识别的基础上进行三维重建，主要针对手术环节应用。

按照应用科室的不同，影像 AI 辅助诊断产品包括放射科类、超声科类、病理科类、眼科类、心内科类等；按照处理的图像数据不同，影像 AI 辅助诊断产品包括 CT 成像类、X 线成像类、核磁共振类、DSA 成像类、超声成像类、眼底彩照类、病理切片类、红外成像类、心电图类、脑电图类等；按照病种的不同，影像 AI 辅助诊疗产品主要包括肺结节等胸部 AI、骨关节疾病 AI、心血管疾病 AI、神经系统影像 AI、乳腺影像 AI、癌症放疗 AI、脑部影像 AI、青光眼等眼部 AI 等。

第二节 行业发展特点

1. 国家大力支持

我国对于影像 AI 辅助诊断行业的发展相当重视，出台了一系列政策鼓励支持其发展。2012 年，国家科技部发布《医疗器械科技产业"十三五"专项规划》，重点支持医疗器械产业领域，主要包括：数字化诊疗设备、高端医学影像产品、医用生物材料方面。2016 年，国务院发布《关于促进和规范健康医疗大数据应用发展的指导意见》，指出全面深化健康医疗大数据应用，推进医疗行业治理大数据，临床和科研大数据，公共卫生大数据等的应用，研制推广数字化健康医疗智能设备。2017 年，工业和信息化部印发《促进新一代人工智能产业发展三年行动计划（2018-2020 年）》，提出到 2020 年国内先进的多模态医学影像辅助诊断系统在脑、肺、眼、骨、心脑血管、乳腺等典型疾病领域的检出率超过95%，假阴性率低于1%，假阳性率低于5%。

2. 发展前景广阔

我国医学影像数量的年增长率约为30%，而放射科医生数量的年增长率仅约为4%，病理科医生数量与美国的水平差距也十分巨大。放射科/病理科医生数量缺口日益增加，导致现有医生工作繁重，巨大的工作量带来了较高的误诊率和漏诊率。而影像AI辅助诊断产品能够大大节约医生时间，帮助指导医生给出更为精准有效的治疗方案，降低误诊率，提高诊断、放疗以及手术的精度，同时通过提升基层医生的诊断水平，促进分级诊疗的真正落地。此外，当前医学影像AI技术正在不断快速突破，部分影像AI辅助诊断产品在多个疾病领域准确率已达到专家水平，并且诊断效率大幅高于人工。未来，随着分级诊疗政策的不断推进，医学影像临床医生的缺口日益明显，人工智能技术的持续突破，影像AI辅助诊断产品将不断落地，行业将迎来发展机遇。综合来看，影像AI辅助诊断行业发展前景广阔。

第三节　行业发展现状

从技术来看，算法、算力和数据被认为是人工智能的三大核心要素。当前，大量深度学习平台及框架开源降低了基础算法实现的技术门槛，影像AI辅助诊断人工智能算法快速突破；芯片快速更新迭代，处理器算力持续增长，影像AI辅助诊断产品对于医疗图像的处理能力大幅上升；但是数据的获取是影像AI辅助诊断行业发展的一大难题，如何获取足够丰富且高质量的医疗影像数据是当前提升诊断准确度的最关键因素。我国医学影像数据总量庞大，但是国内大多数医疗影像数据存储在医院，医院内部的临床数据中心建立尚不完善，医院内部数据互联互通程度和共享程度尚低，且由于过往医学影像数据没有以正确的标准化形式记录甚至缺失，对数据质量造成较大影响，使得医学影像数据的利用效率较低。

从企业来看，目前涉足影像AI辅助诊断市场的企业数量较多，呈现百家争鸣的格局。一是腾讯、阿里、科大讯飞等互联网巨头在人工智能基础技术上有着长期的布局和投资，凭借技术、资金和人才等优势，加速布局影像AI辅助诊断市场；二是联影等医学影像设备巨头凭借渠道和硬件优势，积极拓展人工智能领域，为企业寻求新的盈利增长点；三是大量的创业公司，如汇医慧影、连心医疗、深睿医疗等凭借商业模式的灵活性和创新性，在资本热捧下蓬勃发展。

从市场来看，目前影像AI辅助诊断市场还处于早期培育阶段，比较成熟的影像AI辅助诊断产品主要是用于肺部CT扫描筛查，很多医院已投入应用，其在辅助诊断上表现不俗，提升了AI在医疗领域应用的认知度。随着影像AI辅助诊断产品逐渐走出实验室，企业商业模式的日渐明晰，影像 AI 辅助诊断市场规模不断扩大。但是由于影像 AI 辅助诊断产品在肺部 CT 扫描筛查上的占比过高，存在同质化、单一化的问题，真正能够辅助诊疗的影像 AI 辅助诊疗产品实际渗透率仍然较低。

第二章 市场发展分析

第一节 市场发展状况

一、市场规模

2016~2018年，在政策支持、技术持续突破、产品逐渐落地等多方面因素的影响下，影像AI辅助诊疗产品商业化步伐不断迈进，影像AI辅助诊疗市场规模高速增长。其中，2016年，我国影像AI辅助诊疗行业市场规模为24.05亿元，同比增长24.6%；2018年，我国影像AI辅助诊疗行业市场规模为49.00亿元，同比增长47.2%（（见图5-2-1）。

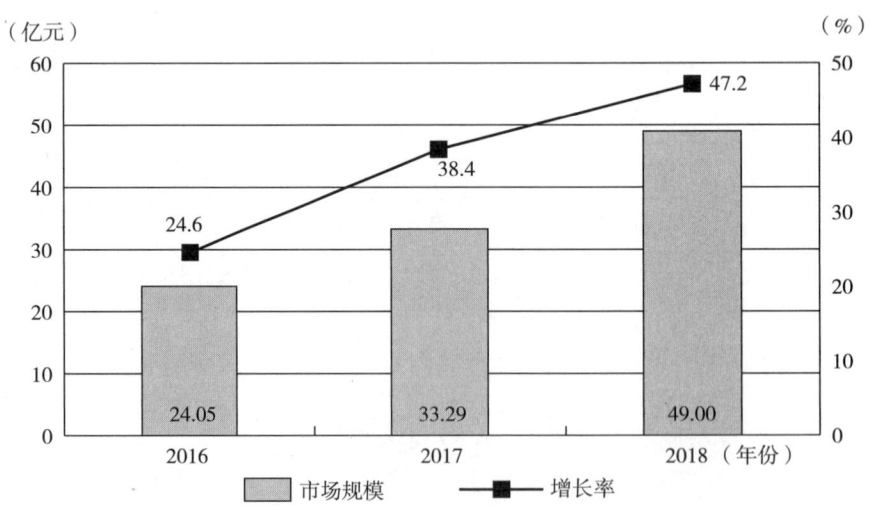

图5-2-1 2016~2018年中国影像AI辅助诊疗行业市场规模分析

资料来源：中国医疗器械行业协会。

二、细分市场份额

按照应用科室的不同,影像 AI 辅助诊断产品包括放射科类、超声科类、病理科类、眼科类、心内科类等,其中,放射科是目前影像 AI 辅助诊断产品应用最多的领域,具体包括 CT 成像类、X 线成像类、核磁共振类、DSA 成像类等。2018 年,中国影像 AI 辅助诊断产品市场中,放射科类占比为 53.8%;超声科类占比为 10.3%;病理科类占比为 16.6%;其他占比为 19.3%(见图 5-2-2)。

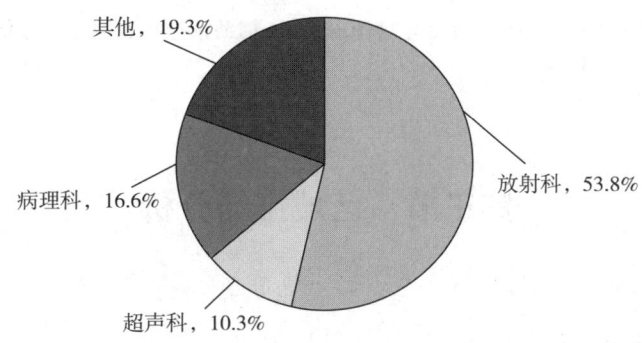

图 5-2-2 2018 年中国影像 AI 辅助诊疗细分市场份额分析

资料来源:中国医疗器械行业协会。

第二节 进出口分析

我国信息化建设较晚,医学影像信息化程度偏低,与美国等发达国家相比,影像 AI 辅助诊疗市场发展相对落后。2016~2018 年,随着我国医学影像信息化程度的加深,以及人工智能技术的持续突破,我国影像 AI 辅助诊疗市场进口额和出口额均保持不断增长。其中,2016 年,我国影像 AI 辅助诊疗行业进口额为 3.03 亿元,出口额为 0.91 亿元;2018 年,我国影像 AI 辅助诊疗行业进口额 6.12 亿元,出口额为 1.20 亿元(见图 5-2-3)。

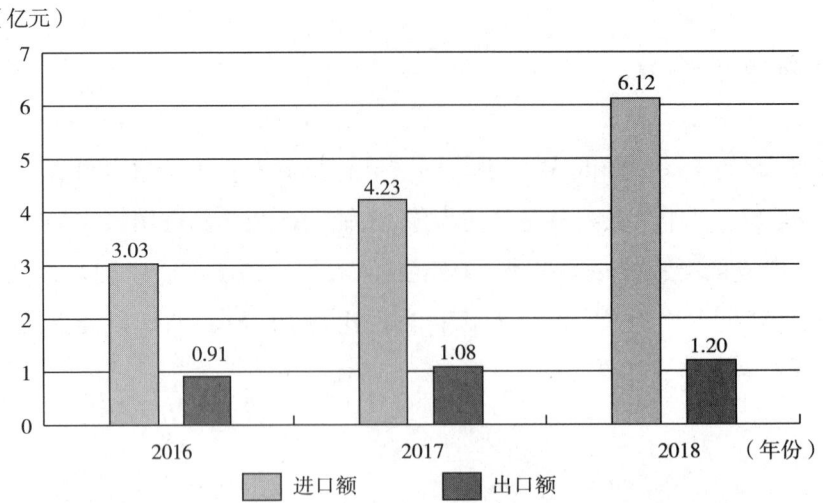

图 5-2-3　2016~2018 年中国影像 AI 辅助诊疗行业进出口分析

资料来源：中国医疗器械行业协会。

第三节　区域市场分析

一、区域市场份额分析

我国影像 AI 辅助诊断市场主要集中在华东、华北、华南等医疗水平较高的地区。2018年，华东地区影像 AI 辅助诊断市场份额占比为 36.8%；华北地区影像 AI 辅助诊断市场份额占比为 19.3%；华南地区影像 AI 辅助诊断市场份额占比为 18.5%；华中地区、西部地区影像 AI 辅助诊断市场份额占比分别为 11.1%、10.9%；东北地区影像 AI 辅助诊断市场份额占比为 3.4%（见图 5-2-4）。

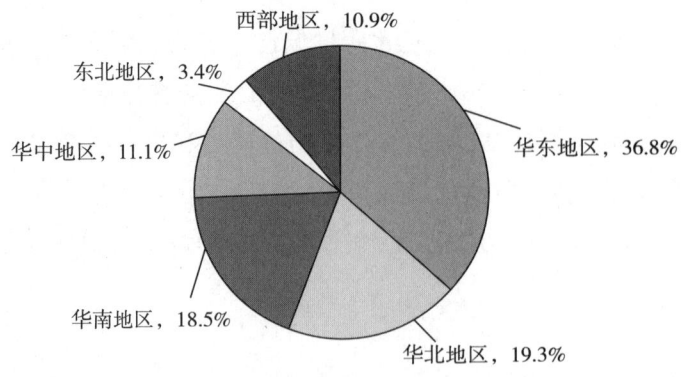

图 5-2-4　2018 年中国影像 AI 辅助诊断行业区域市场份额分析

资料来源：中国医疗器械行业协会。

二、主要区域市场分析

1. 华东地区

华东地区是我国经济最为发达的地区，其医疗水平先进，且拥有良好的科技创新环境，影像 AI 辅助诊断市场规模占比最大。2018 年，华东地区影像 AI 辅助诊断行业市场规模为 18.02 亿元（见图 5-2-5）。

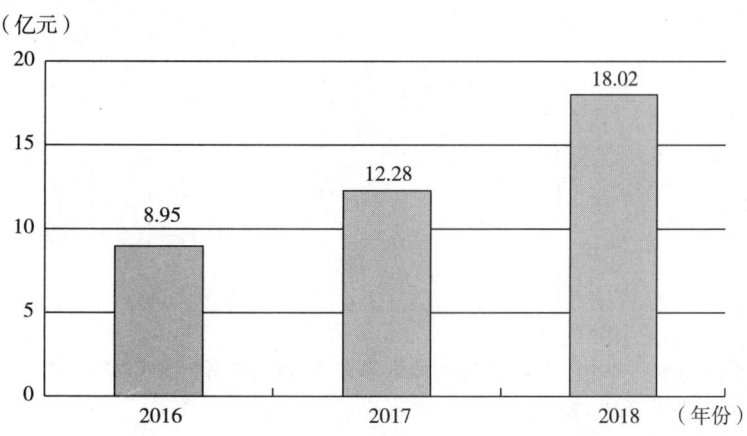

图 5-2-5　2016~2018 年华东地区影像 AI 辅助诊断行业市场规模分析

资料来源：中国医疗器械行业协会。

2. 华北地区

华北地区依托政治中心北京，人口密集度较高，医疗水平较为先进，影像 AI 辅助诊断行业市场规模保持较快增长。2018 年，华北地区影像 AI 辅助诊断行业市场规模为 9.45 亿元（见图 5-2-6）。

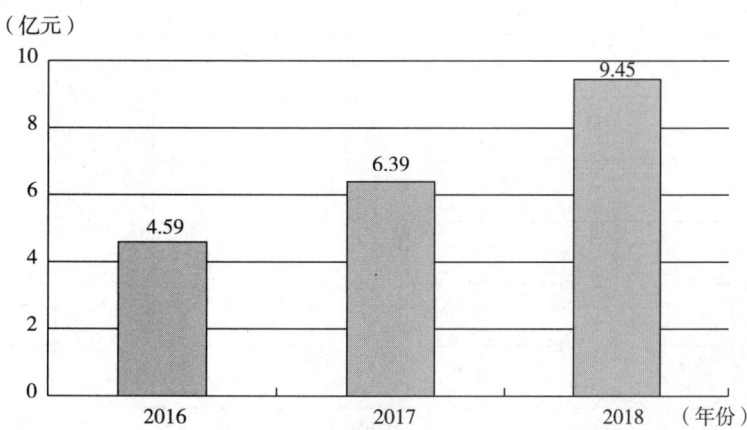

图 5-2-6　2016~2018 年华北地区影像 AI 辅助诊断行业市场规模分析

资料来源：中国医疗器械行业协会。

3. 华南地区

2016-2018年，在深圳、广州等城市的发展带动下，华南地区人工智能产业快速发展，"AI+"医疗不断融合，影像AI辅助诊断市场规模不断增长。2018年，华南地区影像AI辅助诊断行业市场规模为9.06亿元（见图5-2-7）。

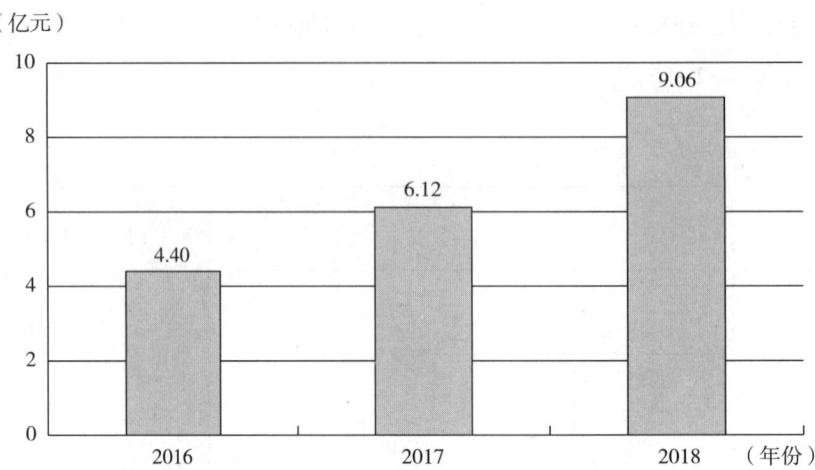

图5-2-7　2016~2018年华南地区影像AI辅助诊断行业市场规模分析

资料来源：中国医疗器械行业协会。

4. 华中地区

2016~2018年，随着下游医疗机构对影像AI辅助诊断产品需求量的增加，华中地区影像AI辅助诊断产品市场规模不断扩大。其中，2016年，华中地区影像AI辅助诊断产品市场规模为2.65亿元；2018年，华中地区影像AI辅助诊断产品市场规模为5.43亿元（见图5-2-8）。

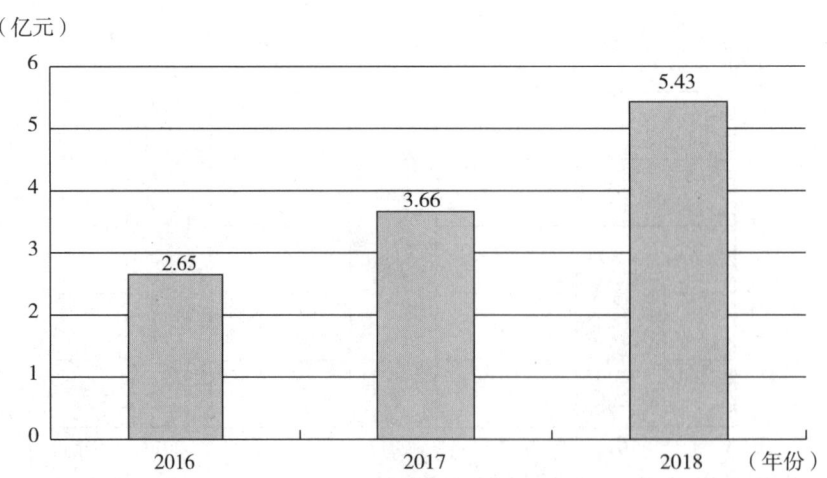

图5-2-8　2016~2018年华中地区影像AI辅助诊断行业市场规模分析

资料来源：中国医疗器械行业协会。

5. 东北地区

2016~2018年，东北地区影像AI辅助诊断产品市场规模呈现不断扩大态势。其中，2016年，东北地区影像AI辅助诊断产品市场规模为0.77亿元；2018年，东北地区影像AI辅助诊断产品市场规模为1.66亿元（见图5-2-9）。

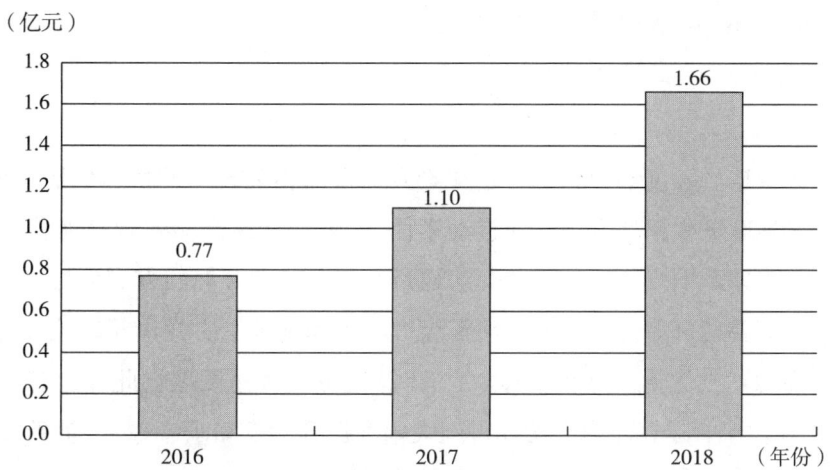

图5-2-9　2016~2018年东北地区影像AI辅助诊断行业市场规模分析

资料来源：中国医疗器械行业协会。

6. 西部地区

2016~2018年，西部地区影像AI辅助诊断产品市场规模不断扩大。其中，2018年，西部地区影像AI辅助诊断产品市场规模为5.34亿元（见图5-2-10）。

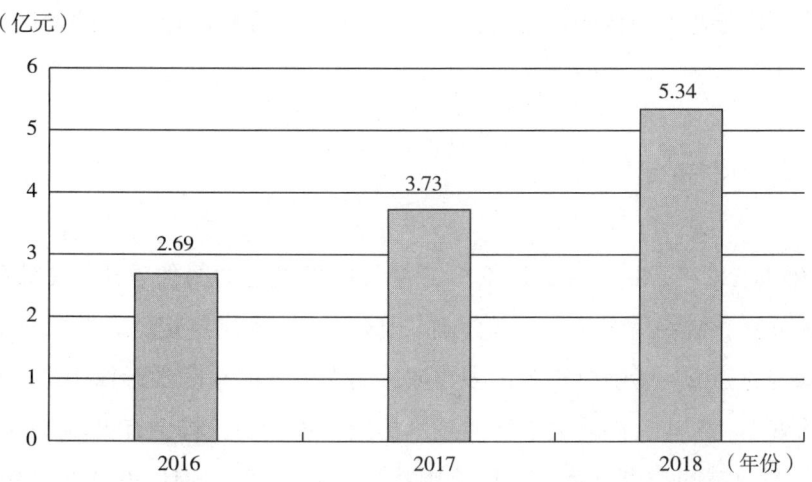

图5-2-10　2016~2018年西部地区影像AI辅助诊断行业市场规模分析

资料来源：中国医疗器械行业协会。

第四节　市场未来发展趋势

一、市场发展驱动因素分析

1. 技术

近年来，大数据、深度学习算法、芯片等人工智能相关技术的快速发展，使得AI在医学影像领域识别准确度大幅提升，进而推动影像AI辅助诊断产品实现商业化。随着深度学习理论和工程技术体系的成熟，先进的算法通过云服务或者开源的方式被封装易于使用的产品和服务中，创业公司利用这些开源包将深度学习应用到医学影像诊断领域，可更加高效地专注于应用层面的算法优化，影响辅助诊疗AI算法得以快速发展；此外，芯片的研发竞争日益激烈，AI处理器的运算能力、功耗得到大幅度提升，推动了影像AI辅助诊断产品性能的提升。

2. 政策

国家政策的鼓励与扶持是推动我国影像AI辅助诊断行业发展的关键。2017年7月，国务院发布《新一代人工智能规划》指出，发展便捷高效的智能服务：智能医疗推广应用人工智能治疗新模式新手段，建立快速精准的智能医疗体系。此外，我国还出台了《高性能医学诊疗设备专项》《"十三五"医疗器械科技创新专项规划》《全国医疗卫生服务体系规划纲要（2015~2020年）》《中国制造2025》等政策支持智能医疗影像行业的发展。国家政策推动医疗影像行业不断智能化发展，为影像AI辅助诊断治疗行业的发展提供了强有力的支撑。

二、发展趋势预测

影像AI辅助诊断产品的应用方向众多，涉及影像设备的图像重建、X线胸片阅读、眼底检测、脑区分割、脑疾病诊断、器官分割/靶区勾画、骨伤鉴定、乳腺疾病诊断、超声辅助诊断、病理切片分析、骨龄分析等诸多领域，而人工智能在医学影像中的应用目前主要集中于肺结节筛查上。未来，随着人工智能技术的进一步发展，将会有更多产品从实验室走向应用市场，影像AI辅助诊断产品的应用范围将进一步拓宽。预计2022年，中国影像AI辅助诊断行业市场规模为194.34亿元，同比增长33.6%（见图5-2-11）。

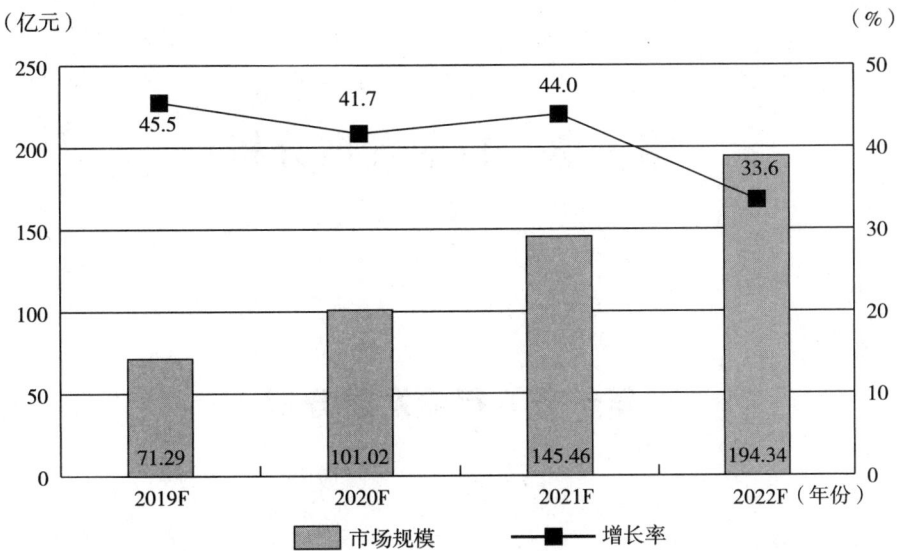

图 5-2-11　2019~2022 年中国影像 AI 辅助诊断行业市场规模预测

资料来源：中国医疗器械行业协会。

第三章 行业发展分析

第一节 行业发展分析

一、历年生产情况分析

近年来，随着先进技术在医学影像诊断环节的渗透，以及政策对医疗创新的不断鼓励，提升医疗机构医学影像服务水平的新力量不断壮大，尤其是以 AI 医学影像产品为代表的辅助诊断服务。2016~2018 年，中国影像 AI 辅助诊断行业产值呈现高速增长态势。其中，2016 年，中国影像 AI 辅助诊断行业产值为 22.98 亿元，同比增长 25.9%；2018 年，中国影像 AI 辅助诊断行业产值为 45.76 亿元，同比增长 44.0%（见图 5-3-1）。

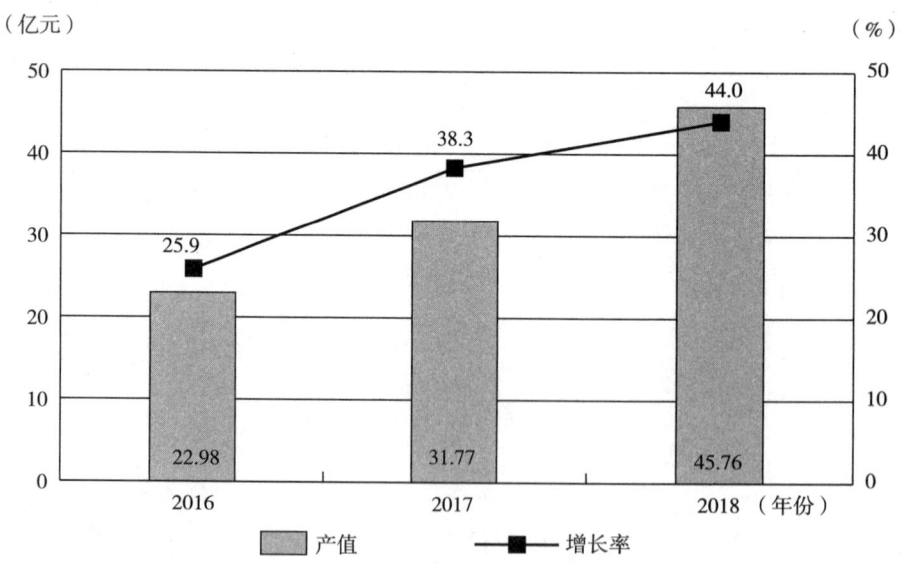

图 5-3-1 2016~2018 年中国影像 AI 辅助诊断行业产值分析

资料来源：中国医疗器械行业协会。

二、细分产品生产情况分析

1. 放射科影像 AI 辅助诊断

影像 AI 辅助诊断产品按照应用科室可分为放射科、超声科、病理科、眼科、皮肤科、心内科等,其中,放射科是医院重要的辅助检查科室,临床各科许多疾病都须通过放射科的 CR 机、DR、CT、MR、DSA 等影像设备检查达到明确诊断和辅助诊断,因此放射科也成为了应用影像 AI 辅助诊断产品最多的科室。对于放射科医师而言,AI 技术的应用能够减少其读片时间,大幅提高工作效率,并降低误诊的可能性。2018 年,中国放射科影像 AI 辅助诊断行业产值为 24.62 亿元(见图 5-3-2)。

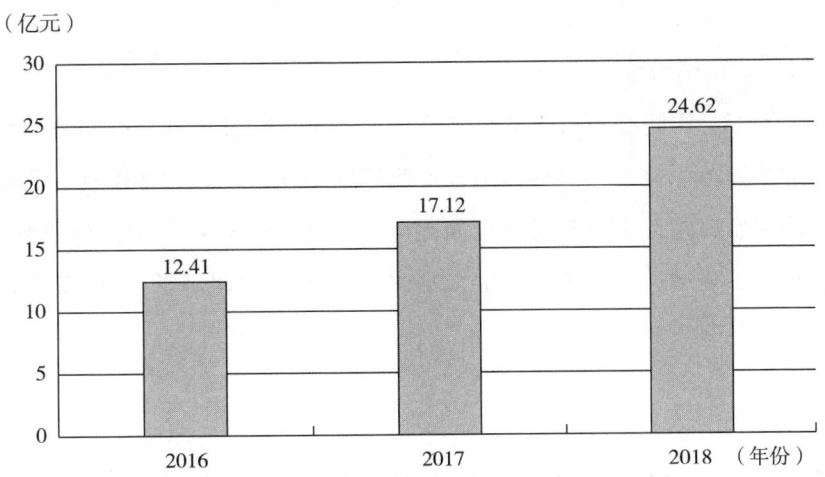

图 5-3-2 2016~2018 年中国放射科影像 AI 辅助诊断行业产值分析

资料来源:中国医疗器械行业协会。

2. 超声科影像 AI 辅助诊断

超声科是医院重要的医疗科室之一,能够开展超声(二维超声、多普勒超声、介入超声、三维超声、造影)诊断与治疗。2016~2018 年,中国超声科影像 AI 辅助诊断行业产值不断增加。其中,2018 年,中国超声科影像 AI 辅助诊断行业产值为 4.71 亿元(见图 5-3-3)。

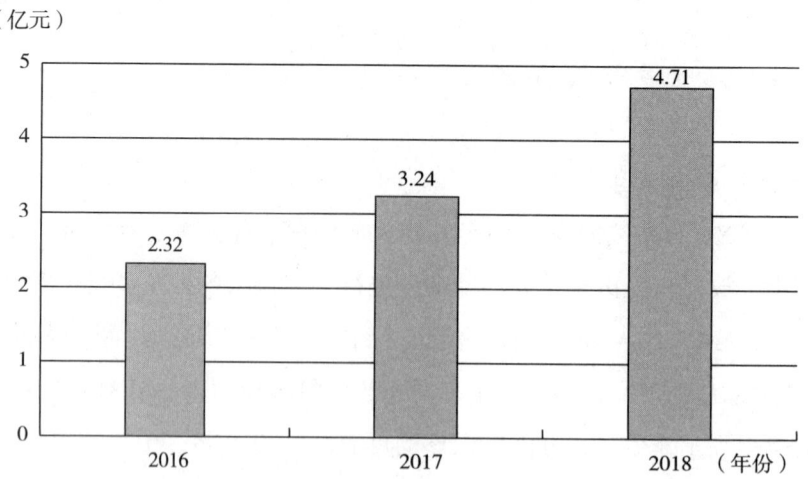

图 5-3-3　2016~2018 年中国超声科影像 AI 辅助诊断行业产值分析

资料来源：中国医疗器械行业协会。

3. 病理科影像 AI 辅助诊断

病理科是大型综合医院必不可少的科室之一，其主要任务是在医疗过程中承担病理诊断工作，包括通过活体组织检查、脱落和细针穿刺细胞学检查以及尸体剖检，为临床提供明确的病理诊断，确定疾病的性质，查明死亡原因等。2016~2018 年，中国病理科影像 AI 辅助诊断行业产值呈现不断增长的态势。其中，2018 年，中国病理科影像 AI 辅助诊断行业产值为 7.60 亿元（见图 5-3-4）。

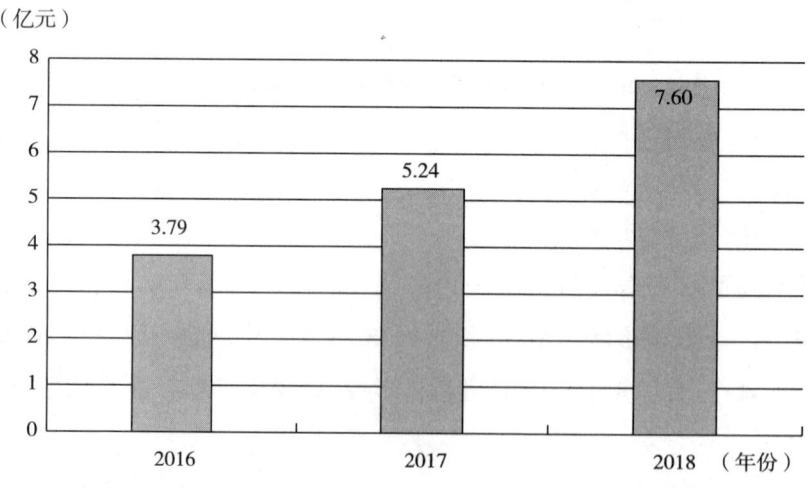

图 5-3-4　2016~2018 年中国病理科影像 AI 辅助诊断行业产值分析

资料来源：中国医疗器械行业协会。

4. 其他科室影像 AI 辅助诊断

2016~2018 年，随着中国其他科室影像 AI 辅助诊断行业产值不断增长。其中，2016 年，中国其他科室影像 AI 辅助诊断行业产值为 4.46 亿元；2018 年，中国其他科室影像 AI 辅助诊断行业产值为 8.83 亿元（见图 5-3-5）。

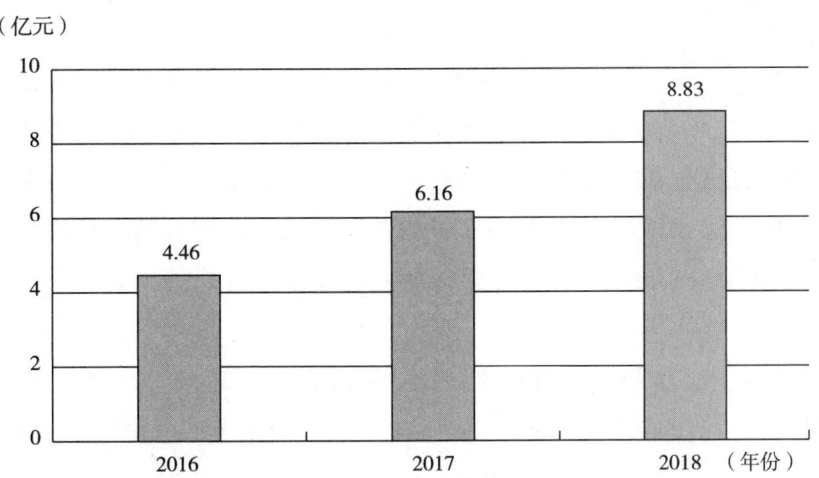

图 5-3-5　2016~2018 年中国其他科室影像 AI 辅助诊断行业产值分析

资料来源：中国医疗器械行业协会。

第二节　技术发展分析

一、技术的发展状况

AI 技术在自然场景的识别已经取得广泛应用，在医学影像方面，AI 技术具有更广阔的落地场景，通过 AI 技术，可以有效提高医生诊疗效率与诊断精度，使医学图像的分析技术下沉，缩短患者就诊等待时间，降低患者就医成本。影像 AI 辅助诊断的主要方向包括：

（1）X 线胸片阅读。通过 AI 对 X 线胸片提前进行辅助阅读分析，能够辅助医生完成多种疾病的医学影像筛查（如肺结节、肺结核、气胸等），或是对医生阅片顺序进行智能排序，从而提高医生的阅片效率和诊断精度。

（2）眼底检测。眼科医生数量少，眼底诊断设备昂贵，眼底诊断渠道门槛高，导致眼科疾病诊治困难。AI 通过学习眼底图像，实现对一些严重眼科疾病如青光眼、糖尿病性视网膜病变和老年黄斑变性等的有效诊断，能够推动眼底疾病诊断的普及和眼科疾病的治疗。

(3) 脑区分割。通过 AI 技术对脑区 MR 图像进行分割，可以得到比以往算法更精准的脑区分割结果。利用 AI 技术对大脑中的 100 多个脑区结构进行精准分割并放到时间轴上进行分析，让医师清楚地看到脑灰质、白质和各种脑核的结构随时间的变化情况。例如，在诊断阿尔兹海默症中引入 AI，可以把看到的脑萎缩转化为更为量化的数字指标，形成相应的量化曲线，为医师提供脑结构随时间变化的百分比，从而预测出患者将来患病的风险概率，帮助完成病情的早期识别和早期诊断。

(4) 脑疾病诊断。很多脑疾病，如脑出血是神经内、外科最常见的难治性疾病，医学影像是诊断脑出血的首要方法。脑出血辅助分析软件可以辅助医生快速、精确定位脑卒中出血区域，量化出血容积，定位诊断（蛛网膜下腔出血、脑室内出血、脑出血），3D 绘制及 CTA 分析等功能，支持医师在浏览和书写报告的同时全自动完成脑出血病灶浏览、定性评估、定量统计、协助生成诊断结果，在最短时间内获得患者病情，制定治疗方案所需要的信息。

(5) 骨伤鉴定。通过 AI 算法直观观测骨质受损情况，智能检测多种类型骨折迹象，自动标注疑似骨折处，多角度多层面清晰直观显示骨折，可助力医生快速、精准诊断，减少漏诊风险。

(6) 乳腺疾病诊断。AI 技术能精准分割乳房与致密腺体组织，并精准量化乳腺密度，客观评估乳腺癌风险，精准检测、定位肿块与微钙化灶，提升病灶检出率；同时自动生成结构化报告，计算病灶位置信息等，提升医生工作效率。

(7) 超声辅助诊断。超声影像检查以其无创性、实时性，安全性等优点而受到广泛应用。对于超声影像，融合 AI 技术可以实现对乳腺病灶和甲状腺结节良恶性的辅助诊断。在很多具体应用上，比如甲状腺结节的检测，医生只需要和日常检查一样拍一张照片，机器就可自动帮助识别，检测出结节位置、形态，分辨结节的良恶性。目前三甲医院医师的平均诊断准确率为 60%~70%，基层医院更低一些，AI 辅助诊断系统准确率可以达到 85% 以上。

(8) 病理切片分析。使用 AI 进行病理切片分析，可以发现人眼不易察觉的细节，通过学习病理切片细胞层面的特征，可不断完善病理医师和数字病理诊断的知识体系，还可以整合免疫组织化学、分子检测数据和临床信息，得出整合相关信息的最后病理诊断报告，为患者提供预后信息和精准的药物治疗指导。

(9) 器官分割/靶区勾画。在放射治疗计划系统（TPS）中，病变器官的正确定位与准确勾画是 TPS 系统运作的基础及关键技术之一，其分割的准确程度直接影响后续放射治疗计划设计的准确度和放疗的效果。同时，器官勾画也是计算机辅助诊断、医学图像三维可视化、图形引导手术、虚拟内窥镜等众多医学图像应用的首要前提和关键步骤。借助模型压缩技术以及深度学习部署平台，该智能器官勾画系统可以在不到 1 秒的时间内完成一例器官的精确勾画，同时在勾画一致性上较人工勾画有更好的提升。在勾画准确率上，全自动的智能勾画结果和专家勾画的一致性可达97%以上。

二、技术的进展

目前，"AI+医学影像"已逐步走出实验室，技术日趋成熟，诊断准确度、速度和覆盖病种不断实现突破，有望较快进入高效可用阶段。2017年以来，部分AI系统的准确度和判断速度都超越了传统医生，贝斯以色列女执事医疗中心（BIDMC）与哈佛医学院合作研发的人工智能系统，对乳腺癌病理图片中癌细胞的识别准确率能达到92%，与病理学家的分析结合在一起时，它的诊断准确率可以高达99.5%，国内的DeepCare对于乳腺癌细胞识别的准确率也达到了92.5%。腾讯"觅影"医学影像系统对早期食管癌的发现准确率高达90%。目前人工智能在医学影像领域的诊断准确度已在90%以上，已覆盖乳腺癌、皮肤癌、食道癌、肺结节等许多病种，未来人工智能诊断的更多病种突破及准确率的提升，叠加医学影像云平台和第三方影像中心的迅速发展壮大，"AI+医学影像"有望成为影像诊断的重要解决方案，在医院、第三方检验中心、第三方影像中心快速渗透。

三、未来几年技术的发展趋势分析

未来，影像AI辅助诊断产品的研发要解决以下几个问题：

（1）产品的鲁棒性。用小数量级数据训练的模型效果也许不错，但放在另一个陌生的数据环境中就有可能在准确性方面差异很大。为了保证产品普遍使用的稳定性，深度学习技术具有高度依赖数据的特征，数据的质量与数量直接影响产品性能的优劣。标记规则、标记人员、标记质控、数据的分布（地域、人群、CT机型、扫描方案、重建算法等）以及特定的训练方式，不仅决定产品能否成为工业级水准，且与鲁棒性息息相关。

（2）产品的易用性：只有一个好的算法和训练有效的模型并不代表在临床应用场景中能够很好地使用。模型预测如何融入临床医生的工作流是AI公司所面临的很大挑战。各个医院的PACS/RIS等信息化系统千差万别，如何确保医院的网络能够顺畅对接AI服务器，安装AI产品之后信息化系统仍能稳定运转、医生在原有阅片流程中方便地观察AI结果而不需要打开另外的客户端，并将观察结果简单地融入患者诊断报告系统，这些不仅是医院最关注的的内容之一，也是每个AI厂家的必修课。只有解决好这些问题，形成易用化的影像AI辅助诊断产品，才能最终被医生所接受。

第三节 行业竞争情况分析

一、竞争情况概述

目前，影像 AI 辅助诊断产品企业可分为两大类：一类是通过大量电子病历的积累，实现对医学影像的诊断分析，主要以帮助医生提升影像诊断效率为目的。以北京羽医甘蓝信息技术有限公司（DeepCare）为例，DeepCare 专注于研发影像识别技术，通过对医疗影像进行检测、识别、筛查和分析，寻找新录入病例与已确诊病症的匹配性，为医生诊疗提供辅助支持；另一类是通过对医学影像数据本身的解读，主要以帮助医生提高影像诊断的精准度为目的，例如，雅森科技利用数学模型和人工智能技术定量分析医疗影像，提高了诊断的精确性。

二、竞争格局

近年来，医学影像成为人工智能在医疗细分领域最热门的投资风口，政策方面的利好、医疗需求的痛点，进一步展现了人工智能在辅助诊断领域的市场潜力，不断吸引着资本的入局，中国影像 AI 辅助诊断行业呈现百家争鸣的竞争局面。2016 年以来，汇医慧影、连心医疗、深睿医疗、DeepCare 等初创型企业接连获得了千万级以上的融资，无论从投资数量还是时间间隔上，都能看出影像 AI 辅助诊断行业市场的"火热"程度。此外，以阿里、腾讯、百度为代表的互联网企业也纷纷通过各种形式进入影像 AI 辅助诊断领域。由此来看，中国影像 AI 辅助诊断行业竞争相对激烈。

表 5-3-1 2018 年中国影像 AI 辅助诊断行业重点企业销售额与市场份额

企业	销售额（亿元）	市场份额（%）
腾讯	1.57	3.2
飞利浦	0.93	1.9
美国 EDDA 科技公司	0.59	1.2
科大讯飞股份有限公司	5.19	10.6
上海联影医疗科技有限公司	3.87	7.9
北京深睿博联科技有限责任公司	4.31	8.8

续表

企业	销售额（亿元）	市场份额（%）
北京青燕祥云科技有限公司	1.18	2.4
北京羽医甘蓝信息技术有限公司	0.39	0.8
北京郁金香伙伴科技有限公司	2.01	4.1

资料来源：中国医疗器械行业协会。

三、竞争策略

影像 AI 辅助诊断产品最重要的壁垒在于高质量的标注数据，且产品差异性主要体现在诊断准确率上。所以企业进行产品研发的思路应该是：①确定研发病种；②找到该病种最权威、数据量最丰富的医院进行深度合作。

每一细分病种的标注数据只要达到千例（按病人数算）级别，即可训练出准确率较高的模型。因此单病种产品的壁垒并不高。比如目前肺结节检测就已几乎成为各家 AI 企业的标配。但如果要做全部位、全病种的产品，那么所需数据量就会非常大，仅肺部就至少有 10 几种细分病种，脑部更是仅肿瘤就有 30 种以上。因此，在单病种产品无法落地的情况下，AI 企业可以向全病种延伸，并逐渐扩展至多部位。

临床需求较大的几个部位，如肺部、脑部和心脏，对应的数据形式主要是 CT/MR/DSA，集中在放射科。不同部位往往对应不同的权威医院，AI 企业在寻找合作医院时，应根据对应的临床科室选择排名靠前的医院。肺部对应呼吸科和胸外科、脑部对应神经内科和神经外科、心血管疾病对应心内科和心外科。

第四节 销售渠道分析

一、市场运作模式分析

"AI+医学影像"已经渐渐走出实验室，业务正逐步实现商业化。随着数据积累持续增长，AI 算法技术进一步成熟，影像 AI 辅助诊断行业商业模式历经前期的探索也愈发清晰。目前来看，影像 AI 辅助诊断行业主流的商业模式主要有三种：一是将产品免费铺进医院，和医院合作，按服务患者数分成收费，付费方是患者。二是与设备厂商的设备（CT/MR

等）软硬件结合捆绑销售，由设备厂商与医院结算，再向 AI 企业分成，付费方是设备厂商。三是以软件或工作站形式通过代理商或者直销直接卖进医院，工作站直接与医院 PACS 系统相连或软件直接嵌入 PACS 系统，绕过了设备厂商，直接向医院收取一次性销售费用及每年维护费，付费方是医院。

二、营销模式分析

（1）对接基层医院、民营医院等，通过医学影像全套诊断及质控服务，收取一定的服务费用（按诊断的数量收取费用）。由于基层医院、体检机构、民营医院影像科缺乏足够专业人才、投入不足或面临较高的成本，影像诊断环节能力相对欠缺，从而产生影像诊断外包需求。对于这些医疗机构而言，其真正需求的不仅仅是一个提供辅助诊断的产品，而是全套的影像资料诊断服务，现阶段，要求诊断服务提供方不仅仅提供人工智能辅助阅片，更要有专业影像科医生的最终诊断及全套的质控体系，从而提供可靠性高的最终诊断结果。

（2）面向大型医院、体检中心以及第三方医学影像中心，一次性出售"AI+医学影像"解决方案的使用权限（License）或者使用期间定期收取使用费。目前 DeepCare 正在探索该种商业模式，其借鉴 SaaS 服务模式，将开发完成的不同病种智能模块放在云平台上，设备厂商、远程医疗服务商可以根据自己需求进行选择，并相应付费。

（3）向医疗器械厂商寻求合作，通过在医疗设备中加入智能模块，硬件和软件捆绑销售。向医疗器械厂商寻求合作，将软件与硬件设备捆绑销售，或将产品功能嵌入硬件设备当中。近些年来，国产医疗器械逐渐发展起来，与雅培、罗氏、西门子、瓦里安、医科达等海外公司产品形成竞争，"AI+医学影像"软件与医疗器械的结合，可帮助医疗器械厂商提供先进的软硬一体解决方案，将大大提升医疗器械厂商的产品竞争力。

第五节 产业未来发展趋势

从市场需求层面来看，影像科医生供不应求，医生水平参差不齐，基层医院尤其突出，误诊、漏诊率很高，而且影像科医生工作量大，属于高强度的重复性劳动，是非常合适的人工智能应用场景。从技术层面来看，人工智能技术在医学影像的应用属于静态图像识别，静态图像识别是人工智能细分领域进步最快的细分领域之一，技术正不断快速突破，目前 AI 医学影像在多个疾病领域，其准确率已达到甚至超过专家水平，并且诊断效率大幅高于人工。因此，整体来看，在技术和市场需求的双重驱动下，未来人工智能在医学影像领域的应用有望较快落地，影像 AI 辅助诊断产品的渗透率将逐步提升。

第四章 国内外重点企业分析

第一节 腾讯

一、概况

腾讯成立于 1998 年 11 月，是目前中国领先的互联网增值服务提供商之一。成立 10 多年以来，腾讯一直秉承"一切以用户价值为依归"的经营理念，为亿级海量用户提供稳定优质的各类服务。

腾讯觅影是腾讯首款将人工智能技术运用到医学领域的产品，由腾讯"互联网+"合作事业部牵头，聚合了腾讯公司内部包括 AI Lab、优图实验室、架构平台部等多个顶尖人工智能团队的能力，把图像识别、大数据处理、深度学习等领先的技术与医学跨界融合研发而成。

作为国内 AI 医学的标杆，腾讯觅影已实现了利用 AI 医学影像分析辅助医生筛查食管癌、肺结节、糖尿病视网膜病变、结直肠肿瘤、乳腺癌等疾病，以及利用 AI 辅诊引擎辅助医生对 700 多种疾病风险进行识别和预测，并与国内 100 多家顶尖三甲医院达成合作。腾讯觅影的快速发展路径恰好反映了 AI 医学的发展轨迹。

二、企业销售额分析

2017 年 12 月 1 日，腾讯公司首款将人工智能技术运用到医疗领域的产品"腾讯觅影"全面落地重庆市，重庆医科大学附属第一医院、重庆市涪陵中心医院、重庆市第四人民医院、重庆三峡中心医院、重庆市第九人民医院五所重庆地区重要的三甲医院逐步利用腾讯觅影的人工智能技术，辅助医生针对早期食管癌、肺结节、糖尿病视网膜病变等疾病进行筛查。2018 年，腾讯影像 AI 辅助诊断产品销售额为 1.57 亿元（见表 5-4-1）。

表 5-4-1　2017~2018 年腾讯影像 AI 辅助诊断产品销售额及市场份额分析

年份	销售额（亿元）	市场份额（%）
2017	0.50	1.5
2018	1.57	3.2

资料来源：腾讯，中国医疗器械行业协会。

第二节　飞利浦

一、概况

荷兰皇家飞利浦公司（以下简称飞利浦）成立于 1891 年，是一家领先的健康科技公司，致力于从健康的生活方式及疾病的预防到诊断、治疗和家庭护理的整个健康关护全程，提高人们的健康水平，并改善医疗效果。公司在全球拥有大约 74000 名员工，销售和服务遍布世界 100 多个国家，目前在诊断影像、图像引导治疗、病人监护、健康信息化以及消费者健康和家庭护理领域处于领先地位。

二、企业销售额分析

作为 AI 医学影像领域的创新企业，2018 年 5 月，飞利浦推出"飞利浦星云医学影像人工智能平台"，随后不久落地吉林大学白求恩第一医院，辅助放射科医生通过智能化图像后处理为患者提供精准诊疗。2018 年，飞利浦影像 AI 辅助诊断产品销售额为 0.93 亿元（见表 5-4-2）。

表 5-4-2　2018 年飞利浦影像 AI 辅助诊断产品销售额及市场份额分析

年份	销售额（亿元）	市场份额（%）
2018	0.93	1.9

资料来源：飞利浦，中国医疗器械行业协会。

第三节 美国 EDDA 科技公司

一、概况

美国 EDDA 科技公司是智能医学影像诊断及分析领域的自主创新型高科技公司,为临床管理全过程提供优化的计算机辅助临床解决方案。其以雄厚的技术及市场实力,成功开发并投入市场的 IQQA ©技术平台和产品系列,均已通过美国 FDA、中国 CFDA 及欧盟 CE 等多方国际认证,产品涵盖诊疗管理全周期,有效应用于各种疾病(尤其是肝、胆、胰、脾、胃、肺、肾等肿瘤)的早期检测与诊断、术前精准模拟规划、术中影像全程引导监测及实时导航、术后定量评估及随访,为一体化的现代集成式手术室提供综合影像应用解决方案。公司的代理渠道已覆盖中国、美国、欧盟、中东和东南亚国家及地区。

二、企业销售额分析

EDDA 作为影像引导下精准诊疗的高科技公司,是新一代智能型计算机辅助影诊断及精准手术的先行者,为重大疾病的诊疗管理全周期提供优化的计算机辅助临床解决方案。2018 年,在中国市场,美国 EDDA 科技公司影像 AI 辅助诊断产品销售额为 0.59 亿元(见表 5-4-3)。

图 5-4-3 2016~2018 年美国 EDDA 科技公司影像 AI 辅助诊断产品销售额及市场份额分析

年份	销售额(亿元)	市场份额(%)
2016	0.19	0.8
2017	0.30	0.9
2018	0.59	1.2

资料来源:美国 EDDA 科技公司,中国医疗器械行业协会。

第四节 科大讯飞股份有限公司

一、概况

科大讯飞股份有限公司（以下简称科大讯飞）成立于1999年，是亚太地区知名的智能语音和人工智能上市企业。科大讯飞专业从事人工智能技术研究、软件及芯片产品开发、知识服务，人工智能相关核心技术始终保持国际领先水平。在医疗领域，公司面向医疗行业积极布局智能语音、医学影像、基于认知智能的辅助诊疗系统三大领域。通过智能语音交互技术对医院临床业务进行流程再造，减轻医生文书压力，提高医生工作效率；利用智能影像识别技术辅助医生阅片，提高放射科医生的工作效率，降低阅片的漏诊率；通过构建人工智能辅助诊疗系统，深度切入医生临床诊断流程，在医生诊断过程中给予医生辅助诊断建议与相关知识推送，从而提升医生特别是基层医生的诊疗能力和服务水平。

二、企业销售额分析

科大讯飞影像AI辅助诊断产品主要包括肺部DR多病种辅助诊断系统、乳腺钼靶辅助诊断系统、静态心电辅助诊断系统、肺部CT结节辅助诊断系统、糖网眼底筛查平台等。2018年，公司影像AI辅助诊断产品销售额为5.19亿元，市场份额达到10.6%（见表5-4-4），人工智能辅助诊疗平台完成影像云905家医院机构的接入，累计分析31万例胸部CT。

表5-4-4 2016~2018年科大讯飞影像AI辅助诊断产品销售额及市场份额分析

年份	销售额（亿元）	市场份额（%）
2016	2.24	9.3
2017	3.16	9.5
2018	5.19	10.6

资料来源：科大讯飞股份有限公司，中国医疗器械行业协会。

第五节　上海联影医疗科技有限公司

一、概况

上海联影医疗科技有限公司（以下简称联影医疗）是一家自主研发、生产全线高性能医学影像及放疗设备，并提供医疗信息化、智能化解决方案的高新技术企业。公司于2011年成立，总部位于上海，研发中心辐射全球。目前，联影正逐步在人工智能、手术机器人与可穿戴设备领域进行布局，致力打造贯穿疾病预防、诊断、治疗与康复的智能医疗生态系统。

二、企业销售额分析

联影医疗以全线影像设备作为AI切入口，从源头开始赋能整个医疗环节，云端搭载20余款人工智能诊断引擎及高级后处理应用，随时随地辅助医生智能识别微小病灶，大幅提升诊断效率和精准度。2018年，上海联影医疗科技有限公司影像AI辅助诊断产品销售额为3.87亿元（见表5-4-5）。

表5-4-5　2016~2018年联影医疗影像AI辅助诊断产品销售额及市场份额分析

年份	销售额（亿元）	市场份额（%）
2016	1.95	8.1
2017	2.73	8.2
2018	3.87	7.9

资料来源：联影医疗，中国医疗器械行业协会。

第六节　北京深睿博联科技有限责任公司

一、概况

北京深睿博联科技有限责任公司（以下简称深睿医疗）源自北京大学信息科学技术学

院人工智能创新中心,致力于通过突破性的人工智能"深度学习"技术及自主研发的核心算法,为国内外医院、体检中心、第三方影像中心等各类医疗服务机构提供人工智能和互联网医疗的解决方案。深睿医疗云集人工智能、互联网云计算、医学影像等多个领域专业人才公司,与多家国内顶级的医疗机构和医疗连锁中心保持长期科研合作并建立了密切合作关系。

二、企业销售额分析

深睿医疗旗舰产品 Dr. Wise® 人工智能医学辅助诊断系统运用国际前沿技术,使人工智能医学影像诊断达到国际领先水平,在各系统疾病的精确诊断方面处于行业领先地位,为医生进一步诊疗决策提供临床建议。目前广泛应用于肺癌早期筛查、乳腺癌早期筛查、脑卒中辅助评估、儿童生长发育评估等方面的决策与随访。2018 年,公司影像 AI 辅助诊断产品销售额为 4.31 亿元(见表 5-4-6)。

表 5-4-6 2017~2018 年深睿医疗影像 AI 辅助诊断产品销售额及市场份额分析

年份	销售额(亿元)	市场份额(%)
2017	0.80	2.4
2018	4.31	8.8

资料来源:深睿医疗,中国医疗器械行业协会。

第七节 北京青燕祥云科技有限公司

一、概况

北京青燕祥云科技有限公司(PereDoc)用以深度学习为代表的人工智能技术,结合海量医疗数据,研发医疗影像辅助诊断识别系统;以先进的云计算、大数据和人工智能技术,打造数字化、移动化及智能化的辅助医疗诊断平台;基于 AI 技术的医疗智能硬件设备 PereDoc Box;医学领域机器翻译,支持 60 多个语种,900 多种语言方便海外学术交流、海外医疗资源共享。

二、企业销售额分析

目前 PereDoc 已开发并在医疗机构中推广应用了肺结节影像辅助诊断系统、肺部全疾病辅助诊断系统、肝占位智能诊断系统、乳腺钼靶智能诊断系统、X 光胸片辅助筛查系统、肺癌病理辅助筛查系统等影像 AI 辅助诊断产品。2018 年,公司影像 AI 辅助诊断产品销售额为 1.18 亿元(见表 5-4-7)。

表 5-4-7　2017~2018 年 PereDoc 影像 AI 辅助诊断产品销售额及市场份额分析

年份	销售额(亿元)	市场份额(%)
2017	0.50	1.5
2018	1.18	2.4

资料来源:PereDoc,中国医疗器械行业协会。

第八节　北京羽医甘蓝信息技术有限公司

一、概况

北京羽医甘蓝信息技术有限公司(DeepCare)是一家将人工智能用于医疗影像的识别和筛查的科技公司,专注于研发医疗影像检测、识别、筛查和分析技术,通过融合机器视觉、深度学习,和大数据挖掘技术,致力将医疗影像识别技术提供给便携式医疗器械厂商和广大基层诊疗中心。

二、企业销售额分析

公司代表性产品有宫颈细胞智能辅助筛查系统、口腔影像 AI 辅助分析系统。公司口腔影像 AI 辅助分析系统入选首批北京市医疗人工智能重大科技专项,已在权威口腔医院应用,正在进入基层医院、体检中心和口腔诊所。2018 年,公司影像 AI 辅助诊断产品销售额为 0.39 亿元(见表 5-4-8)。

表 5-4-8　2016~2018 年 DeepCare 影像 AI 辅助诊断产品销售额及市场份额分析

年份	销售额（亿元）	市场份额（%）
2016	0.07	0.3
2017	0.17	0.5
2018	0.39	0.8

资料来源：DeepCare，中国医疗器械行业协会。

第九节　北京郁金香伙伴科技有限公司

一、概况

北京郁金香伙伴科技有限公司（Airdoc）由来自微软、三星、雅虎、新浪等顶尖公司的技术产品团队组建的人工智能企业。Airdoc 利用深度学习技术，在医学专家指导下形成算法模型服务，实现特定病变组织的检测、组织分割、影像识别分类等，致力于提高医生的工作效率。公司总部位于北京海淀，目前已在北京、上海、广州以及美国硅谷等地设立研发中心。

二、企业销售额分析

公司深耕医疗行业，与美国约翰·霍普金斯医院、北京协和医院、温州医科大学眼视光医院、北京同仁医院等顶尖医疗机构在人工智能辅助诊断、医学影像识别等领域建立深度合作，推动医疗产业智能化升级。2018 年，Airdoc 影像 AI 辅助诊断产品销售额为 2.01 亿元，市场份额为 4.1%（见表 5-4-9）。

表 5-4-9　2016~2018 年 Airdoc 影像 AI 辅助诊断产品销售额分析

年份	销售额（亿元）	市场份额（%）
2016	1.01	4.2
2017	1.46	4.4
2018	2.01	4.1

资料来源：Airdoc，中国医疗器械行业协会。

第五章　产业链分析

第一节　产业链构成

从产业链结构来看，影像 AI 辅助诊断行业上游为大数据处理、深度学习等 AI 算法提供商以及芯片、摄像头等硬件供应商。影像 AI 辅助诊断行业下游为其应用领域，主要包括各级医院和基层医疗机构等医疗卫生机构（见图 5-5-1）。

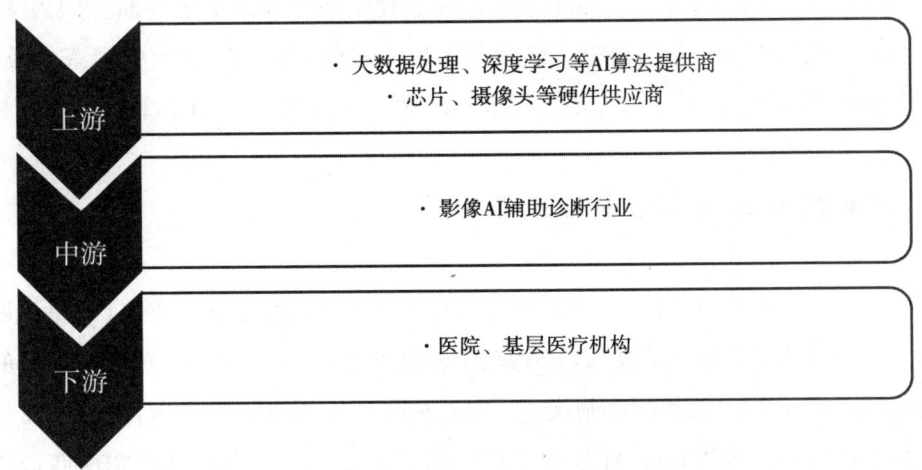

图 5-5-1　影像 AI 辅助诊断产业链结构

资料来源：中国医疗器械行业协会。

第二节　产业链上游行业发展分析

一、产业链上游行业发展状况

1. 深度学习算法

深度学习是目前最重要的人工智能算法之一，深度学习算法能够学习样本数据的内在规律和表示层次，让机器能够像人一样具有分析学习能力，能够识别文字、图像和声音等数据。深度学习是一个复杂的机器学习算法，其在语音和图像识别方面取得的效果，远远超过先前相关技术。深度学习能够使机器模仿视听和思考等人类的活动，解决了很多复杂的模式识别难题，使得人工智能相关技术取得了很大进步。

近年来，科技巨头开源了大量深度学习的工具包，如 Google 的 TensorFlow、Facebook 的 TorchNet、微软的 CNTK 等，这些开源包大幅降低了应用深度学习算法的难度，基础算法的实现门槛大幅降低，使得深度学习算法更加高效地专注于应用层面的算法优化，技术水平不断突破。

2. 芯片

AI 芯片即专门用于处理人工智能应用中的大量计算任务的模块（其他非计算任务仍由 CPU 负责）。当前，AI 芯片主要分为 GPU、FPGA、ASIC。目前，各主流芯片厂商如 NVIDIA、Movidius、Intel、海思等都着手推出基于深度学习的 AI 芯片，全球 AI 芯片市场竞争日趋激烈。

长期以来，我国在 CPU、GPU 和 DSP 设计上一直处于追赶状态，绝大多数芯片依靠国外的 IP 核进行设计，自主创新能力不足。但国内人工智能产业的快速发展，为国内芯片产业实现"换道超车"创造了机会。由于国内外在芯片生态上并未形成垄断，国内 AI 芯片市场呈现出百花齐放的态势，华为海思、联发科、Imagination（2017 年被中国资本收购）、寒武纪、地平线机器人等国内 AI 芯片企业技术不断进步，推动我国 AI 芯片行业不断发展。

二、产业链上游行业对本行业影响

深度学习、大数据等 AI 算法以及芯片、摄像头等硬件的发展是影像 AI 辅助诊断行业发展的基础，其发展水平的高低直接影响影像 AI 辅助诊断产品性能，进而影响产品的下游应用领域的拓展。近年来，AI 算法不断优化、芯片性能不断提升，极大地促进了 AI 技术在医学影像场景中的应用，各类影像 AI 辅助诊疗产品不断被开发，但是真正实现商业化应用的产品极少。未来随着 AI 算法、AI 芯片等技术的持续发展，影像 AI 辅助诊疗产品性能将会不断提升，进而推动其商业化进程。

第三节 产业链下游行业发展分析

一、产业链下游行业发展状况

影像 AI 辅助诊断行业的下游主要为各级医院、基层医疗卫生机构等医疗卫生机构。

2016~2018年,我国医疗机构数量整体上呈增长趋势。2016年,我国基层医疗卫生机构有926518个。2018年,我国有医院33009个,基层医疗卫生机构943639个(见表5-5-1),与2017年相比,医院增加1953个,基层医疗卫生机构增加10615个。医院中,公立医院12032个,民营医院20977个。医院按等级分:三级医院2548个(三级甲等医院1442个),二级医院9017个,一级医院10831个,未定级医院10613个。

表5-5-1　2016~2018年中国医院及基层医疗卫生机构数量分析

年份	医院数量（个）	基层医疗卫生机构（个）
2016	29140	926518
2017	31056	933024
2018	33009	943639

资料来源：国家卫生健康委员会，中国医疗器械行业协会。

二、产业链下游行业对本行业影响

医疗机构承担着服务患者的职责，包括公立医院、基层医疗卫生机构、民营医院和其他机构（比如第三方影像中心、病理中心等）。从具体科室来看，医疗机构中与医学影像服务相关的科室包括放射科、超声科、病理科等医技科室；放疗科等专科治疗科室；以及眼科、心血管科、消化科、内分泌科等临床科室。不论对基层医疗卫生机构，还是医院，影像AI辅助诊断产品带来的诊断能力和效率双重提升，都已在业内达成共识，共同促进着影像AI辅助诊断行业的进步。

目前，我国影像AI辅助诊断产品多部署于二三级医院，而在一级医院和基层医疗卫生机构的渗透率很低。在基层放射科医生匮乏的情况下，诊断能力的提升很大程度上得益于人工智能技术在医学影像诊断环节的渗透。从长期来看，随着国家对分级诊疗制度的大力推进，中国影像AI辅助诊断的增量市场将更多来自基层医疗卫生机构，因此，从需求和现有情况来看，基层将是影像AI辅助诊断服务的蓝海领域。

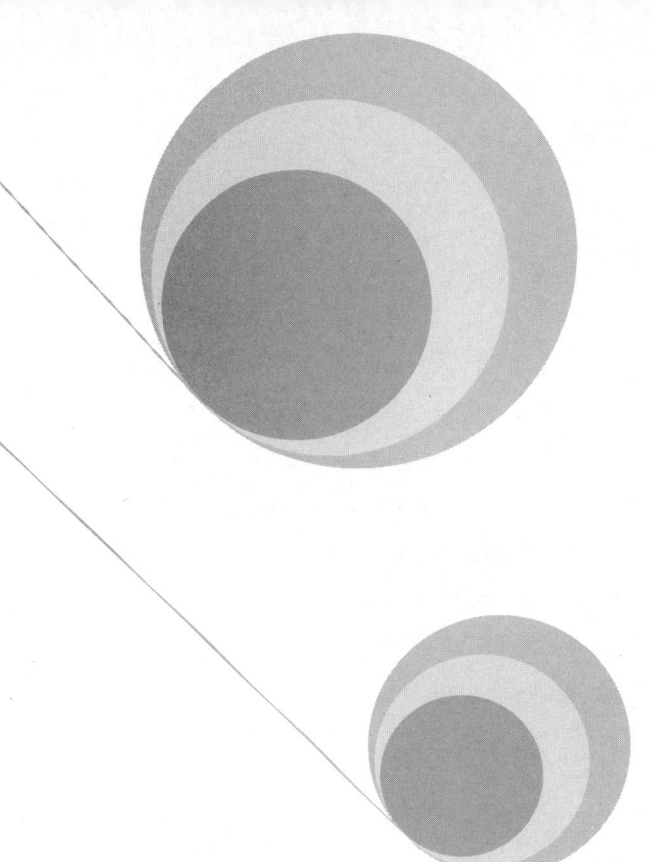
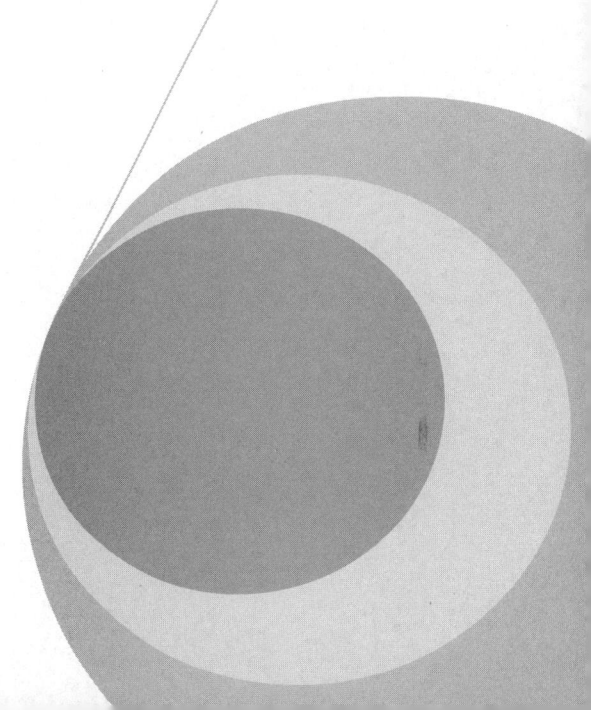

家用呼吸机行业发展报告

第一章 行业概述

第一节 产品概述

呼吸机是一种可有效代替、控制或改变人的正常生理呼吸，增加肺通气量，改善呼吸功能，减轻呼吸消耗，节约心脏储备能力的装置。家用呼吸机是指在专业医疗机构之外的任何环境下所使用的呼吸机，这些环境包括但不限于户外环境、办公室、车辆、紧急避难所和独立生活的养老院，总之，如果一台呼吸机的预期使用环境不限于专业医疗机构，它就属于家用呼吸机。

家用呼吸机目前多数用于改善患者睡眠时的缺氧和睡眠不足问题，即解决患者睡眠时重度打鼾，呼吸间隙性暂停，患者缺氧和睡眠不足的睡眠呼吸暂停综合症问题。缺氧和睡眠不足会导致多种疾病的发生。用于治疗睡眠性呼吸暂停的呼吸机被称为睡眠呼吸机，它通过向患者呼吸系统提供给定的气压，使患者有接近正常的呼吸和睡眠，从而使患者在睡眠时血液中有足够的氧浓度和有足够的实际进入睡眠的时间。

随着技术的发展，现在已开发出用于治疗慢性阻塞性肺疾病（简称慢阻肺）和哮喘等慢性肺部疾病的家用肺病呼吸机。

第二节 行业发展特点

一、高端产品领域被外资企业把控

欧美国家（包括澳大利亚）是家用呼吸机的先行者，当我国开始进入这一领域时，它们已掌握了许多核心技术，有了相当完整的专利组合，这给我国进入这一领域造成很大困难，大有"动辄得咎"之困；在创新、深度和广度发展上，欧美等有包括临床研究在内的研发组合的经验和组织，更有现成先进配套件的供应，总之，它们在研发上具有优势。当

二、行业发展迅速，市场容量逐年递增

全球睡眠呼吸机的销售量逐年增加，2014~2018年全球家用呼吸机市场容量增长情况见图6-1-1。2018年全球家用呼吸机市场规模达到45.3亿美元，同比增长6.63%（见图6-1-2）；市场容量达到58.9亿美元（见图6-1-3），同比增长7.67%（见图6-1-4）。国内销量与人们对睡眠性呼吸暂停的危害的认识普及程度和可支配收入的提高高度相关。

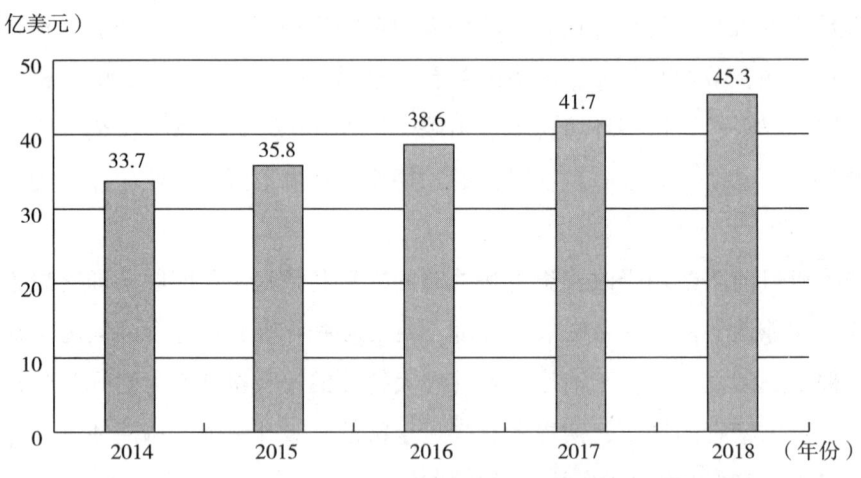

图6-1-1 2014~2018年全球家用呼吸机市场规模变化情况

资料来源：中国医疗器械行业协会。

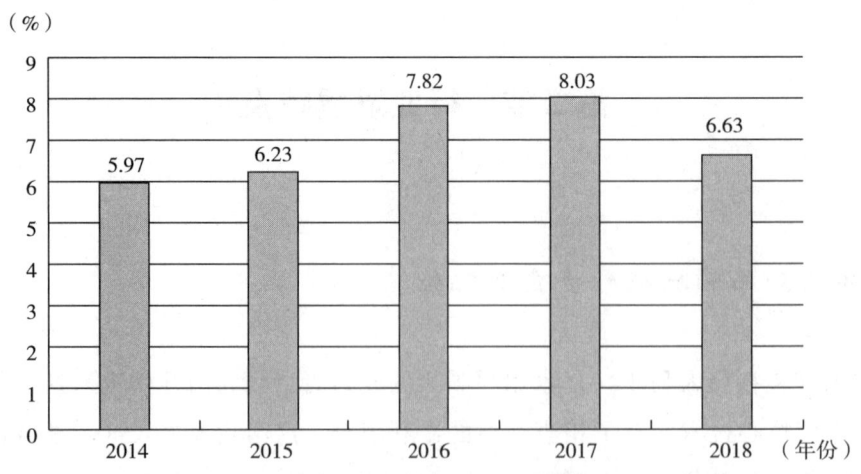

图6-1-2 2014~2018年全球家用呼吸机市场规模增长率

资料来源：中国医疗器械行业协会。

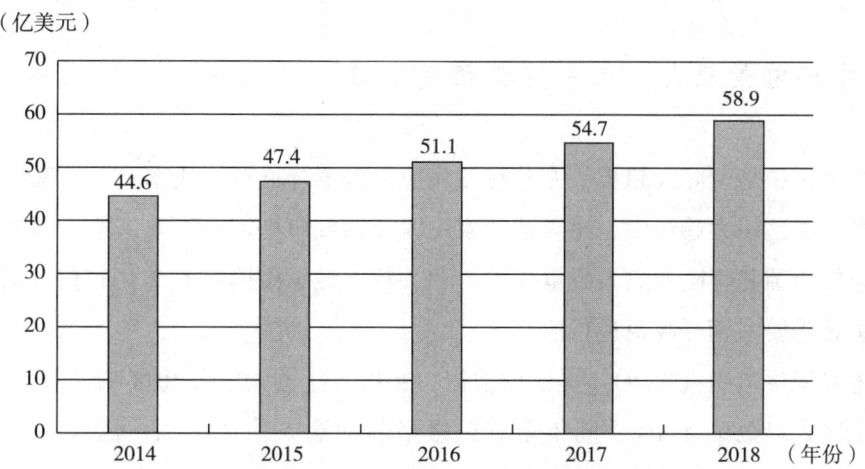

图 6-1-3 2014~2018 年全球家用呼吸机市场容量变化情况

资料来源：中国医疗器械行业协会。

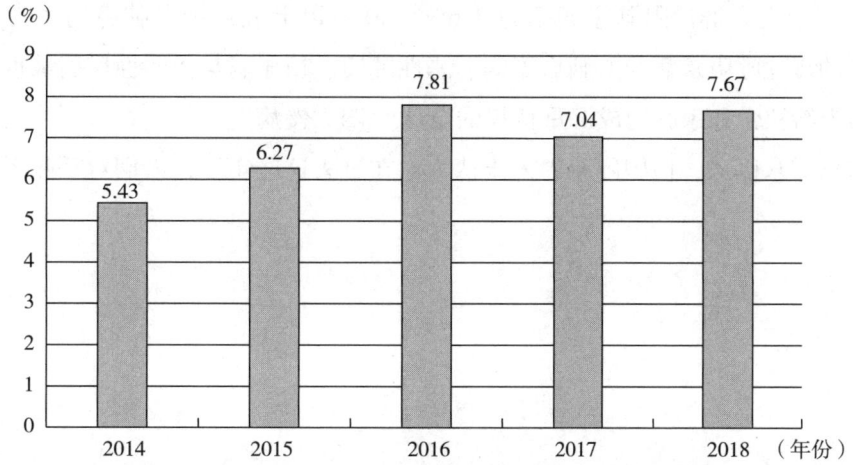

图 6-1-4 2014~2018 年全球家用呼吸机市场容量增长率

资料来源：中国医疗器械行业协会。

三、进口品牌与国产品牌价格差距大

进口品牌睡眠呼吸机的价格一般在 6000~15000 元，国产品牌呼吸机的价格在 4000~9000 元；进口品牌肺病呼吸机的价格一般在 17000~29000 元，国产品牌肺病呼吸机价格在 8500~16800 元。价格差别与产品性能、产品质量和品牌因素相关。

四、市场前景巨大，但受重视程度不够

发展居家医护是国际大趋势，尤其在慢病照护以及降低医护成本上。居家医护离不开居家医护器械。在这一大趋势中，呼吸系统家用医疗器械市场需求巨大，这是因为患睡眠呼吸窒息以及患慢阻肺和哮喘的病人数量极大。相关数据显示中国拥有 2 亿打鼾患者，有接近 1 亿的鼾症患者需要家用呼吸机进行治疗。

按照世界卫生组织（WHO）提供的数据，2017 年，全球确诊患哮喘的病人大约有 3.34 亿人，占全球人口数的 4.4%；同年全球患慢阻肺的病人估计达 2.5 亿人，占全球人口的 3.3%。这两种疾病都会使患者失能，生产受损，人员过早死亡，从而造成很大的社会负担。在美国，慢阻肺在死因中位居第三。

我国慢阻肺患者人数 9990 万人（约 1 亿人），是与高血压、糖尿病相似的慢性疾病。其中，20 岁及以上人群慢阻肺患病率为 8.6%，40 岁以上人群慢阻肺患病率为 13.7%。以慢阻肺为首的慢性呼吸疾病与心脑血管病、恶性肿瘤、糖尿病与代谢性疾病被世界卫生组织（WHO）列为给社会和家庭造成沉重负担的全球"四大慢病"。

尽管市场需求巨大，但国际业界人士认为，在过去这些年里，人们对呼吸系统器械的开发严重不足。

第二章 市场发展分析

第一节 市场发展状况

一、市场规模

中国拥有 2 亿打鼾患者，有接近 1 亿的鼾症患者需要使用家用呼吸机进行治疗，但就医诊断的病人数量较低，确诊后接受家用呼吸机治疗的患者更是有限。

我国慢阻肺患者人数 9990 万人（约 1 亿人），已经与高血压、糖尿病"等量齐观"，给我国带来重大负担。

但是，随着居民健康意识的提升，对睡眠呼吸暂停综合征等睡眠问题的关注持续提升，百度数据显示，睡眠呼吸暂停综合征的搜索指数持续走高，2018 年搜索指数较 2011 年提升了四倍以上。

2018 年全球家用呼吸机市场需求达 492.2 万台，同比增长 7.09%（见图 6-2-1、图 6-2-2）。我国家用呼吸机市场需求为 27.6 万台，同比增长 15.96%（见图 6-2-3、图 6-2-4）。

1. 全球家用呼吸机市场需求情况分析

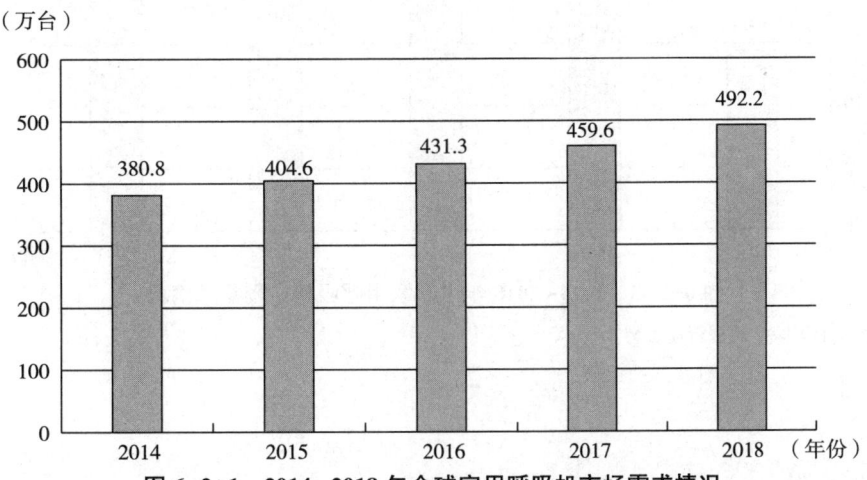

图 6-2-1　2014~2018 年全球家用呼吸机市场需求情况

资料来源：中国医疗器械行业协会。

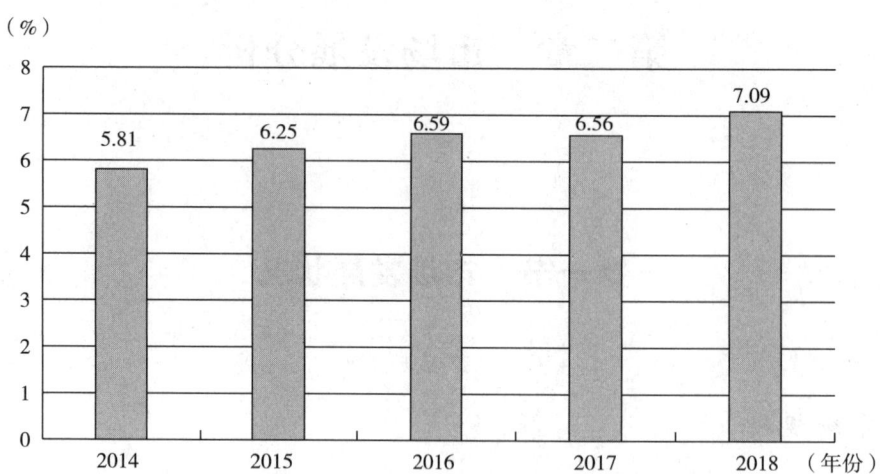

图 6-2-2　2014~2018 年国际家用呼吸机市场需求增长率

资料来源：中国医疗器械行业协会。

2. 中国家用呼吸机市场需求情况分析

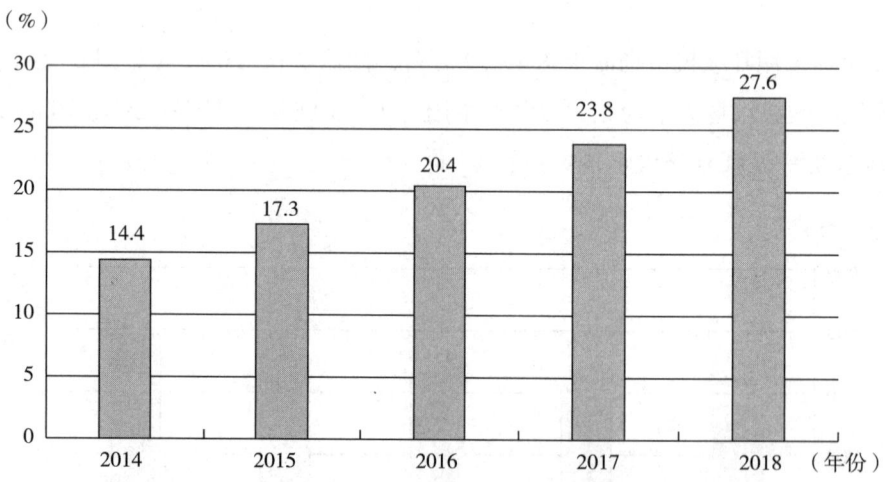

图 6-2-3　2014~2018 年中国家用呼吸机市场需求情况

资料来源：中国医疗器械行业协会。

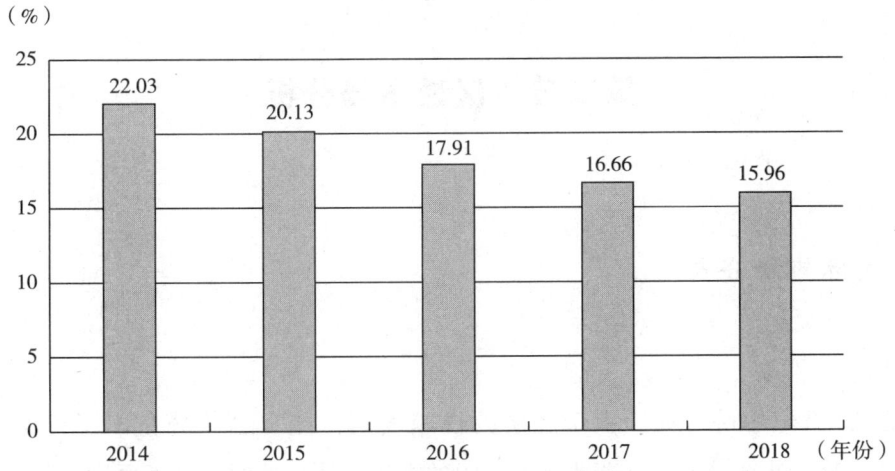

图 6-2-4 2014~2018 年中国家用呼吸机市场需求增长占比

资料来源：中国医疗器械行业协会。

二、市场份额

近年来，随着我国空气质量越来越差，人口老龄化严重，人民生活水平居的提高以及对医学的认识加深，家用呼吸机的需求量逐年增加。在中国医疗器械中高端市场中，外资企业占据着绝对优势，国内家用呼吸机行业生产企业以中小企业为主，主要占据中低端市场。

目前，占据国内市场的几大呼吸机品牌及其市场份额相对稳定，市场占比分别为：飞利浦占 22.22%，瑞思迈 13.49%，BMC 怡和嘉业 12.30%，江苏鱼跃 11.11%，凯迪泰 8.33%，融昕 7.14% 等（见图 6-2-5），占市场份额较大部分的仍是外资企业，国产品牌占比较小。

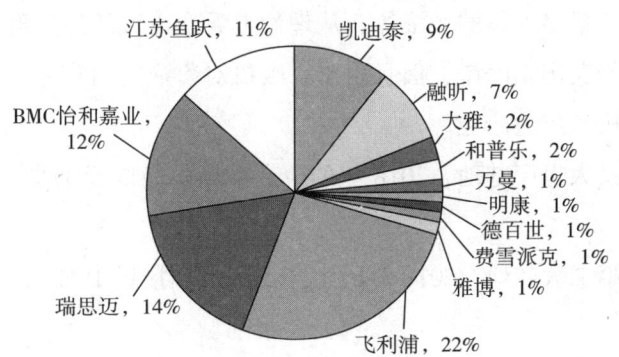

图 6-2-5 呼吸机品牌的市场占比

资料来源：中国医疗器械行业协会。

第二节 区域市场分析

一、国际市场分析

1. 美国

美国自 20 世纪中叶开始，由于经济的快速发展，社会迅速分化出了一个庞大的群体——中产阶级。这部份人群渐渐地成为美国的主流群体。他们已经不再满足单纯的物质享受了，开始更多地重视自身的健康了。而鼾症的研究也正好在 20 世纪 70 年代以后渐渐明朗化，先是从医学界开始，研究人员对睡眠过程进行深入了解，给人们揭示了很多疾病的源头实际上正是与睡眠有关。这里面最为重要的当数鼾症了，研究表明，鼾症是很多慢性、急性疾病的前置原因（引起慢性病）。倘若能够在源头上控制，那么很多疾病都可以得到控制。所以，新兴的美国中产阶级家庭开始注重疾病的预防，而不是有了病再治，观念的转变就这样形成了。而呼吸机在众多的治疗方法中也是迅速脱颖而出，成为最受欢迎、最容易被大众接受的治疗方法。

美国是一个最擅长接受新生事物的国家。呼吸机的治疗效果一经得到医学界的高度认可后，很快列入了商业医保的范畴。由于美国并不是全民医保，医保的主要提供方实际上是商业保险公司，所以很多美国中产阶段在选择商业保险时也会额外地关注一些细节，比如是否包含呼吸机。经过三十多年的发展，美国的商业保险形成了良性的产业环境，商业保险遍布全美城乡的睡眠中心、医院。

美国是一个有着 3 亿多人口的经济体，从理论上看有庞大的患病群体。呼吸机行业的一大品牌伟康公司就位于美国东海岸，而且由于呼吸机对鼾症的治疗涉及很多细节，所以也诞生了一大批围绕呼吸机的周边产业。

美国是呼吸机的最大生产基地，2018 年的生产市场份额接近 41%。

2. 欧洲

欧洲是呼吸机的第二大产地，2018 年的生产市场份额接近 19%。

二、国内市场分析

2018 年我国家用呼吸机市场规模达 27.6 亿元，同比增长 19.48%（见图 6-2-6、图 6-2-7）。

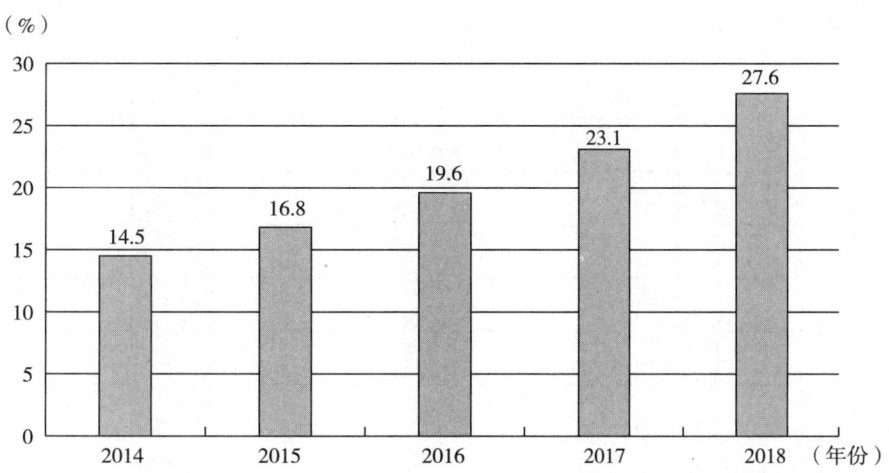

图 6-2-6　2014~2018 年中国家用呼吸机市场规模变化情况

资料来源：中国医疗器械行业协会。

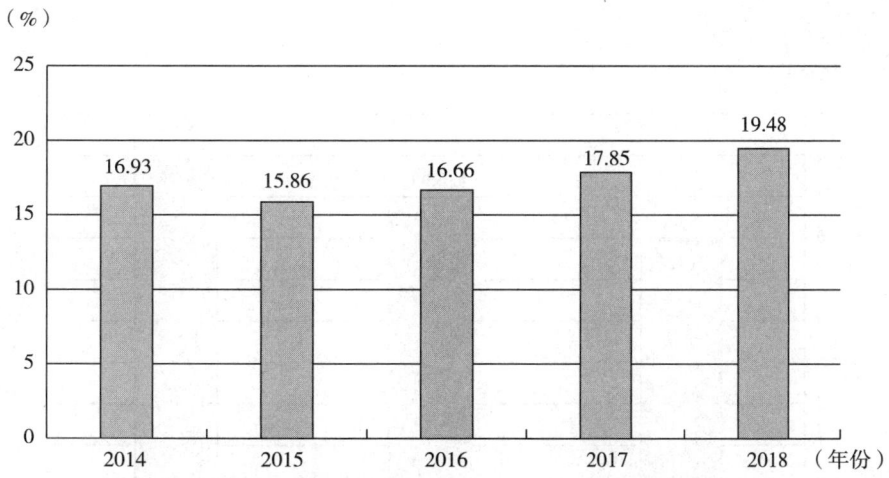

图 6-2-7　2014~2018 年中国家用呼吸机市场规模增长率

资料来源：中国医疗器械行业协会。

细分到各个区域内的市场规模如下：

1. 华北区域

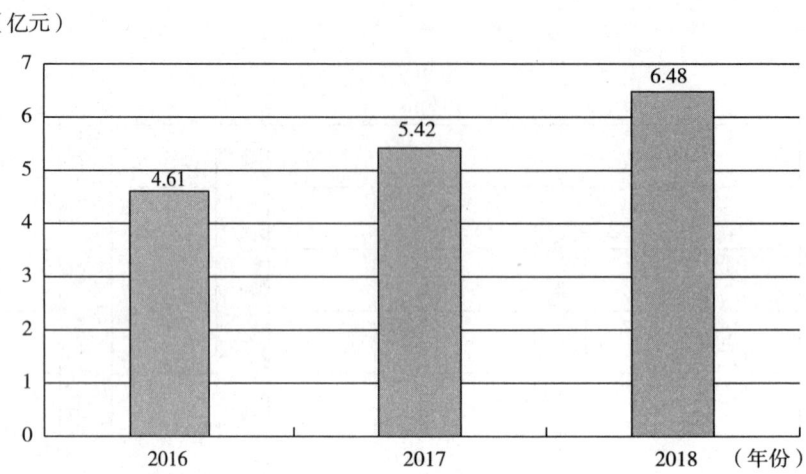

图 6-2-8　2016~2018 年华北区域家用呼吸机市场规模

资料来源：中国医疗器械行业协会。

2. 华东区域

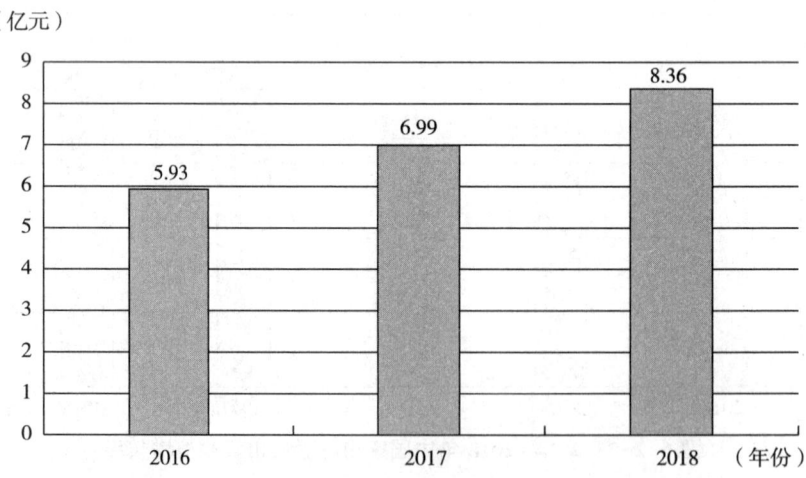

图 6-2-9　2016~2018 年华东区域家用呼吸机市场规模

资料来源：中国医疗器械行业协会。

3. 东北区域

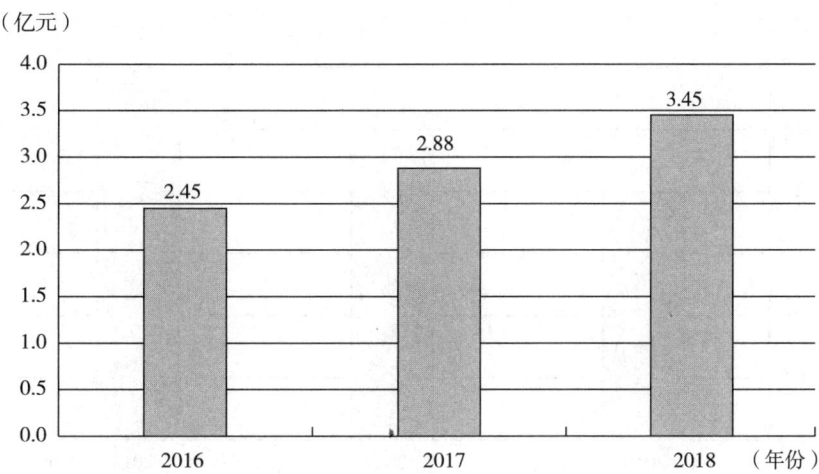

图 6-2-10　2016~2018 年东北区域家用呼吸机市场规模

资料来源：中国医疗器械行业协会。

4. 华中区域

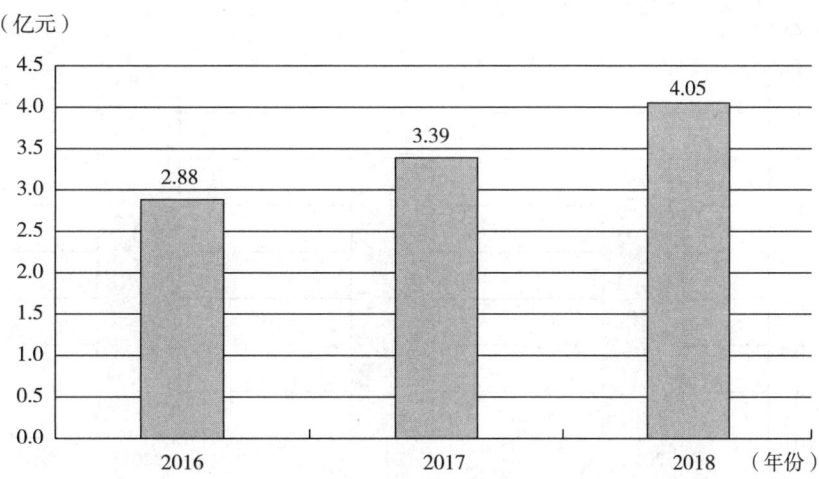

图 6-2-11　2016~2018 年华中区域家用呼吸机市场规模

资料来源：中国医疗器械行业协会。

5. 华南区域

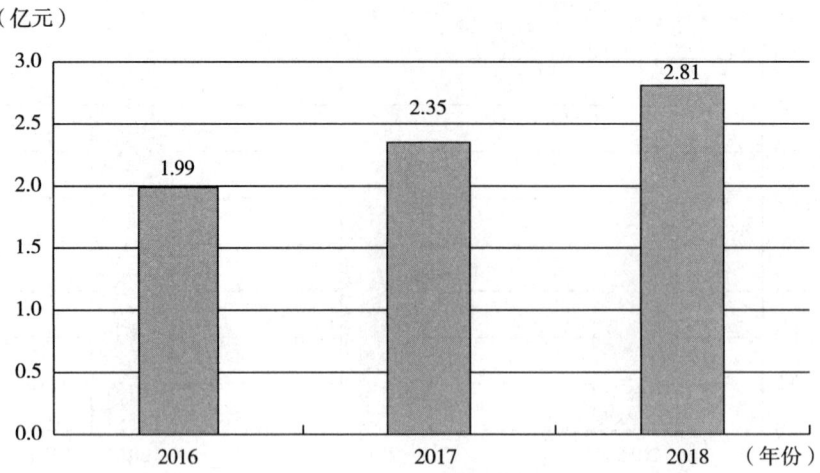

图 6-2-12　2016~2018 年华南区域家用呼吸机市场规模

资料来源：中国医疗器械行业协会。

6. 西南区域

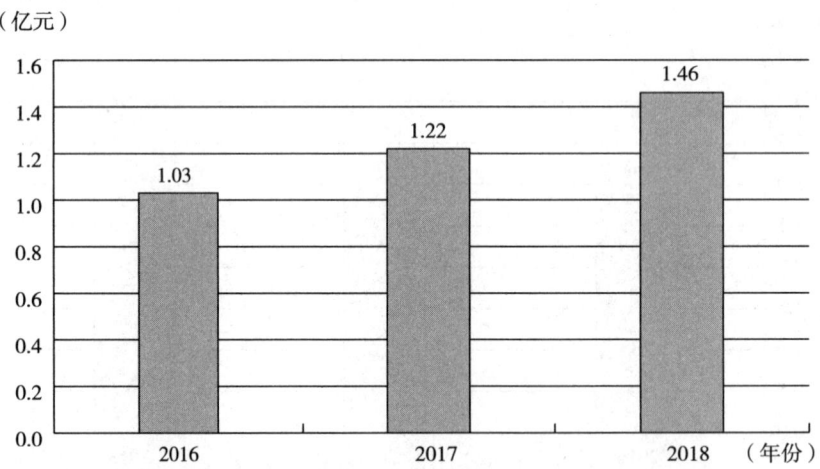

图 6-2-13　2016~2018 年西南区域家用呼吸机市场规模

资料来源：中国医疗器械行业协会。

7. 西北区域

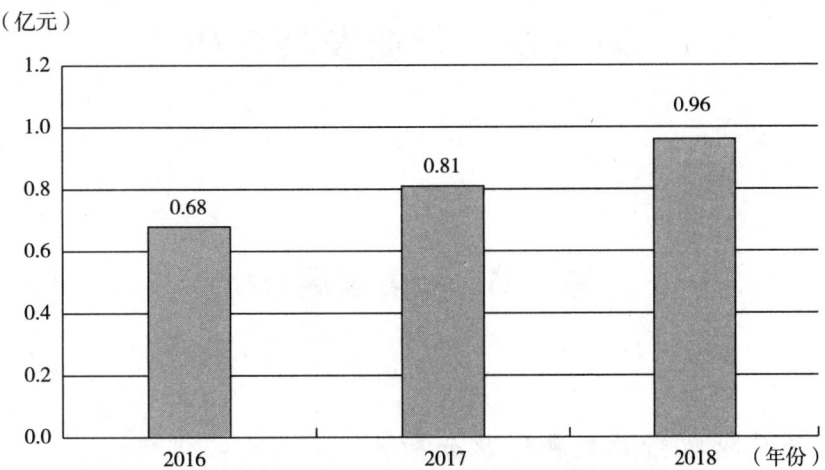

图 6-2-14　2016~2018 年西北区域家用呼吸机市场规模

资料来源：中国医疗器械行业协会。

第三节　市场未来发展趋势

随着人们健康意识的提高，对睡眠呼吸暂停综合征、慢阻肺等疾病问题的关注持续提升。近年来，人们对于慢阻肺的认知也逐步加深，治疗意识增强，世界呼吸日的设立也是对于呼吸疾病关注度提高的体现。

2018 年我国家呼吸机行业市场销售规模为 27.6 亿元，同比增长 19.48%，预计 2020 年中国家用呼吸机市场规模将超过 30 亿元，并持续快速增长。

第三章 行业发展分析

第一节 行业发展分析

一、家用呼吸机行业发展现状分析

随着现代医疗技术水平的不断提高，呼吸机产品已经不再局限于急救和抢救这两方面的应用，同时具有相关的治疗功能，可以帮助患者恢复正常呼吸。呼吸机帮助患有哮喘、肺癌和慢性阻塞性肺病等疾病的患者进行正常的生活。因此，国内对于呼吸机产品的需求呈不断上升的趋势。同时对于这类产品的质量要求也在不断地提高。

近几年来，全球家用呼吸机市场发展迅速。2018年全球家用呼吸机销售收入近45.3亿美元，同比增长6.63%。

二、中国家用呼吸机行业的发展关键

随着环境问题的日益严重，我国呼吸系统疾病发病率逐年上升；再加上我国人口老龄化的加剧，糖尿病、高血压等慢性病的患者人数持续增长，公众对于家用健康护理的需求与日俱增。家用呼吸机既是呼吸系统健康之所需，又是一个综合科技感、时尚度的专业产品，作为针对呼吸系统疾病的家用基础医疗器械，家用呼吸机近年来逐渐走入居民家庭。

在我国，家用呼吸机出现较晚，一般用于治疗肺部功能衰竭或气道阻塞不能正常呼吸的病人。通常患有睡眠呼吸暂停综合征（打鼾并暂停）的病人和严重肺气肿、肺心病、慢阻肺或二型呼衰且二氧化碳偏高的病人，需要依靠家用呼吸机生存。

三、中国家用呼吸机产业驱动因素分析

中国家用呼吸机产业的优势：

（1）我国劳动力成本低下，因而在劳动密集型领域占有优势，竞争力也强。

（2）我国潜在消费市场大，能够容纳许多产品，并能促进这些产品很快地形成规模经济。通常，一个国家的产品首先要在国内销售，取得了一定的经验，达到一定的产量规模以后，再走向国际市场。

（3）基础相对比较完善。

（4）生产比较集中，大部分分布在相关资源较为丰富的地区。

中国家用呼吸机产业的劣势：

（1）技术开发与技术创新能力薄弱。

（2）企业缺乏活力。

（3）管理机制和思想落后，阻碍了生产力的发展。

（4）市场机制不完善，竞争也不完全。

（5）重制造，轻研发。我国许多产品产量都居世界第一位，规模虽然很大，但是很多研发都是从国外引进来的。

（6）对知识产权保护不力。

（7）缺乏世界品牌。

（8）我国机械化程度不高，效率低下。

第二节　历年生产情况分析

2016~2018 年，我国家用呼吸机设备产值不断增加。但国内企业产能不足以满足国内市场需求，销量规模远小于市场规模。2018 年，我国家用呼吸机销量达 25.2 万台，其中，国产呼吸机品牌销量 9.15 万台，国外品牌销量 16.05 万台（见图 6-3-1、图 6-3-2）。

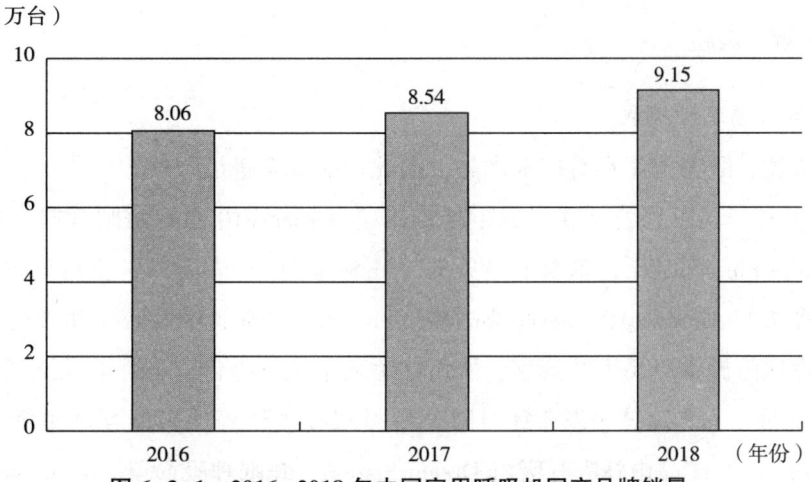

图 6-3-1　2016~2018 年中国家用呼吸机国产品牌销量

资料来源：中国医疗器械行业协会。

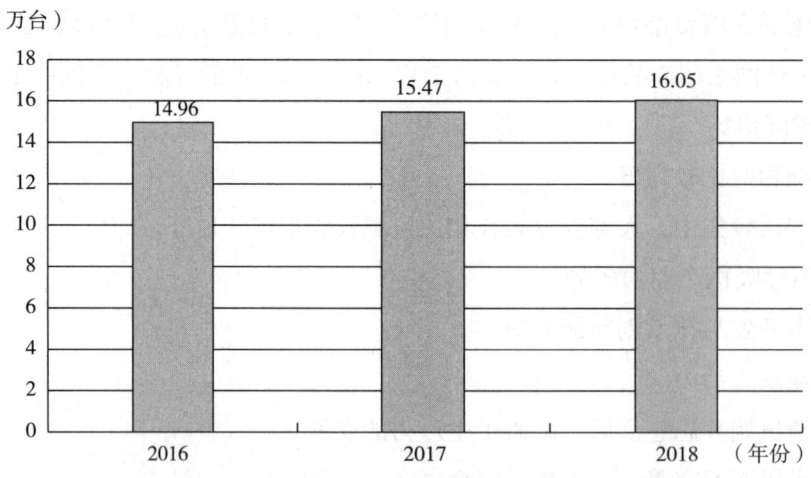

图 6-3-2　2016~2018 年中国家用呼吸机国外品牌销量

资料来源：中国医疗器械行业协会。

第三节　技术发展分析

一、呼吸机技术现状

呼吸机诞生已久，技术渐趋成熟，但随着科技进步，呼吸机技术不断地迭代更新。家用呼吸机多用于治疗鼾症，也称为睡眠呼吸机，现在发展到用于治疗慢阻肺、哮喘等呼吸系统疾病导致的呼吸功能不全。

（一）睡眠呼吸机

1. 进口品牌睡眠呼吸机

如前文所述，欧美国家具有技术优势，因此产品开发进展较快。

2018 年 1 月，瑞思迈公司在中国市场推出了 AirSense10 系列睡眠呼吸治疗设备，包括 AirSense10 Elite Plus 固定压力单水平呼吸机、AirSense10 Autoset Plus 全自动单水平呼吸机以及具备特有算法的 AirSense10 Autoset for Her Plus 舒缓型睡眠呼吸治疗呼吸机，该机可根据轻微的上气道塌陷提供更灵敏的治疗，从而使睡眠干扰最小化，更好地保证了睡眠质量。

2018 年 7 月，飞利浦公司发布针对阻塞性睡眠呼吸暂停的智能互联睡眠呼吸管理解决方案 Dream Family，产品由睡眠呼吸机 Dream Station、睡眠呼吸面罩 Dream Wear、呼吸健康管理 APP Dream Mapper 以及管家式服务四部分组成，主要针对家庭使用。临床实验数据显示，Dream Family 可将患者治疗依从性提升 22%，治疗成功率提高 28.3%。

2. 国产品牌睡眠呼吸机

国产睡眠呼吸机起步较晚，但鉴于中国市场巨大，因此，关注睡眠呼吸机的企业越来越多，且有国外器械可做参考，因此在技术方面进步很快，与进口产品在技术上的差距快速缩小，某些厂家的产品在某些方面的功能已接近或达到进口产品水平，甚至在某个方面有所超越。

2019 年 5 月，BMC 怡和嘉业正式发布了具有根据用户治疗效果自动调整治疗压力的 Smart 功能和预加热、自动延时升压，自动调节加热管路档位、自动调节湿化器加温档位等功能的第三代睡眠呼吸机——G3 系列，治疗过程中数据可以通过 GPRS/WIFI 自动上传，便于医护人员评估治疗效果。使用 G3 系列产品时，用户除了给湿化器适时加水外，几乎不需要其他操作，用户体验良好，因而极大地提高了患者对治疗的依从性和治疗成功率。G3 系列产品是真正意义上的互联网智能呼吸机。

鱼跃医疗于 2018 年推出了第二代系列呼吸机——BreathCareⅡ，该机具有智慧加湿、中枢性事件识别、呼气释压等功能，采用了高效能气道设计，高清大屏，在治疗有效性上和人机交互上有了很大的提升。

（二）治疗呼吸功能不全的家用呼吸机

慢阻肺是导致呼吸功能不全的主要疾病之一，过去基本上靠药物控制，随着呼吸机技术的进步，现在有了可用于治疗呼吸功能不全的家用呼吸机，如飞利浦公司的 Trilogy Ventilator，瑞思迈的 VPAP™ COPD。国内产品如 BMC 怡和嘉业与临床单位协作，在呼吸机上增加了适用于慢阻肺病人的目标潮气量功能和云平台技术。云平台可以提高医疗效果，降低患者再住院次数，提高使用者的生活质量，节省医疗资源。

二、未来几年技术的发展趋势分析

（一）睡眠呼吸机

我国睡眠呼吸机市场发展空间巨大，未来，小型、便携以及智能化是睡眠呼吸机发展的趋势。

小型、便携：在睡眠呼吸机向着小型化发展时，加湿功能中的水箱结构是一个限制，提高加湿效率和冷凝水回收从而使水箱变小成为关键课题。

智能化：现有睡眠呼吸机操作复杂，因为缺少智能调控，用户体验差，效果也不够理想，影响了患者对睡眠呼吸机的使用依从性和使用效果。因此，"傻瓜式"操作、人性化的智能调控和专业的随访指导将是未来发展的趋势。

（二）治疗呼吸功能不全的家用呼吸机

国外针对呼吸功能不全的家用呼吸机已经问世，这类呼吸机对机器和面罩的要求甚高，除了机器和面罩外，互联网互联互通也是值得关注的方向。

慢阻肺病人需要长期的家庭无创通气治疗，为了让病人的病情尽量处于稳定期，减少病人的痛苦和急性发作及再住院，需要持续提高适用于呼吸功能不全的家用呼吸机的性能。

第四节 行业竞争情况分析

一、竞争情况概述

目前，我国家用呼吸机市场上，飞利浦、瑞思迈、BMC怡和嘉业、鱼跃医疗、凯迪泰等是行业的领导者，拥有高端客户的关键技术和专利，已形成行业垄断地位，国际市场竞争激烈。

我国家用呼吸机行业自主开发能力较为薄弱。部分企业还停留在扩大生产规模、生产中低端产品的阶段，缺乏自主创新意识，与国外差距较大。但是国内一些科研机构与企业正在努力开发高附加值产品，缩小与国外的差距。

二、竞争格局

1. 呼吸机

表 6-3-1 2018 年家用呼吸机销售情况

公司	销售额（亿元）	市场份额（%）
BMC 怡和嘉业	3.4	12.32
飞利浦	2.6	9.42
瑞思迈	2	7.25
鱼跃医疗	0.8	2.9
凯迪泰	0.7	2.54
万曼	0.58	2.1
明康中锦	0.58	2.1

续表

公司	销售额（亿元）	市场份额（%）
雅博	0.58	2.1
融昕医疗	0.45	1.63
德百世医疗	0.28	1.01
大雅	0.18	0.65
和普乐	0.18	0.65
费雪派克	0.05	0.18
其他	15.22	55.15
累计	27.6	100.00

资料来源：中国医疗器械行业协会。

第五节 销售渠道分析

一、家用呼吸机品牌有效营销需建立互联网营销模式

互联网营销工作的重点自然是网络推广，利用网络媒体达成公司的整体营销目标。实际工作中涉及的工作主要有以下几方面：

（1）网站平台的建设与维护，包括网站相关的营销工具的管理维护，如企业 QQ、网站流量分析系统、网站域名、网站服务器等。

（2）网络广告，包括网络硬广告和关键词广告。

（3）网络公关，网络媒体的软性推广，危机公关处理和网站优化也可算在本部分。

（4）网络活动策划，除了以上几方面明显的工作之外，网络营销推广工作还包括网络活动策划、网络促销策划、网站专题策划等。

二、互联网+家用呼吸机品牌有效营销要注重服务的优势

现在营销手段的升级必须要将服务纳入其中，只有将"服务的价值高于广告和公关"这一理论融入到企业文化中，才能收获更多的消费者的信赖。

三、互联网+家用呼吸机新品牌的市场培育路径分析

"互联网+"对家用呼吸机品牌培育所带来的挑战主要体现在五个方面：

（1）在品牌的架构调整与新品研发上，将由抽样调查数据支撑的企业需求主导转向全面调查数据支撑的市场需求主导。

（2）在协同培育品牌的方式上，将由商业主导、工业辅助的选点上市转向更加精准的工商互动全面监控市场状态的培育模式。

（3）在工人互动沟通上，通过互联网平台进行信息采集成为主要方式。

（4）在对外沟通方面，互联网时代事件信息快速广泛传播的双刃剑作用对企业内部反应速度与响应机制提出了新挑战，构筑有力的发声平台和维持品牌信任感显得尤为重要。

（5）在消费者维系与品牌价值提升方面，工业企业能够广泛听见消费者最直接的意见反馈，消费者有机会按照自己的想法推动品牌向着自己更加喜欢的方向转变。

第六节　产业未来发展趋势

未来十年将是我国家用呼吸机产业发展的一个高峰，特别是给基础型、便携型、智能型、家庭型的家用呼吸机产品带来正面影响。从整体上看，我国家用呼吸机产业也将朝着更智能小家电、更人性化和微型化的方向发展。未来我国家用呼吸机市场需求将会越来越大。

第四章 国内外重点企业分析

第一节 内资企业

一、BMC 怡和嘉业

1. 企业及产品情况

北京怡和嘉业医疗科技股份有限公司（以下简称 BMC 怡和嘉业）成立于 2001 年，目前已发展成为中国家用呼吸产品和服务的主要品牌。通过自主创新为全球用户提供涵盖睡眠呼吸障碍及相关疾病的诊疗设备和呼吸慢病管理解决方案，当前主要产品包括睡眠监测仪、无创呼吸机、面罩三大产品以及 BMC+呼吸健康管理云平台。秉承"关爱到家"的企业宗旨，致力于"成为全球呼吸健康管理的首选平台"。

公司产品包括睡眠监测仪、面罩、无创呼吸机等产品，其中，公司呼吸机产品占市场的 12.30%（见表 6-4-1）。产品网络销售布局全球。

2. 呼吸机产品销售情况

表 6-4-1　2016~2018 年 BMC 怡和嘉业家用呼吸设备中国市场情况分析

年份	销售额（亿元）	市场份额（%）
2016	1.3	6.63
2017	1.8	7.79
2018	3.4	12.32

资料来源：BMC 怡和嘉业。

二、江苏鱼跃医疗设备股份有限公司

1. 企业及产品情况

江苏鱼跃医疗设备股份有限公司（以下简称鱼跃医疗）为中国 A 股上市公司。自

1998年创立以来，鱼跃医疗投身生命健康事业，以专业的健康管理服务，帮助人们构筑优质生活的健康基石。其打造了由家庭医疗、临床医疗、互联网医疗组成的大健康生态圈，组建了一个全面覆盖医疗器械领域的专业化服务平台。集团总部设立在中国上海，拥有位于北京、上海、南京、苏州、丹阳、西藏、中国台湾、德国、意大利的八大研发中心和五大生产基地，并在全球各地设立了56家办事机构，形成了完整的研发、生产、营销和服务网络。

公司核心产品有制氧机、电子血压计、雾化器、血糖仪及试纸等核心产品继续保持快速增长，新品呼吸机、额温枪等街产品。

2. 呼吸机产品销售情况

表 6-4-2　鱼跃医疗呼吸机产品销售情况

年份	销售额（亿元）	市场份额（%）
2016	0.4	2.04
2017	0.6	2.6
2018	0.8	2.9

资料来源：鱼跃医疗。

三、湖南明康中锦医疗科技发展有限公司

1. 企业及产品情况

湖南明康中锦医疗科技发展有限公司（以下简称明康中锦）正式成立于2013年，总部位于长沙市高新区。公司专注于呼吸诊疗领域装备创新和呼吸慢病管理服务，致力于成为中国无创呼吸诊疗装备领军企业。

明康中锦坚持自主创新，突破了多项核心技术壁垒，拥有近200项国家专利，承担了数十项省部级重点科研课题。为提高企业核心竞争力，引领行业技术进步，公司整合呼吸诊疗装备产业的创新资源，联合众多国内权威医疗专家和科研院校，组建了湖南省智能呼吸诊疗装备工程技术研究中心。公司将逐步打造国产呼吸诊疗装备生态圈，为广大医护人员和患者提供数字化的呼吸诊疗整体解决方案。公司先后获得了国家知识产权优势示范企业、湖南省保护创新示范企业、湖南省小巨人企业、瞪羚高科技企业、高新技术企业、中国创新创业大赛优胜奖等资质和荣誉，科研实力行业领先。

公司产品包括：肺气肿呼吸机、慢阻肺呼吸机、双水平呼吸机、单水平呼吸机、家用呼吸机、鼾症呼吸机等产品。公司产品已在广州呼吸疾病研究所、中日友好医院、中国人民解

放军总医院、四川大学华西医院、湘雅医院等 2000 余家省部级标杆医院、二甲医院等成功应用，得到了众多国内知名专家的好评。同时，产品获得了 TUV CE 认证，已远销至全球 52 个国家，为国内外数万个家庭呼吸病患者带来舒适、有效的治疗。

2. 呼吸机产品销售情况

表 6-4-3　明康中锦呼吸机产品销售情况

年份	销售额（亿元）	市场份额（%）
2016	0.52	2.65
2017	0.55	2.38
2018	0.58	2.1

资料来源：明康中锦。

四、深圳融昕医疗科技有限公司

1. 企业及产品情况

深圳融昕医疗科技有限公司（以下简称融昕医疗）创立于 2015 年，总部位于中国深圳。其汇聚国内最强睡眠呼吸团队，是中国领先的呼吸健康解决方案供应商。深刻理解临床需求，结合自身技术优势，融昕医疗在睡眠呼吸诊断与治疗、重症机械通气与呼吸信息系统领域持续创新，快速推出高效医疗解决方案。融昕医疗产品解决方案已服务于中国、欧洲、美洲、澳洲以及全球新兴市场。为全球客户提供定制化服务。持续融合创新，洞察需求，与世界各地的人们共同应对全球医疗新挑战。以亲近的服务让客户价值最大化。

公司产品包括 iHope 系列医用呼吸机、iBreeze+ 系列家用呼吸机等产品。

2. 呼吸机产品销售情况

表 6-4-4　融昕医疗呼吸机产品销售情况

年份	销售额（亿元）	市场份额（%）
2016	0.41	2.09
2017	0.43	1.86
2018	0.45	1.63

资料来源：融昕医疗。

第二节 外资企业

一、飞利浦（中国）投资有限公司

1. 企业及产品情况

荷兰皇家飞利浦电子公司（以下简称飞利浦）是一家"健康舒适、优质生活"的多元化公司，致力于通过及时地推出有意义的创新来改善人们的生活质量。作为全球医疗保健、优质生活和照明领域的领导者，飞利浦基于对客户需求的了解以及"精于心 简于形"的品牌承诺，将技术和设计融入到以人为本的解决方案中。

飞利浦的产品销售和服务遍布世界100多个国家。在心脏监护、紧急护理和家庭医疗保健、节能照明解决方案和新型照明应用以及针对个人舒适优质生活的平板电视、男性剃须和仪容产品、便携式娱乐产品以及口腔护理产品等领域均居于世界领先地位。

飞利浦（中国）投资有限公司拥有注册专利60000项，充分显示了公司的创新本质。在当今世界，科技日益影响到人们生活的方方面面。我们希望通过"精于心 简于形"的品牌承诺，为消费者提供"创新先进、轻松体验和为使用者需求而设计"的解决方案，使人们从创新和技术进步中获益。

公司产品包括家用呼吸机、双水平无创呼吸机等产品。

2. 呼吸机产品销售情况

表6-4-5 飞利浦（中国）投资有限公司呼吸机产品销售情况

年份	销售额（亿元）	市场份额（%）
2016	2.2	11.22
2017	2.4	10.39
2018	2.6	9.42

资料来源：飞利浦（中国）投资有限公司。

二、瑞思迈（北京）医疗器械有限公司（ResMed）

1. 企业及产品情况

ResMed（纽约证券交易所代码：RMD，澳洲证券交易所代码：RMD）以创新解决方案引领行业发展，提供最好的治疗帮助患者早日康复，让他们过上更健康的高品质生活。其云连接医疗设备改变了睡眠呼吸暂停、COPD和其他慢性疾病患者的护理方式。其完善的医院外软件平台可为专业人士及护理人员提供支持，让他们帮助患者选择在家中或医疗保健服务机构享受健康生活。通过实现更好的护理，改善了120多个国家和地区人们的生活质量，减少了慢性疾病的影响，并降低了消费者及医疗保健系统的成本。

瑞思迈（北京）医疗器械有限公司成立于2007年4月，是瑞思迈设立在中国的直属分支机构，除北京外，在上海、广州及成都设立办事处，产品网络销售遍布全国市场。瑞思迈（北京）秉承瑞思迈全球无创通气领导者的信念，服务于中国大陆地区。

公司产品包括单水平呼吸机、双水平呼吸机等产品。

2. 呼吸机产品销售情况

表6-4-6　瑞思迈（北京）医疗器械有限公司呼吸机产品销售情况

年份	销售额（亿元）	市场份额（%）
2016	1.9	9.69
2017	2	8.66
2018	2	7.25

资料来源：瑞思迈（北京）医疗器械有限公司。

三、美国凯迪泰医疗科技有限公司（CURATIVE）

1. 企业及产品情况

美国凯迪泰医疗科技有限公司（CURATIVE）成立于1998年，总部位于美国加利福尼亚州圣塔克莱拉市，公司长期致力于呼吸、心脏领域医疗器械产品的研发和生产。产品覆盖美洲、欧洲以及亚洲的多个国家和地区。

公司产品种类有医院和家用呼吸机、呼吸和心脏监护设备、睡眠呼吸障碍诊断系统、心脑血管介入产品等。

2. 呼吸机产品销售情况

表6-4-7　美国凯迪泰医疗科技有限公司（CURATIVE）呼吸机产品销售情况

年份	销售额（亿元）	市场份额（%）
2016	0.6	3.06
2017	0.6	2.6
2018	0.7	2.54

资料来源：美国凯迪泰医疗科技有限公司。

四、德国万曼医疗器械有限公司

1. 企业及产品情况

德国万曼医疗器械有限公司（以下简称万曼）致力于在睡眠诊断、睡眠治疗、通气治疗等重要医疗领域，为医生与患者提供最高品质的医疗设备与系统解决方案。万曼卓越的产品品质源于140年的宝贵经验、充满激情的员工以及对产品的深刻理解。其产品已遍布全球超过55个国家，并在巴黎、新加坡、上海和墨尔本等地设有分支机构。

公司产品包括VENTImotion无创呼吸机、VNETImotion advance高端无创呼吸机、BiLevel ST22双水平无创呼吸机等产品。

2. 呼吸机产品销售情况

表6-4-8 德国万曼医疗器械有限公司呼吸机产品销售情况

年份	销售额（亿元）	市场份额（%）
201 年	0.54	2.76
2017	0.56	2.42
2018	0.58	2.1

资料来源：德国万曼医疗器械有限公司。

五、雅博股份有限公司

1. 企业及产品情况

雅博股份有限公司（以下简称为雅博）成立于1990年，为专业设计制造居家照护用医疗器材厂商，专注伤口照护与呼吸治疗两大领域，在防压疮气垫床系统（Support Surfaces）及呼吸治疗产品（Respiratory Therapies）提供完整的产品线及服务。雅博为国际品牌，产品行销全球60余国。为提供即时快速的服务，雅博于西班牙、英国、美国、中国设有分公司，另在埃及设有办公处。

公司产品包括呼吸机、呼吸机面罩等产品。

2. 呼吸机产品销售情况

表 6-4-9　雅博股份有限公司呼吸机产品销售情况

年份	销售额（亿元）	市场份额（%）
2016	0.54	2.76
2017	0.56	2.42
2018	0.58	2.1

资料来源：雅博股份有限公司。

六、美国德百世公司——德百世医疗中国有限公司

1. 企业及产品情况

德百世医疗（Devilbiss Healthcare）在设计、制造和营销医用和家用呼吸产品方面处于世界领先地位。1888 年，艾伦·德百世（Allen DeVilbiss）医生在俄亥俄州的托莱多市创建了德百世医疗公司，研发出了第一台喷雾器，使用这种喷雾器，可以将药物直接喷到病人的喉咙里，为患者带来更为舒适的治疗方法。和德百世医疗许多其他早期发明一样，在今天，这些发明仍然是德百世医疗公司产品系列中的一部分。德百世医疗的产品销售网络已覆盖全球市场。

公司主要产品线包括呼吸机、雾化器、制氧机、吸痰器等专业器械。

2. 呼吸机产品销售情况

表 6-4-10　德百世医疗中国有限公司呼吸机产品销售情况

年份	销售额（亿元）	市场份额（%）
2016	0.25	1.28
2017	0.26	1.13
2018	0.28	1.01

资料来源：德百世医疗中国有限公司。

第五章 产业链分析

第一节 产业链构成

家用呼吸机的上游是风机、电源适配器、传感器、流量计等零部件及塑料等原材料行业；产业链下游是家庭用户以及代理商（见图6-5-1）。

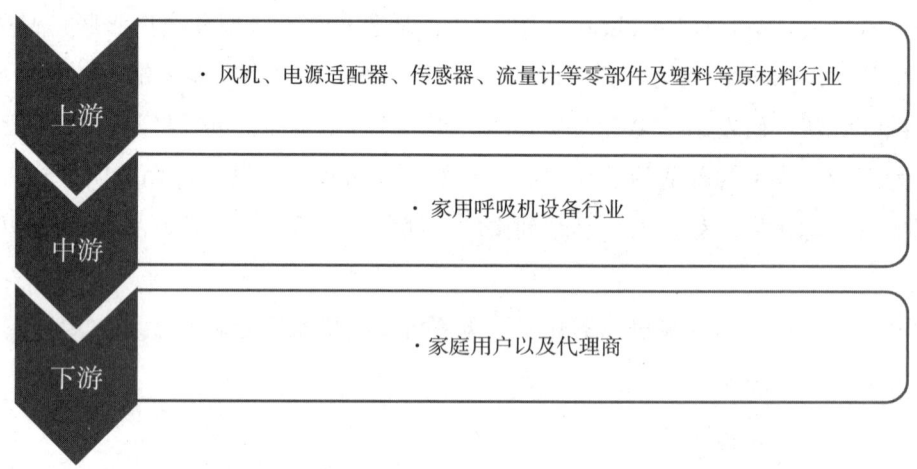

图6-5-1 家用呼吸机的产业链构成

第二节 产业链上游行业发展分析

一、产业链上游行业发展状况

1. 风机

近年来，我国的风机行业取得了快速的发展，但与国外大型企业相比仍旧存在着巨大的差距。尤其是中小型通风机产品，因为外观及质量太差，很难打入国际市场。根据市场调查研究发现，目前国内外风机行业的发展趋势主要在六个方面：继续增大大型风机的容量；发展高压小流量压缩机；风机高效化；高速小型化；低噪音化以及让计算机集成制造系统能在风机中得到广泛应用。在国内市场，中小型的通风机的需求量在未来几年依旧会很大。在出口方面，风机行业的出口量还是不会有很大变化。但是，目前风机产品尚未涉及或者是将要涉及的领域也有很多，所以还是存在着很多的潜在市场，可见发展前景也是可以展望的。

2. 传感器

目前，中国传感器产业正处于由传统型向新型传感器发展的关键阶段，它体现了新型传感器向微型化、多功能化、数字化、智能化、系统化和网络化发展的总趋势。

二、产业链上游对本行业影响

家用呼吸机的上游行业为其提供生产原材料及零部件。在零部件方面，受传感器、流量计等零部件领域的高端产品生产能力不足的影响，国产家用呼吸机落后于国外家用呼吸设备。但是呼吸机也会随着新技术、新工艺、新材料等应用不断升级，未来呼吸机的功能将不断增加，通气模式也会得到不断发展，同时也会有针对专门临床问题的先进技术出现。

第三节 产业链下游行业发展分析

一、家庭用户

随着人们购买能力的提升，医疗器械功能的提升，越来越多的用户选择家用医疗设备，以进行随时随地的监护与治疗。家庭用户的单个购买能力较弱，且市场较为分散，但用户群体较大，未来增长潜力大。因此，国内外领先企业，包括飞利浦伟康、瑞思迈等公司都相继开发了家用呼吸机，还有很多专注于家用医疗器械的公司，比如BMC怡和嘉业、鱼跃医疗等，一直致力于提供性能优秀、更加适用于家用的呼吸机，可以针对该领域用户的特点，提供更加适合家用的呼吸机，比如智能化、远程数据管理等。

二、代理商

医疗器械行业的不断发展，扩大了市场，吸引了更多的资金进入行业，引起的变化有以下两点：

（1）原有的代理商扩大了规模。

（2）吸引了更多的代理商进入行业内进行投资，代理商由于激烈的竞争不断地进行自我提升，随着代理商数量和质量的变化，整个行业呈现欣欣向荣的景象。

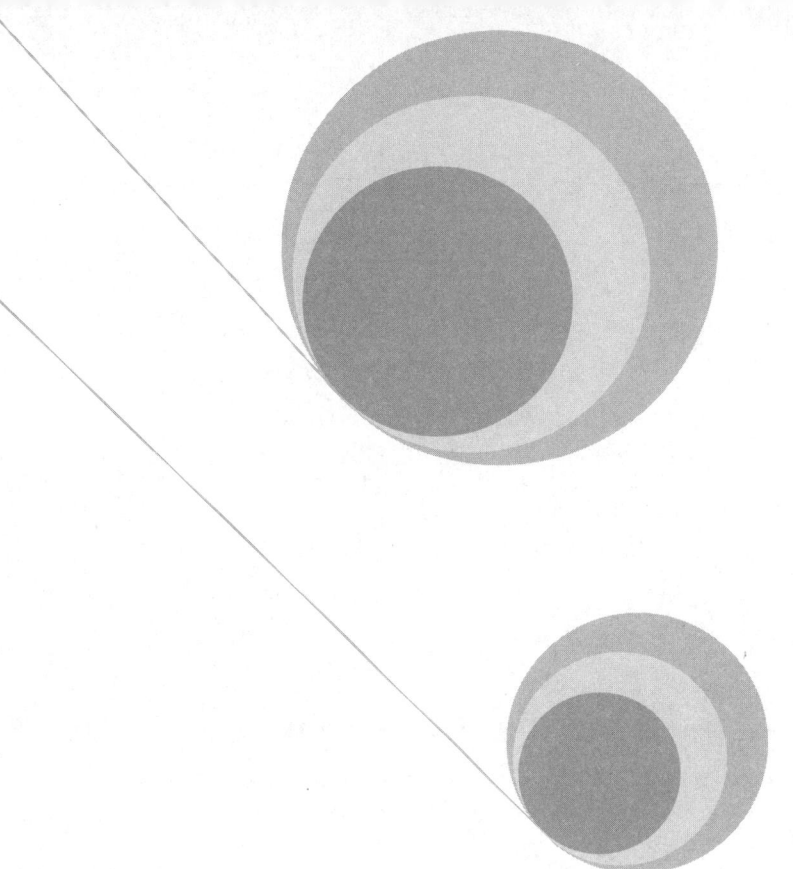

可穿戴医疗设备（生命体征监护）行业发展报告

第一章 可穿戴医疗设备（生命体征监护）行业概述

第一节 产品概述

可穿戴医疗设备是指可以直接穿戴在身上的便携式医疗或健康电子设备，在软件支持下可以感知、记录、分析、调控、干预甚至治疗疾病或维护健康状态。可穿戴医疗设备的意义在于植入人体、绑定人体，并识别人体的体态特征、状态。可穿戴医疗设备可时刻监测身体状况、运动状况、新陈代谢状况等，使动态、静态的生命体态特征数据化。在获得人体实时活动和生命体征的数据后，可穿戴医疗设备一方面能够实现用户自行采集身体指标数据的功能，让用户实时掌握个人的身体健康状况，及时更正不良的生活习惯，从而实现疾病的预防与早期治疗；另一方面，可穿戴医疗健康设备对人体健康指标的长期动态监控，为疾病的诊断治疗提供了大量数据，对于一些疾病的初步诊断及慢性病的治疗提供了依据。

可穿戴医疗设备可将生命体征信号检测技术融合在日常穿戴的饰品、衣物当中，具有操作便捷、连续不间断工作、智能显示检测结果、异常生理信号报警及无线数据传输等特点，广泛应用于慢性疾病监护、特殊人群监护、应急救治救护、家庭综合诊断、睡眠质量分析等方面。目前所涉及的研究方向主要包括机理适应性研究、生物医学传感器设计、多种传感器数据融合、系统优化、区域传感网络开发、电池寿命延长、无线实时传输以及系统安全和可靠性提高等。

可穿戴医疗设备的载体大致可分为两类：一类是人体随身物品，如指环、腕表、手套等；另一类是电子织物，前者的优势在于移动操作、易于便携，后者则在于可以同时监测多种类型的生命体征信号。两者相结合便组成了一套完整的可穿戴医疗设备。

可穿戴医疗设备具有可移动性、可穿戴性、可持续性、简单操作性、可交互性等特征。

1. 可移动性

可穿戴医疗设备具有高度的移动性，用户可在任何运动状态下随时使用，这决定了可穿戴医疗设备及其应用的机动性和广泛性，也是其与传统便携式医疗设备只能在固定状态工作，在移动状态下关机的本质性区别。

2. 可穿戴性

可穿戴性是可穿戴医疗设备最本质的特征之一，用户可以穿戴在身上，以人体环境为其物理支撑环境，使可穿戴医疗设备具有更紧密、更和谐的人机关系和更自然的携带方式。

3. 可持续性

可穿戴医疗设备具有持续可用性，即可穿戴医疗设备始终保持备用状态，能够保证用户在需要时为其提供服务，这是反映"人机合一，以人为本"理念的重要特征。

4. 简单操作性

简单操作性是可穿戴医疗设备最具实用价值的操作模式之一，用户只需将其穿戴在身上，通过传感器便可随时随地自动采集人体的生理数据，并将数据通过无线传输至中央处理器，再从中央处理器发送至医疗中心，以便医生进行及时分析和治疗，无需任何操作。

5. 可交互性

对可穿戴医疗设备来说，人机交互是非常重要的因素，可穿戴医疗设备不但可以随时随地监测血糖、血压、心率、血氧含量、体温、呼吸频率等人体健康指标，还可以通过显示仪器把捕捉到的数据以显示方式反馈出来，用于保证系统设备的工作效率、可靠性和安全性。这是可穿戴医疗设备最独特和最具应用潜力的功能特征之一。

目前，可穿戴设备在医疗卫生领域主要应用于健康监测、疾病治疗、远程康复等方面。

（1）健康监测。随着我国宏观经济不断发展以及人民生活水平显著提升，健康观念已深入人心，而人口的老龄化及医疗资源的紧缺，使得医疗健康监护倍受关注。市面上的可穿戴医疗监测设备主要以智能手环、智能手表为主，具有便于携带、可操作性强、外形美观的特点。主要的功能有：计步、生命体征检测、心率监测、能量消耗及睡眠监测等。

（2）疾病治疗。现阶段，可穿戴医疗设备在疾病康复治疗方面的应用多处于研究与评估阶段。例如，穿戴式体外自动除颤仪，可用于高危心脏病患者，在危急时刻自动除颤。临床医学上还有不少穿戴式外骨骼康复辅具的出现，如手外骨骼、上肢外骨骼、下肢外骨骼机器人，可以有效地帮助康复患者进行康复训练，提高康复训练的效果。

（3）远程康复。可穿戴医疗设备不仅可以远程指导患者进行家庭康复，还可以扩大康复人群，减少就医压力，及时把控患者病情。

第二节 行业发展特点

1. 产品种类多样，未来前景广阔

目前，市场上主要的可穿戴医疗设备形态各异，主要包括：智能眼镜、智能手表、智能腕带、智能跑鞋、智能戒指、智能臂环、智能腰带、智能纽扣等。可穿戴医疗设备是一个高

速发展的市场，它与智能手机、互联网以及快速扩大的老年人市场具有同样的增长步调。智能可穿戴设备的兴起也催生出更大的移动医疗市场。现阶段人们开始注重病前预防，不论患者在哪里，借助有线或无线方式连接的可穿戴医疗设备，相关医务人员可以监测其生命体征，进而达到疾病筛查、预防及控制的效果。

可穿戴医疗设备正处于发展的初级阶段，然而其将来很可能成为一项能从根本上改变人类医疗健康的新技术。一方面，我国人口老龄化程度不断加深造成医疗需求的急剧增长；另一方面，我国医疗资源供给严重短缺，尤其是偏远地区。供需缺口为移动医疗行业带来机遇，而移动互联网和大数据的高速发展又为移动医疗的发展提供了必要条件。未来，冠心病、高血压、糖尿病等慢性疾病的患者将不仅接受药物治疗，还将接受包括远程监测、远程治疗方案调整、生活方式管理、可穿戴式给药在内的整体疾病管理方案。因此，可穿戴医疗设备行业未来发展前景广阔。

2. 行业发展欠成熟，医学价值仍有待提升

目前，市面上多数可穿戴医疗设备的医学应用价值不高，存在数据不够精确、监测程序不够科学、相关疾病监测所需指标的匹配度不高等问题，这些决定了大部分的可穿戴设备还只是浅层次感官体验，深层次医学应用还需时日。此外，当前的可穿戴设备通常功能简单，技术含量不高，可复制性较强，其持续连接价值有限，数据的连续性、监测的连续性等均受到一定局限，其数据的真实性也受到一定的质疑。至今，医生或医院参与主导的可穿戴医疗设备仍比较少，其在医学研究、实际临床中的应用都比较少，应用范围更多是在民用、日常方面，而其在医学层面的应用还待提升。

第三节　行业发展现状

目前，可穿戴医疗设备在国外发展迅猛，美国和欧盟都在可穿戴医疗设备领域投入巨资研发新产品。如欧盟委员会于2004年启动了世界上最大的单项民用可穿戴计算研究项目；美国国家科学基金会则在以人为中心的计算等专项中，持续资助了一批可穿戴医疗健康方面的研究项目。另外，俄罗斯、法国、英国、日本和韩国多所大学的工程学院、科学技术院等研究机构均有专门的实验室或研究组专注于可穿戴医疗设备的研究。

近几年，可穿戴医疗设备研发热度不断攀升，国外数百家医疗设备厂商投入巨资开发可穿戴产品，其中欧姆龙开发上市了手镯型自动计步器兼心率监测表，GE、西门子开发了腕表型血糖检测仪，美敦力推出了可测定多种生命体征数据的腕表型产品。在欧美地区，可穿戴医疗器械的零售价格在几十美元到上百美元，能够被大多数消费者接受。

中国学者也在20世纪90年代后期开展了可穿戴医疗健康研究，几乎与国际可穿戴医疗

设备研究同步。我国可穿戴医疗设备相对于国外来说起步较晚，当前市面上较成熟的产品有智能手环类可穿戴医疗产品，其可长时间接触人体，是理想的监控设备，具有广阔的市场空间。而随着我国云计算和大数据技术的发展，医疗移动化是大势所趋，可穿戴式医疗设备必将迎来良好的发展机遇。

第二章 市场发展分析

第一节 市场发展状况

一、市场规模

随着社会老龄化现象的日益严重,国内慢性病患者不断扩大,且呈现年轻化趋势。加上移动互联网、传感器等技术的不断发展,2016~2018 年中国可穿戴医疗设备行业市场规模快速增长。其中,2016 年中国可穿戴医疗设备行业市场规模为 28.86 亿元,同比增长 67.2%;2018 年,中国可穿戴医疗设备行业市场规模为 69.78 亿元,同比增长 56.7%(见图 7-2-1)。

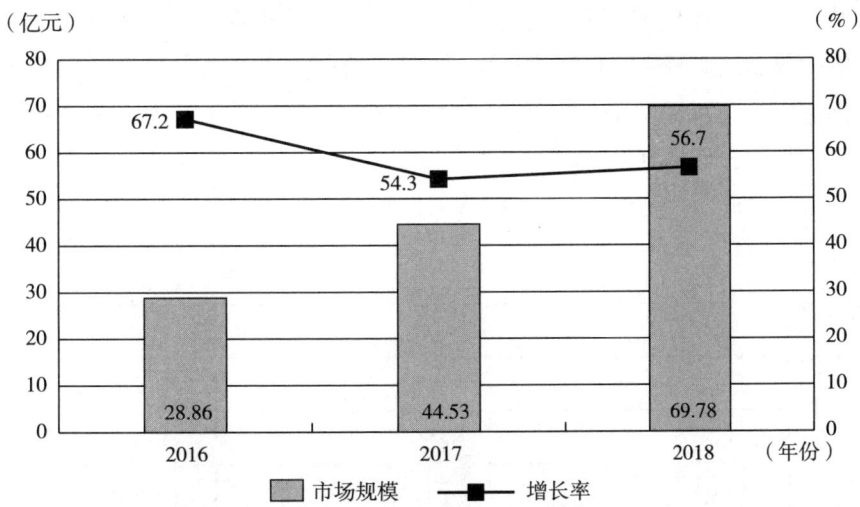

图 7-2-1 2016~2018 年中国可穿戴医疗设备行业市场规模分析

资料来源:中国医疗器械行业协会。

二、细分市场份额

可穿戴医疗设备可以分为运动/睡眠监测设备(智能手环、智能手表)、可穿戴式血压计、可穿戴式血糖仪、可穿戴式血糖仪等。2018 年，在中国可穿戴医疗设备市场上，运动/睡眠监测设备占比为 75.2%；可穿戴式血压计占比为 10.3%；可穿戴式血糖仪占比为 6.4%；可穿戴式血糖仪占比为 4.2%（见图 7-2-2）。

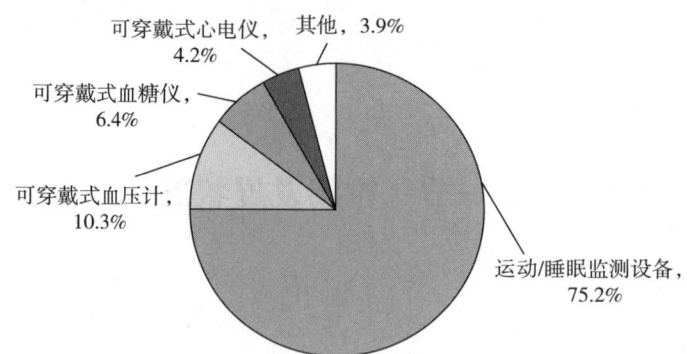

图 7-2-2　2018 年中国可穿戴医疗设备行业细分市场份额分析

资料来源：中国医疗器械行业协会。

第二节　进出口分析

2016~2018 年，中国可穿戴医疗设备进出口额均呈现不断增长的态势。其中，2018 年中国可穿戴医疗设备进口额为 11.54 亿元（见图 7-2-3），进口产品主要来自美国、日本、韩国等发达国家，如美国苹果公司、美国 Fitbit 公司、韩国三星、日本欧姆龙等；2018 年，中国可穿戴医疗设备出口额为 6.25 亿元，产品广泛出口到世界各地。

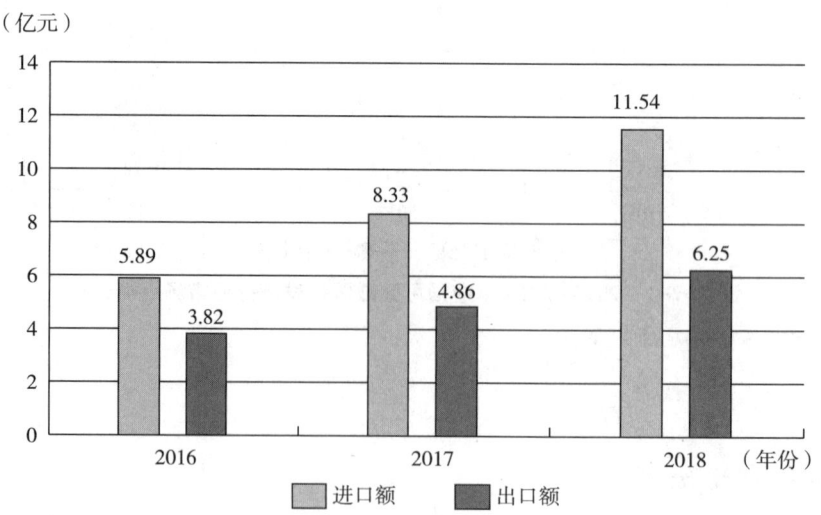

图 7-2-3　2016~2018 年中国可穿戴医疗设备进出口额分析

资料来源：中国医疗器械行业协会。

第三节 区域市场分析

一、区域市场份额分析

可穿戴医疗设备需求区域市场分布主要与各地区经济发展水平、居民收入/消费水平、医疗机构规模、人口密度等因素相关。2018年，在中国可穿戴医疗设备行业区域市场中，华东地区市场规模占比为32.7%；华北地区占比为21.4%；华南地区占比为17.6%；华中地区占比为12.3%；东北地区占比为5.4%；西部地区占比为10.6%（见图7-2-4）。

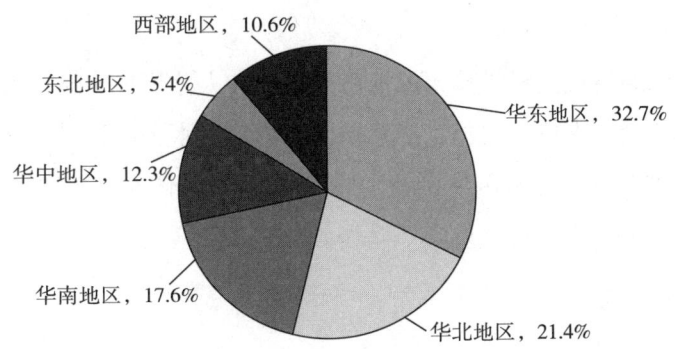

图 7-2-4 2018年中国可穿戴医疗设备行业区域市场分析

资料来源：中国医疗器械行业协会。

二、主要区域市场分析

1. 华东地区

华东地区包括上海、江苏、浙江、安徽、福建、江西、山东。华东地区是中国经济发展最快的地区之一，尤其是长三角地区，近年来经济发展速度一直高于全国平均值，因此华东地区可穿戴医疗设备需求量较大。2016年，华东地区可穿戴医疗设备市场规模为9.43亿元；2018年，华东地区可穿戴医疗设备市场规模为22.82亿元（见图7-2-5）。

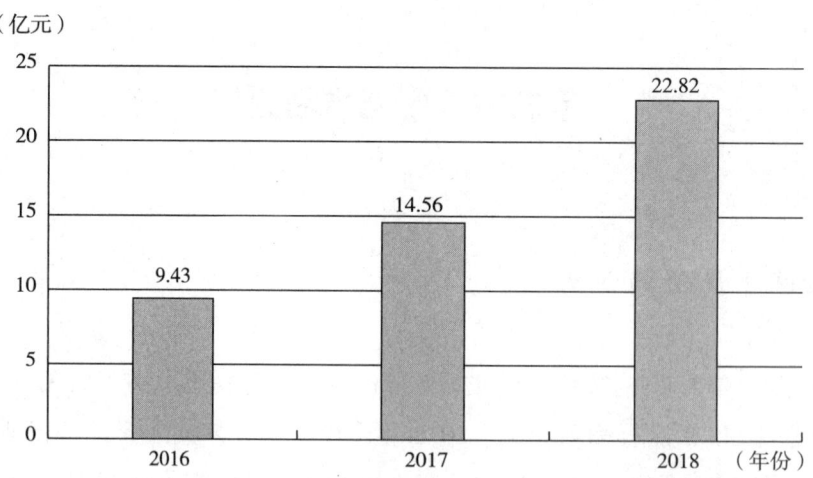

图 7-2-5　2016~2018 年华东地区可穿戴医疗设备市场规模分析

资料来源：中国医疗器械行业协会。

2. 华北地区

华北地区是我国经济总量相对较大的地区，科技和人才优势明显，为可穿戴医疗设备行业的发展提供技术和资金支持。此外，华北地区人均消费水平高，对可穿戴医疗设备的需求量大。2016 年，华北地区可穿戴医疗设备市场规模为 6.20 亿元；2018 年，华北地区可穿戴医疗设备市场规模为 14.93 亿元（见图 7-2-6）。

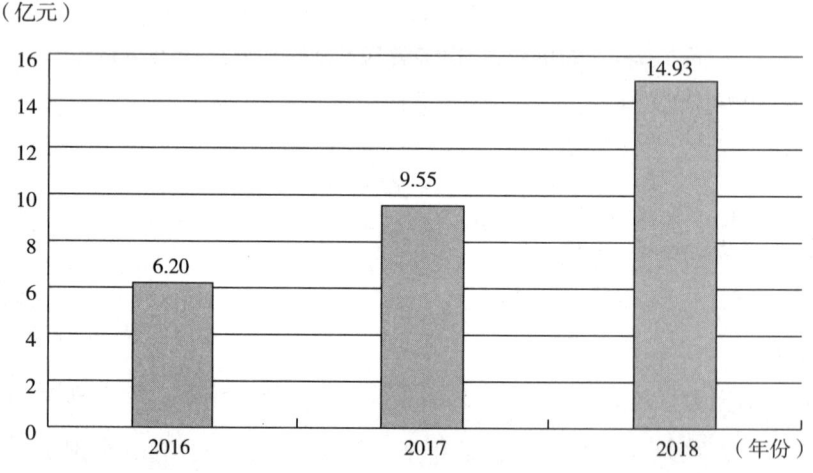

图 7-2-6　2016~2018 年华北地区可穿戴医疗设备市场规模分析

资料来源：中国医疗器械行业协会。

3. 华南地区

华南地区主要包括广东、广西、海南，是国内经济水平较发达地区。2016~2018 年，华南地区可穿戴医疗设备市场规模呈现不断增加态势。其中，2016 年，华南地区可穿戴医疗设备市场规模为 5.11 亿元；2018 年，华南地区可穿戴医疗设备市场规模为 12.28 亿元（见图 7-2-7）。

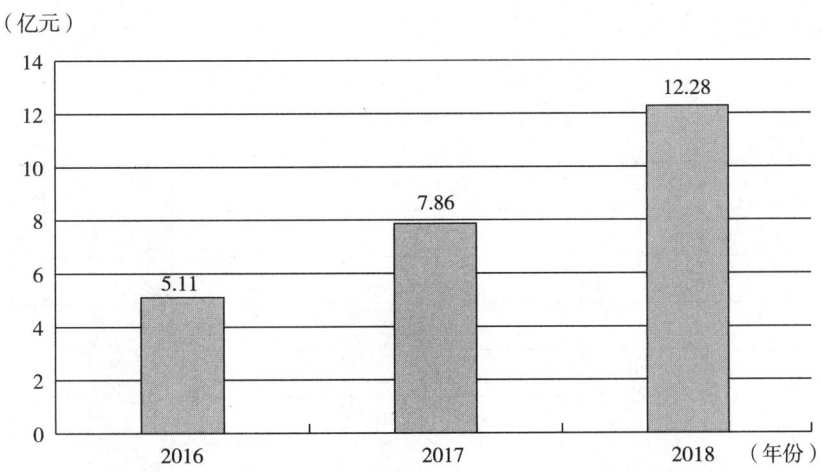

图 7-2-7　2016~2018 年华南地区可穿戴医疗设备市场规模分析

资料来源：中国医疗器械行业协会。

4. 华中地区

2016~2018 年，华中地区可穿戴医疗设备市场规模呈现不断增加态势。其中，2016 年，华中地区可穿戴医疗设备市场规模为 3.52 亿元；2018 年，华中地区可穿戴医疗设备市场规模为 8.58 亿元（见图 7-2-8）。

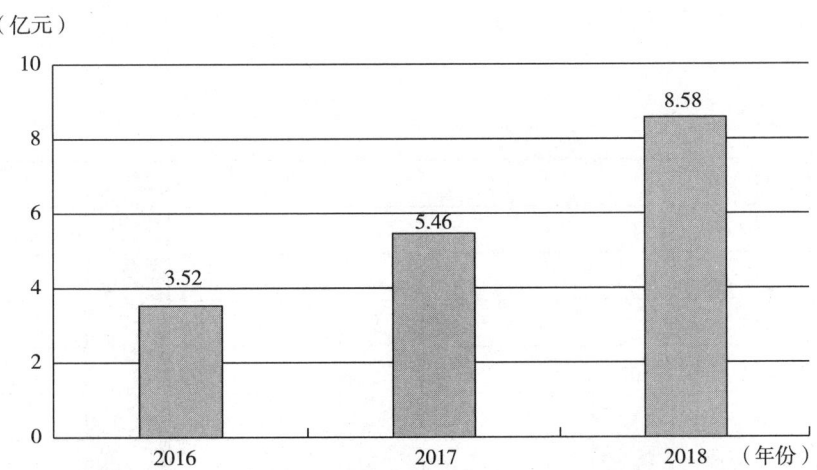

图 7-2-8　2016~2018 年华中地区可穿戴医疗设备市场规模分析

资料来源：中国医疗器械行业协会。

5. 东北地区

2016~2018年，东北地区可穿戴医疗设备市场规模呈现不断增加态势。其中，2016年，华南地可穿戴医疗设备市场规模为1.58亿元；2018年，东北地区可穿戴医疗设备市场规模为3.77亿元（见图7-2-9）。

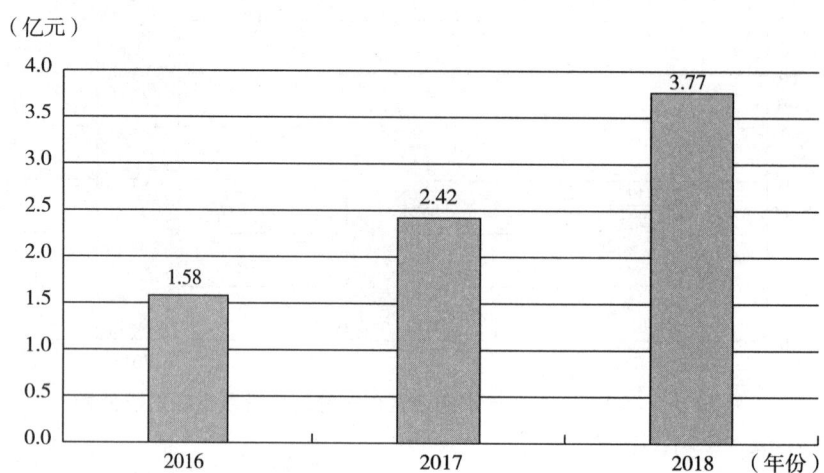

图7-2-9　2016~2018年东北地区可穿戴医疗设备市场规模分析

资料来源：中国医疗器械行业协会。

6. 西部地区

2016~2018年，西部地区可穿戴医疗设备市场规模不断增加，但与华东、华北等地区相比，西部地区可穿戴医疗设备市场体量仍然较小。其中，2018年，西部地区可穿戴医疗设备市场规模为7.40亿元（见图7-2-10）。

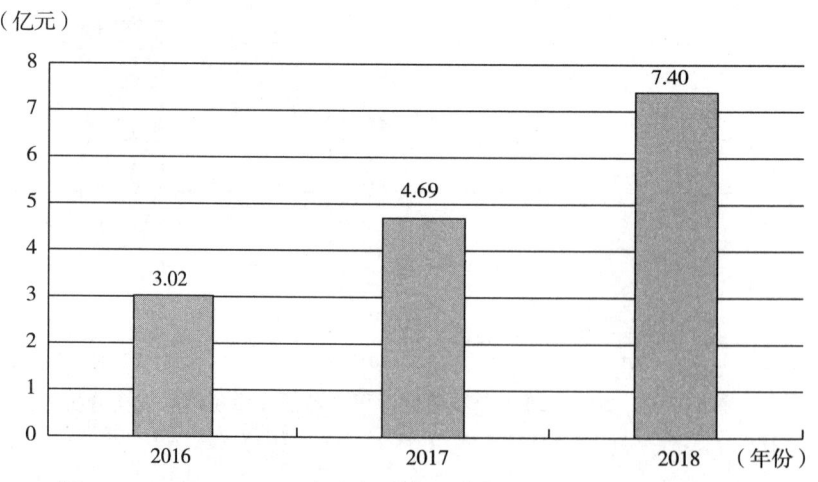

图7-2-10　2016~2018年西部地区可穿戴医疗设备市场规模分析

资料来源：中国医疗器械行业协会。

第四节 市场未来发展趋势

一、市场发展驱动因素分析

1. 政策因素

发展可穿戴式医疗设备能够增强我国的创新发展能力，提升我国在全球医疗设备市场的竞争力。2014年6月，中国工程院启动了"我国全民健康与医药卫生事业发展战略研究"重大咨询项目，其中"医疗器械与新型穿戴式医疗设备的发展战略研究"是八个重点课题之一；2015年5月，国务院提出《中国制造2025》，将发展医疗级可穿戴式医疗设备提升到战略高度，要求提高其创新能力和产业化水平。在国家政策的推动下，中国可穿戴式医疗设备保持快速的发展态势。

2. 需求因素

由于居民消费水平及人口老龄化程度不断提高，对可穿戴式医疗设备行业的市场需求也不断增长。2018年年末，中国境内总人口139538万人，60周岁及以上人口24949万人，占总人口的17.9%，其中65周岁及以上人口16658万人，占总人口的11.9%。老年人疾病较多，身体抵抗力差，慢性病发病率高，是可穿戴式医疗设备的需求群体之一。因此，老龄人口的不断增加带动了我国可穿戴式医疗设备需求的增长。

二、发展趋势预测

随着国家政策的不断推进、老龄化人口数量的逐渐增长以及慢性病患者数量的不断增加，未来将会有越来越多的人使用可穿戴式医疗设备，因此可穿戴式医疗设备行业发展前景广阔。预计2019年，中国可穿戴式医疗设备行业市场规模为99.44亿元；2022年，中国可穿戴式医疗设备行业市场规模预计达到224.73亿元（见图7-2-11）。

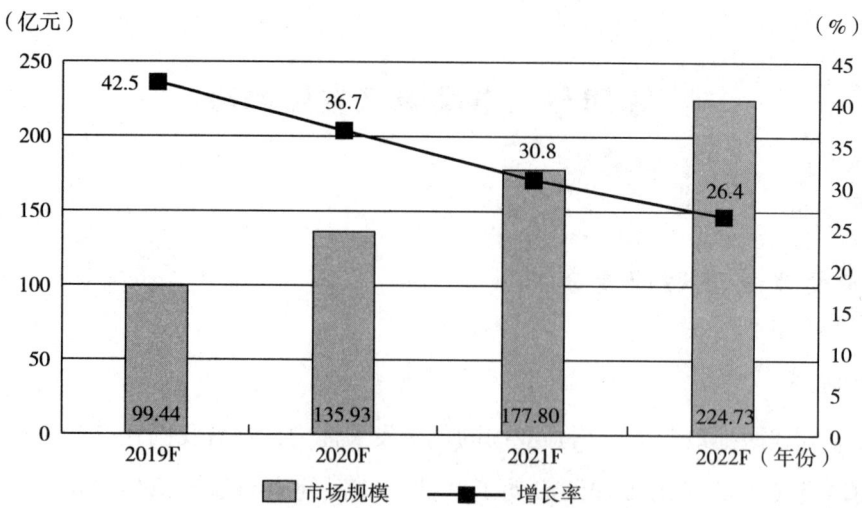

图 7-2-11 2019~2022 年中国可穿戴医疗设备行业市场规模预测

资料来源：中国医疗器械行业协会。

第三章　行业发展分析

第一节　行业发展分析

一、历年生产情况分析

2016~2018 年，随着可穿戴医疗设备（生命体征监护）需求的增长以及华米科技、九安医疗等企业的不断发展，中国可穿戴医疗设备行业产值逐年增加。其中，2016 年，中国可穿戴医疗设备行业产值为 26.79 亿元；2018 年，中国可穿戴医疗设备行业产值为 64.49 亿元（见图 7-3-1）。

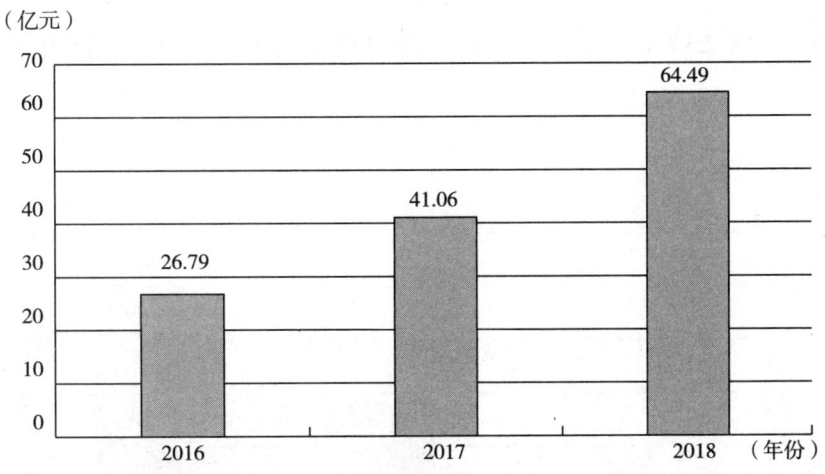

图 7-3-1　2016~2018 年中国可穿戴医疗设备（生命体征监护）行业产值分析

资料来源：中国医疗器械行业协会。

二、细分产品生产情况分析

1. 运动/睡眠监测设备

2016~2018 年，中国运动/睡眠监测设备行业产值不断增加。其中，2016 年，中国运动

/睡眠监测设备行业产值为 20.66 亿元；2018 年，中国运动/睡眠监测设备行业产值为 49.53 亿元（见图 7-3-2）。

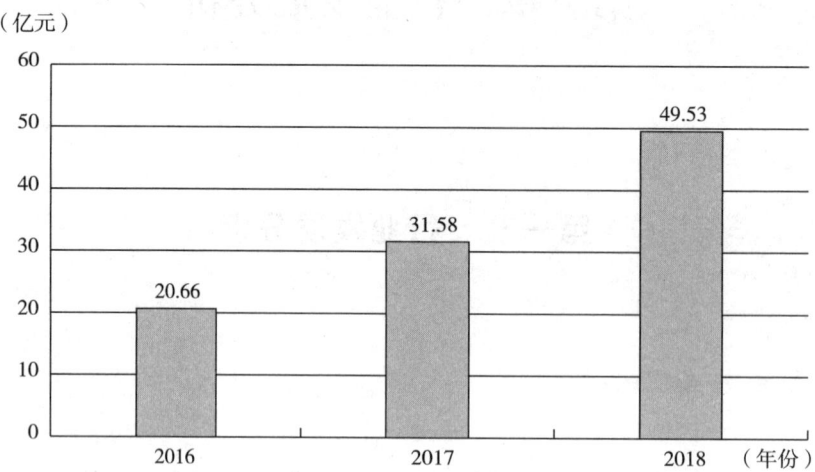

图 7-3-2　2016~2018 年中国运动/睡眠监测设备行业产值分析

资料来源：中国医疗器械行业协会。

2. 可穿戴式血压计

2016~2018 年，中国可穿戴式血压计行业产值不断增加。其中，2016 年，中国可穿戴式血压计行业产值为 2.46 亿元；2018 年，中国可穿戴式血压计行业产值为 6.06 亿元（见图 7-3-3）。

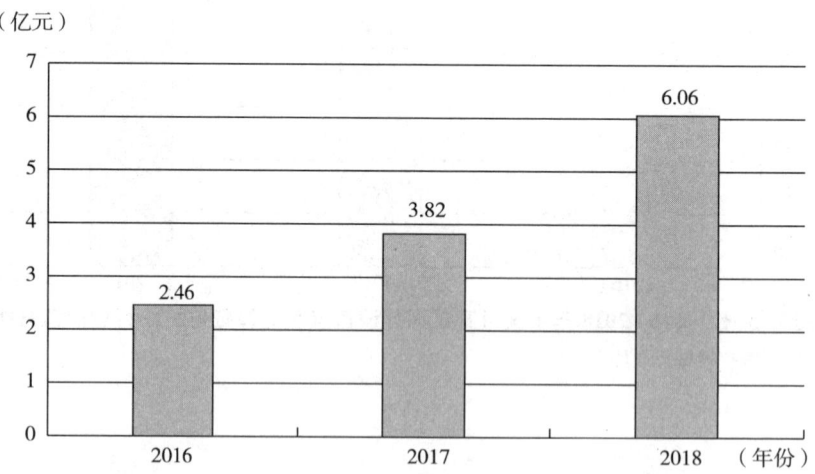

图 7-3-3　2016~2018 年中国可穿戴式血压计行业产值分析

资料来源：中国医疗器械行业协会。

3. 可穿戴式血糖仪

2016~2018年，中国可穿戴式血糖仪行业产值呈现不断增长的态势。其中，2016年，中国可穿戴式血糖仪行业产值为1.61亿元；2018年，中国可穿戴式血糖仪行业产值为3.93亿元（见图7-3-4）。

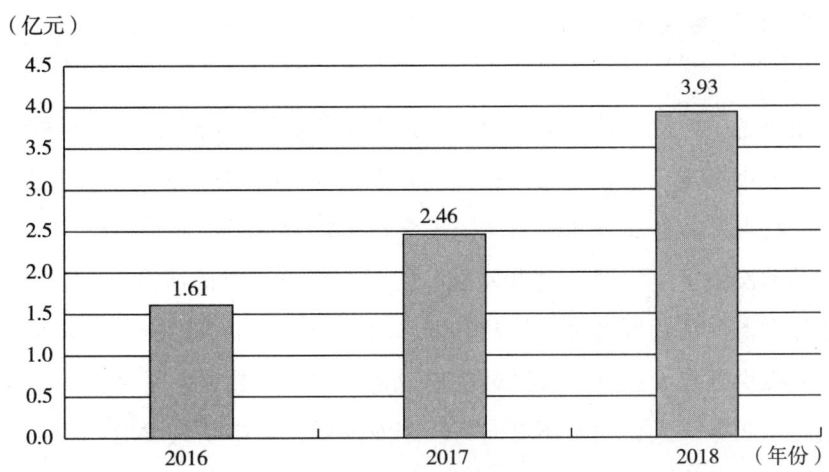

图 7-3-4　2016~2018 年中国可穿戴式血糖仪行业产值分析

资料来源：中国医疗器械行业协会。

4. 可穿戴式心电仪

2016~2018年，中国可穿戴式心电仪行业产值不断增长。其中，2016年，中国可穿戴式心电仪行业产值为1.02亿元；2018年，中国可穿戴式心电仪行业产值为2.58亿元（见图7-3-5）。

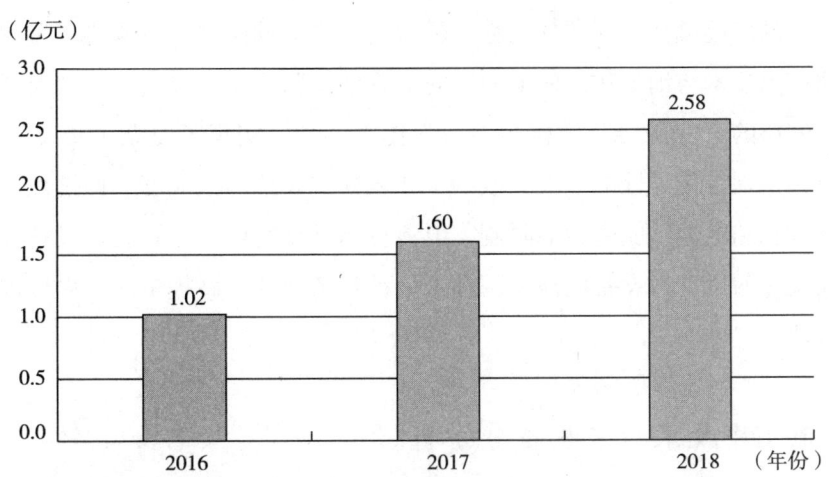

图 7-3-5　2016~2018 年中国可穿戴式心电仪行业产值分析

资料来源：中国医疗器械行业协会。

第二节 技术发展分析

一、技术的发展状况

近几年，由于各国政府非常重视可穿戴医疗设备行业，纷纷加大该领域的研发投入，可穿戴医疗设备行业市场规模增长迅猛，在技术方面也取得诸多进展。当前可穿戴医疗设备在技术方面有三大特点：一是实现实时监测。可穿戴医疗设备可以通过传感器反应人体的生理数据到人们的移动设备上，为用户提供数据，让用户能够实时监测到自己的身体健康状况。二是可穿戴医疗设备保证了异地医疗的及时性，由此释放传统医疗资源，同时也开拓了新的医疗手段。三是提供医疗大数据。可穿戴医疗设备实现医疗数据的采集，并将这些这些数据提供给医疗组织来服务病人，同时还可向不同产业提供，并带动其发展。

二、技术的进展

可穿戴医疗设备从技术上通常可分为感知层、个人服务层、后台服务层，智能医疗穿戴技术包含人机交互技术、虚拟显示技术、云平台与人工智能、无线通信与充电技术、兼容的系统平台技术。具体来讲，可穿戴医疗设备主要技术有传感器技术、医疗芯片技术、通信技术、电源管理技术、显示技术等。随着科技不断进步，可穿戴医疗设备行业相关技术水平不断提升。例如，在传感器方面，作为智能穿戴系统的核心技术，可穿戴医疗传感器近年来受到了科研工作者的广泛关注，在器件柔性、灵敏度等方面的研究更是取得了可观的成果。中国科学院苏州纳米技术与纳米仿生研究所研究员陈韦团队研发了以纳米复合材料为电极，离子聚合物为中间层的"三明治"结构柔性力学传感器件，实现了复杂大形变稳定性、无源自驱动以及方位识别等优异性能，大大改善了智能穿戴系统的集成度、便携性。在电池管理技术方面，受体积和电池续航能力的限制，电池技术是制约可穿戴式医疗设备发展的又一关键技术，当前主流的可穿戴设备电池有两种：一种是高密度、高容量的一次性锂电池，另一种是可充电电池。

三、未来几年技术的发展趋势分析

总体来看，可穿戴市场依然是一片前景可期的蓝海，结合市场需求及行业发展，未来的技术发展趋势如下：①做好产品和使用人群的精准定位，并提升设备数据采集的精准度；②从智能可穿戴整个产业链的角度考虑切入，如传感器、芯片、电池、虚拟现实技术、语音交互技术、算法、云服务等产业链的某个关键环节切入，形成技术优势；③未来将会出现越来越多更加微型化、便捷化的可穿戴医疗设备，它们将成为收集、整合和分析医疗保健数据的基础载体，实现健康医疗信息私人定制的模式，将对用户实现长期动态监测，达到疾病预防、提升诊疗水平等健康管理目标，科技化的大健康管理会成为现实；④将与大数据、云计算、物联网计算结合，扩大可穿戴设备的应用领域；⑤未来的可穿戴健康监护系统将从"一个系统＝一个结果"向"一个系统＝几个结果"模式转变；⑥实现高可靠性的可穿戴技术与机器人技术融合；⑦产品类型将呈现整合和细分协调发展的趋势。

第三节 行业竞争情况分析

一、竞争情况概述

可穿戴医疗设备产品生产最早始于国外，国外大型医疗器械制造商资金雄厚、技术先进、人才集中，在主要高端可穿戴医疗设备产品的核心技术方面形成一定的垄断优势。近年来，在国内企业不断引进、消化、吸收国外先进技术以及不断加强自主创新的努力下，国产的可穿戴医疗设备在各方面都取得了较大的进步，逐渐开始打破外资垄断格局，行业内形成了如华米科技、华为、宝特莱、九安医疗、睿仁医疗、三诺生物等具有较强竞争力的本土企业。同发达国家相比，我国可穿戴医疗设备技术含量及产品档次不断提高，在某些方面已达到国际先进水平，但在传感器技术、医疗芯片等技术领域仍需进一步提高。

二、竞争格局

鉴于中国可穿戴医疗设备市场强劲的增长力的吸引，国外大型制造商依靠技术先进、资金雄厚、人才集聚等优势，早期在国内高端可穿戴医疗设备市场占据优势地位。近年来，随着国内生产商的崛起，国外厂商优势地位逐步被取代，而国产可穿戴医疗设备普及面不断扩大。当前国内可穿戴医疗设备行业国产化程度较高，华米科技及华为公司占据了国内可穿戴医疗设备市场的主导地位，而国产设备性价比不断提升，使得其在国际市场上也占据了一定的优势。

整体来看，以华米科技、华为等为代表的本土大型企业呈现后来居上之势，正在追赶国际先进水平，并取代了外资企业在国内的主导地位，尤其是华米科技发展迅速，已在全球可穿戴医疗设备市场占据较大份额；而以九安医疗、宝特莱、睿仁医疗、三诺生物等为代表企业在医疗级可穿戴医疗设备领域具有较强的竞争力（见图7-3-6）。

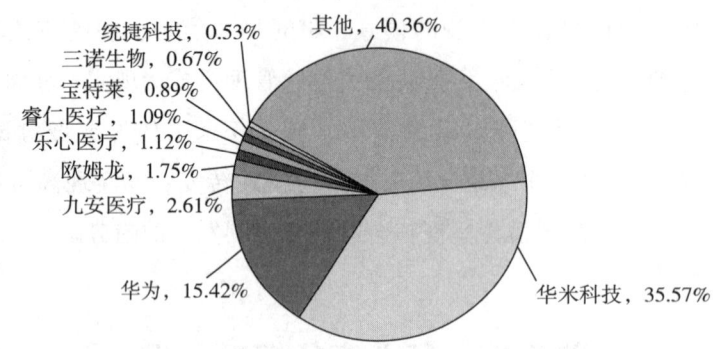

图7-3-6 2018年中国可穿戴医疗设备市场竞争格局分析

资料来源：中国医疗器械行业协会。

三、竞争策略

1. 技术方面

可穿戴医疗设备行业属于技术和资金密集型产业，人才培养对于企业来说至关重要。作为高新技术产业，可穿戴医疗设备企业在管理、创新、营销、研发等方面都需要专业人才的支撑，因此企业要重视专业技术人才的培养，引进高素质人才，建立企业人才库，提供有竞争力的薪资体系，吸引更多专业优秀人士加入，从而提升产品的技术水平，增加产品的附加值，赢得更多的市场份额。

2. 市场竞争方面

在市场竞争中，可穿戴医疗设备企业需要建立自己的核心竞争优势，形成自有品牌，加强自主创新品牌建设，提高产品知名度；提高产品技术水平，通过质量取得竞争优势；建立完善的渠道结构，通过多元化渠道来分散产品经营风险，避免渠道单一化所带来的竞争风险。未来，可穿戴医疗设备行业的市场竞争格局将逐渐加剧，医疗级可穿戴医疗设备将会成为市场的主要需求方向。

3. 行业标准体系建设方面

目前，对于可穿戴设备用于医疗监控，国家相关机构并未给予明确规范与监管，这就导致了可穿戴设备监测的数据缺乏标准化，且没有安全保障。由于没有相应的规范制约，医院又对这些数据缺乏认同感，给我国可穿戴医疗设备建设的发展造成一定负面影响。建立行业

标准体系，有助于可穿戴医疗设备所采集的医疗数据实现标准化，进而使得可穿戴医疗设备完成有效的数据积累，再通过医院的专业性数据分析与指导，最终形成了一条监测—治疗—康复的医疗服务闭环生态链，最终实现可穿戴医疗设备的市场大突破。

第四节 销售渠道分析

一、市场运作模式分析

在生产方面，可穿戴医疗设备生产企业紧跟国内外健康监测研发动态及市场需求，注重开发高端医疗监护模块，丰富各类产品的种类，加强健康监测类产品稳定性、经济性的研究。

在销售方面，可穿戴医疗设备生产企业多采用经销模式，在经销渠道下，可穿戴医疗设备生产企业专注于产品研发、加工和技术培训支持。生产企业还比较注重完善商业网络布局，逐步扩大销售网络覆盖面。同时，生产企业也会坚持定期对客户进行回访，提高服务质量，完善客户服务体系建设，使客户享受全方位、多元化的客户服务，促使公司收入保持稳定增长。

二、营销模式分析（含招标采购）

可穿戴医疗设备产品的下游采购用户主要是各级医院、药店、医疗器械公司、电商平台等，下游用户有着数量多、分布广的特点，生产厂家难以全部覆盖。因此，可穿戴医疗设备企业通常采取以经销为主、直销为辅的销售模式。在直销模式下，可穿戴医疗设备生产企业参与各级政府卫生部门组织的医疗器械招标采购，直接向各级医院、药店等终端客户销售。在经销模式下，可穿戴医疗设备企业通过经销商进行可穿戴医疗设备产品的经营销售活动，即生产企业对经销商的资质和能力进行筛选与审查，在确定经销商资格后签署销售合同，并根据合同约定将产品销售给经销商。经销商购买产品后产品的所有权即发生转移，再由经销商将产品最终销售给向各级医院、药店等终端客户。

另外，随着国家政策的逐渐放开以及电子商务产业的不断发展，可穿戴医疗设备行业销售渠道逐渐向互联网领域拓宽，国内越来越多的企业在互联网平台上进行交易。

第五节 产业未来发展趋势

1. 产品聚焦化

可穿戴医疗设备将更加针对具体病种、具体人群，这有利于数据的收集和处理，便于医生与患者基于数据进行交流，真正帮助患者减轻病痛，解决疾病问题，同时提高医生工作效率。

2. 数据云端化

随着移动医疗平台的快速发展，未来的可穿戴设备必将实现与云端互联，数据之间可实现互通共享，各患者可实现"云端数据集成化"，医生远程即可开立药物、提出诊疗建议等。因此，可穿戴医疗设备所产生的数据云端化，将会是未来重要发展方向。

3. 体验互动化

对于可穿戴设备来说，运动数据收集、建立运动排行榜和扩大交友渠道等用户的交互体验，可以极大增加用户的使用黏性。可穿戴医疗设备同样如此，应该注重患者医学类的交流，增强互动体验，更加深入地传递可穿戴设备的医学价值。

4. 诊断远程化

可穿戴医疗设备作为移动医疗重要的组成部分，需要量化医学诊断价值，让数据真正体现出作用，使医生通过远程诊断即可为患者提出初步处理意见。总体来说，将远程诊断和可穿戴医疗设备有机结合起来，将会使可穿戴医疗设备能够更快速地发展。

5. 盈利模式创新化

随着可穿戴医疗设备快速发展，可穿戴医疗设备厂商的盈利模式将会从传统的硬件销售，逐渐向挖掘诊断价值、数据价值、医学价值和服务价值的新模式转变，这将会进一步推动可穿戴医疗设备的快速发展。

第四章 国内外重点业分析

第一节 华米（北京）信息科技有限公司

一、概况

华米（北京）信息科技有限公司（以下简称华米科技）创立于2013年，是一家全球领先的智能可穿戴创新公司。2018年2月8日，华米科技在美国纽约证券交易所（NYSE）正式上市（股票代码：HMI），成为首家在美国上市的中国智能可穿戴硬件企业。目前，公司的主营业务是智能手环和手表以及和运动、健康相关的体重秤、体脂秤等运动周边产品。此外，华米科技还推出了智能可穿戴领域创新的AI芯片——"黄山1号"，已正式搭载智能产品上市。

二、企业销售额分析

目前，华米科技的可穿戴医疗设备产品主要为小米手环。2018年12月20日，华米科技（NYSE：HMI）与阿里健康共同首发Amazfit可穿戴动态心电记录仪，结合华米科技的可穿戴软硬件能力与阿里健康医疗大脑的能力，共同服务于消费者。Amazfit动态心电记录仪是全网首款获得中华人民共和国医疗器械注册证，具备医疗级别心电能力的两用手环产品。2018年，华米（北京）信息科技有限公司可穿戴医疗设备销售额为24.82亿元，市场份额为35.57%（见表7-4-1）。

表7-4-1 2016~2018年华米科技可穿戴医疗设备销售额分析

年份	销售额（亿元）	市场份额（%）
2016	10.89	37.74
2017	16.37	36.77
2018	24.82	35.57

资料来源：华米科技。

第二节　欧姆龙

一、概况

欧姆龙集团创立于1933年，是全球知名的自动化控制及电子设备制造厂商，公司掌握着世界领先的传感与控制核心技术。通过不断创造新的社会需求，欧姆龙集团已在全球拥有近35000名员工，营业额达8595亿日元，产品涉及工业自动化控制系统、电子元器件、汽车电子、社会系统、健康医疗设备等广泛领域，品种多达数十万。

欧姆龙于20世纪70年代初期进入中国，历经70年代的技术交流，80年代的委托加工，90年代直接投资与生产，进入21世纪，欧姆龙迎来了"再投资、协同创造"的新阶段。截至2019年3月，欧姆龙大中华区的销售额达1696亿日元，员工已超过10538人。

二、企业销售额分析

2014年8月，欧姆龙宣布进军可穿戴市场，发布了其首款运动追踪器HJA-700T。2018年，欧姆龙展示了具备实时血压计功能的智能腕表Omron HeartGuide，能够帮助高血压患者实时监控血压，甚至可以在睡觉时也追踪其血压水平。目前，该产品已获得FDA二级审批。2018年，欧姆龙集团可穿戴设备销售额为1.22亿元，市场份额为1.75%（见表7-4-2）。

表7-4-2　2016~2018年欧姆龙集团可穿戴医疗设备销售额分析

年份	销售额（亿元）	市场份额（%）
2016	0.63	2.18
2017	0.95	2.13
2018	1.22	1.75

资料来源：欧姆龙集团。

第三节 华为

一、概况

华为创立于1987年,是全球领先的ICT(信息与通信)基础设施和智能终端提供商,公司致力于把数字世界带入每个人、每个家庭、每个组织,构建万物互联的智能世界。目前华为有18.8万员工,业务遍及170多个国家和地区,服务30多亿人口。公司在通信网络、IT、智能终端和云服务等领域为客户提供有竞争力、安全可信赖的产品、解决方案与服务,与生态伙伴开放合作,持续为客户创造价值。

二、企业销售额分析

华为公司智能可穿戴医疗设备主要有HUAWEI WATCH GT、华为手环3Pro、华为手环3、华为手环B5等。2018年,华为公司的可穿戴医疗设备销售额为10.76亿元,市场份额为15.42%(见表7-4-3)。

表7-4-3 2016~2018年华为公司可穿戴医疗设备销售额分析

年份	销售额(亿元)	市场份额(%)
2016	4.65	16.11
2017	7.00	15.72
2018	10.76	15.42

资料来源:华为公司。

第四节 天津九安医疗电子股份有限公司

一、概况

天津九安医疗电子股份有限公司(以下简称九安医疗)成立于1995年,是一家专注于健康类电子产品和智能硬件研发生产的高新技术企业，同时也是一家专注于搭建移动互联网"智能硬件+移动应用+云端服务"个人健康管理云平台的创新型科技企业。公司于 2010 年 6 月 10 日在深圳中小板上市（股票代码 002432），同年向移动互联网转型，推出全球第一台移动互联血压计，得到美国苹果公司大力支持，进入苹果公司线上官网和线下专卖店渠道。公司陆续推出了涵盖血压、血糖、血氧、心电、心率、体重、体脂、睡眠、运动等领域的个人健康类可穿戴设备，并获得小米科技 2500 万美元战略投资，成为小米生态链合作伙伴。

公司先后在美国硅谷、法国巴黎、北京、新加坡设立子公司，并收购了为心脏起搏器患者提供设备互联与远程监控服务的法国移动医疗领先企业 eDevice。公司被誉为全球移动医疗的开拓者、参与者和领跑者。

二、企业销售额分析

天津九安医疗电子股份有限公司可穿戴设备品涵盖血压、血糖、血氧、心电、心率、体重、体脂、睡眠、运动等领域，其中 iHealth 血压计、血糖仪、智能腕表分别荣获德国红点、IF、美国 CES 多项大奖。2018 年，天津九安医疗电子股份有限公司销售额为 1.82 亿元，市场份额为 2.61%（见表 7-4-4）。

表 7-4-4　2016~2018 年九安医疗可穿戴医疗设备销售额分析

年份	销售额（亿元）	市场份额（%）
2016	1.23	4.26
2017	2.07	4.65
2018	1.82	2.61

资料来源：九安医疗。

第五节　北京睿仁医疗科技有限公司

一、概况

北京睿仁医疗科技有限公司（以下简称睿仁医疗）是一家专注于互联网医疗的高科技公司，发明并制造基于移动互联网的智能可穿戴式医疗设备，并利用云端大数据进行衍生增值服务的开发。公司团队成员来自于泰科医疗、日立医疗、ESS、京东、搜狐畅游等国际知名医疗器械、嵌入式软件和互联网公司。

2011 年 7 月，睿仁医疗团队成立；2014 年 2 月，睿仁医疗拿到 1000 万元的天使投资；2014 年 7 月，睿仁医疗入选录取率低于 3% 的微软创投加速器；2014 年 8 月，睿仁医疗的发烧总监在美国开展基于血液肿瘤的临床研究；2015 年 1 月，睿仁医疗与全美排名第一的波士顿儿童医院达成战略合作。

二、企业销售额分析

北京睿仁医疗科技有限公司可穿戴医疗设备核心产品为发烧总监和孕律，发烧总监智能儿童体温计：为发烧患者（主要为儿童）实时持续监测体温，结合 App，记录重要事件和体温趋势，并提供高标准发烧教育信息，为医生的个性化治疗提供数据支持；孕律智能备孕基础体温计：可以自动采集基础体温数据，同时结合 App，帮助女性管理生理周期、预测排卵日，帮助备孕和女性自我量化的健康管理。2018 年北京睿仁医疗科技有限公司可穿戴医疗设备销售额为 0.76 亿元，市场份额为 1.09%（见表 7-4-5）。

表 7-4-5　2016~2018 年睿仁医疗可穿戴医疗设备销售额分析

年份	销售额（亿元）	市场份额（%）
2016	0.33	1.14
2017	0.53	1.19
2018	0.76	1.09

资料来源：睿仁医疗。

第六节　广东乐心医疗电子股份有限公司

一、概况

广东乐心医疗电子股份有限公司（以下简称乐心医疗）成立于 2002 年，专注于智能健康，目前主攻"智能穿戴"与"移动医疗"两大方向。公司旗下产品包括可穿戴运动手环（手表）、电子健康秤、脂肪测量仪、电子血压计等硬件设备，同时针对运动瘦身、慢病管理等领域提供软件和智能硬件一体化解决方案。2014年,乐心医疗与微信战略合作,成为首批接入微信的智能硬件品牌。2015年,乐心医疗健康电子产品总销量1080万台,其中智能硬件销量383万台。

公司成功搭建乐心云智能健康云平台,推出乐心运动、乐心健康移动互联网产品,帮助数百万用户完成运动、健康数据的采集、存储和全面分析,并为其提供运动计划、健康管理等定制化服务;乐心健康更涵盖医生端健康管理,利用智能硬件实时监测用户的血压、血糖、睡眠、运动等数据,协助医生高效地进行在线慢病患者管理和诊疗;携手深圳罗湖医院集团等知名医疗机构,成立智慧社区慢病管理创新基地,让移动医疗走进千家万户。

二、企业销售额分析

广东乐心医疗电子股份有限公司产品线包括智能手环/手表、血压计、血糖仪、体脂秤、睡眠监测仪、心贴等多个品类,可以满足多个行业、不同领域细分人群的产品组合需求。凭借良好的产品质量,公司产品大量出口到海外市场。2018年,广东乐心医疗电子股份有限公司可穿戴医疗设备销售额为0.78亿元,市场份额为1.12%(见表7-4-6)。

表7-4-6 2016~2018年乐心医疗可穿戴医疗设备销售额分析

年份	销售额(亿元)	市场份额(%)
2016	0.54	1.87
2017	0.67	1.50
2018	0.78	1.12

资料来源:乐心医疗。

第七节　广东宝莱特医用科技股份有限公司

一、概况

广东宝莱特医用科技股份有限公司(以下简称宝莱特)成立于1993年,是国家发改委授予的"国家多参数监护仪产业化基地",坐落在珠海,现有厂房建筑面积20000多平方米。经过多年的不断努力和创新,宝莱特监护仪已经成为中国监护仪市场的民族品牌。2011

年，宝莱特公司在深交所成功上市，股票代码300246。宝莱特公司产品线完整，是全球监护仪产品线完善的公司之一，主要产品为监护仪设备，高中低档产品齐全，同时研制出多款数字心电图机、胎儿监护仪、脉搏血氧仪以及中央监护系统等。

二、企业销售额分析

广东宝莱特医用科技股份有限公司可穿戴医疗设备产品主要包括：女性基础体温计（好孕100）、智能体温监测系统（育儿宝）、远程智能血压计等。2018年，公司可穿戴医疗设备销售额为0.62亿元，市场份额为0.89%。

表7-4-7　2016~2018年宝莱特可穿戴医疗设备销售额分析

年份	销售额（亿元）	市场份额（%）
2016	0.24	0.84
2017	0.39	0.87
2018	0.62	0.89

资料来源：宝莱特。

第八节　三诺生物传感股份有限公司

一、概况

三诺生物传感股份有限公司（以下简称三诺生物）是一家致力于利用生物传感技术研发、生产、销售快速检测慢性疾病产品的高新技术企业，产业基地位于长沙国家高新技术产业开发区。作为国家生物医学工程高技术产业化示范项目，三诺生物多次获得国家创新基金支持，并率先通过了ISO 13485质量管理体系认证及欧盟CE认证。公司生产的"三诺"系列血糖仪及配套试纸，以其"准确、简单、经济"的特点，获得广大消费者的认可。2016年1月，公司参与收购美国Trividia Health Inc（原美国尼普洛诊断有限公司），成为全球第六大血糖仪企业，迈入全球血糖仪领先阵营。

二、企业销售额分析

三诺生物传感股份有限公司在便携式血糖仪领域具有较高的知名度，同时公司近年来不断加大在可穿戴医疗设备领域的研发投入。2018年，公司可穿戴医疗设备的销售额为0.47亿元，市场份额为0.67%（见表7-4-8）。

表7-4-8　2016~2018年三诺生物可穿戴医疗设备销售额分析

年份	销售额（亿元）	市场份额（%）
2016	0.18	0.62
2017	0.28	0.63
2018	0.47	0.67

资料来源：三诺生物。

第九节　统捷通讯科技集团有限公司

一、概况

统捷通讯科技集团有限公司（以下简称统捷通讯）系创新驱动型科技企业集团联盟，主要从事移动M2M便携式通讯、健康安全终端、数据化健康分析系统软件开发及相关设备的研发和生产。统捷科技拥有一支富有创造活力的高素质智力团队。在以著名美籍华人科学家相建南博士的率领下，先后汇集了17位博士、36位硕士及国内知名在计算机、信息科学、医学、生物传感技术等方面专家学者的智慧和精力。

二、企业销售额分析

统捷通讯科技集团有限公司可穿戴医疗设备产品包括：jWotch智能监护手表-HM041B（用于测量血压、心率）、jWotch智能监护手表-HM042（用于监测心率、血氧）、jTemp云端连续温度贴（用于体温的连续监测）、jMp云端ICU生命常态检测腕带（用于血压、温度等检测）。2018年，统捷通讯科技集团有限公司可穿戴医疗设备销售额为0.37亿元，市场份额为 0.53%（见表 7-4-9）。

表 7-4-9　2016~2018 年统捷通讯可穿戴医疗设备销售额分析

年份	销售额（亿元）	市场份额（%）
2016	0.13	0.45
2017	0.22	0.49
2018	0.37	0.53

资料来源：统捷通讯。

第五章 产业链分析

第一节 产业链构成

可穿戴医疗设备产品包括智能手表、智能腕带、智能眼镜、便携智能血压仪、心率血氧探测仪、便携式心电仪等,其上游主要是可穿戴材料、传感器、医疗芯片、柔性元件(柔性电路、柔性屏、柔性电池)、无线通信技术等;下游销售领域包括各级医院、药店、电商、大型商超、医疗器械公司等(见图7-5-1)。

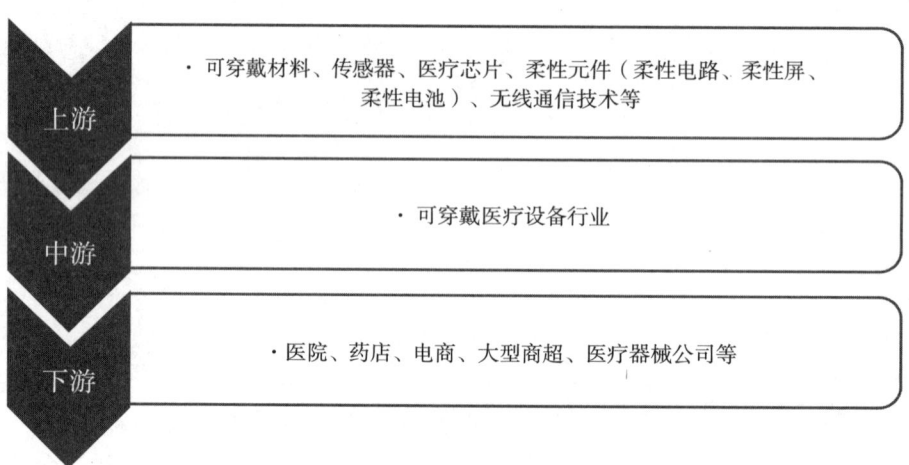

图 7-5-1 可穿戴医疗设备行业产业链构成

第二节 产业链上游行业发展分析

一、产业链上游行业发展状况

1. 可穿戴材料

可穿戴设备市场的不断发展，推动着各种可穿戴设备原材料的市场需求，其中，电子消费产品是可穿戴材料的最大应用。消费者对复杂小型设备喜好的不断增加，以及互联设备的日益普及等，正推动着可穿戴材料市场的不断发展。

在材料选择方面，由于应用于可穿戴设备的材料与人体直接接触，需要具备安全、透气、耐用、舒适、灵活度、柔软度及贴合度好等特性，因此高分子材料成为可穿戴设备的主要材料之一。市场上常用于可穿戴设备的材料包括硅胶、聚氨酯、弹性体TPE、TPU及各种胶黏剂等。近年来，新型导体和半导体材料的发展为可穿戴医疗设备的设计提供了新的动力，如导电高分子聚合物、金属和金属氧化物的纳米粒子、碳基纳米材料等，这些材料在具有良好导电性的同时，又具有很好的机械特性，其制作成的导电织物具有柔软、轻薄、易拉伸变形的特点，非常适合于可穿戴医疗设备。

2. 传感器

可穿戴医疗传感器作为智能穿戴系统的核心技术，主要分为运动传感器、生物传感器和环境传感器。运动传感器主要包括加速度传感器、陀螺仪、电子罗盘传感器、大气压传感器等；生物传感器主要包括心率传感器、体温传感器、血压传感器、血糖传感器等；环境传感器主要包括温湿度传感器、紫外线传感器、pH传感器、气体传感器、气压传感器、环境光传感器、颗粒传感器等。

3. 医疗芯片

可穿戴式医疗芯片主要用于采集及处理关键生理信号，以此获得相应的生理信息，实时监控使用者的健康状况，实现对突发病症进行及时救治、对重大疾病的预防，降低病死率。因此，可穿戴式医疗芯片将是现代以预防为主的新医疗体系的关键模块，其关键技术包括低功耗、全集成、低噪声等。

4. 柔性元件

柔性元件包括柔性电路、柔性屏和柔性电池，手机终端的柔性需求使柔性技术在这两年得到明显进步，贴身穿戴等特点决定可穿戴设备比手机更需要柔性元件。柔性电路现已使用在手机、笔记本电脑等设备，并开始切入可穿戴终端领域。柔性屏方面，三星已推出搭载弯曲屏的 Galaxy Gear 智能手表，LG 也加大柔性屏投入，欲进军可穿戴设备；技术上石墨烯柔性屏幕获突破，未来会更好地适配可穿戴终端。柔性电池方面，三星 SDI 发布可弯曲电池，一次充电可待机 5 天；台湾辉能研发超薄柔性电池，厚度仅有 0.33 毫米，于 2015 年初上市。

5. 无线通信技术

可穿戴医疗设备采集到的大量人体生理数据需要上传至电脑等处理器或者移动互联网的"云端"进行大量计算，其结果再传至可穿戴终端反馈给用户，因此需要有高效安全的无线传输技术。使用较广泛的无线通信技术主要有 WIFI、蓝牙、ZigBee、红外、近场通信（NFC）技术等，而随着导电织物技术的发展，一项新的技术——可穿戴天线得以发展。

二、产业链上游行业对本行业影响

可穿戴医疗设备行业技术门槛较高，制作工艺较为复杂，涉及上游行业较多，主要包括新材料、传感器技术、芯片技术、通信技术、电路设计、能源电池等行业。上游行业技术水平的高低直接影响可穿戴医疗设备的质量，而且上游原材料价格的变动也将影响可穿戴医疗设备生产企业的经营状况，原材料价格上升，将导致相关企业的生产成本将有所上升，进而将影响企业的盈利水平。近年来，受中国通信、电子技术产业等不断发展，中国医疗芯片、传感器、柔性电子元件产品质量、功能大幅提升，极大地促进了可穿戴医疗设备产品的更新迭代。但是，由于国内医疗芯片、传感器、柔性元件等技术起步较晚，在一些高端产品领域缺乏竞争力，在很大程度上制约了国内高端可穿戴医疗设备的发展。

第三节 产业链下游行业发展分析

一、产业链下游行业发展状况

可穿戴医疗设备行业的下游主要为各级医院、药店、电商、大型商超、医疗器械公司，而医院、药店是可穿戴医疗设备的主要应用领域。近几年，国家面向全国城市的各级医疗机构投入大量资金，推动了各级医疗卫生机构的改扩建。2018 年，全国共有医疗卫生机构 100.4 万个，其中医院 3.2 万个，在医院中有公立医院 1.2 万个，民营医院 2.0 万个；三级甲等医院 1442 个，二级医院 9017 个，一级医院 10831 个，未定级医院 10613 个。相关数据显示，截至 2018 年 11 月底，全国共有《药品经营许可证》持证企业 50.8 万家。其中，批

发企业 1.4 万家，零售连锁企业门店 25.5 万家，零售药店 23.4 万家。我国庞大的医疗产业及其他相关行业为可穿戴医疗设备行业提供了广阔的发展空间。

二、产业链下游行业对本行业影响

下游行业的发展决定了可穿戴医疗设备行业的市场容量、消费需求和扩张速度，对可穿戴医疗设备行业的影响较大。国家各级医疗机构的卫生服务水平不断提升，配备可穿戴医疗设备的各级医院、药店数量不断增加，同时国人病前预防观念的不断提升以及人口老龄化不断加深，一方面带动国内可穿戴医疗设备市场需求的持续增长，另一方面促进可穿戴医疗设备生产企业不断创新，提高设备质量，更好地为国人服务。未来在国家政策和资金的大力支持下，可穿戴医疗设备行业发展前景良好。

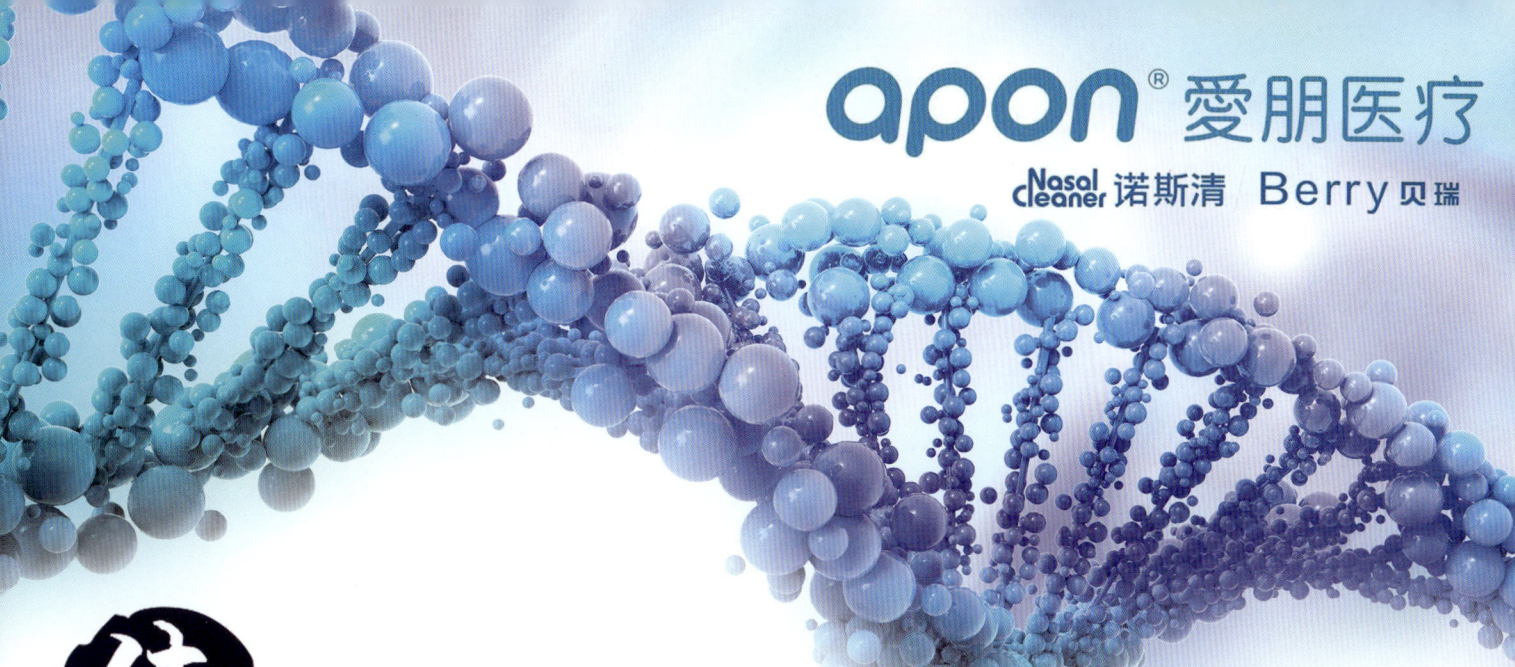

apon® 愛朋医疗
Nasal Cleaner 诺斯清　Berry 贝瑞

让生命远离痛楚

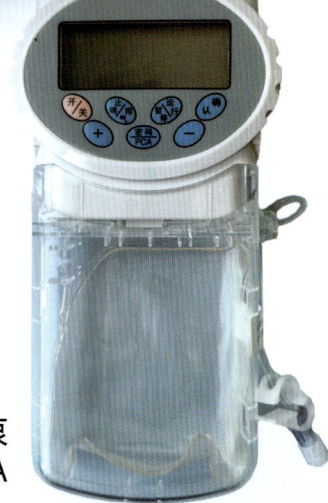

微电脑电动注药泵
DDB-I-A

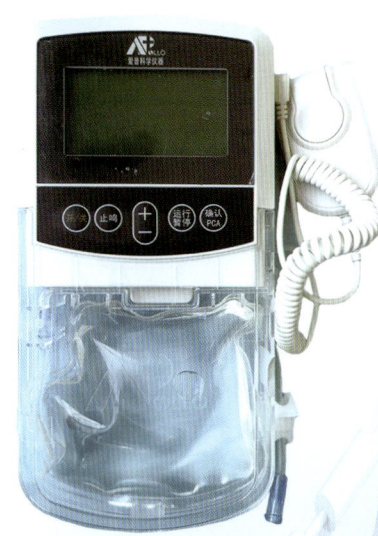

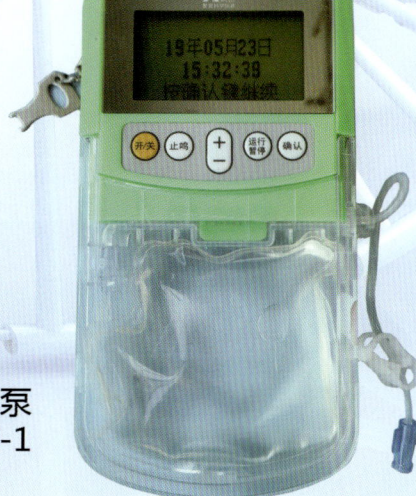

微电脑电动注药泵
DDB-I-B

微电脑化疗注药泵
DDB-I-1

爱普科学仪器（江苏）有限公司

产品咨询热线：0513-84109955

完美无极限
www.apon.com.cn

医用超声雾化器（中药版）

中国医学科学院生物医学工程研究所 联合研发
国家发明专利号：201510846488.4　国家发明专利号：ZL201410127650.2
实用新型专利号：ZL20142051355.6　型号：GYS-WHQ-I

医用超声雾化器是一款集中智能煎煮与中药温雾吸入一体的设备。为临床治疗提供了更高效、更安全、更快速、更便捷的给药途径。

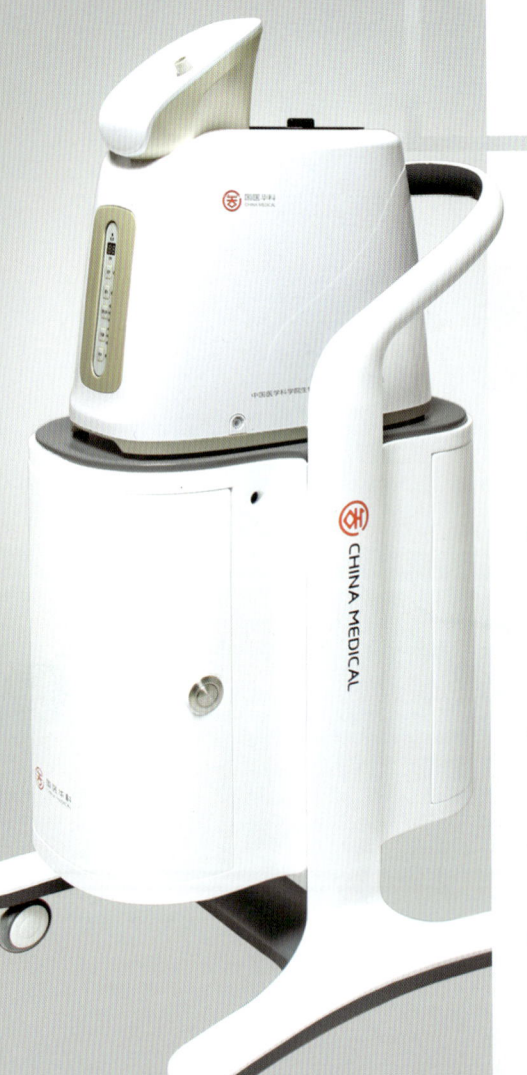

适用科室

呼吸科　**耳鼻喉科**　**眼科**　**儿科**

入选治未病服务适宜技术
2018年1月，国医华科医用超声雾化器入选第五批治未病服务适宜技术。

多中心临床研究
2018年11月11日，国医华科（苏州）医疗科技发展有限公司成功主办了中药煎煮超声雾化器治疗急性鼻炎的多中心临床启动会议。

制定行业标准
2018年12月7日至9日《中医超声雾化疗法临床应用标准》正式发布。

中药雾化全国推广
2019年3月，国医华科《中药超声雾化广东区域联动会议》在广州成功召开，全国名老中医儿科专家朱锦善教授应邀出席。

合作医院

上海中医药大学附属市中医医院	北京市中医药大学东直门医院	山东省中医药大学附属第二人民医院
成都中医药大学附属省中医医院	北京中医药大学附属东方医院	浙江省中医院
广州中医药大学第一附属医院	北京市通州区妇幼保健院	日照市中医院
陕西中医药大学第二附属医院	中山大学眼科医院	…

中药雾化
从关注国医华科开始

招商热线：134 0263 0590（王总）　　邮箱：wangjunjun@gyhuake.com

四点阈值视野仪
适用于青光眼早期快速筛查

四点阈值视野仪是一款快速便捷的视野检查仪器，广泛用于大众人群的视野普查，适用于各级医疗机构和体检中心。

适用科室
眼科　**体检中心**

青光眼的特点

危害大
青光眼是排名第一的不可逆转致盲性眼科疾病，其致盲率高达30%。

早期干预是关键
青光眼致盲后不能复明，早发现、早干预可以使患者保持一定的视觉功能，若等到中晚期将无药可医。

隐藏深
早期青光眼无明显症状，待患者有觉察时往往已发展到中晚期。据统计人群中有90%的开角型青光眼和50%的闭角型青光眼未被查出。

发病率较高
青光眼的患病率在全球范围平均为2-3%，50岁以后发病率可高达4-7%。40岁以上的人群，每30人就有1人可能罹患青光眼。

高发人群广
需要保持定期随访检查。家庭成员有青光眼病史、高血压、糖尿病、高度近视等均为青光眼高危人群。

产品特点

快速检测
定性模式单眼
检测时间20S

检测精度高
敏感性和特异性
均达到80%以上

早期筛查
有助病人早期
发现诊断治疗

多种模式
三种检测模式
满足不同临床需要

守护眼健康
从关注国医华科开始

招商热线：189 1550 2888（潘总）　　　邮箱：zhiqiang_pan@gyhuake.com

迈德普斯　站在感染控制的前线

安徽迈德普斯医疗科技有限公司
Anhui MedPurest Medical Technology Co.,Ltd

Company Profile
公司简介

　　安徽迈德普斯医疗科技有限公司是中国无菌手术组合包，手术洞巾主要生产商，是医疗行业最具品牌影响力企业。

　　公司拥有ISO9001、ISO13485等完善的质量体系，产品质量符合美国、日本、中国标准，获得欧盟CE品质认证、美国FDA认证、国内医疗器械注册证等，国内外荣誉达89项之多，获发明专利60余项。

　　产品畅销60多个国家和地区，主要以欧洲、美国、南美、日本等主流市场为主。

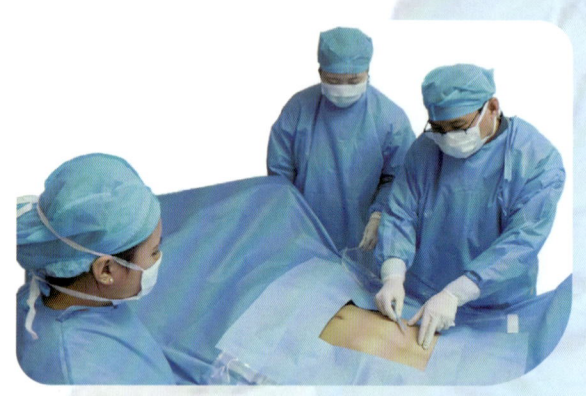

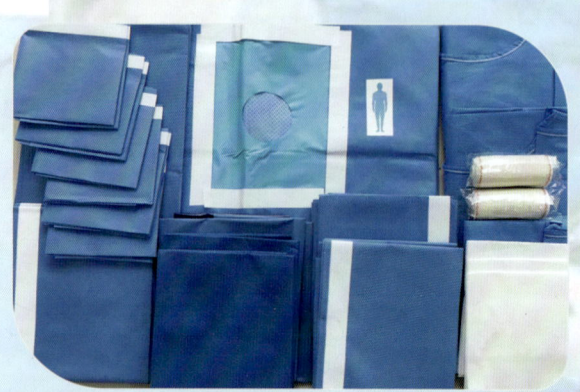

地址：安徽省安庆市宜秀区加宝工业园D4-B-2
电话：0556-5999022　　0556-5877099　　0556-5877098
传真：0556-5555827　　QQ：1731255100
邮箱：info@medpurest.com
网址：www.medpurest.cn

中国加速器技术与应用的领跑者

中科海维
致力于辐照消毒灭菌加速器

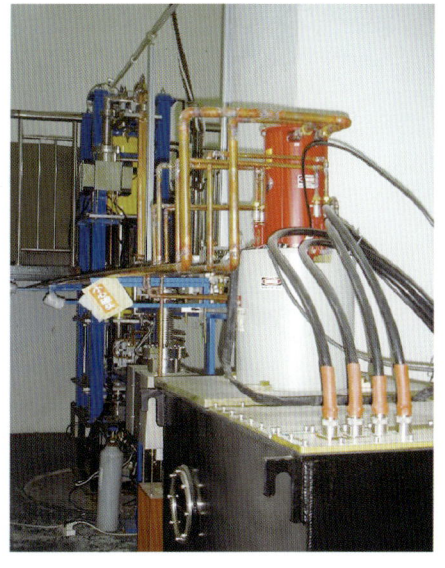

公司简介
中广核中科海维科技发展有限公司，以中国广核集团央企资源为后盾，以中国科学院上海应用物理研究所、南京大学为技术依托，致力于辐照消毒灭菌加速器的研发，生产与运用。

公司主要业务范围
辐照加工用电子直线加速器、高频高压型加速器、无损检测用电子直线加速器，并提供辐照材料改性技术服务和辐照消毒灭菌技术服务。

应用领域
辐照消毒灭菌	主要应用范围包括：医疗器械，敷料；宠物食品、禽畜饲料；中草药、保健品；化妆品；玩具及用品；其他日常用品。
食品辐照保鲜	主要应用范围包括：冷冻包装海鲜、贝类、畜禽肉类；熟畜禽肉类及其制品；干货、调味品、脱水蔬菜；水果、蔬菜、食用菌；新鲜大蒜、洋葱、马铃薯、生姜等。
电子元器件及新材料辐照改性	主要应用范围包括：可控硅的辐照改性；半导体器件的辐照改性；二极管、三极管的辐照改性；其他新材料的辐照改性。

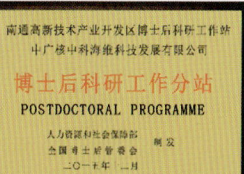
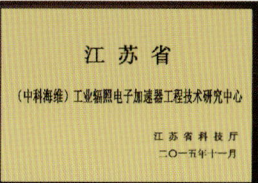

数据表

型号	能量 (MeV)	平均束功率 (kW)	平均束流强度 (μA)	扫描宽度 (mm)	能量不稳定度	剂量不均匀度	束流不稳定度
DZ-10/5	8~12	5	500	600~1000	≤3%	≤5%	≤5%
DZ-10/10		10	1000				
DZ-10/15		15	1500				
DZ-10/20		20	2000				

中广核中科海维科技发展有限公司
CGN ZHONGKE HI-WITS TECHNOLOGY DEVELOPMENT CO., LTD.

地址：江苏省南通市通州区青岛路888号
手机：张先生：18360009806　姜女士：18566281856
Tel: 0086-513-86559930　　Fax: 0086-513-86559086
E-mail: zhj@cgnhw.cn　　Http://www.cgnhw.cn

扫描二维码了解更多详情

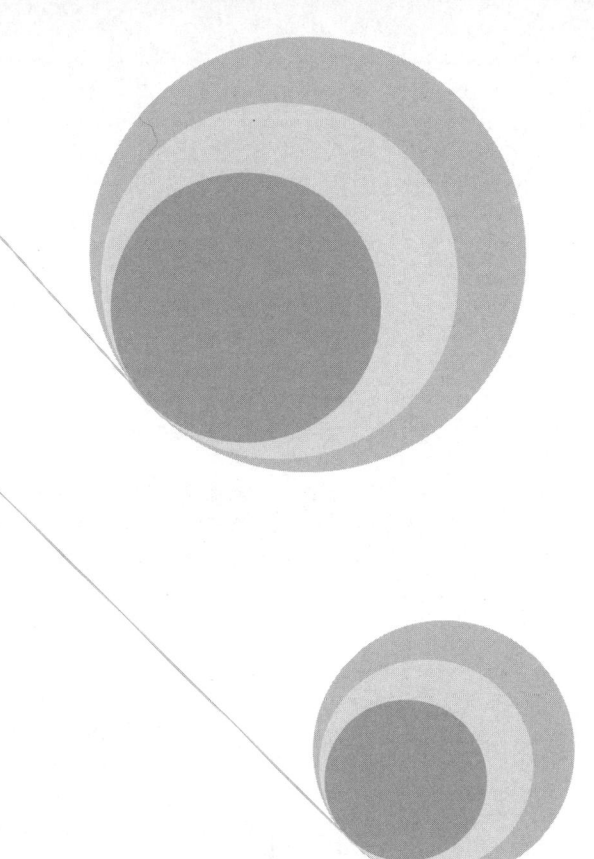

新生儿设备行业发展报告

第一章 新生儿设备行业概述

第一节 产品概述

近年来，婴儿培养箱、婴儿辐射保暖台、新生儿呼吸机以及新生儿黄疸治疗仪、新生儿监护仪等新生儿设备不断推陈出新，旨在更好地为新生儿创造一个健康的成长环境，越来越受到年轻父母关注。

婴儿培养箱主要由婴儿舱、温度控制仪、培养箱机箱、蓝光辐照灯箱等组成，其功能是为早产儿、低体重儿、病危儿提供一个类似母体宫腔的环境，应用于新生儿体温复苏、输液、输氧、抢救、住院观察等场合。

婴儿辐射保暖台由 LED 照明灯、辐射箱、控制仪、婴儿床、机架、皮肤温度传感器、输液架、仪器托盘、黄疸治疗装置九部分组成，综合临床医学、光学、机械、计算机自动控制及传感器等多门类学科的先进技术为一体，为新生儿及病婴提供一个温暖、舒适的手术及护理平台，适用于分娩后新生儿的护理、抢救和儿科手术治疗，尤其是对新生儿危重症的急救和操作更为方便，是分娩室、新生儿室和新生儿监护中心必备设备之一，对降低新生儿因低体温造成的损伤起到了重大作用。

新生儿黄疸治疗仪主要用于未满月黄疸患儿的治疗，主要由辐照灯箱和可移动的机架两部分组成。它可以发射出主光谱为 400~550 纳米范围内的可见光，这种可见光呈蓝色，能被胆红素吸收，在光和氧的作用下，脂溶性的胆红素会氧化成一种水溶性产物，这种产物能从胆汁和尿液中排出体外，从而降低新生儿体内的胆红素浓度，使黄疸症状消失。

新生儿呼吸机由主机（监测气体混合器）、鼻塞（带固定头帽）和台车组成，不包括呼吸管路，鼻塞的材质为硅胶，产品适用于对婴儿进行自主呼吸支持和治疗。

新生儿监护仪主要用于检测患儿的动态心电图、呼吸、提问、血压、血氧饱和度以及脉率等生理参数，还可储存血压、心率值、提问、呼吸及血氧数据。新生儿是非常特殊的群体，其血压、心电和血氧等生理体征与成人有很大不同，用传统的成人监护仪去监护新生儿，心电、心率和呼吸率的测量数据常常不准确，而且没有经验的护士可能会误用成人模式测量新生儿血压，易对新生儿手臂造成压伤。

第二节 行业发展特点

1. 市场前景广阔

新生儿设备对婴幼儿健康成长至关重要，近年来随着国家和社会各界对新生儿健康事业的关注和支持，新生儿保育设备水平从薄弱发展到雄厚，在中国医疗卫生领域扮演着越来越重要的角色。目前，各高校新生儿学科事业也得到迅猛发展，从事这一领域的专家学者及企业等相关主体对技术发展趋势、政策法规解读、行业自律、成果转化及战略合作有着越来越大的需求。此外，我国"二胎"政策全面开放，每年新生儿数量达千万以上，现阶段新生儿父母多为"80后""90后"，他们具有较高的消费意愿与精细化的培养理念，在照顾新生儿方面愿意花费较多的人力、物力，这为新生儿设备行业快速发展提供了充足动力。

2. 技术壁垒高

新生儿设备是多学科交叉整合的技术密集型行业，涉及声学、电子学、生物医学、材料科学、传感技术、计算机及数字技术、图像处理等技术领域，是理、工、医等学科互相渗透的高科技产品。新生儿抵抗能力较差，相关设备的使用会直接影响新生儿的健康和生命安全，因此设备的安全性能需要获得较高的保证。除安全性的考量外，新生儿设备的有效性、准确性和长期的可靠性也必须得到保证，企业只有通过持续的研究和大规模临床数据的统计分析，才能够开发出保证质量、满足客户需求的产品。新进入者很难快速获得可靠的产品技术平台和大规模的临床数据积累，因此行业技术壁垒较高。

第三节 行业发展现状

新生儿设备属于医疗器械领域的一个细分行业，包括婴儿培养箱、保暖台、黄疸治疗仪、监护仪、呼吸机等。鉴于市场上高龄产妇的增多，新生儿患病几率增加，而我国目前也正在完善各级医疗卫生机构的医疗设备体系，入驻妇产科医院的孕产妇人数也越来越多，因此，新生儿设备行业的市场基础已经存在。此外，我国新生儿设备主要应用于病患儿、低体重儿、早产儿等，与欧美等国家的新生儿设备已经全面覆盖了婴儿成长的各个阶段相比，我国新生儿设备行业还存在很大进步空间。

目前，国内较知名新生儿设备生产企业有深圳市科曼医疗设备有限公司、宁波戴维医疗器械股份有限公司、南京金陵自动调温床有限公司、北京巨龙三优科技有限公司、郑州迪生仪器仪表有限公司等。其中，戴维医疗属于行业中龙头企业，该公司是国内同行业第一家通过 CMDC 认证、CE 认证的企业，新生儿设备产品应用于国内各级医院和乡镇卫生院，并出口到德国、法国、比利时、俄罗斯等地。

第二章 市场发展分析

第一节 市场发展状况

一、市场规模

2016-2018 年,中国新生儿设备行业市场规模呈现不断增长的态势,受到新生儿出生数量波动的影响,市场规模增长速度有所下降。其中,2016 年,中国新生儿设备行业市场规模为 19.47 亿元,增长率为 17.6%;2018 年,中国新生儿设备行业市场规模为 24.33 亿元,增长率为 10.2%(见图 8-2-1)。

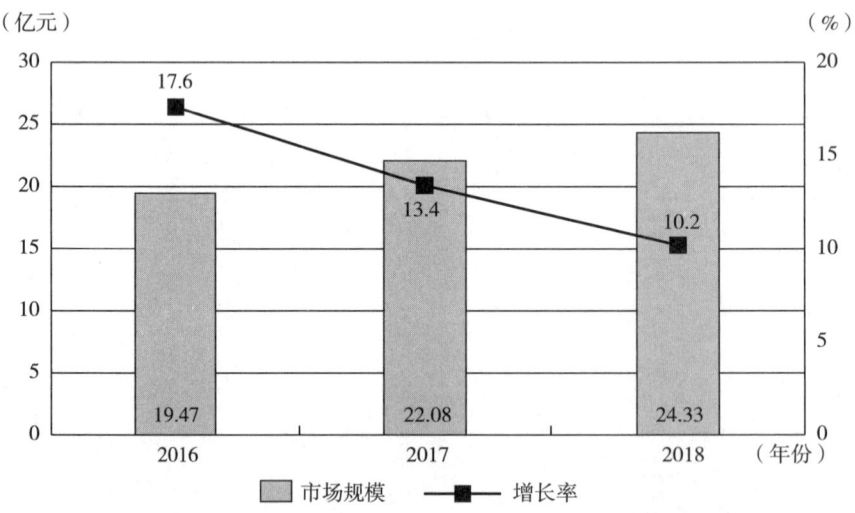

图 8-2-1　2016~2018 年中国新生儿设备行业市场规模分析

资料来源:中国医疗器械行业协会。

二、细分市场份额

婴儿培养箱、婴儿辐射保暖台、新生儿黄疸治疗仪是新生儿设备市场的主流产品。2018年，在中国新生儿设备市场上，婴儿培养箱占比为35.0%；婴儿辐射保暖台占比为22.8%；新生儿黄疸治疗仪占比为16.1%；新生儿呼吸机占比为10.6%；新生儿监护仪占比为7.5%（见图8-2-2）。

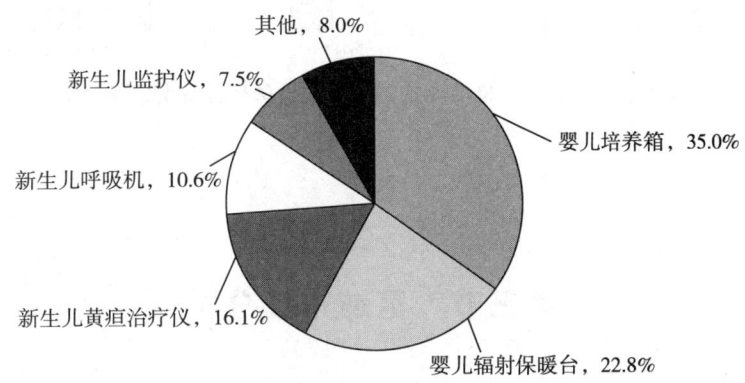

图8-2-2 2018年中国新生儿设备细分市场份额分析

资料来源：中国医疗器械行业协会，宇博智业项目组调研整理。

第二节 进出口分析

2016~2018年，中国新生儿设备行业进口额和出口额都呈现持续增长的态势。其中，2018年，中国新生儿设备进口额为7.54亿元（见图8-2-3），进口产品主要来自美国、德国、日本等发达国家企业，如美国GE、德国德尔格、日本阿童木等。2018年，中国新生儿设备出口额为5.32亿元，国产新生儿设备主要出口至土耳其、埃及、巴基斯坦、印度尼西亚等国家。

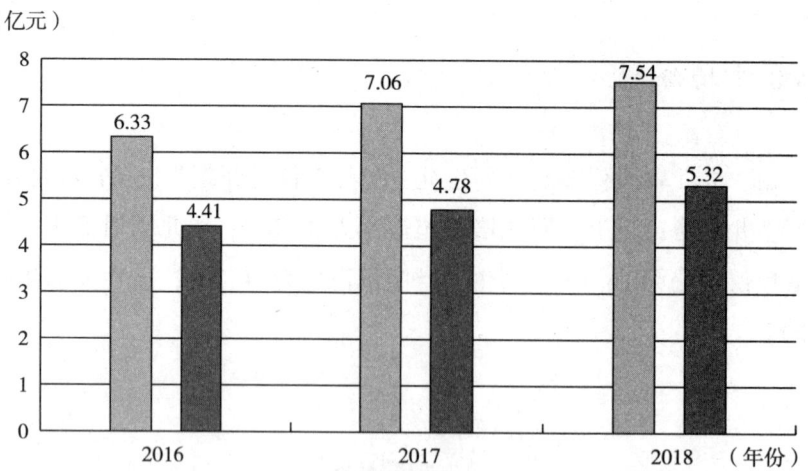

图 8-2-3 2016~2018 年中国新生儿设备行业进出口额分析

资料来源：中国医疗器械行业协会。

第三节 区域市场分析

一、区域市场份额分析

新生儿设备需求区域市场分布主要与各地区经济发展水平、医疗机构规模、人口密度等因素相关。2018 年，在中国新生儿设备行业区域市场中，华东地区市场规模占比为 33.6%；华北地区占比为 19.1%；华南地区占比为 17.5%；华中地区占比为 12.8%；东北地区占比为 5.9%；西部地区占比为 11.1%（见图 8-2-4）。

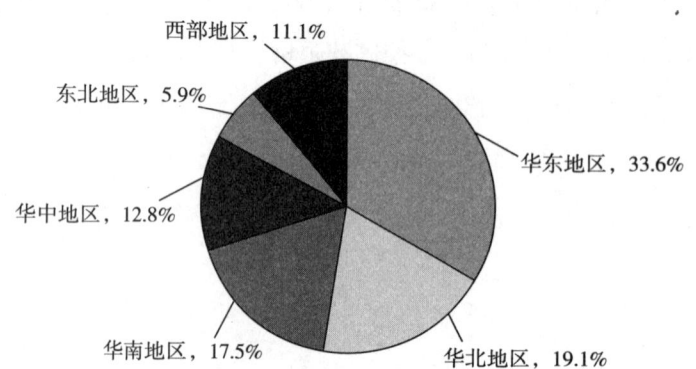

图 8-2-4 2018 年中国新生儿设备行业区域市场份额分析

资料来源：中国医疗器械行业协会。

二、主要区域市场分析

1. 华东地区

2016~2018年,华东地区新增新生儿设备较多,行业规模呈现不断扩大态势。2018年,华东地区新生儿设备市场规模为8.17亿元(见图8-2-5)。

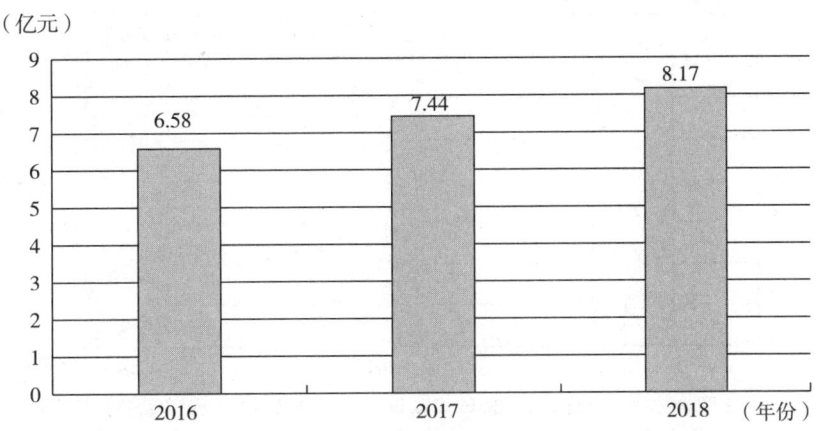

图8-2-5 2016~2018年华东地区新生儿设备市场规模分析

资料来源:中国医疗器械行业协会。

2. 华北地区

2016~2018年,华北地区新生儿设备市场规模呈现不断增加态势。其中,2016年,华北地区新生儿设备市场规模为3.75亿元;2018年,华北地区新生儿设备市场规模为4.65亿元(见图8-2-6)。

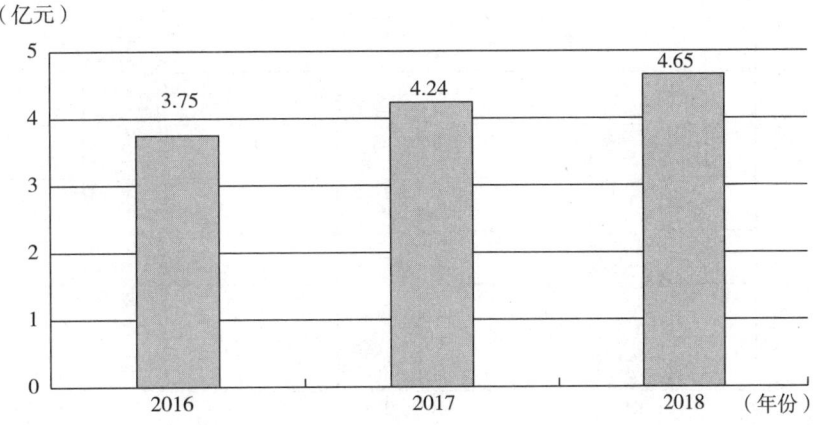

图8-2-6 2016~2018年华北地区新生儿设备市场规模分析

资料来源:中国医疗器械行业协会。

3. 华南地区

2016~2018年，华南地区新生儿设备市场规模呈现不断增加态势。其中，2016年，华南地区新生儿设备市场规模为3.47亿元；2018年，华南地区新生儿设备市场规模为4.26亿元（见图8-2-7）。

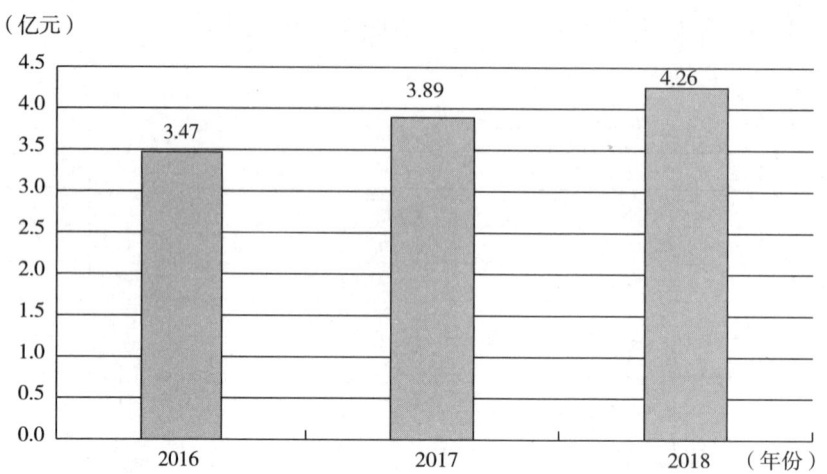

图8-2-7　2016~2018年华南地区新生儿设备市场规模分析

资料来源：中国医疗器械行业协会。

4. 华中地区

2016~2018年，随着下游医疗机构对新生儿设备采购量的增加，华中地区新生儿设备市场规模不断扩大。其中，2016年，华中地区新生儿设备市场规模为2.43亿元；2018年，华中地区新生儿设备市场规模为3.11亿元（见图8-2-8）。

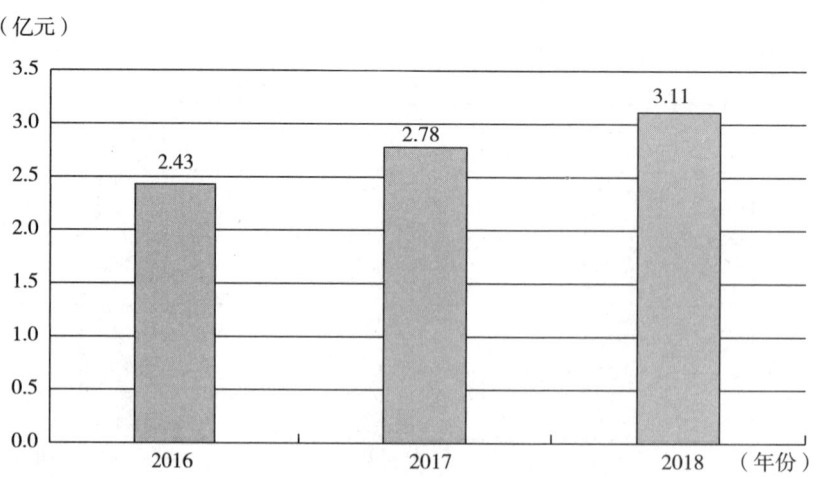

图8-2-8　2016~2018年华中地区新生儿设备市场规模分析

资料来源：中国医疗器械行业协会。

5. 东北地区

2016~2018年，东北地区新生儿设备市场规模呈现不断增加态势。其中，2016年，华南地区新生儿设备市场规模为1.11亿元；2018年，东北地区新生儿设备市场规模为1.44亿元（见图8-2-9）。

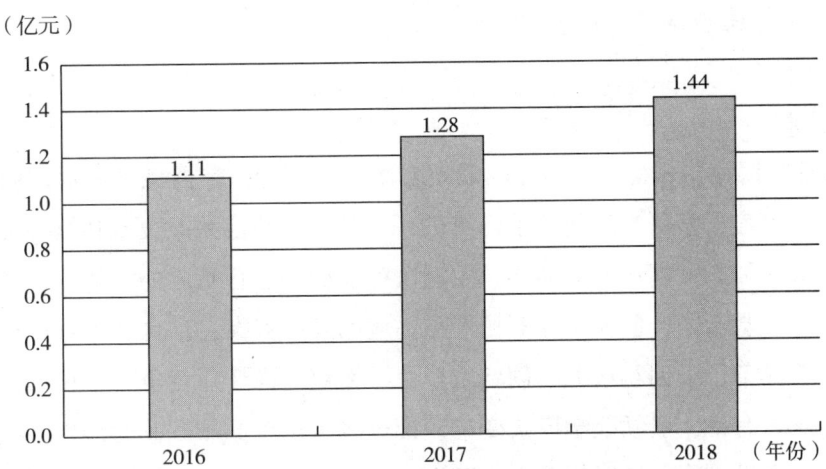

图8-2-9 2016~2018年东北地区新生儿设备市场规模分析

资料来源：中国医疗器械行业协会。

6. 西部地区

2016~2018年，西部地区新生儿设备市场规模不断增加，但与华东、华北等地区相比，西部地区新生儿设备市场体量仍然较小。其中，2018年，西部地区新生儿设备市场规模为2.70亿元（见图8-2-10）。

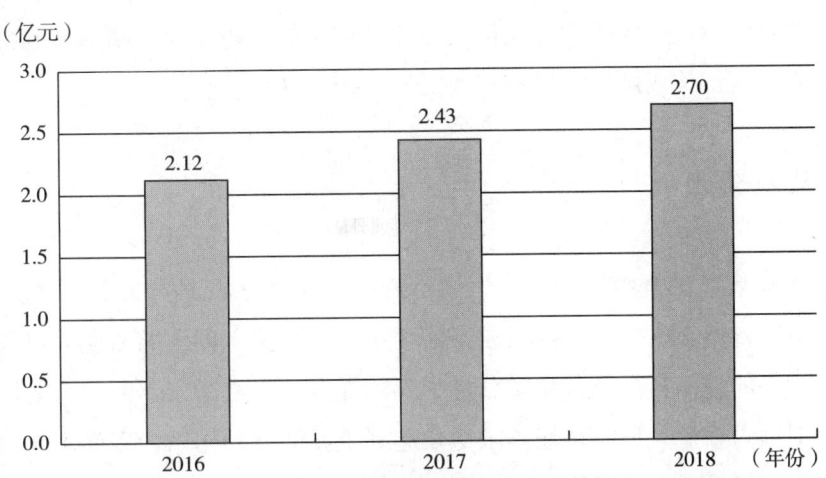

图8-2-10 2016~2018年西部地区新生儿设备市场规模分析

资料来源：中国医疗器械行业协会。

第四节 市场未来发展趋势

一、市场发展驱动因素分析

1. 政策因素

《"十三五"医疗器械科技创新专项规划》提出,加速医疗器械产业整体向创新驱动发展的转型,完善医疗器械研发创新链条;突破一批前沿、共性关键技术和核心部件,开发一批进口依赖度高、临床需求迫切的高端、主流医疗器械和适宜基层的智能化、移动化、网络化产品,推出一批基于国产创新医疗器械产品的应用解决方案;培育若干年产值超百亿元的领军企业和一批具备较强创新活力的创新型企业,大幅提高产业竞争力,扩大国产创新医疗器械产品的市场占有率,引领医学模式变革,推进我国医疗器械产业的跨越发展。未来一段时间内,在新生儿设备行业发展政策上,国家仍将鼓励高端产品国产化原材料及制备关键技术的发展,鼓励行业整体技术水平的提升,以提高行业核心竞争力。

2. 需求因素

一方面,2015年,我国全面开放"二胎政策",从长期来看,将对新生儿设备行业形成直接有利影响,随着高龄产妇人数增加,新生儿患病几率呈上升趋势,对新生儿保育设备需求规模不断扩大。

另一方面,新生儿设备从根本上增强新生儿的体质,避免留下各种隐患,有利于新生儿健康成长。随着人们生活水平的提高,居民对疾病诊断预防及健康管理意识的持续加强,早期诊断与预防需求将持续稳定扩大,人们更加关注疾病的预防以及诊断的准确性,加强了对自身健康的管理,这都构成新生儿设备产业发展的持续动力。

二、发展趋势预测

随着"二胎政策"的全面放开,全国高龄产妇逐渐增多,早产儿、新生儿患病几率增加,使得医院对于各类新生儿设备的需求不断增加。中国拥有庞大的新生人口数量,且随着现代医疗技术水平的提高,妇产科住院分娩率不断提升,加之国家不断加大对医疗机构的投入,这些都将对国内新生儿设备市场需求增长起到重要的推动作用,因而未来国内新生儿设备市场仍有很大的提升空间。预计2022年,中国新生儿设备市场规模为40.30亿元,同比增长13.6%(见图8-2-11)。

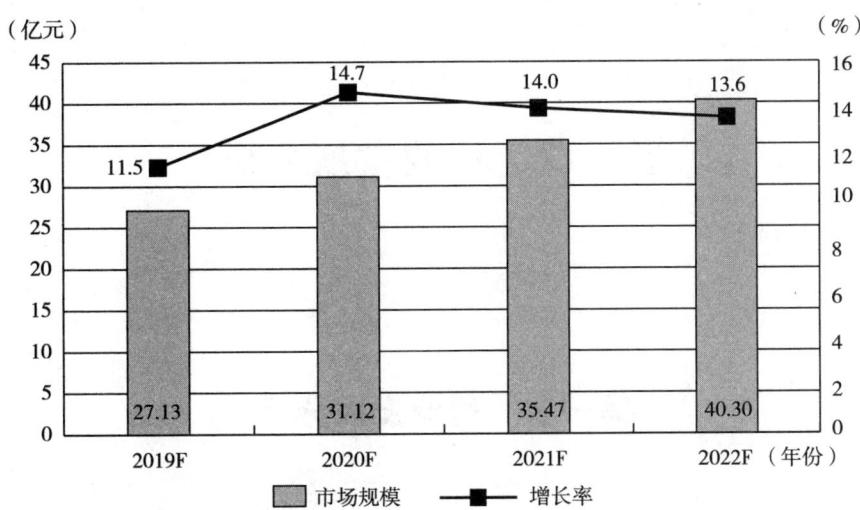

图 8-2-11 2019~2022 年中国新生儿设备市场规模预测

资料来源：中国医疗器械行业协会。

第三章 行业发展分析

第一节 行业发展分析

一、历年生产情况分析

2016~2018 年，随着新生儿设备需求的增长以及科曼医疗、戴维医疗等企业的不断发展，中国新生儿设备行业产值逐年增加。其中，2016 年，中国新生儿设备行业产值为 18.40 亿元，同比增长 15.8%；2018 年，中国新生儿设备行业产值为 22.96 亿元，同比增长 10.0%（见图 8-3-1）。

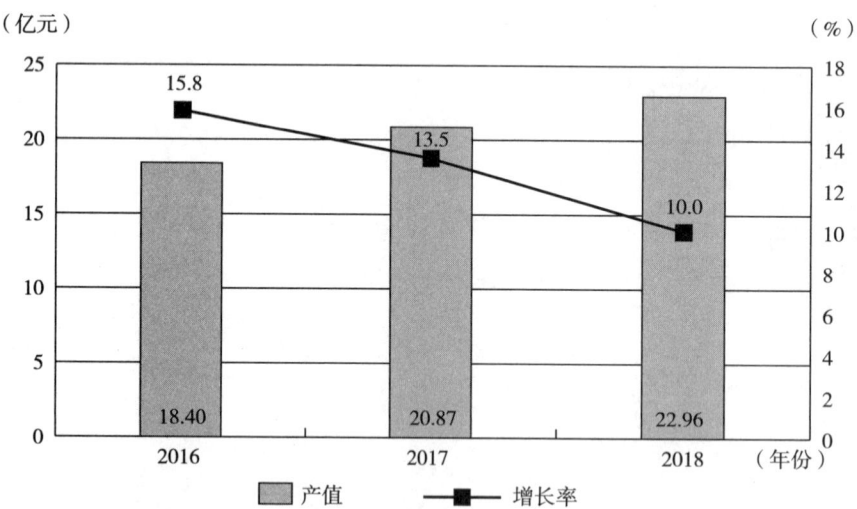

图 8-3-1 2016~2018 年中国新生儿设备行业产值分析

资料来源：中国医疗器械行业协会。

二、细分产品生产情况分析

1. 婴儿培养箱

2016~2018 年，中国婴儿培养箱行业产值不断增加。其中，2016 年，中国婴儿培养箱行业产值为 6.44 亿元；2018 年，中国婴儿培养箱行业产值为 8.04 亿元（见图 8-3-2）。

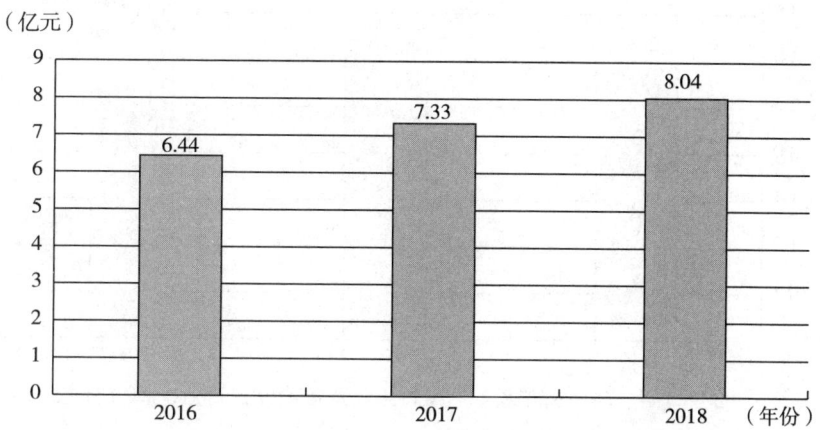

图 8-3-2　2016~2018 年中国婴儿培养箱行业产值分析

资料来源：中国医疗器械行业协会。

2. 婴儿辐射保暖台

2016~2018 年，中国婴儿辐射保暖台行业产值不断增加。其中，2016 年，中国婴儿辐射保暖台行业产值为 4.23 亿元；2018 年，中国婴儿辐射保暖台行业产值为 5.23 亿元（见图 8-3-3）。

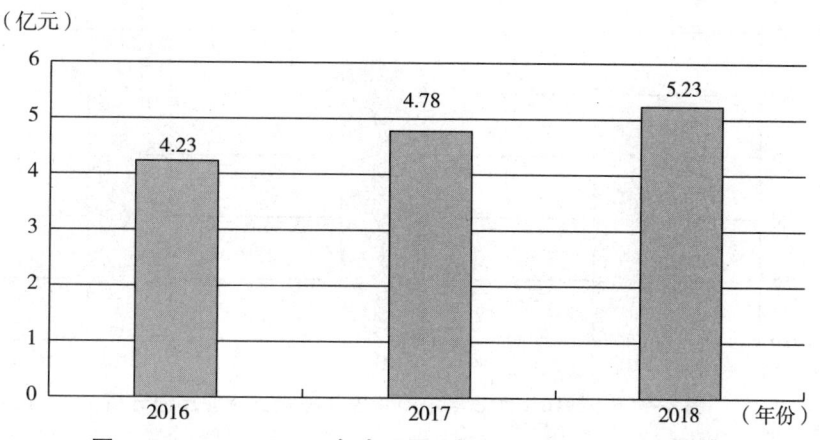

图 8-3-3　2016~2018 年中国婴儿辐射保暖台行业产值分析

资料来源：中国医疗器械行业协会。

3. 新生儿黄疸治疗仪

2016~2018年，中国新生儿黄疸治疗仪行业产值呈现不断增长的态势。其中，2016年，中国新生儿黄疸治疗仪行业产值为2.93亿元；2018年，中国新生儿黄疸治疗仪行业产值为3.70亿元（见图8-3-4）。

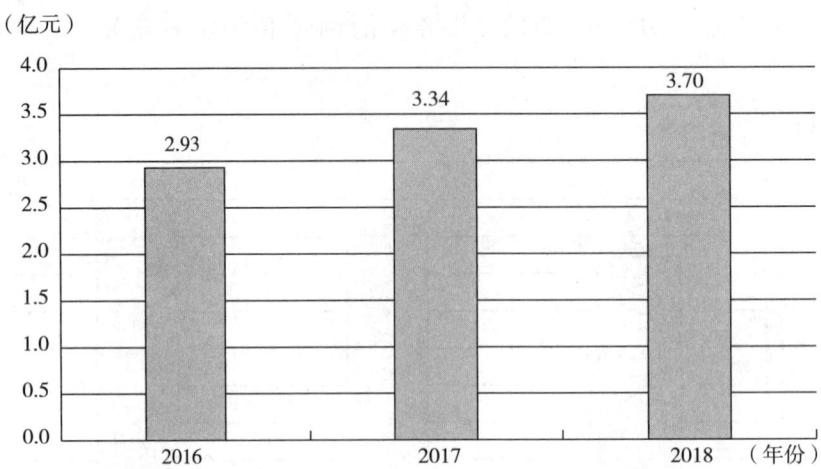

图8-3-4 2016~2018年中国新生儿黄疸治疗仪行业产值分析

资料来源：中国医疗器械行业协会。

4. 新生儿呼吸机

2016~2018年，中国新生儿呼吸机行业产值不断增长。其中，2016年，中国新生儿呼吸机行业产值为1.91亿元；2018年，中国新生儿呼吸机行业产值为2.43亿元（见图8-3-5）。

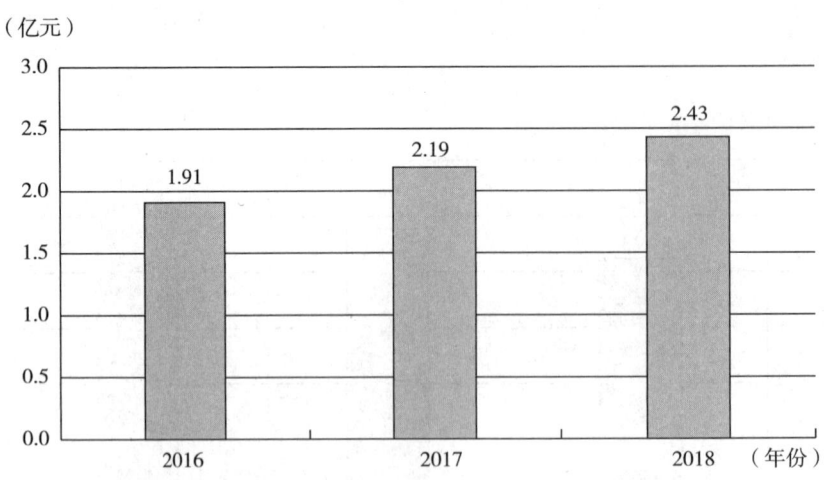

图8-3-5 2016~2018年中国新生儿呼吸机行业产值分析

资料来源：中国医疗器械行业协会。

5. 新生儿监护仪

2016~2018年，中国新生儿监护仪行业产值不断增长。其中，2016年，中国新生儿呼吸机行业产值为1.34亿元；2018年，中国新生儿监护仪行业产值为1.72亿元（见图8-3-6）。

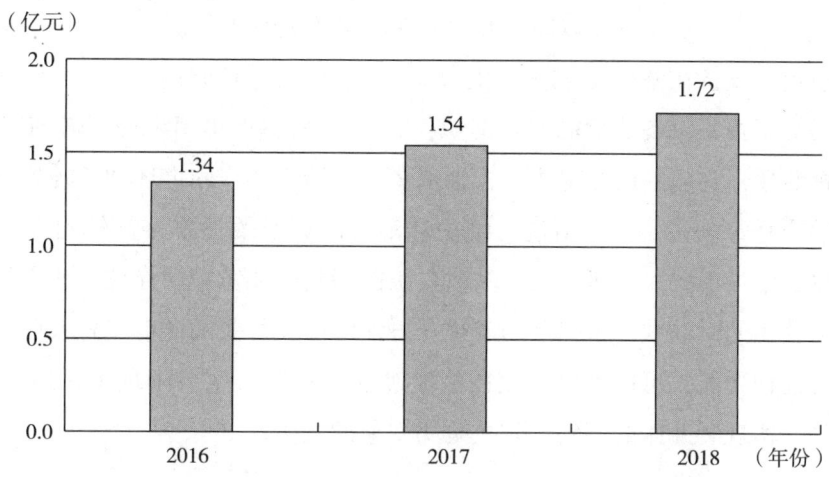

图8-3-6　2016~2018年中国新生儿监护仪行业产值分析

资料来源：中国医疗器械行业协会。

第二节　技术发展分析

一、技术的发展状况

新生儿设备生产企业为了提供更优质产品服务，正不断研发新产品并对现有产品进行技术更新。首先，国内知名度较高的新生儿设备生产企业依托婴儿培养箱、婴儿辐射保暖台、新生儿黄疸治疗设备等产品的技术积累和专利，围绕婴儿保育设备和婴儿急救、护理、检验、监测领域，加快第四代产品及延伸系列产品的开发，如新生儿多功能洗浴车逐渐上市，拓宽了新生儿设备服务范围，有利于我国新生儿设备逐渐形成覆盖婴儿成长各个阶段的目标。此外，一些生产企业从设计、数字化集成、减震、降噪等多方面的核心技术着手，改进原有产品，通过完善生产工艺，引进最新高自动化程度设备，提高员工的素养技能，提升现有产品的性能，推动产品的更新换代，以便为新生儿提供更为优质的服务。

二、技术的进展

目前,我国现有新生儿设备工艺水平发展较为成熟,部分领先企业已逐渐接近发达国家水平,新产品有待进一步研发,以新生儿培养箱、新生儿辐射保暖台、新生儿黄疸治疗仪为主要产品的新生儿设备在基础工艺流程上没有较大改变,但部分企业着力对原产品进行完善,进一步提高了相关设备的功能性。例如,2017年葛洲坝集团中心医院研发出一种新生儿培养箱垂帘装置,它包括内固定法兰、轴承套筒、转动环、固定环和柔性连接筒体,能够方便的拆卸整个垂帘装置,便于清洗、维护和消毒,更换柔性连接筒体也非常方便。2018年,松桃苗族自治县人民医院研发出一款改良版医用新生儿黄疸治疗仪,改良后的设备方便移动和定位,使用的时候减少了搬运的麻烦,方便对蓝光灯头的照射位置及照射高度进行调节,且具有可摇摆功能,可以确保婴儿在治疗过程中不会发生哭闹现象;通过设置U型固定套与支撑柱,实现婴儿床的倾斜,防止呛奶现象的发生。

三、未来几年技术的发展趋势分析

我国的新生儿设备生产企业规模明显小于国外企业,尤其是高端设备领域,国外企业仍处于技术垄断地位。但是通过这些年的努力,我国新生儿设备产品技术也实现了快速发展,形成一定的产业规模和竞争力。部分知名企业还逐渐打通海外销售渠道,产品销往周边国家。未来,我国新生儿设备生产企业应通过合作、引进先进生产线和吸引人才等方式,积极学习国外的先进技术,缩短与国外先进水平的差距。此外,要利用好本土优势,针对我国医改受惠的中、低端市场开发新产品,同时要向高端市场探索,早日打破国外技术垄断,提高我国新生儿设备产品的国际竞争力。

第三节 行业竞争情况分析

一、竞争情况概述

新生儿设备产品生产最早始于国外,国外大型医疗器械制造商资金雄厚、技术先进、人才集中,垄断了主要高端新生儿设备产品的核心技术。近年来,在不断的学习和竞争中,国产的新生儿设备在各方面都取得了长足的进步,逐渐开始打破外资垄断的格局,行业内形成了如深圳市科曼医疗设备有限公司、宁波戴维医疗器械股份有限公司、南京金陵自动调温床有限公司、北京巨龙三优科技有限公司、郑州迪生仪器仪表有限公司等具有较强竞争力的本土企业。但是，同发达国家相比，我国新生儿设备技术含量及产品档次仍有待进一步提高，目前市场上国产新生儿设备大部分属于中低端产品，高端产品市场仍由美国GE、德国德尔格、日本阿童木等进口品牌占据。

二、竞争格局

鉴于中国新生儿设备市场强劲的增长力的吸引，国外大型制造商依靠技术先进、资金雄厚、人才集中的优势，在国内高端新生儿设备市场占据领导地位。随着国内生产商的崛起，进口依赖被打破，新生儿设备普及面不断扩大。当前国内新生儿设备行业市场化程度较高，国内外产品共存，国产设备性价比的提升，使得其在市场上占据了一定的优势。

整体来看，以美国GE、德国德尔格、日本阿童木为代表的外国企业在中国高端新生儿设备市场牢牢占据主导地位；以科曼医疗、迈瑞医疗、戴维医疗为代表的本土大型企业呈现后来居上之势，可追赶国际先进水平；以南京金陵自动调温床有限公司、北京巨龙三优科技有限公司、郑州迪生仪器仪表有限公司、广州美琳美健医疗科技有限公司等为代表的规模相对较小的企业产品性价比优势明显，在中低端市场更具竞争力。

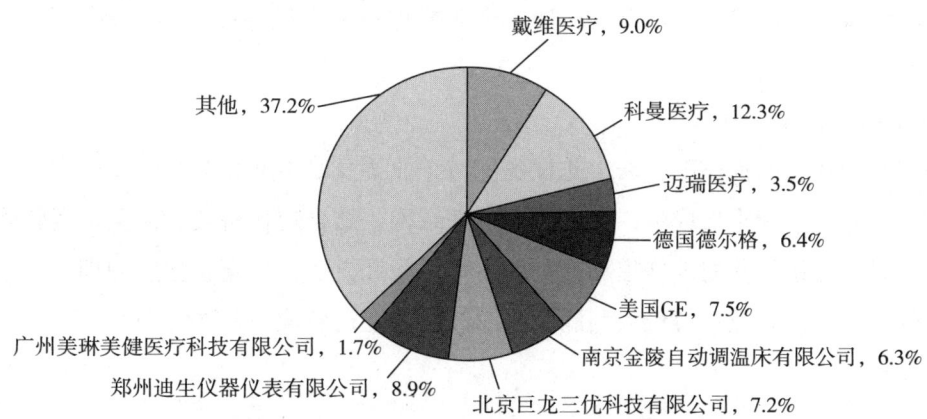

图 8-3-7　2018 年中国新生儿设备市场竞争格局分析

资料来源：中国医疗器械行业协会。

三、竞争策略

对于新生儿设备产业的市场发展来说，发展环境的变化以及市场竞争的日趋激烈需要生产企业及时调整企业发展战略，合理布局公司发展结构，提升新生儿设备产品的性能，优化设备的操作，使得设备操作更加智能化，简洁化，提升新生儿设备产品的市场竞争力。

1. 技术方面

新生儿设备行业属于技术和资金密集型产业，人才培养对于企业来说至关重要。21世纪是人才竞争的时代，从管理、创新、营销、研发等方面都需要专业人才的支撑，因此企业要重视专业技术人才的培养，引进高素质人才，建立企业人才库，提供有竞争力的薪资体系，吸引更多专业优秀人士加入，从而来提升生产商产品的技术水平，赢得更多的市场份额。

2. 市场竞争方面

在市场竞争中，新生儿设备企业需要建立自己的核心竞争优势，形成自有品牌，打造知名品牌产品，提高产品知名度；提高产品技术水平，通过质量取得竞争优势；建立完善的渠道结构，通过多元化渠道来分散产品经营风险，避免渠道单一化所带来的竞争风险。未来，新生儿设备行业的市场竞争格局将会有所加剧，高端新生儿设备将会成为市场的主要需求方向。

3. 政策方面

随着我国医疗事业的发展，国家对医疗行业的监管和指导都在不断加强与深入，保障医疗事业的健康发展，使医疗事业更好地服务人民。国家卫生健康委员会也根据行业发展特点，对于新型治疗设备的临床应用都进一步规范，确保设备临床应用的安全性。因此，新生儿设备生产企业内部要建立经济情报收集和信息分析机构，及时了解和分析行业或者相关行业的政策走向；提升产品临床应用可行性，获得国家相关部门批准企业对产品的注册权和临床应用权，为企业拓展市场提供政策支持；企业要加强成本控制能力，提高自主创新能力，增强核心竞争力。

4. 企业经营管理方面

在现代管理理念的推广下，新生儿设备生产企业要及时更新相关经营管理理念，提高企业运作效率，减小管理附加成本；优化企业管理结构，结合现代科技，使企业经营管理走上智能化、信息化、系统化的发展道路；利用多种手段和方法，更新企业管理理念，提升企业管理经销效率，使得企业获得最大利润的同时减小企业运营成本。

第四节　销售渠道分析

一、市场运作模式分析

在生产方面，新生儿设备生产企业当前的生产模式主要由刚性批量备库存、多品种小批量柔性生产构成。刚性批量备库存模式可以在最大幅度提高生产效率的同时，将生产成本控制在最低。

在销售方面，新生儿设备生产企业多采用经销模式，在经销渠道下，新生儿设备生产企业专注于产品研发、加工和技术培训支持，经销商注重销售与服务的专业化分工。因此，经销商除了具备一定的资金实力和营销能力外，还需要具备一定的专业技能，以便为医院及下级经销商提供培训、推广及售后服务。

二、营销模式分析（含招标采购）

新生儿设备产品的下游采购用户主要是各级医院、妇幼保健机构，下游用户有着数量多、分布广的特点，生产厂家难以全部覆盖。因此，新生儿设备企业通常采取以经销为主、直销为辅的销售模式。在直销模式下，新生儿设备生产企业参与各级政府卫生部门组织的医疗器械招标采购，直接向各级医院、妇幼保健机构等终端客户销售。在经销模式下，新生儿设备企业通过经销商进行新生儿设备产品的经营销售活动，即生产企业对经销商的资质和能力进行筛选与审查，在确定经销商资格后签署销售合同，并根据合同约定将产品销售给经销商。经销商购买产品后产品的所有权即发生转移，再由经销商将产品最终销售给各级医院、妇幼保健机构等终端客户。生产厂家为了防止经销商进行跨区域的"窜货"，一般还会对经销商的覆盖区域和医院进行授权。

第五节 产业未来发展趋势

通过这几年的新生儿出生率来看，我国"二胎政策"效应没有得到一个质的飞跃，很多家庭因为各种原因而放弃二胎，这与国内整体经济形势、教育医疗资源等多方面环境要素的匹配有直接关系。但是从医疗卫生机构投资方面来看，受政策推动，民营医院和基层医疗机构数量在未来几年内仍会快速增长，卫生部门对各级各类医院科室的设备配置规定将拉动新生儿设备需求增长，另外，进口替代以及医院现有设备的升级换代也将为新生儿设备行业带来广阔的发展空间。

未来，我国新生儿设备的市场规模还将不断扩大，将吸引越来越多的企业进入该行业，导致市场竞争越来越激烈。但随着国家医疗改革政策不断深入，我国新生儿设备行业竞争将逐渐透明化、规范化。同时，在进口替代的趋势下，我国宁波戴维医疗器械股份有限公司、深圳市科曼医疗设备有限公司、深圳迈瑞生物医疗电子股份有限公司、郑州迪生仪器仪表有限公司等本土企业的综合竞争力和市场份额将不断提升，会对国际大型企业形成越来越大的竞争压力。

第四章　国内外重点企业分析

第一节　宁波戴维医疗器械股份有限公司

一、概况

宁波戴维医疗器械股份有限公司创立于1992年，是一家集自主研制、生产和销售于一体的高新技术企业，主要生产婴儿培养箱、运输用培养箱、婴儿辐射保暖台、新生儿黄疸治疗系列设备等医疗器械。经过多年发展，公司已经成为中国婴儿保育设备的专业制造商，具有完整的质量保障体系，是国内率先通过ISO9000国际质量管理体系认证的五家医疗器械生产企业之一。凭借高品质的产品和优质的服务，公司产品在国内市场占有率名列前茅，在国际市场已发展40多家代理商，销售到亚洲、非洲、欧洲、南美洲100多个国家。2012年5月8日，公司在深圳证券交易所挂牌上市。

二、企业销售额分析

宁波戴维医疗器械股份有限公司新生儿设备产品主要包括婴儿培养箱、婴儿辐射保暖台、新生儿黄疸治疗设备。2018年，公司新生儿设备产品的销售额为2.36亿元，市场份额为9.7%（见表8-4-1）。其中，婴儿培养箱销售额为1.54亿元；婴儿辐射保暖台销售额为0.58亿元；新生儿黄疸治疗设备销售额为0.25亿元。

表8-4-1　2016~2018年宁波戴维医疗器械股份有限公司新生儿设备销售额分析

年份	销售额（亿元）	市场份额（%）
2016	2.24	11.5
2017	2.46	11.1
2018	2.36	9.7

资料来源：宁波戴维医疗器械股份有限公司。

第二节 深圳市科曼医疗设备有限公司

一、概况

深圳市科曼医疗设备有限公司（以下简称科曼医疗）作为一家知名医疗设备企业，产品涵盖电生理监护、心电诊断、超声母婴监护、呼吸麻醉、婴儿保育以及手术室设备六大领域，已有超过 50000 家医疗机构和社会服务保障机构在享受科曼医疗技术、产品和服务。2017 年，科曼医疗在原四川省卫生和计划生育委员会组织的医疗设备招标中，顺利中标 1100 多台监护仪系列产品。公司现有电生理、呼吸麻醉和育婴吊塔三个研发部，研发人员超过 300 人，除了在深圳拥有总部生产基地外，还正在筹建德国制造中心。科曼拥有国内直属办事处/分公司 30 个，以及美国、德国、俄罗斯、印度等 9 个分公司。

二、企业销售额分析

深圳市科曼医疗设备有限公司新生儿设备系列产品包括：C60 新生儿专用监护仪、NV6 新生儿/小儿持续正压通气系统、NV8 新生儿呼吸机、B3/B6/B8 培养监护系统等。2018 年，公司新生儿设备销售额为 2.99 亿元，市场份额为 12.3%（见表 8-4-2）。

表 8-4-2　2016~2018 年深圳市科曼医疗设备有限公司新生儿设备销售额分析

年份	销售额（亿元）	市场份额（%）
2016	2.45	12.6
2017	2.74	12.4
2018	2.99	12.3

资料来源：深圳市科曼医疗设备有限公司。

第三节　德国德尔格

一、概况

德尔格是医疗和安全技术的国际先行者，公司于 1889 年成立，作为一个家族经营的企业已经历经第五代，走向了全球并且列入 DAX 指数。德尔格在全球有近 11000 位员工，遍及世界 190 多个国家。集团在 40 多个国家设有销售和服务机构，研发和生产设施位于德国、英国、瑞典、南非、美国和中国。

德尔格在上海投资和建立了德尔格医疗设备（上海）有限公司，负责德国德尔格公司在中国的一切医疗设备业务。德尔格医疗设备（上海）有限公司在中国销售和提供服务的产品覆盖麻醉、呼吸、急救、新生儿、医疗供气系统、吊臂设备、床头设备、手术台、手术灯等各个领域。

二、企业销售额分析

德尔格作为国际著名老牌医疗设备企业，其新生儿设备产品种类齐全，包括婴儿培养箱、婴儿辐射保暖台、新生儿呼吸机、新生儿黄疸治疗仪等，主要集中于高端市场，目前主要在欧美发达国家销售，在中国市场也占据一定份额。2018 年，德尔格在中国有新生儿设备销售额为 1.56 亿元，市场份额为 6.4%（见表 8-4-3）。

表 8-4-3　2016~2018 年德尔格新生儿设备销售额分析（中国市场）

年份	销售额（亿元）	市场份额（%）
2016	1.28	6.6
2017	1.44	6.5
2018	1.56	6.4

资料来源：德尔格。

第四节 美国通用电气公司（GE）

一、概况

美国通用电气公司（GE）是世界上最大的提供技术和服务业务的跨国公司。GE医疗是GE公司旗下众多公司之一，GE医疗致力于通过提供革新性的医疗技术和服务，开创医疗护理的新时代。

GE医疗作为全球领先的医疗技术和生命科学公司，向社会提供众多产品、解决方案和服务组合，用于诊断、治疗和监测患者，同时还致力于生物制药的开发和制造。GE医疗在医学成像、信息技术、医疗诊断、患者监护系统、药物研发、生物制药技术、卓越运营和整体运营解决方案等领域拥有广泛的专业技术，能够帮助客户以更低的成本为全世界更多的人提供更优质的服务。

二、企业销售额分析

美国通用电气公司新生儿设备产品主要有婴儿培养箱、婴儿辐射保暖台等，2018年，在中国市场，美国通用电气公司新生儿设备销售额为1.82亿元，市场份额为7.5%（见表8-4-4）。

表8-4-4 2016~2018年美国通用电气公司新生儿设备销售额分析（中国市场）

年份	销售额（亿元）	市场份额（%）
2016	1.50	7.7
2017	1.68	7.6
2018	1.82	7.5

资料来源：美国通用电气公司。

第五节 南京金陵自动调温床有限公司

一、概况

南京金陵自动调温床有限公司是生产妇、婴幼儿急救医疗器械和计划免疫冷链专业化公司。目前，公司主要生产 NC-Y3C 微电脑婴儿培养箱、NC-Y8B 婴儿暖箱、NC-Y6B 婴儿暖箱、Q-5A 微电脑新生儿抢救台（新生儿辐射台）、自动按摩保健床垫和计划免疫冷链专用器材六大系列 50 多个不同型号的产品，现已销售到全国 29 个省、市、自治区 5000 多家医院，受到用户单位的欢迎和好评，部分产品相继在卫生部招标中一举夺标，并出口到土耳其、埃及、巴基斯坦和印度尼西亚等东南亚国家。2010 年 5 月公司微电脑婴儿培养箱、婴儿暖箱、微电脑新生儿抢救台被评为"江苏名牌产品"。

二、企业销售额分析

南京金陵自动调温床有限公司新生儿设备系列产品包括 NC-Y4C 普通型婴儿培养箱、NC-Y3C 微电脑婴儿培养箱、NC-Y8B 婴儿暖箱、NC-Y6B 婴儿暖箱、Q-5A 豪华型豪华型婴儿辐射保暖台等，2018 年销售额为 1.53 亿元，市场份额为 6.3%（见表 8-4-5）。

表 8-4-5 2016~2018 年南京金陵自动调温床有限公司新生儿设备销售额分析

年份	销售额（亿元）	市场份额（%）
2016	1.17	6.0
2017	1.37	6.2
2018	1.53	6.3

资料来源：南京金陵自动调温床有限公司。

第六节 北京巨龙三优科技有限公司

一、概况

北京巨龙三优科技有限公司是集研发、生产、销售于一体的医疗器械制造企业。公司已经通过中国 CMD 的 GB/T 19001 和 YY/T 0287 质量管理体系及德国 TUV 公司的 ISO 9001 和 ISO 13485 质量管理体系的双重认证，2007 年 5 月取得了欧盟产品 CE 认证证书，为公司产品拓展国际市场奠定了坚实的基础。

目前，北京巨龙三优科技有限公司能够提供婴儿培养箱、婴儿辐射保暖台、新生儿黄疸治疗仪三大系列几十种规格的产品，公司产品销往几十个国家和地区，产品的性能和质量得到广大用户的好评，在医疗器械行业享有良好的信誉和知名度。

二、企业销售额分析

公司婴儿培养箱产品有 B-4500、B-4000、B-3000、B-2000、B-1000、B-800 等规格；婴儿辐射保暖台产品有 BNT-2000B、BNT-2000、BNT-1000 等规格；新生儿黄疸治疗仪产品有 B-400、B-200、B-200A、B-100 等型号。2018 年，北京巨龙三优科技有限公司新生儿设备销售额为 1.70 亿元，市场份额为 7.0%（见表 8-4-6）。

表 8-4-6　2016~2018 年北京巨龙三优科技有限公司新生儿设备销售额分析

年份	销售额（亿元）	市场份额（%）
2016	1.38	7.1
2017	1.63	7.4
2018	1.70	7.0

资料来源：北京巨龙三优科技有限公司。

第七节　郑州迪生仪器仪表有限公司

一、概况

郑州迪生仪器仪表有限公司成立于 1997 年，是河南省高新技术企业。公司厂区占地面积 10000 平方米，标准生产线多条，各项配套设备齐全，多年来专业从事婴儿培养箱、婴儿辐射保暖台、婴儿蓝光治疗仪等妇婴保育医疗设备的开发研制与生产销售。

在河南省科技厅的批准和支持下，公司与河南省多所高校开展项目合作，硕果颇丰。其中，与郑州大学物理工程学院联合成立婴儿培养箱实验室；与中原工学院合作多功能婴儿培养箱工业设计，被评为郑州市工程技术研究中心（重点实验室）。此外，公司先后通过了 ISO9001：2008 质量体系认证、高新技术产品认证、ISO13485：2003 质量体系认证、德国 TUV 莱茵 CE 认证。

目前，"迪生"系列产品远销海内外，国内用户遍布全国各等级医院，被评为联合国人口基金会和联合国儿童基金会优质供应商，是联合国项目事务署和难民署项目的参与者，与其他国际组织都有合作，如 WHO、USAID 等 NGO 组织。

二、企业销售额分析

郑州迪生仪器仪表有限公司婴儿培养箱产品包括 BB-300W、BB-200、BB-100 三大系列；婴儿辐射保暖台产品包括 BN-200、BN-100、BN-100A 三大系列；婴儿蓝光治疗仪产品包括 BL-50D、BL-60D、BL-100D 三大系列。2018 年，郑州迪生仪器仪表有限公司新生儿设备销售额为 2.17 亿元，市场份额为 8.9%（见表 8-4-7）。

表 8-4-7　2016~2018 年郑州迪生仪器仪表有限公司新生儿设备销售额分析

年份	销售额（亿元）	市场份额（%）
2016	1.69	8.7
2017	1.94	8.8
2018	2.17	8.9

资料来源：郑州迪生仪器仪表有限公司。

第八节 广州美琳美健医疗科技有限公司

一、概况

广州美琳美健医疗科技有限公司成立于2008年，2013年入驻具有独特资源优势的国家级科技企业孵化器——中国科协广州科技园内。公司专注于新生儿现代医学的研究与发展，并已与国内知名大学建立产、学、研合作，进行各项创新医疗产品的研究和开发并获得多项发明专利。2015年荣获"广州市科技创新小巨人企业"称号；2016年荣获"高新技术企业"称号。公司现有独特创新型产品包括新生儿护理器具、蓝光治疗仪等；公司即将推出在研产品包括：新生儿探测式黄疸治疗仪、新生儿一体化恒温箱、新生儿眼底功能检测仪、新生儿高频呼吸机等。

二、企业销售额分析

广州美琳美健医疗科技有限公司新生儿设备产品包括 Kangaroo 81新生儿蓝光治疗仪、Blue Angel 81蓝光治疗仪两大系列。2018年，广州美琳美健医疗科技有限公司新生儿设备销售额为0.41亿元，市场份额为1.7%（见表8-4-8）。

表8-4-8 2016~2018年广州美琳美健医疗科技有限公司新生儿设备销售额分析

年份	销售额（亿元）	市场份额（%）
2016	0.31	1.6
2017	0.40	1.8
2018	0.41	1.7

资料来源：广州美琳美健医疗科技有限公司。

第九节 深圳迈瑞生物医疗电子股份有限公司

一、概况

深圳迈瑞生物医疗电子股份有限公司（以下简称迈瑞医疗）总部位于深圳，为全球市场提供医疗器械产品。迈瑞医疗在中国超过 30 个省、市、自治区设有分公司，在境外拥有 40 家子公司；全球员工近万人，其中研发人员占比超过 20%，外籍员工超过 12%，来自全球 30 多个国家及地区，形成了庞大的全球研发、营销和服务网络。迈瑞医疗的主营业务覆盖生命信息与支持、体外诊断、医学影像三大领域，通过前沿技术创新，提供更完善的产品解决方案，帮助世界改善医疗条件、提高诊疗效率。

二、企业销售额分析

深圳迈瑞生物医疗电子股份有限公司在新生儿设备领域专注于新生儿监护仪的研发、生产与销售。2018 年，深圳迈瑞生物医疗电子股份有限公司新生儿设备销售额为 0.61 亿元，市场份额为 2.5%（见表 8-4-9）。

表 8-4-9　2016~2018 年深圳迈瑞生物医疗电子股份有限公司新生儿设备销售额分析

年份	销售额（亿元）	市场份额（%）
2016	0.43	2.2
2017	0.53	2.4
2018	0.61	2.5

资料来源：深圳迈瑞生物医疗电子股份有限公司。

第五章　产业链分析

第一节　产业链构成

新生儿设备包括婴儿培养箱、婴儿辐射保暖台、新生儿黄疸治疗仪等，其上游主要是医用金属材料、有机玻璃、塑料、橡胶等原材料以及电路板、磁控管、传感器、LED 显示屏等电子元器件；下游销售领域包括各级医院、乡镇卫生院、妇幼保健机构等医疗机构。

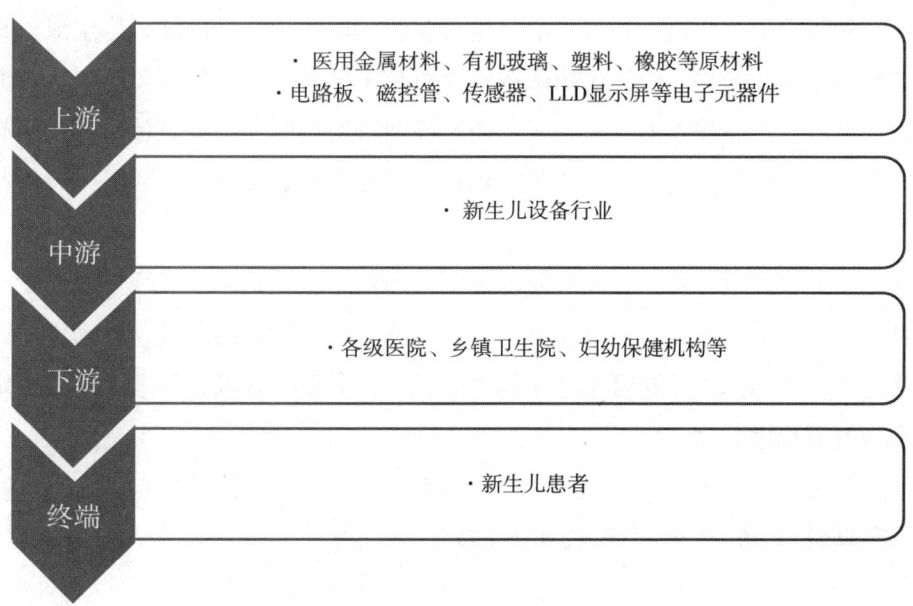

图 8-5-1　新生儿设备行业产业链构成

第二节　产业链上游行业发展分析

一、产业链上游行业发展状况

电子元器件产品涵盖范围较广，主要包括电阻、电容电感、电位器、电子管、机电元件、连接器、电子显示器件、光电器件、传感器、电源、开关、微特电机、印制电路板、集成电路、各类电路、压电、晶体、石英、陶瓷磁性材料、电子胶（带）制品、电子化学材料及部品等。

集成电路是一种微型电子器件或部件。其采用一定的工艺，将一个电路中所需的晶体管、电阻、电容和电感等元件及布线互连，制作在一小块或几小块半导体晶片或介质基片上，然后封装在一个管壳内，成为具有所需电路功能的微型结构，其中所有元件在结构上已组成一个整体，使电子元件向着微小型化、低功耗、智能化和高可靠性方面迈进了一大步。

磁控管一般由阴极、阳极、磁铁、能量输出装置、调频机构、冷却机构组成，是一种用来产生微波能的电真空器件。中国医用磁控管生产起步较晚，在阴极、阳极制造等方面技术水平较低，影响了医用磁控管的寿命、工作稳定性和输出功率。医用磁控管对阴极有着特殊要求，一方面，医用磁控管起振时，要求阴极提供足够的初始发射电流。另一方面，阴极要具备一定的耐电子、离子轰击能力。

近年来，中国磁控管行业内企业通过改进阴极制造工艺，获得了表面更加光滑、金属性更强，能够耐电子、离子轰击、不易打火、尺寸精确、一致性好的阴极，推动了中国医用磁控管国产化进程。中国医用磁控管国产化程度的提高，对新生儿设备行业生产的稳定性和行业的长期发展有着积极影响。

二、产业链上游行业对本行业影响

新生儿设备行业技术门槛较高，制作工艺较为复杂，涉及上游行业较多，主要包括新材料、电子、电气、机械、软件、有色金属等行业。上游行业技术水平的高低直接影响新生儿设备的质量，而且上游原材料价格的变动也将影响新生儿设备生产企业的经营状况，原材料价格增加，相关企业的生产成本将有所增加，进而将影响企业的盈利水平。近年来，受中国电子技术产业的不断发展，中国电子元器件产品质量、功能大幅提升，极大地促进了新生儿设备的更新迭代。但是，由于国内电子元器件起步较晚，在一些高端产品领域缺乏竞争力，在很大程度上制约了国内高端新生儿设备的发展。

第三节　产业链下游行业发展分析

一、产业链下游行业发展状况

新生儿设备行业的下游主要为各级医院、乡镇卫生院和妇幼保健机构等医疗机构。近几年，国家面向全国城市社区卫生服务机构、县级医院、乡镇卫生院等各级医疗机构投入大量资金，推动医疗卫生机构的改扩建。2018年末，全国医疗卫生机构总数达997434个，比2017年增加10785个。其中：医院数量为33009个，乡镇卫生院数量为36461个，妇幼保健机构数量为3080个。

表8-5-1　2016~2018年中国医院、乡镇卫生院及妇幼保健机构数量分析

单位：个

年份	医院数量	乡镇卫生院数量	妇幼保健机构数量
2016	29140	36795	3063
2017	31056	36551	3077
2018	33009	36461	3080

资料来源：国家卫生健康委员会。

二、产业链下游行业对本行业影响

下游行业的发展决定了新生儿设备行业的市场容量、消费需求和扩张速度，对新生儿设备行业的影响较大。国家医疗机构的卫生服务水平不断提升，配备新生儿设备的医疗机构数量不断增加，同时国家"二胎政策"的开放，一方面能够带动国内新生儿设备市场需求的持续增长，另一方面还能促进新生儿设备生产企业不断创新，提高设备质量，更好地为新生儿服务。未来在国家政策和资金的大力支持下，新生儿设备行业发展空间广阔。

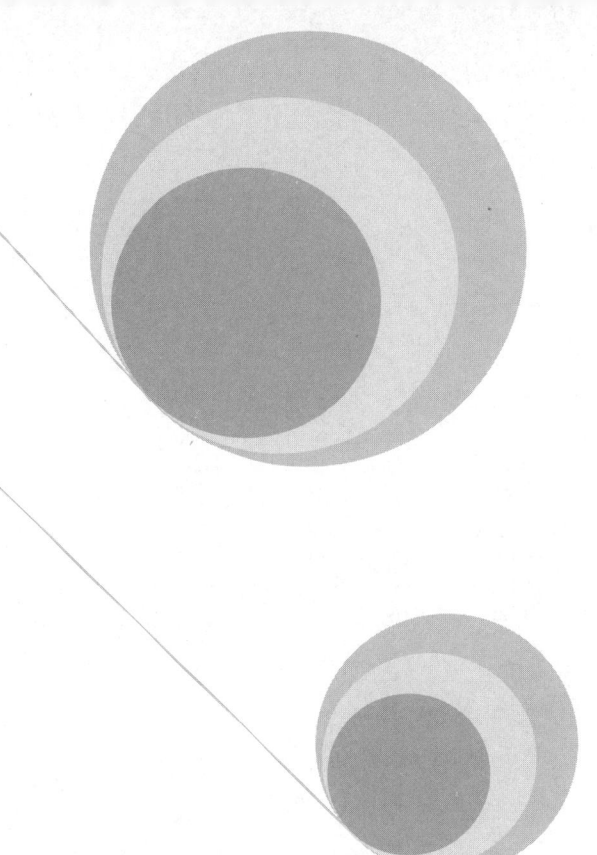

人工智能医疗器械行业报告
（医疗机器人方向）

第一章 医疗机器人行业概述

第一节 医疗机器人产品概述

医疗服务机器人技术是集医学、生物力学、机械学、机械力学、材料学、计算机图形学、计算机视觉、数学分析、机器人等诸多学科为一体的新型交叉研究领域，具有重要的研究价值，在军用和民用领域有着广泛的应用前景，是目前机器人领域的研究热点之一，它主要用于伤病员的手术、救援、转运和康复。

医疗机器人主要包括：手术机器人、康复机器人、转运机器人、护理机器人、救援机器人等。其中，康复机器人主要涉及医院机器人系统、外骨骼机器人、智能轮椅等，而手术机器人主要为微创外科手术机器人、骨科手术机器人、神经外科手术机器人等。

第二节 医疗机器人行业发展特点

医疗机器人技术壁垒较高，中国企业面临研发能力不足、创新能力薄弱、研究设备和基础条件差、研发投入不足、科技成果转化能力薄弱等问题。因此，当前中国医疗机器人行业主要被国外品牌占据。近年来，伴随着技术的发展，中国医疗机器人产业已经具备一定的进口替代能力，部分企业在骨科手术机器人、神经外科手术机器人、外骨骼机器人等领域有所突破，并逐渐进入高端市场。

医疗机器人作为医疗器械行业中技术含量较高的产品，行业发展受到国家政策的扶持。自2014年以来，国家政策对医疗机器人的扶持力度远超以往，如引导医疗机构使用国产医疗机器人、简化监管和审批制度来鼓励创新，通过专项资金重点扶持等。由政策推动的医疗机器人国产化进程将促使我国医疗机器人规模增长，同时国内厂商市场份额也将快速提升。

第三节 医疗机器人行业发展现状

医疗机器人是推动精准、微创手术发展和普及的核心智能化装备，也是医院综合实力的重要体现，为临床诊断提供了重要的保障。近年来，伴随着中国老龄化进程的加速，以及生活水平提升带来的对于医疗新技术的需求，各种医疗机器人及其辅助医疗技术将得到更深入而广泛的研究和应用，各种新型的医用机器人机构、新型手术工具、医学图像采集和处理技术、远程系统传输技术、智能传感器、智能轮椅及其他相关技术在不断发展。中国医疗机器人行业市场需求也在逐年增长，行业市场规模逐渐增加。手术机器人具有高准确性、高可靠性和高精确性，提高了手术的成功率；康复机器人具有智能化特征，可为伤员、病人与老年人提供康复和服务；救援机器人可以经受得住战场和灾难等恶劣环境的考验，安全救出伤病员。

近年来，国家政策对于发展高端医疗装备持鼓励态度，医疗医用机器人的应用极大地推动了现代机器人行业的发展。由于受到政策鼓励，行业技术发展较为快速，国内企业在高端市场有所突破，进口替代进程加速。但整体来看，中国医疗机器人行业进口品牌仍占主导地位，国内医疗机器人行业仍有较大增长空间。

中国医疗机器人行业企业数量较少，行业竞争不太激烈，其中大部分企业处于初创阶段，它们的主要产品还在研发环节，具有较强研发实力和进口替代实力的公司企业数量较少。整个市场处于萌芽期，竞争较为缓和。

第二章 中国手术机器人市场发展分析

第一节 中国手术机器人市场发展状况

一、市场规模

手术机器人操作平台是由智能机械臂、标志点、光学跟踪定位装置、多功能操作平台、手术规划软件等组合而成。与康复机器人、辅助机器人、服务机器人等医用机器人相比，手术机器人组合更为复杂，技术要求也更高。据不完全统计，国内医用机器人相关的公司有36家，虽然近两年不少创业公司开始探索这一领域，但目前中国手术机器人市场仍然处于早期阶段。

二、细分市场份额

1. 纵向看手术机器人市场占比

根据波士顿咨询公司的估算，2020年全球医疗机器人市场规模有望达到114亿美元。其中，手术机器人约占60%的市场份额，规模最大。在中国，手术机器人所占的市场份额也是医疗机器人中规模最大的，约占37%（见图9-2-1）。

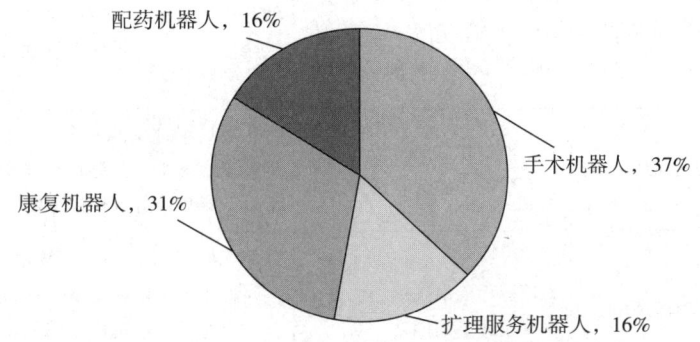

图 9-2-1 国内医疗机器人主要分类及占比

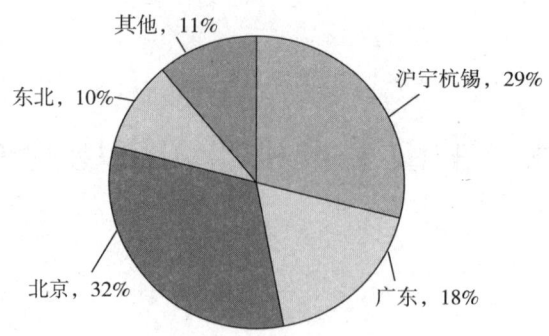

图 9-2-2 国内医疗机器人主要生产商地域分布

2. 微创外科手术机器人市场份额

目前微创外科手术机器人临床应用和发展状况良好，直觉外科公司的达芬奇手术机器人是手术机器人产品中的代表，该公司的主要上市产品多为多孔机器人。其他达到了美国食品和药物管理局（FDA）认证的领先品牌大多来自国外，包括 EndoControl、AKTORmed、CMR Surgical 等。

3. 神经外科手术机器人市场份额

英国的 NeuroMate、法国的 ROSA 和以色列的 Renaissance 是率先获得 FDA 认证的神经外科手术机器人，NeuroMate 产品主要对准欧洲市场，而 ROSA 已于 2013 年进入中国市场，但当前售价较高，装机量较少，市场基本处于空白状态。其他神经外科手术机器人品牌还包括 Mazor Robotics 的 MazorX。国内厂商则主要有华志微创、柏惠维康、华科精准等。

表 9-2-1 国内外神经外科手术机器人主要介绍

	机器人	公司	发展	应用
进口	ROSA	法国 Medtech	因性能出众，被誉为神经外科界的"达芬奇"	2013 年进入中国市场，售价较高，全国装机量较少，多应用于癫痫治疗和深部脑刺激电极植入术
	NeuroMate	英国 Renishaw	最早被美国 FDA 批准用于临床的神经外科手术机器人，主要对准欧洲市场	除了用于开展火箭手术，还可完成深脑刺激、经颅磁刺激、立体定向脑电图、神经内窥镜手术治疗，精度已达亚毫米级
国产	CAS-R-2	华志微创	2002 年取得 CFDA 认证，2005 年进入医保报销范围，2008 年获国家科技二等奖	临床精度可以实现 0.8 毫米以内，操作简单，价格便宜，技术稳定，容易维护，但功能不太多。供应链全部国产化，累积产量逾百台，上市后临床案例数十万例
	Remebot	北京柏惠维康	目前已进化到第五代，能通过互联网实施远程操作手术	手术平均用时约 30 分钟，定位精度达 1 毫米，患者创口仅 2 毫米，广泛应用于颅内活检、脑出血、帕金森、癫痫等近百种神经外科疾病
	Sino Robot	华科精准	采用国际前沿技术。在内在系统层面不输国外厂商	采用无框架脑立体定向技术，精度能达到 1 毫米，同时适用于承认和儿童患者，具备颅内血管 3D 可视技术、基于计算机视觉的面配准技术、智能化环境障碍模型建立与避碍算法三项核心技术

5. 骨科手术机器人市场份额

骨科手术机器人方面，中国的天智航公司是全球第五家、国内唯一一家拥有CFDA（国家食品药品监督管理总局）医疗机器人的注册许可证的公司。天玑骨科手术机器人是国际上唯一能够开展创伤骨科、脊柱外科手术的骨科机器人。国内的骨科手术机器人市场需求极大，根据各级卫生机构数量测算，市场需求不低于5000台，按每台2000万元计算，市场规模在千亿元左右。

但除此之外，国外的几家手术机器人巨头在骨科方面也有可观的突破，占据着极大的市场空间。其中包括收购了MAKO的史赛克、收购了BlueBelt的施乐辉、收购了Auris的强生、和收购了Mazor Robotics的美敦力，还有Omni、Think Surgical等。

第二节 中国手术机器人进出口分析

一、进口分析

据普华永道与ROBO医疗联合发布的《全球手术机器人行业研究报告》显示，目前全球范围内医疗机器人市场主要参与者依然是美国企业。机器人技术与系统国家重点实验室副主任、博实机器人董事长孙立宁曾在接受媒体采访时提及目前的行业现状，"医用机器人发展存在很多困惑和风险，由于技术大多来自学者，因此在成果转化时会遇到困难。产业化路径也很长，包括医工协作、临床、标准制定、大金额投入等。"

目前中国手术机器人进口来源主要为美国、英国、加拿大等国家。其中进口金牌包括长期垄断市场的直觉外科（达芬奇）、美敦力、史赛克、施乐辉等。

二、出口分析

欧美等手术机器人发达国家不仅拥有优秀的研发团队、原创性核心技术，并占据全球市场的主要份额。我国医疗机器人产业刚刚起步，尚处于研发或临床试验阶段，还未实现产品规模化，出口方面基本没有进展。但面对欧美企业的迅速发展，国产手术机器人也在奋起直追。

第三节　中国手术机器人未来发展趋势

一、市场发展驱动因素分析

1. 市场需求分析

我国手术机器人产业近年来进入快速发展通道，成为机器人和医疗跨界领域中最受关注的国家之一，展现出广阔的市场前景和发展活力。我国的手术机器人产业刚刚起步，尚处于雏形阶段，市场的装机量远少于欧美等发达国家。眼下欧美机器人企业正在全力瓜分中国的巨大市场，国产企业也不甘落后，在政策和市场的支持下奋起直追，试图弯道超车，让中国的手术机器人产业走出国内，与国际竞争。

随着我国老龄化趋势逐渐凸显，医疗、护理和康复的需求不断增加，同时由于人们对生活品质追求的提高，使得医疗不管在质上还是量上都要满足更高水准的要求。此外，医护人力相对缺乏，如手术机器人一类的医疗和健康服务机器人具有巨大的发展潜力。

根据直觉外科公司公告，在已获得认证资质的国家中，全球每年有400万台潜在手术可使用达芬奇完成（目前累计实施逾500万台）；如按照每年每台机器人200例手术、每台手术1000美元的材料服务费估算，全球设备需求量为2万台，配套耗材及服务的市场为每年40亿美元，市场远远尚未饱和。其中，我国每2000万人口所拥有的手术机器人数量仅为1台，而美国及日本分别为147台及34台；2017年我国达芬奇年台均手术量高达388例，而同期世界平均水平仅为198例；2008~2016年，我国手术总量8年的年复合增长率为10.55%，同期达芬奇手术量年增长为84.48%，可见，我国的手术机器人市场空间极大。

2. 政策环境分析

针对各国激烈角逐机器人产业的现状，中国也不甘落后，各个相关部委密集制定了一系列关于机器人的产业政策（见表9-2-2）。自2006年开始，支持机器人的研发生产一直是各大政策的关注重点之一，这对于手术机器人在国内的投入发展也是十分有利的。

表9-2-2　产业政策分析

部门	时间	发展规划	主要内容
国务院	2006年2月	《国家中长期科学和技术发展规划纲要（2006~2020年）》	首次将智能机器人列入先进制造技术中的前沿技术

续表

部门	时间	发展规划	主要内容
科技部	2012年4月	《服务机器人科技发展"十二五"专项规划》	重点发展公共安全机器人、医疗康复机器人、仿生机器人平台和模块化核心部件四大任务。
国务院	2015年5月	《中国制造2025》	提出提高医疗器械的创新能力和产业水平,重点发展医疗机器人等高性能诊疗设备,为"工业4.0"的重点内容之一
国务院	2016年1月	《国家标准化体系建设发展规划(2016-2020年)》	要求开展生物医学工程、新型医用材料、高性能医疗仪器设备、医用机器人、家用健康监护诊疗器械等诊疗设备等领域的标准化工作
国务院	2016年3月	《关于促进医疗产业健康发展的指导意见》	加快医疗器械转型升级,重点开发医疗医用机器人、健康监测、远程医疗等高性能诊疗设备
工信部、发改委、财政部	2016年4月	《机器人产业发展规划(2016-2020年)》	到2020年,自主品牌工业机器人年产量达到10万台,服务机器人年销售收入超过300亿元
国务院	2016年7月	《"十三五"国家科技创新规划》	下一代机器人技术研究,工业机器人实现产业化,服务机器人实现产业化,特种机器人实现批量化应用
工信部、发改委、认监委	2016年9月	《智能制造发展规划(2016~2020年)》	促进服务机器人等研发和产业化
国务院	2016年12月	《"十三五"国家战略性新兴产业发展规划》	推动专业服务机器人和家用服务机器人应用
工信部、发改委、认监委	2016年12月	《关于促进机器人产业发展通知》	开拓工业机器人应用市场,推进服务机器人试点示范
科技部	2017年8月	《"智能机器人"重点专项2017年度项目专项申报指南》	围绕智能机器人基础前沿技术、新一代机器人、关键共性技术、工业机器人、服务机器人、特种机器人六个方向,启动42个项目,经费约6亿元
工信部	2017年12月	《促进新一代人工智能产业发展三年行动计划(2018-2020年)》	到2020年,智能家庭服务机器人实现批量生产及应用,医疗康复、助老助残、消防救灾等机器人实现样机生产,完成技术与功能验证,实现20家以上应用示范

二、发展趋势预测

考虑潜在购买方需求数量以及适应症市场规模两方面因素,中性至乐观估算国内每年手术机器人规模为54.27亿~75.35亿元。

第三章 医疗机器人设备行业发展分析

第一节 技术发展分析

一、技术的发展状况

(一) 手术机器人

手术机器人是集临床医学、生物力学、机械学、材料学、计算机科学、微电子学、机电一体化等诸多学科于一体的新型医疗器械。目前手术机器人主要包括以下三类：微创外科手术机器人、骨科手术机器人和神经外科手术机器人。

手术机器人一般由以下几部分构成：主控系统、机器人硬件装置系统、人机交互与显示系统、定位装置系统等。其中，主控系统包含机器人控制器模块、图像重构和空间配准模块、定位控制模块、安全功能模块等；机器人硬件装置包含机械臂、机器手、末端耗材等，其硬件装置的设计需要与临床手术空间要求完全契合；人机交互与显示系统包括操作台和显示屏等，必须充分考虑医生的需求和临床应用场景；定位装置包括医学影像采集系统、光学定位、机械定位、电磁定位和超声定位系统等，定位精度取决于医学影像系统和定位装置系统的配准算法。

1. 微创外科手术机器人

微创外科手术机器人一般由三个部分组成：①主控系统；②三维视觉成像系统；③机器人执行系统。实施手术时，外科医生不与病人直接接触，他们可以通过三维视觉成像系统观察手术区域组织和器官的情况，在主控系统上通过控制台操作机械臂以及手术器械，来完成常规手术操作和专业技术动作。

（1）主控系统：主控系统是微创外科手术机器人的控制单元。其位于手术室无菌区之外，外科医生坐在控制台前，使用双手操作两个主控制器及脚踏板来控制机械臂末端的手术器械和内窥镜，正像在立体目镜中看到的那样，末端手术器械与外科医生的双手操作同步运动。

（2）三维视觉成像系统：三维视觉成像系统是微创外科手术机器人的视觉单元。分为外科手术机器人核心图像处理器及成像设备，核心图像处理器和医生控制系统同样位于无菌区外，而成像设备内窥镜装载于机械臂执行系统的末端。外科手术机器人的内窥镜为高分辨率三维（3D）镜头，对手术视野具有 10 倍以上的放大倍数，能为外科医生带来患者体腔内三维立体高清影像，使外科医生较普通腹腔镜手术更能把握操作距离，辨认解剖结构，提升了手术的精确度。

（3）机器人执行系统：机器人执行系统是微创外科手术机器人的执行单元，其主要包括 6 自由度以上的机械臂、末端手术器械、内窥镜等部件。手术时，机械臂的作用是为末端手术器械和内窥镜提供物理支撑，由内窥镜提供手术视野，外科医生通过主控系统的手柄和脚踏，控制末端器械执行手术操作。

2. 骨科手术机器人

骨科手术机器人一般由三个部分组成：①主控系统；②导航定位系统；③机器人执行系统。在治疗计划阶段，一般先给患者扫描 X 光或者 CT 获得相关病变部位的影像，再由导航定位系统中的图像处理模块创建患者病变部位的三维（3D）模型，而后外科医生以此模型做出该患者的手术计划。手术前，先给患者体表特定部位贴上定位追踪标识，而后在主控系统上完成术前手术计划和当前患者体位的配准。开始手术后，外科医生可以观察主控系统上的显示器，以保证机械臂按照手术计划准确放置末端器械，完成手术操作。

（1）主控系统：主控系统是骨科手术机器人的控制单元，主控系统中的软件部分可以自动识别 3D 图像中的体表特征标志点，并通过标志点配准原理实现患者空间、机器人空间、图像空间的坐标映射配准。另外，在手术进行时，科医生可以观察主控系统上的显示器，以确定机械臂将末端手术器械放置在准确的位置上，进而按照手术计划完成手术操作。主控系统中的安全功能模块可以保证机械臂在适当的空间范围内移动，一旦机械臂位置超出了术前计划所设定的范围，安全功能将启动报警，提示外科医生终止当前操作并重新定位。

（2）定位导航系统：定位导航系统是骨科手术机器人的视觉单元，包括光学导航系统和磁导航系统等。定位导航系统提供患者和机器人位置的实时跟踪数据，主控系统中的计划和控制软件根据这些实时数据计算手术器械与规划手术路径的相对位置，并据此控制机器人的运动，实现手术器械的定位补偿。

（3）机器人执行系统。机械臂执行系统是骨科手术机器人的执行单元，其主要包括 6 自由度以上的机械臂和末端器械组成，手术时，外科医生通过主控系统将机械臂按照治疗计划放置在合适的位置，再由外科医生本人或末端手术器械执行相应的手术操作。机器人具有主动定位和人机协同运动功能，可以通过结合医生拖动的粗定和机器人主动定位的精准定位，实现安全准确的手术定位。

3. 神经外科手术机器人

与骨科手术机器人相似，神经外科手术机器人也是由以下三个部分组成：①主控系统；②导航定位系统；③机器人执行系统。在治疗计划阶段，一般先给患者扫描 CT 获得确定靶点，进行术前计划影像和术后影像学资料融合，通过软件点取电极轮廓（电极点在 CT 成像）中心作为实际靶点，软件自动计算此点对应规划靶点的精度误差，而后外科医生以此做出该患者的手术计划。手术前，先给患者体表特定部位贴上定位追踪标识，而后在主控系统上完成术前手术计划和当前患者颅骨位置的配准。开始手术后，外科医生可以观察主控系统上的显示器，以保证机械臂按照手术计划准确放置末端器械，确定安全后启动机械臂，标记入颅点，机械臂导航并引导器械和植入物，完成手术。

（1）主控系统：主控系统是神经外科手术机器人的控制单元，主控系统中的软件部分可以自动识别 3D 图像中的体表特征标志点，并通过标志点配准原理实现患者空间、机器人空间、图像空间的坐标映射配准。另外，在手术进行时，外科医生可以观察主控系统上的显示器，以确定机械臂将末端手术器械放置在准确的位置上，进而按照手术计划完成手术操作。

（2）定位导航系统：定位导航系统是神经外科手术机器人的视觉单元，一般使用光学导航系统。定位导航系统提供患者和机器人位置的实时跟踪数据，主控系统中的计划和控制软件根据这些实时数据计算手术器械与规划手术路径的相对位置，并据此控制机器人的运动，实现手术器械的定位补偿。

（3）机器人执行系统。机械臂执行系统是神经外科手术机器人的执行单元，其主要包括 6 自由度以上的机械臂和末端器械组成，手术时，外科医生通过主控系统将机械臂按照治疗计划放置在合适的位置，再由外科医生本人或末端手术器械执行相应的手术操作。

（二）康复机器人

康复机器人融合了人工智能、机器人学、机械、生物力学、信息科学及康复医学等学科知识，将智能仿生技术用于辅助患者完成肢体训练动作，实现康复治疗目的，逐渐发展成为医疗机器人领域的一个重要分支。

根据肢体训练部位不同，康复机器人分为多体位全身式康复机器人、上肢康复机器人及下肢康复机器人三种类型。其中，外骨骼康复机器人是一种融合传感、控制、信息、融合、移动计算，为患者提供智能化可穿戴机械机构的综合技术，属于康复机器人的特殊类型。按照运动方式，分为牵引式康复机器人、悬挂式康复机器人及外骨骼康复机器人三种形式；按照患者康复作业姿态类型，分为坐卧式康复机器人、直立式康复机器人及辅助起立康复机器人三种形式；按照结构形式及作业姿态，可分为跑步式步态训练机、脚踏板步态训练机、地面步态训练机、静止步态训练器以及踝关节康复系统五种类型。

主动和被动的训练康复方式实现病人受损功能的恢复，这也是康复机器人当前研究的主要思路。由于病人受损情况的差异性，甚至是同一个病人在不同的恢复阶段所需要的训练参数也不一样，因此结合机器人自动制定个性化的训练方案是康复机器人需要解决的关键问题。

二、技术的进展

1. 通用技术进展

灵巧的手术机器人构型技术。随着计算机、机器人等工程技术在手术领域的应用，临床对精准定位、灵巧操作、三维可视化等相关技术的要求也越来越高，手术机器人产品的系统结构也需要做相应的改进和完善。临床环境的复杂性和高安全性，要求产品的系统结构和机器人构型能够根据不同的临床环境作相应调整。因此，开发能够完成精密手术操作、占有空间小、动作灵活的机器人构型正在成为热点。在机器人辅助手术中，需要考虑机器人与医护人员、患者、医疗设备之间的相对位置。因此，所有机器人辅助的外科手术中从操作手臂构型设计和结构设计都应满足实际临床使用需求。微创外科手术从操作手臂构型主要分为分体式、一体式。分体式从操作手臂基座位置相互独立，一体式从操作手臂都固连在一个基座上。

合理的控制系统结构有助于降低微创手术机器人系统设计的复杂度，缩短机器人干预手术时间，提高系统的实时性和安全性。集中式处理与连接：高层控制和底层控制都集中在中央模块中，使得所有关节电机的线缆都要与该中央模块并行相连，从而实现集中控制。集中式处理与分布式连接：高层控制和底层控制集中在中央模块中，同时利用高速实时的串行通信技术实现分布式连接。分布式处理与连接：该结构也是基于分布式连接，但是高层控制算法与底层控制算法是分开实现的。基于分布式实时通信的控制系统实时性高，结构简单，可靠性高，广泛应用于微创外科手术机器人。同时，通过反向驱动控制、视觉临场感主从及辅助控制、震动抑制控制等技术提高微创外科手术机器人的可操作性、精确性。考虑微创外科手术机器人的柔性关节设计，传统基于刚性机器人的PID控制算法不能满足微创手术机器人高精度和平稳的控制需求，具有滚动优化、反馈校正、约束处理和实时执行特性的算法将得到广泛的研究和应用。

2. 微创外科手术机器人

随着机器人技术在临床应用的积累和探索，为了进一步减小手术切口，降低感染的可能性，单孔腹腔镜手术（Single-Incision Laparoscopic Surgery, SILS）和自然通道腹腔手术（Natural Orifice Transluminal Endoscopic Surgery, NOTES）成为当前的技术方向。SILS需要在患者体表打开一个10~20毫米的切口，然后利用这单一的切口完成所有的手术操作。

NOTES 是指运用内窥镜通过人体的胃、直肠、阴道、膀胱等自然腔道到达腹腔进行手术。但由于 SILS 和 NOTES 在入路手段和操作器械手段较之前的手术方式有了很大改变，现有的微创外科机器人结构不能满足手术需求，新型机器人的研究便成为当前的技术方向。

3. 骨科手术机器人

如何根据手术需要方便快捷地操作、提高手术效率是骨科手术机器人进入临床必须解决的问题。结合医生的操作习惯和临床环境，研制简捷、高效的人机交互设备是产品进入临床的必然需要。近年来，术中 C 臂/O 臂 3D 成像等高精度影像采集技术开始应用于骨科手术机器人手术。术中影像采集能够实时反映因体位变化造成的解剖位置变化，减少错误发生。另外，在关节手术中，可以应用无图像解剖结构重建技术。术中使用指点器点选解剖结构的特征点和面，与模拟图像中的旋转中心或关节轴线进行配准，可以精确地设计和实现假体置换的力线。

4. 神经外科手术机器人

基于多模影像的智能配准技术。传统透视影像存在重叠多义性和清晰度的缺陷，导致手术精确性和安全性难以保证。导航技术能够显示肉眼不可见的深层次组织结构，但目前影像导航技术主要依赖术前/术中 CT 影像，CT 影像只能显示骨骼图像，无法显示周围软组织状况。随着多模影像技术的发展，将实现功能信息图（MRI、SPECT、PET）与病灶解剖结构图像（CT、X 光片）的融合，为医生提供更多的诊断信息和手术三维数据的空间信息。同时，骨科手术机器人产品能够利用上述多模影像信息，在手术空间、图像空间和设备空间的配准技术上实现突破，为这三个空间的空间坐标系建立更加智能的联系；通过识别不同的图像模态，自动智能配准。

5. 康复机器人

关节角度与力矩控制技术。关节角度与力矩控制技术是康复机器人输入控制技术的一种，它建立在关节角度与关节运动力矩计算技术的基础上，实时检测患者的肢体运动模式，帮助患者完成肢体运动，完成康复任务。

肌电信息感知与控制技术。肌电电信号能在一定程度上反映神经肌肉的活动状况，被广泛应用于康复医学、人机工程学、运动科学及生物力学等领域，是康复机器人关键技术之一。它可以依靠表面肌电信号，并结合关节角度及扭矩、肌肉活动的关系来评估康复绩效。如何让康复机器人有效识别患者表面肌电信号，并快速、精确地进行患者的作业姿势及康复效果的预评估，及时做出辅助人体患者进行康复运动，是康复机器人技术研究的重点。

空间运动检测技术。空间运动检测控制技术是康复机器人又一关键技术。它通过空间运动检测技术识别患者动作及其作业姿势特点，对人体关节位移状态做出准确测量，从而有规律地帮助患者进行康复运动。

空间运动检测技术。空间运动检测控制技术是康复机器人又一关键技术。它通过空间运动检测技术识别患者动作及其作业姿势特点，对人体关节位移状态做出准确测量，从而有规律地帮助患者进行康复运动。

三、未来几年技术的发展趋势分析

1. 通用技术发展趋势

远程手术安全控制技术。远程手术尽管取得了一定发展，但仍面临诸多问题：首先是网络时延问题。需要将时延降低到人的有效感觉之下，实现临场感手术操作。其次是网络安全问题。改善网络通信条件，优化手术所用的数据传输流，提高网络传输效率；克服数据丢包、病毒、数据变异等问题，提高手术安全性。最后是适应证扩展问题。需要进一步扩大遥外科手术的临床应用范围。随着相关技术的发展和应用需求的不断扩张，远程手术已不再局限于设备齐全、手术环境理想的医院手术室，复杂环境下远程手术的研究已成为当前医疗机器人研究的热点。这些复杂环境包括：海上环境、水下环境、太空环境、战场环境等，这对远程手术过程中机器人的设计提出了新的挑战和要求。海上环境下的振动、晃动要求机器人具有自适应、鲁棒性高的控制系统；水下环境的狭小空间，太空环境中的失重和超长延时需要机器人体积更加轻巧，自主手术能力更强、更加智能；为应对复杂环境下缺乏专业医护人员的情况，机器人人机交互效率、手术流程及执行效率也需要进一步的研究和改进。

相较于 4G、WLAN 等传统通信方式，5G 的高速率、低时延、大连接等特性能有效解决数据传输问题，提高了传输稳定性，使远程手术成为现实。"基于 5G 网络的远程手术创新技术方案"实现了触觉与视觉信息的实时人机交互，让医生远程操作时具有身临其境之感，也使得手术更快、更稳、更准，这对于在急救"黄金时间"挽救更多病患生命，解决跨地域医疗资源不均衡问题具有重要意义。而随着 5G 通信技术的成熟，其大带宽、低时延的特性，将显著降低远程手术操作的延迟，极大提升医生操作体验与手术质量，也将助力远程医疗技术的真正普及。

医疗大数据驱动下的机器人开发技术。临床数据的复杂性和多样性对医用机器人的诊疗方案设计提出了新的挑战。一方面，临床诊疗涉及的数据类型越来越多，既包括传统的医学影像数据、病历以及设备（包括机器人）和器械数据等静态数据，也包括治疗过程中的实时传感、动态监控和工作流程等"过程"数据。另一方面，临床诊疗涉及的数据规模越来越大，已不再局限于治疗室内的相关数据，基于影像归档与通信系统和医院信息系统的网络化数据也被引入诊疗过程。如何有效解析这些数据以实现治疗过程中各要素之间的信息互联互通是设计医用机器人系统最佳诊疗方案首先需要解决的问题。2017 年，国际医用机器人研究领域的 25 位著名学者联合提出了"外科数据科学"（Surgical Data Science, SDS）的概念，他们认为 SDS 是推动下一代外科技术的主要引擎，也是推动手术机器人研究的重要驱动力。因此，对临床数据的科学解析会促进临床数据科学与医用机器人技术的协同发展。

2. 微创外科手术机器人

在微创手术中，为了便于医生鉴别组织的物理特性，需要在手术器械上安装力传感器，实现对力的感知，并将获取的力信息通过机器人系统传递到主手操作端，施加给医生实现力反馈。适用于微创手术环境的力检测方法分为直接、间接检测两种。直接检测，即设计能集成在手术器械上的微型力传感器进行直接检测，通常使用电阻或光纤传感器作为检测元件。间接检测，即通过测量位移或执行器输入量来计算作用力的大小。通过建立精确的数学模型，使用观测器及自适应控制器估计交互作用力。引入力觉反馈会提高外科医生的手术技能，也会改善病人的手术质量。也就是说，力觉反馈降低了接触力峰值和接触力均值，缩短了任务执行时间，减少了失误次。微创手术机器人中进行力检测的方法大致可以分为基于电阻和光纤的直接检测，以及基于位移和执行器输入量的间接检测。

基于电阻的直接检测：多数情况下，应变片是最常用的力检测元件，为了实现力的精确测量，通常将应变片粘贴在一块弹性体上，然后将应变片接入电阻电桥。当有外力作用时，弹性体随之产生应变，应变片的电阻和电桥的电压也随之发生变化，因而通过检测电阻电桥输出电压的变化就可以将外力检测出来。

基于光纤的直接检测：使用光学检测方法来测量和传递力信息是传统检测方法的一种替代，在机器人学和临床医学领域都获得了广泛的应用。与传统检测方法使用电线传递信号不同，光学检测方法使用光纤将力信息从待检测区域传递到光电设备，使用光学检测方法的力传感器也可称之为光纤传感器。

基于位移的间接检测：检测力的一种最简单的方法是检测弹性元件（比如弹簧）的位移变化，依照胡克定律，弹簧长度的变化表征了作用其上的合力大小。因此，一些常用的位移传感器（比如电位计、数字编码器、线性差动变压器等可提供精确位移测量的装置）都可以作为检测元件。

基于执行器输入量的间接检测：当执行器驱动操作机的关节时，执行器的输入量（比如电动机的电枢电流或气缸气压的变化）与外作用力和力矩直接相关。由于输入量信号受到关节内部摩擦和执行器非线性影响，想要精确检测外力和力矩就必须得到操作机的动力学和摩擦力的数学模型。测量执行器输入量的方法在遥操作系统力控制或力反馈的研究中应用比较广泛。

深度感知问题主要是指在内窥镜手术中医学成像数据在透视显示时，三维深度信息无法随着手术进程或观察位置的变化直接得到体现。虽然立体视觉内窥镜技术可以在一定程度上获取病体的深度信息，但是深度信息的显示问题仍然没有得到很好的解决。针对医生在手术时对手术部位的深度感知缺失，就需要对离线医学成像数据在深度感知（depth perception）方面作深入的研究。深度感知的具体解决方案是指对离线医学成像数据在特定深度方向上进行实时二维切片抽样,并将抽样图像加以显示。需要指出的是,这里的"特定"深度方向是指工作坐标系或者是观察坐标系的深度方向,在手术中是指跟踪手术工具或者头部观察位置所在相应坐标系(在线医学成像设备坐标系或透视显示器坐标系)的深度方向,它们与离线医学成像数据的切片扫描方向一般相差很大。如果使用的离线医学成像数据没有进行层间插值处理的话,那么在特定深度方向上切片抽样获得的图像是不完整的,需要对切片图像进行内插值处理。深度感知的关键步骤在于实时获取手术工具或医生头部的三维位置,即不但要在医学成像设备坐标系下实施对手术工具的三维跟踪,还要在透视显示器坐标系下对医生头部的运动进行跟踪。目前在微创外科手术机器人研究领域中,如何利用手术机器人系统增强医生的深度感知是一个很重要的研究方向。

3. 骨科手术机器人

针对临床环境的传感技术。临床上现有的传感器(如可医用的电磁传感器、超声传感器、音视觉跟踪传感器、力反馈传感器等)都是专门设计的,拥有自动防故障装置;传感信号能够被实时收集、整合与显示,临床医生能够依据传感信号的变化判断是否发生或者即将发生临床事件,然后根据预先设定的程序强制停止机器人系统的活动,转由临床医生介入,判断下一步手术方案,从而保障手术过程的精确性和安全性。针对临床需求,需要研究适合手术环境的微型化、多信息融合传感技术。

以机器人技术为基础的精准治疗综合解决方案。随着大数据的发展和个体化医疗的推进,骨科疾病的精准治疗也将是发展趋势之一。在精准骨科解决方案中,将需要融合循证医学证据、骨科手术机器人临床大数据库、个体影像学数据、生物力学数据等,结合骨科手术临床路径和手术安全预警体系,依托骨科手术机器人,形成智能临床决策推荐意见。在以骨科手术机器人为基础的精准骨科解决方案的发展中,将骨科手术机器人与遥操作、大数据、云技术等创新技术相融合,研究新型的治疗方法和手段,是临床应用解决方案的研究热点。

4. 神经外科手术机器人

增强现实技术(AR)目前,机器人辅助神经外科手术中,医生会结合术前的医学影像,建立患者病灶区域三维模型,进行手术方案规划。随着增强现实技术的发展,将该技术结合到手术机器人系统,使患者手术前的 3D 模型叠加到实时手术操作视野中,可以实现机器人微创手术实时导航,并获取病灶区域组织的内部结构,提高微创外科手术的操作精度和安全性。增强现实的实现依赖于准确的组织建模和配准。其中,配准过程可以由医生根据经验手动实现或自动完成。由于无法获取病灶及周边组织内部结构,医生在手术过程中容易对重要组织造成损伤。为实现精准手术,融合术前多模态医学图像信息手术导航技术与术中增强现实技术,可以在术前引导医生进行准确的手术规划,以及术中对病灶组织进行精准识别与治疗。在增强现实技术下,不仅要求对病灶组织位置进行识别,同时其物理特性、生物组织材料特性均需展现出来,引导机器人实现正确操作。

5. 康复机器人

康复机器人"人机自然协同"技术。"人机自然协同"技术能够有效提升操作的安全性和患者的舒适性，是目前临床的研究热点。同时，这也给康复机器人新型交互机构和人机作用机制等提出了新的挑战。一方面，传统研究并未建立明确的人体组织与外界刚性或柔软对象的交互力传导机制，机器人在工作时存在潜在的损伤人体组织的风险。另一方面，在有医生介入的治疗过程中，医生作为其中的一个环节，具有典型的动态非结构化特点，故有必要将医生的动作意图融入交互机制之中，并通过机构设计约束医生的操作动作，从而确保操作的安全性。因此，研究面向"机器人-人-环境"自然共融的新型交互机构及作用机制，能够有效提升康复机器人系统的人机协作能力。采用柔性控制策略，实现人机一体化，降低发生继发性损伤的风险。在康复机器人中增加智能语音识别功能，根据患者的指示选择运动模式，在不同模式转化之间，加入运动过渡控制，提高运动模式间的连贯性，使其具有更好的康复效果。

基于脑电信号的康复机器人系统作为一种上肢康复训练的有效装置引起了人们的关注。这种设备除了具有康复机械设备优点，在引入了脑电信号采集、分析的功能后，还能实现用自身的主观意念来控制康复设备，独立进行康复训练的目的。考虑到大多数患者在进行康复训练时无法像正常人一样完成对康复设备的操作，尤其是对于上肢偏瘫的患者，不可能在治疗时对康复设备进行按键操作，在康复设备上安装非接触类的控制接口是势在必行的。加强生物医学信号交互控制，通过表面肌电和脑电信号，检测用户的运动意图、损伤程度、肌肉承受力等指标，并根据反馈信息，制定下一阶段的训练方案。尤其是脑电交互控制，它不会受到肢体瘫痪的干扰，为患者的主动训练意图提供依据，将其应用于控制检测系统中，是提升康复机器人适应性的技术方向。

第二节 手术机器人和康复机器人行业竞争情况分析

一、竞争情况概述

目前，中国医疗机器人行业企业数量超过 30 家，行业内小型初创企业数量较多，企业分布较为分散。相对于外资企业，中国医疗机器人行业企业整体处于萌芽期，技术和产品不够成熟。不过，在国家政策的推动下，中国部分企业在一些高端医疗机器人领域有所突破，已经实现国产化并占据一定市场份额。

二、竞争格局

美国、欧洲、日本等国家和地区在医疗机器人领域起步较早，在医疗机器人的技术上处于领先地位，在高端医疗机器人市场占据主导地位。中国医疗机器人行业起步相对较晚，部分企业研发能力较弱，生产技术水平相对较低，主要以中低端产品为主，在市场上采取低价竞争策略。外资企业产品品牌知名度高、技术水平高，在国内以中高端市场为主。

目前，中国医疗机器人行业中，天智航、柏惠维康、华科精准、直觉外科、美敦力、捷迈邦美等企业占据重要地位。

三、竞争策略

1. 加强技术研发

医疗机器人行业属于技术密集型行业，对技术创新和产品研发能力要求较高、研发周期较长。企业想要在市场中占据主导地位，应当加强研发，提升企业产品技术含量，寻求技术突破，以产品占据市场重要地位。

2. 加强售后服务

由于外资企业主要针对高端市场，用户主要集中在三甲医院，营销网络也主要集中在大城市，在基层地区的销售和售后服务受到牵制。国内企业应当加强售后服务体系，进军基层医疗机构，打造企业品牌。

第三节 医疗机器人销售渠道分析

一、市场运作模式分析

医疗机器人的销售模式主要包括直销和经销，根据不同的环境选择销售模式。

经销模式是指公司先将产品销售给经销商，再由经销商销售给终端客户。医疗器械行业的终端客户主要包括各级医疗机构、体检中心等专业机构，较为分散，且对供应商的专业性、服务的及时性要求较高。采用经销模式，公司可利用经销商在当地的资源优势，迅速占领未开发市场，有利于提升产品的市场占有率，强化公司的市场推广能力，及时获取市场信息并为终端客户提供周到的服务。

直销模式是指公司直接将产品销售给终端客户。

二、营销模式分析（含招标采购）

当前，中国医疗机器人生产企业主要采用经销和直销相结合的方式进行销售。

经销模式的具体流程包括：甄别、筛选经销商；与经销商签署相关协议；经销商根据终端客户需求发出订单；公司组织生产、物流等；货物验收、安装；开具发票、收款等；售后服务。

直销模式的具体流程包括：市场人员获取客户需求；公司通过投标、商业谈判的方式，与客户确定合作关系；客户发出订单或签署销售合同；公司组织生产、物流等；货物验收、安装；开具发票、收款等；售后服务。

第四节 产业未来发展趋势

当前，现代医学正在逐步向早期发现、精确定量诊断、微无创治疗、个体化诊疗、智能化服务等方向发展，对医疗器械领域的发展持续提出新的需求。

预计今后几年，国家在政策方面扶持具有持续研发、探索创新的企业，从而带动医疗机器人向着国产化、高端化、国际化的方向发展。

医疗机器人行业在中国仍处于成长阶段，行业具有较大的市场发展空间。在政策的持续推动下，中国医疗机器人行业生产企业在技术水平、制造工艺、研发水平方面寻求突破，产品逐渐从中低端向高附加值的高端产品方向发展。

第四章 国内外重点业分析

第一节 天智航

一、概况

北京天智航医疗科技股份有限公司成立于2005年，注册资本1.88亿元，专业从事骨科手术机器人的研发、生产和临床应用，是国内首家、全球第五家取得医疗机器人注册许可证的企业，是中国机器人TOP10成员企业、北京市G20成员企业，医疗机器人北京市工程实验室依托单位、中国生物医学工程学会医用机器人分会副主任委员单位、北京智能机器人产业联盟副理事长单位、中关村医疗器械产业联盟理事长单位。

二、企业市场情况

公司所从事的专业领域为以骨科手术机器人为代表的相关智能医疗装备研发、生产和销售。以骨科手术机器人系统为核心设备，提供涵盖"手术室环境工程、骨科手术机器人等核心设备、骨科医用耗材及临床技术支撑服务"的智能化骨科机器人微创手术中心综合解决方案。截至目前，天智航共计销售骨科机器人50余台。因公司未披露2018年报，具体营业收入数据未知。公司2017年和2016年的营业收入分别为9312.38万元和2557.60万元。

第二节 柏惠维康

一、概况

北京柏惠维康科技有限公司成立于2010年，是一家专业从事医疗机器人研发、生产、销售、运营的高科技公司，目前已获得相关领域 8 项发明专利，十余项软件著作权和其他专利。公司经过 20 年的技术积累，17 年的临床探索，2 万多例临床手术和 6 次产品迭代，并与神经外科领域名列前茅的北京天坛医院、北京宣武医院、解放军总医院（301）、协和医院、郑州大学第一附属医院、武汉同济医院等临床合作，得到顶尖专家认可。

二、企业市场情况

公司于 2015 年推出了新一代的"睿米"神经外科手术机器人 Remebot，2018 年 4 月 13 日，Remebot 正式通过 CFDA 三类医疗器械审查，成为国内首家正式获批的神经外科手术机器人。它也是该领域全球第二款在原产地获批的产品。因公司尚未上市，暂无具体销售数据。

第三节 华科精准

一、概况

华科精准（北京）医疗科技有限公司（以下简称华科精准）是一家从事高端创新医疗器械研发、生产和销售的高科技企业。华科精准源于清华大学和 2005 年创立的北京华科恒生医疗科技有限公司（以下简称华科恒生），华科恒生是国内首家专业癫痫诊断电极制造商，自主研发生产的医用电极产品在国内应用广泛。

二、企业市场情况

2018 年，12 月 25 日，由华科精准（北京）医疗科技有限公司研发的神经外科手术机器人正式通过国家药品监督管理局（NMPA）审批准产（注册证编号：国械注准20183010598），成为首款获得国家创新审评通过的神经外科手术机器人。此款产品也是我国首款同时适用于儿童和成人的神经外科手术机器人，填补了我国在此领域的空白。因公司尚未上市，暂无具体销售数据。

第四节 大艾机器人

一、概况

大艾机器人是从事高端医疗机器人研发、生产和销售的高科技企业，是国家科技部、国家自然科学基金委员会、北京市科学技术委员会重点支持的高科技发展平台。公司产品外骨骼机器人，是实施《北京市医疗器快速审评审批办法》后批准的首个北京市创新医疗器械产品。公司拥有一支专业的医疗康复机器人研发团队，由众多毕业于清华大学、北京航空航天大学等知名院校的计算机、自动化、机电专业的高新技术人才组成。公司与国内知名的医疗机构合作，开展研发及相关临床应用实验等，包括 301 医院、北京积水潭医院、北京宣武医院、江苏省人民医院、国家康复辅具研究中心、武汉同济医院等。

二、企业市场情况

公司自主研发的外骨骼康复机器人，获得中国首个外骨骼机器人 CFDA 注册证。因公司尚未上市，暂无具体销售数据。

第五节 直觉外科

一、概况

Intuitive Surgical（ISRG）Inc.（直觉外科）成立于 1995 年，总部位于美国加利福尼亚州阳光谷。公司自行设计、生产及销售 da Vinci Surgical System（内窥镜手术器械控制系统）。公司产品目前覆盖北美、南美、欧洲、中东、澳洲和亚洲。

二、企业市场情况

内窥镜手术器械控制系统系列应用是手术机器人最大的应用领域。2014 年直觉外科在手术机器人行业的占比为 88.5%，在其他临床手术机器人上占比 11.5%。直觉外科的微创外科手术机器人系统在内窥镜手术器械控制系统领域的市场占据垄断地位，市场占有率 97% 以上。

表 9-4-1　微创外科手术机器人系统

年份	销售额（亿美元）	市场份额（%）
2016	22.41	97
2017	26.02	97
2018	30.89	97

第六节　MAKO

一、概况

MAKO Surgical 于 2004 年由 Maurice Ferre M.D.、Rony Abovitz 及其前身 Z-KAT, Inc. 的其他主要成员成立，主要生产和销售手术机器人手臂辅助平台，最着名的是 RIO（机器人手臂交互式骨科系统）以及整形外科医生用于膝关节和全髋关节置换术的骨科植入物。MAKO 的手术机器人系统目前提供三种机器人：部分膝关节置换、全膝关节置换、和全髋关节置换。截至 2018 年，MAKO 的手术量已经超过 20 万例。2014 年，MAKO 收到史塞克收购要约，被史塞克公司以 16.5 亿美元价格成功收购。

二、企业市场情况

截至 2018 年底，Stryker 的 MAKO 全球装机量为 642 台，美国占 523 台。单个系统的平均售价，大约是 100 万美元。市场暂无其他同类产品竞争。

第七节 Medtech

一、概况

Medtech 于 2002 年成立,总部设于法国南部城市蒙彼利埃,公司专门从事设计、研发和销售创新的医疗相关辅助手术机器人系统。目前公司在全球范围内已推出 51 个手术系统,分布在全球各大顶级的神经外科中心,包括克利夫兰诊所和马萨诸塞州总医院。2007 年,Medtech 研发了手术机器人辅助系统 ROSA 出世,ROSA 专门用于脑部手术辅助。2014 年 7 月,Medtech 在 ROSA 机器人的基础上研发了脊柱微创手术机器人,并将这两款成熟的旗舰产品整合,分别取名为"脑部手术机器人 ROSA Brain"和"脊柱微创手术机器人 ROSA Spine"。2016 年 7 月,Zimmer Biomet(纽约证券交易所代码:ZBH)宣布,同意支付至少 1.32 亿美元收购手术机器人公司 Medtech(EPA 代码:ROSA)。

二、企业市场情况

两款产品均已获 CE Mark 认证与美国 FDA 的批准,且在全球上市。其脑部手术机器人于 2014 年获得国家药品监督管理局的批准,并已销入数家国内顶尖的综合及神经专科医院。因其被捷迈邦美收购,暂无具体销售数据披露。

第八节 Mazor Robotics

一、概况

Mazor Robotics 是一家以色列医疗设备公司,2001 年由海法以色列理工学院 Moshe Shoham 教授和 Eli Zehavi 成立。公司研发了针对脊柱外科和脑外科手术指导系统和辅助机器人产品。公司目前主打的就是两款机器人:一个专为脊柱外科服务的 Mazor X,另一个则是脑外科的 Renaissance。2018 年 9 月 20 日,美敦力宣布以 16.4 亿美元的价格收购 Mazor Robotics。

二、企业市场情况

主打的两款机器人均已获 CE Mark 认证与美国 FDA 的批准，且在全球上市。截至 2018 年 10 月，Mazor 在全球已经卖出了超过 200 个手术机器人，服务的病人超过 41500 人，参与的手术台数超过 280000 台。因其被美敦力收购，暂无具体销售数据披露。

第五章 医疗机器人产业链概述

一、产业链构成

医疗机器人的产业上游是核心零部件生产商、中游是整机生产企业、下游是应用领域，详见图 9-5-1（全景图见附件一）。

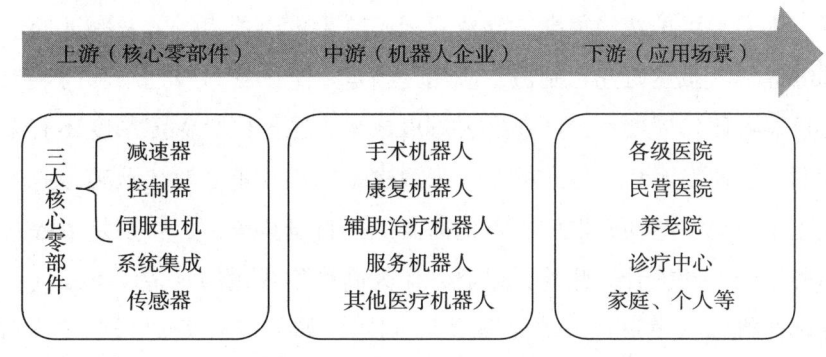

图 9-5-1 医疗机器人产业链构成

资料来源：根据调研资料整理。

二、产业链上游发展状况

医疗机器人产业核心在于核心零部件，包括减速器、伺服电机和控制器，三者成本加和约为总成本的 70%，主要依赖进口。

- 减速器：技术壁垒最高，主要包括 RV 减速器和谐波减速器两种。国内 RV 减速器主要被日本纳博、住友和 SPINEA 等垄断；谐波减速器方面，由于其结构相对简单，叠加哈默纳科的专利到期，国产跟国外差距不大；
- 伺服电机：国内以日系、欧美系等品牌为主导，国产率占 15%，主要集中在中低端；
- 控制器：技术难度是相对最低，国产控制器产品已经可以满足大部分功能要求。但其核心在于算法要与机器人本体相匹配。国产控制机在硬件上与国外差距不大，差距主要是算法和兼容性方面。

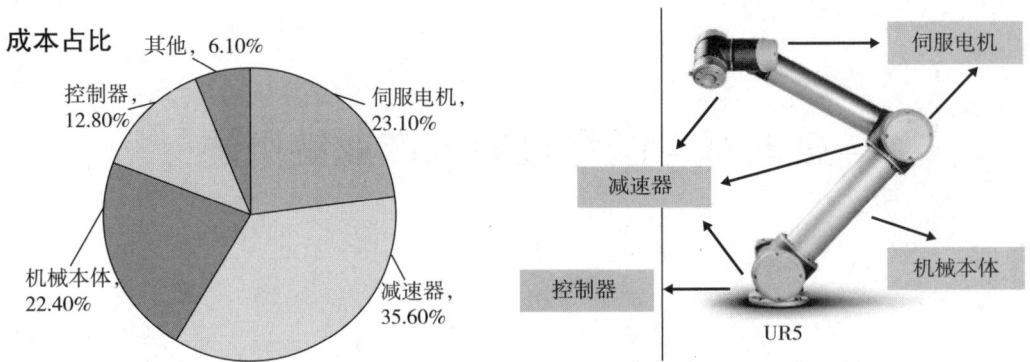

图 9-5-2 核心零部件的成本占比

资料来源：根据调研资料整理。

目前，国内已经投入使用的医疗机器人产品绝大部分依靠国外企业生产，进口医疗机器人的价格昂贵、手术和维护费用很高，导致我国医院手术机器人的普及率远低于欧美，也不及亚洲日、韩等近邻。虽然研究、制造、应用是衡量一个国家科技创新和高端制造业水平的重要标志，但机器人研发周期长，产业发展难以成型、国家医疗保障制度还需进一步完善等问题，对于我国自主研发医疗机器人的企业来说也是困难重重。对比欧美企业所占据的大量市场份额，我国企业想要撼动其地位，首先需要加强自身竞争力，特别是关键共性技术方面的突破和产品落地能力的提升。此外，机器人作为高度集成化的复杂设备系统，其核心零部件一直是困扰国产机器人发展的一个"瓶颈"问题，如何突破关键领域"卡脖子"问题，推动我国机器人特别是医疗机器人产业快速稳定发展，任重而道远。

三、产业链中游发展状况

以占比最高的手术机器人为例，我国手术机器人目前大多数仍处于研发或临床试验阶段，还未形成规模化产业，手术机器人在各大医院的普及率也相对较低，与发达国家相比差距较大。尤其，手术机器人作为机器人领域的尖端产品，技术门槛和研发制造成本非常高，从实验室成果到成熟产品的产业化路径周期很长。我国医疗机器人企业创立年份集中于近五年，专业医疗机器人上市企业仅数家。统计样本中，2014年以后创立的医疗机器人企业34家，2000~2013年创立的医疗机器人企业20家，1999年前创立的医疗机器人企业仅9家。其中，1999年前创立的企业基本为上市公司，医疗机器人为其近年来新拓展业务，并非公司主营业务，如博实股份、金明精机、科远股份、复星医药、威高集团等，近年来，上市公司均在近年拓展医疗机器人业务，抢占新兴增长点。综观所有医疗机器人公司，以医疗机器人为主营业务的上市公司仅天智航一家，在新三板上市，并非主板。而在康复机器人领域，仅有钱璟一家正在启动上市。在医疗服务、健康服务等其他类型医疗机器人发展则更处于初期阶段，创立时间普遍在近两年，产业尚处于培育期。

总体而言，我国医疗机器人技术和产业发展仍处于初级阶段，与美、欧、日等发达国家和地区相比仍然存在较大的差距，主要表现在：关键共性技术创新主体缺失，学科交叉的高端领军人才匮乏，资金投入分散持续合力不足，同时存在医工合作机制不完善等问题。因此，面对国际医疗机器人技术和产业加速发展的现状，我国医疗机器人领域面临严峻的挑战。近年来，全球都在布局发展医疗机器人技术及产业，抢占技术和市场的制高点。医疗机器人的技术、研发、制造和应用已经成为衡量一个国家科技创新和高端制造业水平的重要标志。中国在硬组织手术机器人方向已经有领军级企业，在软组织手术机器人方向相继有重要研究成果问世，因此中国医疗机器人产业将有望成为继通信产业后，能够引领全球科技创新的重要方向，是国家级技术创新建设的重点领域。加快推进国家级医疗机器人技术创新中心，提升关键领域产业国际竞争力，将为我国现代化经济体系建设提供强有力的支撑和保障。

四、产业链下游发展状况

医疗机器人产业链下游主要是各级医疗卫生机构，包括大型综合医院、县级公立医院、民营医院及基层医疗卫生机构等，主要供给于智慧医疗市场的需求端，主要应用于医疗的手术、康复、护理、移送病人、运输药品等领域。下游行业决定了市场容量和消费需求并直接影响着医疗机器人产品的经济效益。随着中国医疗卫生体系的发展和进步，患者和医院对诊疗的精准、微创、安全、智能的要求不断提高，政府不断加大在医疗卫生方面的投入与政策支持，推动了国内医疗机器人行业的快速发展。

自1985年Kwoh等采用PUMA500机器人作为辅助定位装置完成首例脑部手术以来，医疗机器人已经经历了29年的发展历史。经过近三十多年的发展，目前已有数千台手术机器人在全世界的医院和医学中心使用。2016年，全球医疗机器人销售数量为1600万台；2017年，随着医疗机器人在各应用领域的落地，2017年销量达到1800万台。2017全球医疗机器人市场规模118亿美元，未来5年（2017~2021年）年均复合增长率约为15.04%，2021年全球医疗机器人市场规模将达到207亿美元。手术机器人占全球医疗机器人份额的60%以上，占比最大。市场重心正由北美逐渐往亚洲市场转移，亚太地区增速明显高于其他地区。手术机器人软组织领域独角兽达芬奇（Da Vinci）手术机器人，从技术研发到产品上市经历了10年，截至2018年全球销售近5000台，年手术量超500万例；我国手术机器人领军企业天智航历经15年3代产品迭代，成为继达芬奇后世界第二家盈利手术机器人公司，截至目前已完成5000余例手术，从根本上实现客户价值和企业价值双赢，完成产业链闭环。

附件一：医疗机器人产业链全景

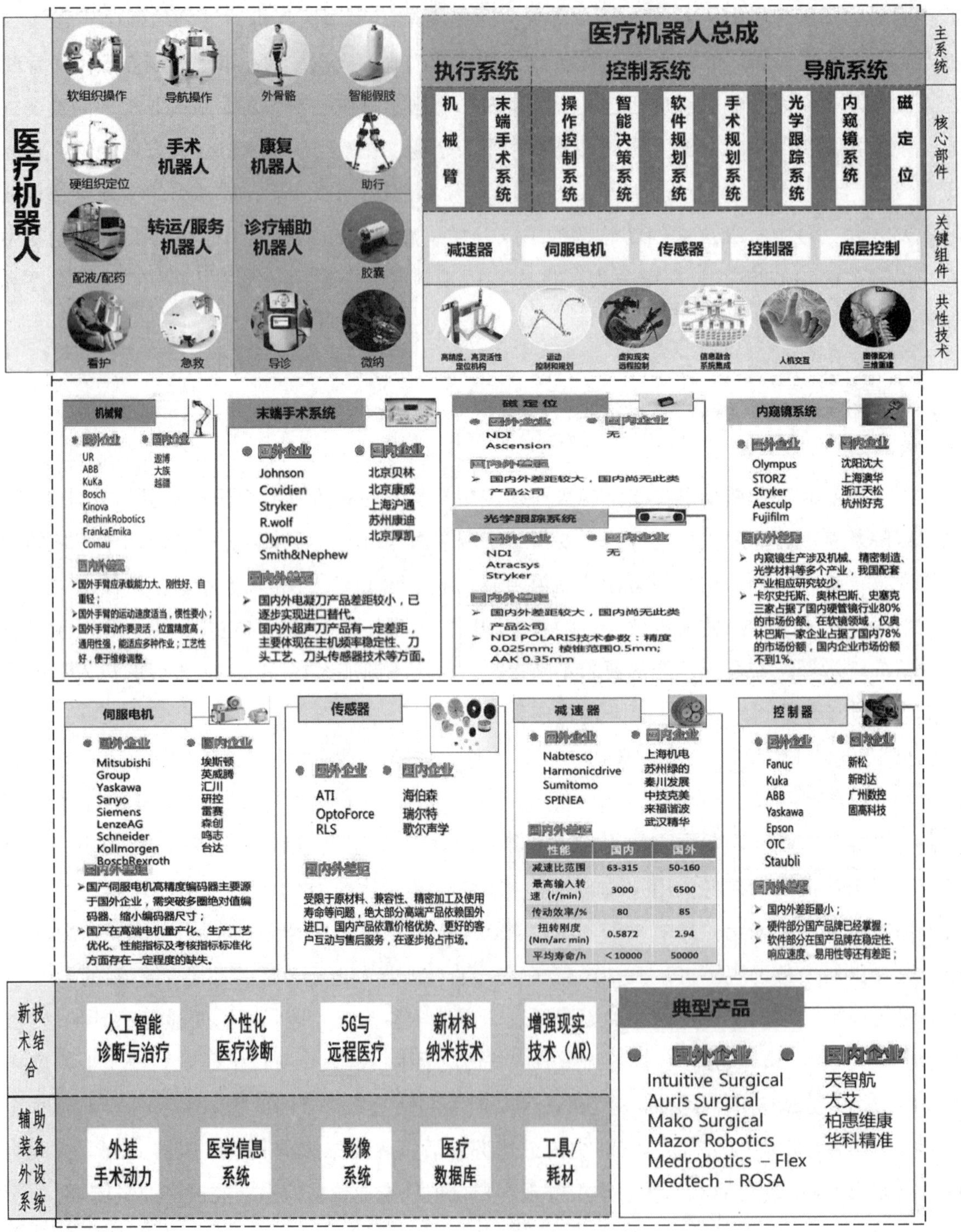

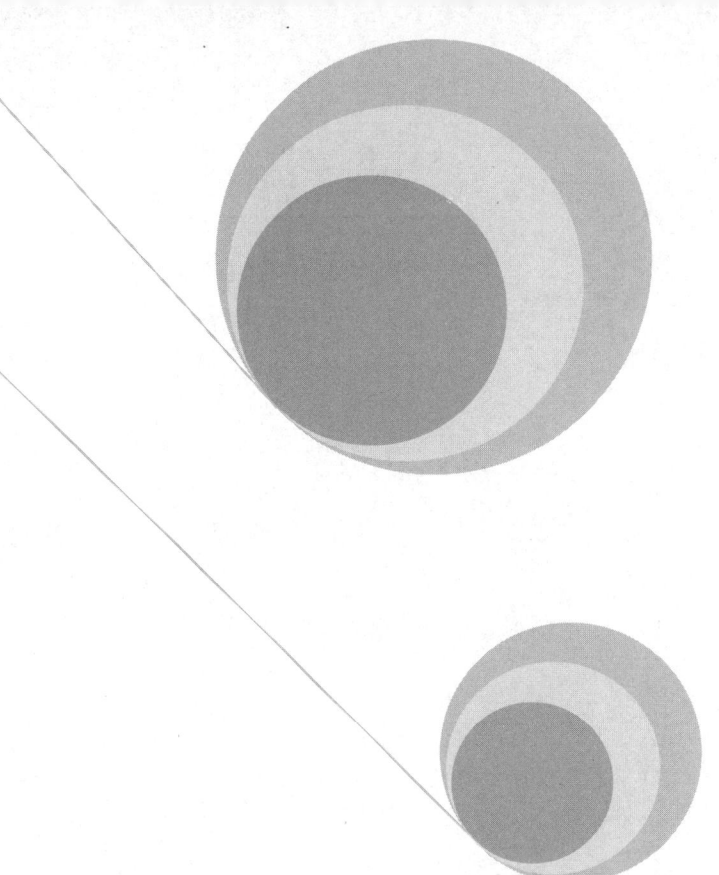

中国医疗器械创新创业大赛暨医疗器械创新周活动的实践与探索

中国医疗器械创新创业大赛暨医疗器械创新周活动的实践与探索

姜峰　徐珊　苏文娜[①]

【摘　要】 通过对医疗器械产业技术创新战略联盟承办的中国医疗器械创新创业大赛暨医疗器械创新周活动的基本状况和特点进行分析，为大赛暨创新周活动发挥引领作用，推动中国医疗器械产业持续创新发展提供指导方法。

【关键词】 医疗器械产业；大赛；创新

推进大众创业、万众创新是发展的动力之源。中国医疗器械创新创业大赛（以下简称"大赛"）由科技部社会发展科技司倡导，科技部社会发展科技司和中国生物技术发展中心共同指导，医疗器械产业技术创新战略联盟（以下简称"联盟"）联合中国医疗器械行业协会承办，旨在激发企业和广大医务人员的创新活力，加强创新与临床应用和资本衔接，深化医疗器械产业产、学、研、用、监各环节合作，搭建更加高效实用的、真正国际化的创新服务平台，推动中国医疗器械产业持续创新发展。大赛自2018年首次举办以来，已成功举办两届。

一、基本情况

（一）首届大赛项目获多种支持

2018大赛累计征集来自全国及海外科研院所、医院、企业、创业个人及团队的在研医疗器械创新项目283个。根据工作方案、参赛项目产品领域分布以及院士专家推荐，确定了大赛初赛、区域赛和总决赛评委名单，经过层层选拔，最终评选出16个创新项目。至今获奖项目已融资到账达1.4亿元，签定融资协议总额15.8亿元（其中一项已签订2亿美元融资协议），并有部分项目相继获得了省市和军队的课题资助及其他各种大赛奖项。

---

① 姜峰，中国医疗器械协会常务副会长，研究员，博士；徐珊，中国医疗器械协会秘书长，硕士；苏文娜，中国医疗器械行业协会副秘书长，博士。

（二）2019大赛初赛和复赛如火如荼

2019大赛于4月8日启动报名，7月20日报名截止，共收到了来自海内外企业、个人和团队607个项目报名参赛，其中，光机电方向221个，体外诊断方向86个，材料与配件技术173个，人工智能与软件127个。报名项目中，海外项目30个，占比为5%。

根据各方向报名项目数量和初赛评分情况，征求专家和参赛选手建议，计划举办光机电方向复赛3场，体外诊断方向复赛2场，材料与配件技术方向复赛2场，人工智能与软件方向复赛2场。8月1~18日期间，在成都高新区管委会、威海科技局、南京市高淳区政府的大力支持下，先后举办了9场复赛，共计180个优秀项目进行现场路演，评委从创新性、科学性、技术成熟度、应用价值、社会意义、风险分析六个维度进行打分，按评分高低，每场复赛评选出一等奖2个，二等奖3个，三等奖5个，优秀奖10个，赛后及时在大赛官网和媒体上发布了比赛结果。

复赛期间，各地相继组织了园区参观、项目对接、专家座谈等多种形式的活动，得到复赛举办地政府高度重视与认可。

（三）2019大赛决赛暨创新周精彩纷呈

各场复赛每个方向实行全国排序，四个方向66个项目晋级。9月5日，在苏州工业园区管委会、昆山市人民政府的大力支持下，在苏州国际博览中心举行了开幕式，以及体外诊断、材料与配件技术方向决赛；在昆山举行了光机电、人工智能与软件方向决赛以及颁奖典礼。经现场评比，最终8个项目获得一等奖、12个项目获得二等奖、20个项目获得三等奖、26个项目获得优秀奖，获奖项目占报名项目比例为6.6%，与2018年基本持平。

为增强大赛影响，也为参赛优秀项目快速对接产业转化做大，联盟精心策划了第二届医疗器械创新周活动，创新周活动聚集海内外创新企业、科研院所、临床专家、第三方设计检测代工和临床试验机构以及上游材料配件供应商、医械分销渠道联盟、园区孵化器、德国日本展商协会和众多投资机构等各类创新服务相关企业和资源，形成"一赛一展四主论坛"的系列活动，不仅很好地烘托大赛举办气氛，而且解决了决赛观众人流、赛场影响和费用等问题，并为参展企业和参赛项目在中美贸易摩擦背景下对接了欧洲和日本的协同创新平台和市场资源。

二、活动亮点

2019大赛以"关注转化医学面向临床实际需求、强化技术创新与创新服务"为主题，重在引导社会各界力量支持医疗器械创新创业。

（一）创新驱动，全国性专业赛事备受瞩目

举办中国医疗器械创新创业大赛正是为进一步落实国务院《关于大力推进大众创业万众创新若干政策措施的意见》、国务院办公厅《关于促进医药产业健康发展的指导意见》，以及中共中央办公厅、国务院办公厅《关于深化审评审批制度改革鼓励药品医疗器械创新的意见》等一系列推进大众创业、万众创新的文件精神，也是落实科技部《"十三五"医疗器械科技创新专项规划》，加速推进医疗器械科技产业发展，激发科技在医疗器械产业上创新发展的源动力，致力推动中国医疗器械产业持续健康创新发展的重要举措。

大赛举办的消息在业内引起较大反响，据统计，2019大赛暨创新周三天的活动时间里活动注册人数共计7650人，较2018年增长22.1%；活动现场15643人次，较2018年增长51.1%；演讲嘉宾共有368人，较2018年增长30.0%，其中海外嘉宾35人。整个活动共有70多家业内分众媒体/自媒体参与报道，共计有400多篇报道文章，此外还有线上全程直播活动盛况。

（二）精准对接，打造国际化创新服务平台

大赛在筹备过程中，向日本、德国、以色列等海外相关机构推介，吸引海外创新公司报名参赛，并在大赛同期举办了医疗器械创新周等系列活动为大赛聚拢人气，提供创新服务相关配套资源及交流平台，助推大赛项目与产业对接。大赛暨创新周同期展览面积15000平方米，参展企业307家，较2018年增加45.9%；生产经营、创新服务机构及科研院所等论坛参加企业483家，较2018年增加18.7%；其中，投资机构343家，较2018年增加9.2%。创新周活动吸引视觉与听觉健康联盟、临床、麻醉器械、血管外科器械、苏州行业协会、南京医疗、创新服务等展团；还有加拿大、日本等国以及挪威创新署、爱尔兰使馆等企业、嘉宾和优秀项目来到现场，国内外专家和入围决赛企业展开面对面交流，加速欧日医疗器械科技成果与民族产业对接转化；北京协和医院、北京天坛医院、武汉大学人民医院、华山医院、安贞医院、上海第九人民医院等10家国家临床医学研究中心，以及浙江大学医学院、华南理工大学医学院、北京大学医学部眼视光学院、南京大学等科研院所等也在创新周期间展示了创新创业转化成果。

（三）需求导向，探索医生创新创业实操培训

联盟积极动员了国家临床研究中心各大医院的临床专家参与支持本次大赛，这些临床专家在一线长期使用医疗器械，有丰富的见地和思考，是转化医学工程最重要实践者，他们的智慧通过大赛与产业对接一定会极大地促进我国医疗器械产业创新发展。2019大赛直接以医院或医生名义报名参赛的项目达127个，占比达21%。为了给医生创新创业提供交流及服

务平台，并引入医生背景的成功企业家现场提供咨询服务，提供临床医生创新需要的融资和培训以及各类产业化服务，总决赛期间，联盟组织了首届医生创新创业大会暨医生创新创业实操培训（CDIEC 2019），38%的观众认为该论坛最吸引人。中国科学院葛均波院士、中国工程院孙颖浩院士两位院士在会上分享了他们作为领域内的顶尖医生，如何进行临床创新并完成成果转化，他们在这过程中有哪些经验教训，这让台下的医生听众深受启发。论坛还从临床试验设计、创新产品设计开发及注册流程、医生和企业合作模式等方面进行了探讨，为医生创新创业破解迷思，解决难题。

三、未来导向

2019大赛暨创新周活动较2018年有较大提升，受到了领导、参赛参展单位及观众的一致好评，但我们深知和目前创新日益活跃持续快速发展的国内外医疗器械市场需求相比，大赛暨创新周仍属初创阶段还有很大的提升空间。

根据前两届大赛暨创新周活动筹备经验，在下一届活动中，将继续注重做好以下几方面：一是突出创新，与时俱进，特别要侧重人工智能、大数据及智慧医疗等新兴热点领域的项目。二是要注重解决临床实际问题，继续在临床医学研究中心中进行对接宣传，支持医生创新项目的研究和转化，将来源于临床问题的项目带到大赛中来。三是进一步规范赛事流程，完善大赛方案，力争在三年内把大赛打造成我国医疗器械产业内最具规模与影响力的赛事。四是继续"聚焦创新，服务创新"，打造创新周活动，加快医疗器械临床科研及院所成果转化，助推我国医疗器械产业与全球创新协作，促进我国医疗器械产业持续创新发展。

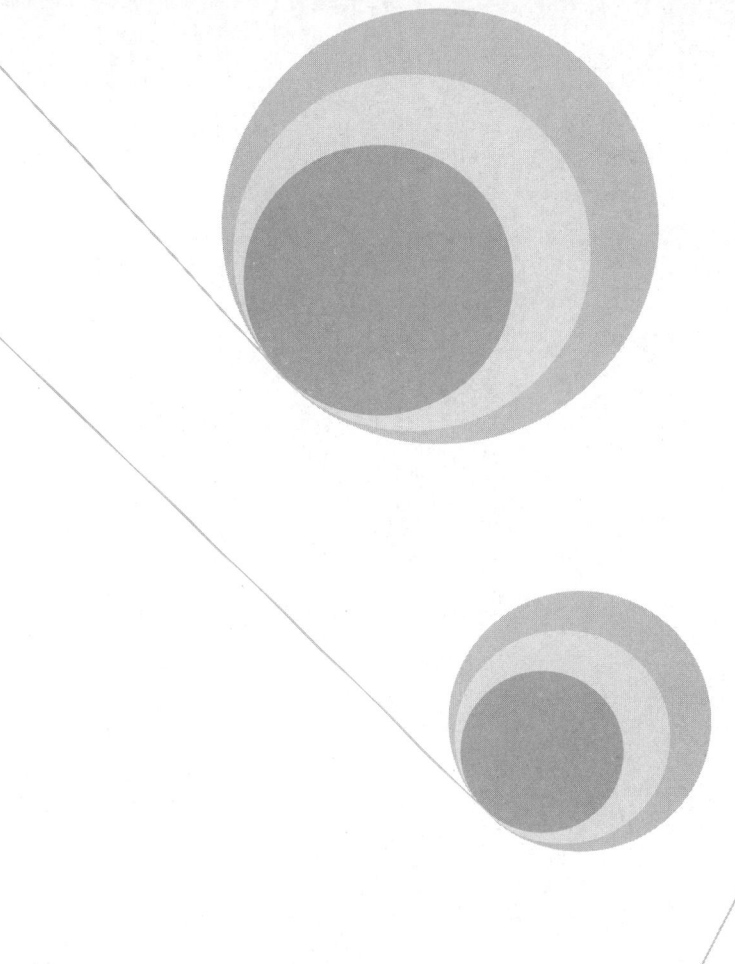

企业篇

北京市富乐科技开发有限公司

一、公司简介

北京市富乐科技开发有限公司（以下简称富乐科技）成立于1996年，是集医疗器械研发、生产、销售为一体，在国内较早从事骨科耗材生产的国家高新技术企业。富乐科技注册了"富乐"商标，创建了"富乐"品牌，公司秉承"诚信为人、追求卓越、服务顾客"的核心价值观，以"加强科学管理 严格生产工艺 提供优质服务 完善富乐品牌"为质量方针，经过20多年的发展，富乐科技已建成由五轴联动、纵切加工中心、立式车铣加工中心等百余台设备组成的"现代化智控生产基地"。公司拥有完善的销售服务网络，产品已在中国人民解放军总医院、305医院、306医院、309医院、协和医院、北京大学第三医院、积水潭医院等国内大中型医院中得到广泛应用，公司全力展开海外市场贸易，已涉及欧洲、东南亚等多个国家进出口交易。

公司通过了CMD、欧盟CE认证，参与制定行业技术标准9项，已公布实施的标准有4项，公司建有胡桓宇创新工作室、北京市儿童外科矫形器具工程技术研究中心、北京市骨科植入医疗器械工程技术研究中心、北京市级企业研究开发机构、院士专家工作站等研发创新平台，开发并产业化具有自主知识产权的高科技骨科医疗器械，为患者和医生提供更优质的骨科产品。

二、公司产品介绍

富乐科技一直致力于研发骨科植入类医疗器械，现拥有脊柱固定系列产品、四肢创伤系列产品、运动医学产品、康复理疗类产品及配套手术器械等五大类产品的加工生产线。

富乐明星产品有：

1. WEF系列外固定架

WEF系列外固定架有可调节和微动装置，结构简单、操作方便、易携带，不仅适用于各级医院，也是战伤、野外骨伤、地震等自然灾害骨受伤病人的良好救治器材，可实现军民共用，该项产品富乐科技已获得中国专利证书。

2. VAS 加长臂微创系统

国内最早、最先在经皮椎弓根螺钉系统中有所研究成果的便是 VAS 加长臂微创系统，该产品是富乐与 304 医院、安徽省立医院共同开发的，经皮微创系统的 VAS 作为最新一代微创经皮钉，对于治疗腰椎滑脱和椎间盘病变等疾病有显著的产品优势，不仅可以精准地使用该钉对腰椎进行固定，还可以减少医源性副损伤，保护肌肉、韧带等软组织，该项产品富乐科技已拥有国际发明专利证书。

3. Usmart 脊柱钉棒系统

Usmart 脊柱钉棒系统产品是富乐引进国外先进技术，根据国人实际特征对 Usmart 脊柱钉棒系统中的医疗器械做适用及合理性优化改进后的成果。该产品适用于脊柱畸形、脊柱不稳、骨折，也适用于骨质疏松引起的压缩性骨折等疾病。其中的膨胀钉、骨水泥钉、手术器械等产品是针对全球严重的人口老龄化问题导致的老年骨疾病研发的。该系统产品不仅结构简单、操作方便，给医生手术提供极大便利，而且也缓解了患者治疗及恢复过程中的痛苦，富乐科技已获得该项产品国家专利证书。

4. 医用外固定支具

医用外固定支具系列产品是富东科技最早研发、生产的系列产品，是富乐科技与四川省第三人民医院梁益建（"CCTV 2016 年度感动中国人物"获得者）共同开发的针对重度脊柱畸形患者骨矫形治疗的医疗器械，适用于因骨畸形造成的高低肩、背部一侧隆起、S 形脊柱等疾病患者，该项产品已获得国家专利证书。

三、公司荣誉

富乐科技是科技部认定的国家高新技术企业、中关村高新技术企业，是中国医疗器械行业协会理事、北京市医疗器械行业协会会员。

富乐科技拥有完整的自主知识产权体系，现有注册证书Ⅲ类 24 项，Ⅱ类 8 项；申请国家专利 107 项：其中国际发明专利 1 项；国内发明专利 19 项；北京市自主创新产品 2 项、国家重点新产品 1 项；北京市新技术新产品 20 项，被北京市知识产权局授予北京市"专利试点单位"称号。

富乐科技是北京市第一家通过医疗器械生产质量管理规范（GMP）审查的企业，荣获 2012 年度医疗器械质量管理示范企业、北京市社会领域创先争优先进基层党组织、五个好党组织示范点、首都文明单位，平谷区 2012 年度优秀企业；2013 年度中关村示范区信用一星级企业、中关村高新技术企业、平谷区科学技术普及先进集体、纳税信用 A 级企业等荣誉。2015 年获得国家高新技术企业证书，2016 年获得外科植入物理事证书、中国医疗器械行业协会理事证书，2017 年获得北京市非公有制企业履行社会责任百家上榜单位、北京市级企业科技研究开发机构证书、优秀国产医疗设备证书；2018年荣获首都文明单位、北京市非公有制企业履行社会责任百家上榜单位，2018年10月公司建立院士专家工作站，为北京市骨科医疗器械生产行业第一家建立院士工作站的企业。

四、公司未来规划

富乐科技的目标是追求卓越品质，振兴中华骨科。其始终坚持"诚信为人、追求卓越、服务顾客"的核心价值观，坚持以市场为导向，以科技为支撑，以诚实守信为根本准则，发扬"追求卓越、创造完美"的企业精神，秉承"以人为本，创新发展"的经营理念，坚持"重视人才、共同发展"的人才战略，通过提高生产研发技术水平、完善管理体系，形成成本领先的战略优势；通过清晰的产品市场定位、独特的创新型产品、高效的销售服务体系构筑差异化竞争优势。

为实现公司战略目标，公司在未来三年内将继续加大研发投入，加大对各类高科技人才的引进培养和对新产品、新工艺的研究与开发；继续专注于市场开拓，形成更大更全面的销售网络；继续扩大规模经营，完善内部制度流程，依靠科学管理塑造精品形象，依靠自主创新做大民族品牌，为医疗产业发展做出更大贡献。

中山大学达安基因股份有限公司

一、公司简介

中山大学达安基因股份有限公司于 1988 年 8 月 17 日成立，并于 2004 年 8 月在深圳证券交易所挂牌上市，成为广东省高校校办产业中第一家上市公司。公司是以分子诊断技术为主导的，集临床检验试剂和仪器的研发、生产、销售以及全国连锁医学独立实验室临床检验服务为一体的生物医药高科技企业。

公司目前已凝聚了多领域的专家及技术人才，构建了一整套现代企业化的运行模式，先后承担了 30 余项国家及省部级重点攻关项目。拥有卫生部医药生物工程技术研究中心、国家临床分子诊断国家地方联合工程实验室和广东省临床医学分子诊断工程实验室等国家、省部级研究机构，拥有全国企事业知识产权试点单位、高新技术示范企业等荣誉称号。研究成果获得多项国家、省、市、区科技进步奖项，荣获国家重点新产品和广东省重点新产品称号。在广州科学城拥有设施齐备的研究生产基地，有符合 GMP 标准的分子诊断试剂生产车间，各项指标均符合国际生物制药企业标准，年生产能力达 2000 万人份试剂。

公司的定位已经从单一的产品到整个产业链布局，致力于在中国健康卫生事业中探索出一个切实可行的模式。公司在分子生物学技术方面，尤其是基因诊断技术及其试剂产品的研制、开发和应用上，始终处于领先地位，并自主开发了荧光定量 PCR 基因诊断技术，取得近百个医疗器械注册证书，多项产品被认定为广东省高新技术产品，为公司产品进入国内及国际市场提供了有力保证。同时在全国建立了近 30 个区域营销办事处，覆盖各个省市，各区销售队伍涵盖了直销、经销、商务、技术、市场、销售工程师等营销岗位。为满足市场需要，达安基因建立了合作共赢的市场营销平台，形成了一个覆盖全国 32 个省、市、自治区的强大营销服务网络，为几千家医疗机构、科研单位和政府应用平台提供产品和检验领域的高技术服务，这一网络的建立和完善，为诊断技术和产品在临床和广泛应用领域的运用起到了指导和示范的作用，使高新技术能够在整个诊断应用领域中得到迅速的推广和应用，并为高新技术成果的产业化打下了坚实的基础。

同时，公司谋求转型，积极探索，构建了开放、分享、合作、共赢的价值体系。实行全方位平台化的开放模式，分享成长价值，致力于医疗健康领域上下游一体化供应商的战略目

标，成立广州市达安创谷企业管理有限公司（以下简称达安创谷），达安创谷通过构建"互联网+"服务平台，聚合并链接企业生态圈的成员企业及各方资源，促进并维护生态圈内各企业互相链接形成良好网状结构，加强企业间的沟通和合作，真正形成达安生态系统，使信息、资本、知识等在这个生物系统中任意两点间流通，成为成员企业的培育者以及企业生态圈的协调者，最终实现生态圈的协同和共赢，推动产业发展。

达安创谷通过品牌影响、销售渠道、技术支持等优势，向生物医药产业链的上下游挖掘新的项目，截至2018年底，生态圈孵化了具有自主创新能力的生物医药企业超过300家，形成了新的生物产业集群，具备强大的横向资源整合能力。其中：进入新三板的企业13家，完成股改5家；筹备新三板或者IPO的企业超过10家。以下为自运营以来，达安创谷取得的荣誉：国家级科技企业孵化器、国家专业化众创空间示范单位、国家级众创空间、2016中国新经济十大优秀案例、广东省双创示范基地骨干企业示范基地、"胡润百富"2017中国最具贡献孵化平台广州50强、2017年广东省科技企业孵化器、众创空间双A、2017年广州市科技企业孵化器、众创空间双A、（首批）省级专业化孵化器（快速生物检测技术行业）、广州市孵化器20强。

二、公司产品介绍

1. 公司产品在疾病预防及突发性传染病方面所做的工作

在新突发传染病方面，达安企业技术中心有很强的应对能力。在过去几年中，我国出现新突发传染病后，均能第一时间组织人力、物力投入病原体核酸检测试剂的研制，参与到抗击传染病的一线工作之中，如2014年的抵抗埃博拉病毒的战役、2014年广东爆发的登革热、2015年的中东呼吸综合征及2016寨卡病毒的传播，均有相应试剂研制成功，其中埃博拉病毒（扎伊尔型）核酸检测试剂盒（PCR-探针法）是国内首个获得注册证书的产品。面对新突发传染病所表现出的应急能力为广东地区公共卫生疾病的防控能力的提升做出了突出贡献。

公司主要负责实时荧光PCR定性或定量检测产品的研制，研制产品主要包括常见流行性病原体、突发或新发传染病原体、人畜共患传染病原体、急/烈性传染病原体、动物相关传染病原体、食品安全相关的检测产品，对突发公共卫生事件与传染病进行监测。公共卫生产品线最早成立于2003年，在SARS肆虐时，公共卫生平台精兵强将在最短的时间内研发出检测试剂，成为国内第一批获得注册证书的PCR试剂厂家之一，是当时国内疾控和医院使用量最大的SARS检测产品。之后在手足口病、甲流H1N1、H7N9疫情防控中，达安公共卫生产品均是第一批获得注册证书的厂家，为恶性传染病的控制起到关键作用。2010年达安和中国疾病预防控制中心进行战略合作，在新发传染病领域拥有了最强的技术保障和先发优势。目前手足口病、甲流 H1N1、H7N9、RSV、沙门氏菌、新型布尼亚病毒等品种已经拥有注册证书，在国内处于领先地位。

2. 公司产品在畜牧业方向所做的工作

公共卫生产品覆盖了包括畜牧养殖业的多种动物疫病诊断试剂，为病原体的诊断和流行病学的监控提供了重要的依据，目前重点方向包括禽类、猪、反刍动物和小动物等疫病诊断试剂盒的开发与研制。

禽类疫病诊断试剂：共计开发 4 大方向，8 个产品，重点关注禽流感病毒、新城疫病毒、禽白血病病毒、禽传染性支气管炎病毒的核酸检测。

猪疫病诊断试剂：共计开发 14 个方向，26 个产品，重点关注猪瘟病毒、猪流感病毒、猪瘟兔化弱毒疫苗、猪伪狂犬病毒、猪繁殖与呼吸综合征病毒、高致病性猪繁殖与呼吸综合征活疫苗、猪细小病毒、猪圆环病毒、猪传染性胃肠炎、猪流行性腹泻、猪轮状病毒、非洲猪瘟病毒、猪日本乙型脑炎病毒、布鲁氏杆菌的核酸检测。

反刍动物疫病诊断试剂：共计开发 3 个方向，8 个产品，口蹄疫病毒、牛合胞体病毒、小反刍兽疫病毒的核酸检测。

小动物疫病诊断试剂：共计开发 2 个方向，2 个产品，重点关注弓形虫、狂犬病病毒的核酸检测。

三、公司优势

上乘的产品——简单的操作，适合各类型样本，全面满足临床检测需求；

可靠的质量——产品生产与质量管理按药品 GMP 标准执行；

一流的品牌——国内领先的分子诊断上市企业，大品牌、更专业；

优质的服务——覆盖全国的服务网络，更直接、更完善的售前、售后服务。

四、企业愿景

未来的达安是健康领域的"百年达安，世界达安"。达安将以长远的眼光、诚信负责的操守、共同成长的理念，发展公司的事业。与公司相关利益共同体和谐发展，以受到客户、员工、股东、合作伙伴和社会的尊敬为自身的自豪和追求，共同分享成长的价值；健康不分国界，未来的达安将逐步走向世界，在全球健康行业不断强化达安的影响力，在全球健康行业中占有一席之地。

无锡祥生医疗科技股份有限公司

一、公司简介

无锡祥生医疗科技股份有限公司（以下简称祥生医疗）自1996年成立以来，一直从事超声医学影像设备的设计研发、生产制造和推广销售，从二维超声（2D）发展到三维超声（3D）、四维超声（4D）；从黑白成像发展到彩色成像；临床应用从全身应用超声发展到专用超声、人工智能超声，都取得了巨大的突破和长足的进步，为国内外医疗机构、科研机构、战略合作伙伴等提供各类超声医学影像设备及专业的技术开发服务。祥生医疗能够长期在市场上站稳脚跟、产品销售量持续上升、收获国内外一致好评的口碑，和公司自身的努力及与时俱进的态度分不开。

二、向世界出发 布局全球化

作为一家国际化的医疗器械公司，祥生医疗始终践行"全球化布局"的战略思路。公司于2002年起施行产品对外出口，至今已有18年。产品出口至世界100多个国家和地区，销售量逐年递增、备受客户的追捧。据中国海关数据显示，2018年公司超声设备出口排名居国内品牌第三。

三、打铁还需自身硬 以技术创新为核心

想要立足于市场屹立不倒，拥有强大的核心竞争力是王道，所谓打铁还需自身硬。为此，祥生不遗余力地贯彻"加强产品核心竞争力"的理念，不断加大研发投入，招揽业内精英人才，以打造符合临床需求、差异化优势的产品，为客户提供真正的价值。而这一切最关键的部分，还是技术研发的不断创新。

随着中国老龄化加剧，健康事业发展迅猛。医疗器械（包括超声设备）属战略性新兴产业，受国家产业政策的鼓励和扶持。祥生医疗作为国内专业的、拥有自主知识产权的超声医学影像设备供应商，近几年，在政策引导及政府的大力支持下，连续多年被认定为高新技

术企业。与此同时，公司陆续承担了国家科技部"十二五"国家科技支撑计划、"十三五"国家重点研发计划的超声领域科研项目及课题、江苏省科技成果转化专项资金项目、江苏省自然科学基金青年基金项目等的研发工作，并在设备核心部件、关键功能国产化以及人工智能辅助诊断、医疗云平台及大数据分析、物联网及远程诊断等领域积极探索，积累了完全自主的核心技术，为国产超声医学影像设备行业的发展贡献力量。

四、以临床需求为基石的产品研发

随着市场需求的不断加强，超声设备已从原来单一的辅助诊断需求，逐步扩展和运用到临床应用的各个方面。而设备的优越、图像性能、设备的便携性、智能化易操作性都是考量其设备综合竞争力的重要方面。对此，祥生医疗充分考虑到市场需求以及临床应用的合理性，推出重量轻、体积小、性能高等诸多优势于一身的平板彩超。根据众多客户反馈，祥生医疗的平板彩超与国外同类产品相比，毫不逊色，更增加了许多创新功能。另外，正是这款祥生平板彩超，受到世界知名医疗器械公司BD的青睐，并与之达成战略合作协议，成功推出PICC置管专用平板彩超，实现了公司平板彩超技术与PICC置管术临床应用的完美结合，并在该临床应用领域内取得了较好的市场地位。此外，公司在乳腺三维专用超声成像系统方面、高端笔记本彩超技术以及超声人工智能等方面都有不小的突破性进展，让更多临床医生更有效率地进行诊疗工作，从而增强医生们的信心。同时，提升患者在检查或治疗过程中的体验感，减少就医的恐惧和厌恶感。

五、科技创新 以人为本

祥生医疗创立至今，拥有一支强大的科技研发团队。目前科研人员占公司总人数的32%以上。团队人员学历层次高、理论基础扎实、多学科交叉，在超声原理、信号处理、影像处理等方面有丰富的研发经验，并具备较强的学习能力，在超声医疗领域持续深度创新的能力，随着公司战略发展的需要，未来将会吸引更多海内外超声专业人才的垂青加盟。

成事需要天时地利人和的配合。祥生医疗的成功亦是如此，正是有政策扶持、市场临床需求以及专业人才的汇聚，祥生在万物变化为常态的世界稳扎稳打。以产品"自主创新"的态度，来应对莫测万变的"市场"，研发设计出经得起市场考验、用户值得信赖的产品。

六、紧随政策抓契机 内外兼修势所趋

未来，祥生医疗仍将精力放在产品核心技术的研发，并不断做精做强。一方面，公司以

国内市场为大本营，进一步深耕细作，公司研发生产出与国际知名品牌的同类型产品相媲美的产品，并以客户能接受的合理价格提供给国内广大医院、诊疗机构及基层卫生所，让中国更多老百姓花更少钱用超声设备，合理改善基层医疗机构的诊疗条件并提高诊断效率。

另一方面，随着国家鼓励民族医疗器械企业做进口替代、"十三五规划"中关于建立科学合理的分级诊疗制度等多项政策和措施的出台；给祥生医疗更多的发展契机。为此，公司积极布局人工智能辅助诊断、云平台、"互联网+"等新兴技术，争取在超声应用创新功能方面与国外先进水平形成同步研发的局面，将这些新兴技术结合到基层医疗的实际运用范畴中，如远程诊疗、远程教育/培训、分级诊疗等方面，以实际行动促进政策的落地实施。

未来，公司将重点布局超声医学影像设备与AI技术、云平台技术、物联网技术的结合和应用，实现产品的智能化和网络化；公司将继续推进结构调整，大力发展高端全数字彩超、专用超声等品类。公司将不断提升生产制造水平，全面优化超声探头生产工艺，提高生产效率，扩大经营规模，提升市场营销能力，强化技术服务支撑，做好国内外中高端市场领域，真正做到国内、国外齐头并进，墙内开花墙外香。

上海百傲科技股份有限公司

一、公司简介

上海百傲科技股份有限公司（以下简称百傲）作为一家中国药物基因组学基因诊断先行者的创新驱动企业，秉承"关注基因，改善健康"的使命，20年坚持自主研发，成为国内第一个完成基因诊断从实验室技术到基因芯片技术平台产业化升级的公司，形成"临床-科研-制造-产业一体化"的创新模式，核心原料、试剂、设备、软件均实现自主研发，拥有完全自主知识产权，形成完整产品链闭环，从产品开发、生产制造到临床应用全部实现标准化。

百傲成立于2000年，研发总部位于上海徐汇聚科生物园区，历经10年，成功突破显色型基因芯片技术，拥有"引物探针的设计标记技术、基片的修饰制备技术、芯片的点样固定技术、芯片的杂交显色技术、芯片检测结果的扫描判读技术，成功构建了属于中国自己的基因芯片技术平台。在上海松江，百傲拥有国内首条智能化基因芯片生产线、自动化醛基基片生产线、微量试剂灌、封、贴自动化生产线的GMP生产基地，营销网络遍及30个省、自治区和直辖市，2018年个体化用药基因检测产品销售额突破1亿元，核心产品CYP2C19、MTHFR、ALDH2、CYP2C9&VKORC1等基因检测试剂盒开创了国内个体化用药基因诊断先河，惠及患者达数百万。

根据国家药品监督管理局颁布的《体外试剂注册管理办法》，基因检测试剂属于第三类产品，必须取得Ⅲ类医疗器械注册证方能应用于临床，百傲2008年启动产品注册申报，以质量体系0缺陷通过检查，并于2009年率先获得国家药品监督管理局颁发的Ⅲ类个体化用药基因诊断产品注册证。目前，百傲生产的所有试剂均获得国家药品监督管理局颁发的Ⅲ类医疗器械注册证，所有设备均获得Ⅱ类医疗器械注册证，引领行业合规化经营。

二、核心技术及专利

百傲创立的"显色型基因芯片核心技术"具有自动化程度高、操作简单、试剂稳定可靠、结果准确、检测通量高、满足临床需求等优势。获得了系列专利，已获22项专利授权，

11项发明专利，4项软件著作权，5项有效注册商标，11项企业标准，12项专利技术。

三、系列产品临床应用

基因检测可协助临床和药学工作者优化药物剂量，医药行业领域专家对此早已形成共识，且各类药品的医学指南也有相关说明。美国FDA批准的药物也有近10%被要求标记相关基因信息，需要通过基因类型来调整用药方案的药物已达上千种。对目前临床常见基因的分析，有助于深化临床药物的个体化使用，确立最佳给药方案，提高药物的安全性和有效性。

1. CYP2C19基因检测的临床应用，百傲开创临床氯吡格雷个体化用药先河

CYP2C19基因是CYP450酶系一员，参与代谢临床很多常见药物，比如抗血小板药物、质子泵抑制剂等。氯吡格雷通过不可逆的抑制血小板功能，达到抗栓治疗目的，但临床中有5%~35%的人群对氯吡格雷不敏感，即"氯吡格雷抵抗"现象。大量研究发现CYP2C19基因多态性是导致这一现象的主要因素。早在2010年美国FDA就已经在药物说明书中加入了黑框警告提示：氯吡格雷主要依赖于CYP2C19代谢生成活性代谢产物，常规剂量的氯吡格雷在CYP2C19弱代谢型患者中体内活性代谢产物生成减少，抑制血小板聚集功能下降，常规剂量氯吡格雷治疗心血管事件率较正常代谢型患者上升，CYP2C19基因型检测结果可作为医生调整治疗策略的参考标准。

CYP2C19基因检测对消化科质子泵抑制剂（PPI）以及精神科西酞普兰和艾司西酞普兰等药物使用也有重要的指导意义，需根据CYP2C19基因型差异对患者进行药物剂量的调整。

2. MTHFR（C677T）基因检测的临床应用，百傲开创临床叶酸个体化补充先河

MTHFR（5，10亚甲基四氢叶酸还原酶）是叶酸代谢过程中的关键限速酶，其677位点多态性导致个体叶酸利用能力下降，引起甲基化水平不足，增加新生儿出生缺陷的风险；而叶酸代谢障碍可引起高同型半胱氨酸血症，增加卒中、冠心病等心脑血管疾病的风险。2012版《易栓症诊断中国专家共识》明确表明，MTHFR基因突变导致的高同型半胱氨酸血症是易栓症的高危因素之一。2016年3月发布的《H型高血压诊断与治疗专家共识》也指出：将MTHFR基因型纳入对H型高血压的精准危险分层，指导H型高血压的早期预防及治疗。

3. ALDH2（Glu504Lys）基因检测的临床应用，百傲推出全球第一个乙醛脱氢酶2基因检测产品

ALDH2（乙醛脱氢酶2）是酒精代谢过程中的关键酶。ALDH2的基因型直接影响乙醛在体内的清除率。检测该基因型可评估个体对酒精的代谢能力，从而指导合理饮酒，提高生活质量。同时ALDH2也是临床常用药物硝酸甘油的主要代谢酶，硝酸甘油是冠心病心绞痛

患者家中常备的救命药，正确、及时的用药可为患者赢得宝贵的治疗时间。ALDH2基因多态性会导致硝酸甘油无效用药概率大大提高，影响患者的治疗效果，甚至会产生严重的不良反应及后果。因此，通过ALDH2基因检测还可以提示患者服用硝酸甘油的无效风险，以便及时改变治疗策略。

4. CYP2C9和VKORC1基因多态性检测在临床的应用，百傲开创临床华法林个体化用药先河

华法林是一种香豆素类口服抗凝血药，是许多心血管疾病预防血栓的一线药物。但华法林用药窗口较窄，个体剂量相差很大，需反复检测国际标准化比值（INR）确定合适剂量。国内外研究表明，华法林在体内的抗凝效果主要取决于其代谢基因CYP2C9及作用靶点基因VKORC1的活性。CYP2C9和VKORC1基因多态性会导致个体在抗凝治疗中所需的华法林剂量存在差异。2010年华法林说明书中增加起始剂量选择表，可根据CYP2C9和VKORC1基因型选择华法林的初始剂量范围。

CYP2C9和VKORC1基因检测意义在于确定华法林初始剂量，减少华法林调整的风险窗口期，尽快达到稳定的华法林剂量，从而保证华法林用药的安全有效。

5. 载脂蛋白E（ApoE）基因检测的临床应用

载脂蛋白E（ApoE）通过多种途径参与机体的脂类代谢，是影响机体血脂水平的重要内在因素。众多研究显示，ApoE多态性是高脂蛋白血症及动脉粥样硬化性心血管病的易感基因。ApoE有三种异构体：ApoE2、ApoE3和ApoE4。研究表明，ApoE4型患者他汀疗效不佳或者无疗效，这类患者使用他汀降脂时需要密切关注血脂情况，或者改变治疗策略。2018年《血脂异常疾病检验诊断报告模式专家指南》中也指出，ApoE通过多种途径参与机体脂质代谢调节，ApoE多态性检测可提示个体对他汀类药物的疗效。ApoE还参与阿尔茨海默症（AD）的发病，2016年发布的《阿尔茨海默病检验诊断报告模式专家共识》指出，ApoE4可作为AD的诊断依据。

因此，通过ApoE基因检测可在临床他汀类药物选择及疗效评估中给予临床医师相应的参考，对降低药物毒副作用，提高药物疗效，同时提示因基因突变而导致的阿尔茨海默症疾病发生风险，为临床提供更科学的个体化预防和治疗的策略。

6. CYP3A5基因检测的临床应用

CYP3A5是CYP3A家族的一个亚型，其表达及活性存在很大的个体间、种族间差异，影响多种药物利用度和清除率，最终导致个体之间药物疗效、毒性存在差异。CYP3A5 *3位点突变是决定CYP3A5表达和酶活性最关键因素，中国人突变频率为71%~76%。研究表明，CYP3A5基因多态性影响他克莫司血药浓度达标时间，基于CYP3A5基因型的指导组可更快达到他克莫司目标浓度。通过CYP3A5基因检测可在临床免疫抑制剂药物和药物剂量选择中给予临床医生相应的参考，为个体化合理使用免疫抑制剂提供帮助。

7. IL28B 基因检测的临床应用

研究表明，丙型肝炎（HCV）的治疗方式与治疗效果除了与病毒基因型密切相关，还与患者自身的 IL-28b 基因型相关。2009 年，美国杜克大学学者首次在《Nature》杂志上报告，IL-28B 基因变异可预测基因 1 型 HCV 感染者抗病毒治疗的疗效。2011 年 10 月，美国肝病研究学会（AASLD）更新了《基因 1 型慢性 HCV 感染治疗指南》，该指南推荐，对于标准治疗联合直接抗病毒（DAA）的三联疗法，IL-28B 基因型也是预测患者获得持续病毒学应答的强有力因素，在治疗前，应考虑对患者进行 IL-28B 基因型的检测。因此，通过对 IL-28B 基因型的鉴别，可以预测聚乙二醇干扰素（Peg-IFN）、利巴韦林标准治疗与新的直接抗 HCV 的小分子药物（DAA，如特拉泼维等）三联治疗疗效。

四、市场开发情况

百傲将核心产品聚焦于药物代谢基因检测，覆盖科室包括心内科、神内科、心外科、神外科、妇产科、体检科、精神科等，所涉及的药物包括：氯吡格雷、叶酸、质子泵抑制剂、硝酸甘油、西酞普兰、甲氨蝶呤、五氟尿嘧啶等常用一线药物。从国内空白市场起步，已形成全国 30 个省、自治区、直辖市的营销网络。公司十分重视产、学、研合作，与复旦大学药学院建立了项目长期合作机制，已经获得两项国家自然科学基金资助。与上海应用技术大学建立了联合培养研究生机制，公司董事长作为硕士导师，指导的研究项目已在公司实现产业化应用。与中国科学院苏州纳米研究所开展项目合作，吸收引进了 miRNA 检测专利技术。与广州呼研所、复旦大学遗传所、北京天坛医院、北京宣武医院、上海中山医院、国家进出口检验检疫局等单位开展过项目合作。

五、未来发展

未来，百傲将持续创新，朝着无人实验室和无人工厂迈进。从 miRNA、lncRNA 到 DNA 甲基化，覆盖更多应用领域。通过原料创新，实现常温储运，为行业带来福音。从单一基因到多基因联检，用基因芯片技术构建行业壁垒。开放与输出基因芯片技术平台，让更多的人站在百傲的肩膀上，只需少量的投入，即能实现定制化的产品开发需求，百傲坚信当更多的民众参与行业创造时，也必将带给行业更快的发展，让国民享受更好的医疗品质。

深圳安科高技术股份有限公司

深圳安科高技术股份有限公司（以下简称安科）成立于1986年，是中国最早被政府认定的高技术企业之一。安科是我国医疗仪器行业的骨干企业，是全国优秀高技术企业和国家级重点火炬计划项目实施单位，企业内有国家授予的企业博士后工作站和广东省及深圳市医学影像工程中心。安科从事大型医疗影像设备的开发、生产和经营，产品有磁共振（MRI）、CT、口腔CBCT、乳腺机、DR、脑立体定向仪、神经外科导航系统、专业影像工作站、高压注射器、PACS及影像云平台等。作为中国医学影像设备的开拓者，安科开创了中国自主研发大型影像设备的先河，也创造了很多的中国第一，比如中国首台磁共振，首台彩超，首台螺旋CT等都是在安科首先诞生的，先后创造了30多项中国第一。目前，安科在全国建立了完整的销售和维修服务体系，拥有超过10000家医院的直接用户群，售后服务在医疗卫生界有口皆碑，产品畅销海内外。

作为国内最早一批从事高端医疗器械设备的生产企业，安科一直坚持自主创新战略，通过科技创新、技术自有、高端技术人才培育，推动中国高端医学影像设备产业化、规模化、效益化，带动民族产品更快地向国际知名品牌发展。近几年来，安科不断加大资金投入和高层次人才引进力度，大力集聚业内顶尖专家进行核心技术的研发，引领医疗影像高端产业科技创新，先后与中科院、清华大学、东南大学、华南理工、南方医科大学、陆军军医大学太丰富科研院所及众多医院等建立了产学研医合作关系，突破了一些大影像领域的核心技术，如多排螺旋CT探测器技术、超导磁体技术等。取得了一系列的成果，新一代1.5T MRI，16层、32层、64层、128层CT相继上市，搭载新一代加速技术的3T MRI、具备新型能谱成像功能的256层CT、合作产品PET-CT也即将上市。近10年来，安科在研发上保持了10%以上的持续投入，在人才引进和内部培养上成效显著，科研创新不断，填补了很多国内外空白。以安科为代表的民族医疗器械企业在研发及产品创新上日新月异，正努力直追世界先进技术水平，形成了在医学影像领域系统创新研发实力，并在产业化和规模化实践中取得了令人瞩目的成就，在医疗健康装备普及推广上惠及广大人民群众，极大地树立了国产医疗器械品牌形象和自信。

当前，新技术在医疗器械领域快速渗透，安科在精准医疗重大装备、人工智能（AI）、远程医疗、医用机器人等战略新兴领域做了大量富有成效的工作。例如，安科稳步推进的能谱CT、AI（人工智能）CT、车载CT、PET-CT、PET-MRI、APT（酰胺质子转移）、MRI

静音成像技术、4D 动态增强（DCE）磁共振成像技术、MRI 心脏成像技术、颈动脉 MRI 斑块评估技术、MRI-DTI（弥散张量成像）、层析成像数字乳腺机、动态 DR、术中 O 型臂导航、口腔 CBCT、腹部肿瘤微创介入导航系统等新产品和新技术的研发，安科通过提前布局和提前规划，各个研发项目顺利推进并取得较大突破，其中部分项目已实现规模化和产业化，部分项目已处于临床应用测试阶段，从系统提升的角度来看，临床效果与进口设备已经不相上下。

安科从战略上瞄准了医疗影像、医疗器械和医院投资领域，并从全球化的角度对安科实施战略升级。一方面配合国内日益增加的医疗、健康消费需求，扎根并深耕国内市场。另一方面积极借助社会资源，配合安科大健康战略实施"走出去"策略，与国际品牌展开竞争。另外，通过产品升级换代，重点提升安科品牌的知名度，尤其是医院、病人、社会公众等对安科品牌的认知度和认可度，逐步加大与三甲医院在产品、技术、投资、运营等多领域合作。同时，稳步开发拓展国际市场，借助迪拜、巴西、德国以及北美放射年会等国际学术、技术交流活动，扩大安科在国际医疗器械领域上的影响力，实现对东南亚、欧盟、非洲、美洲等市场的重点开发，同时结合全球战略需要建立海外办事处，积极推进海外市场开发与合作。

党的十九大报告首次提出实施乡村振兴战略，并将强化农村公共卫生服务、加强慢性病综合防控、加强基层医疗卫生服务体系建设列为推进健康乡村和健康中国战略的重要组成部分。2018 年的两会政府工作报告中也提出，将"全面提升县级公立医院综合能力"作为"强基层"的一个重要抓手，提出加速分级诊疗政策推进、加强县级公立医院临床专科建设和提升县级公立医院综合服务能力。

为贯彻落实了《国务院办公厅关于推进分级诊疗制度建设的指导意见》（国办发〔2015〕70 号）等文件要求，加快建立县域慢病防治管理和分级诊疗体系，安科以影像科为切入点助力县级医院科室建设，积极探索以基层医疗为主的影像科建设经验与创新模式，在实践推广过程中取得较好的成效。2017 年 8 月 20 日，在贵州省乡镇卫生院远程医疗全覆盖设备采购项目中，安科凭借良好的品牌形象、性能卓越的过硬产品和优质服务，一举中标 319 台平板 DR，90 天内奔赴贵州省的 319 个乡镇卫生院，按期完成安装调试和首次验收工作，让广大偏远地区患者享受到了安全、有效、方便、价廉的医疗服务。

战略性新兴医疗器械产业以重大技术突破和重大发展需求为基础，对经济社会全局和长远发展具有重大引领带动作用，被提升到国家战略决策层面。伴随着国家分级诊疗医联体的大推进、五大医疗独立中心的推广及民营医疗机构雨后春笋般地涌现，在"健康中国 2030 规划"、十九大利好政策的推动下，中国医疗器械行业和市场迎来了蓬勃的发展契机。作为民族医疗器械行业的重要一员，安科积极响应国家政策，不断提升核心竞争力，突破尖端前沿关键技术，高端医学影像产品全面实现国产化。当前降低医疗成本成为深化医疗改革的迫切要求，国产替代进口将进一步加速，国产设备将迎来持续的政策春风。

安科产品畅销海内外，出口至中东、非洲、美洲、东南亚及独联体等50多个国家和地区，业务范围涉及全球。"一带一路"沿线国家医疗健康产业代表团共300多人先后莅临安科参观访问、学习交流。作为"一带一路"建设忠实的参与者，安科正在与所在国医疗机构一起努力，共同建设一个良性发展的医疗健康产业圈，为实现全球医疗可普及性的宏伟目标，为"一带一路"的繁荣昌盛而全力以赴，安科将竭尽所能为世界各国人民提供专业可靠的产品服务和系统解决方案。

为稳定地提供满足客户需求和符合法律法规要求的医疗器械产品，安科依据ISO 9001：2008、ISO 13485：2003、欧盟MDD指令93/42/EEC、美国21 CFR 820即QSR 820和CFDA的《医疗器械生产质量管理规范》及相关目标市场国家和地区的法律法规要求，结合公司的实际情况和产品生产过程特点，建立并有效运行了一整套行之有效的质量管理体系。深谙细节决定成败，基于PDCA的过程方法，安科将质量活动的相关的设计和开发、采购、生产、检验等流程进行识别和固化，积极推动体系的有效运行，通过了CMD和TUV SUD国/内外认证机构的ISO 13485、ISO 9001双质量管理体系认证，以保证产品质量。自从1997年3月在业内第一批获得双质量体系认证以来，安科产品品质传承如一。

疆域康健创新医疗科技成都有限公司

一、公司简介

疆域康健创新医疗科技成都有限公司，简称"疆域医创"，国内领先的慢病康养解决方案提供商。致力于通过"健康检测设备+平台+服务"的整合型生态模式，为家庭、企业、基层医疗、机构等提供一站式健康管理解决方案。

公司总部坐落在成都生物医药创新孵化园，同时在深圳设有研发中心、营销中心，在杭州设立生产基地、售后中心，形成了完整的研发、生产、营销和售后体系，通过医疗器械生产体系并拿到二类医疗器械生产许可证。疆域医创坚持自主研发和技术创新，拥有独立知识产权，在中、美、日、韩等国家申请专利总数达59项。

2016年9月，疆域医创杭州公司成立。

2018年5月，疆域医创在杭州西溪国家湿地公园成功举办产品发布会。

2018年7月，疆域医创获赛嘉基金数千万融资。

2018年9月，疆域医创深圳公司成立。

2018年12月，疆域医创加入中国健康医疗大数据产业联盟。

2019年1月，疆域医创与海尔金控达成战略合作。

2019年4月，疆域医创成都公司成立，并设为全国总部。

2019年5月，疆域医创成为四川电信数字四川5G"智能+"拓展项目合作伙伴。

二、公司主要规划和发展前景

疆域医创秉承"以人为本"的产品研发及服务理念，不断在家用及专业医疗器械领域开拓创新，为个人、家庭、养老企业、医院、药房、保险等行业提供多种医疗解决方案。未来，疆域医创励志在医疗健康领域继续深耕挖掘，赋予产品更加人性化的设计与服务功能。

1. 促进家庭医疗健康产业蓬勃发展

疆域医创通过推出有针对性的客制化创新解决方案，如将"智能硬件+线上医药师+药品直达"一站式解决方案应用于家庭，打造"足不出户健康管理"的极佳用户体验。促进我国家庭健康医疗事业发展，成为符合中国发展方向的战略性新兴产业示范项目。

2. 缓解慢病管理行业与日剧增的需求压力

中国慢性病患数量与日俱增，健康预防意识逐渐受到民众重视，而医院资源不均衡且负担太大，急需推动远端互联网医疗，建造更多可就近解决民众健康需求的触点。线上线下结合是健康医疗服务的一种全新模式，智慧医疗未来发展的方向，"互联网+"医疗服务将逐渐弥补传统医疗服务的不足，扩大医疗资源的可触范围，让国人享有平等便利的健康医疗服务。

三、产品介绍

目前市场上个人健康检测产品还处于初级阶段，大多功能单一、局限性大、品类众多繁杂，其测量结果能否作为健康依据也有待考究。而在当下的健康理念及医疗需求中，疆域医创的产品在不同医疗领域中多方位突破、创新。在大健康产业发展战略框架下，疆域医创以产品检测为核心，突破传统医疗模式的窘境，融合高技术和多元化服务等前瞻理念，注重用户体验，将轻医疗转化为重关系强粘合度的医疗中枢设备。助力创新体系建设，完善医疗生态延伸至个人，形成以消费者为核心的医药闭环。

消费级产品：小域精灵-家用版。

产品功能：支持心电图、心率、血压、血氧饱和度、脉率、血糖、体脂7项生命参数检测，并形成健康档案，永久储存；家人可通过APP实时获得检测数据；家用版同时支持远程问诊、在线购药等线上医疗服务功能。

适用人群：个人、家庭、慢病/母婴/老龄群体等自我健康管理需求的人群。

企业级产品：小域精灵-企业版。

产品功能：支持心电图、心率、血压、体温、血氧饱和度、脉率、尿常规、血糖、体脂9项生命参数检测；放置企业运营场所，会员通过微信扫二维码登录，不限登录的使用人数并提供后台管理系统，方便会员健康管理及服务；线上医师通过视讯问诊，后台查看客户健康检测数据，可开具电子处方单，促进药店类企业药品销售。

适用人群：药店、诊所、健康小屋、酒店、写字楼等自助式健康体检，为客群提供增值服务。

专业级产品：小域精灵-医生随诊包。

产品功能：支持12导心电图、心率、血压、体温、血氧饱和度、脉率、尿常规、血糖、尿酸、总胆固醇、体脂11项生命参数检测；提供身份证识别功能，方便基层医疗服务人员为居民建立电子健康档案；提供各个测量结果的异常提醒功能，辅助基层医疗服务人员判断；24小时全科线上医生视讯问诊，辅助基层医疗服务人员，从容应对各种场景。

适用人群：家庭医生、社区医生、村医等基层医疗服务人员，为健康管理服务随访更便捷。

医疗级产品：小域精灵 Pro-健康一体机。

产品功能：10.1 寸大屏，支持心电图、心率、血压、体温、血氧饱和度、脉率、尿常规、血糖、尿酸、总胆固醇、体脂 11 项生命参数检测；提供身份证识别功能，方便基层医疗服务人员为居民建立电子健康档案；通过 4G/5G 等通信方式实现与基层医疗机构管理信息系统、公共卫生系统及县级综合卫生管理平台间的互联互通和信息共享；支持远程问诊以及各个测量结果异常提示功能；对接医疗信息平台，方便全科医生调阅居民健康报告，实现趋势判断，精确诊疗。

适用人群：卫生院、社区工作站、服务中心、偏远地区，通过 4G/5G 技术对身体各项指标随时进行监控检测，不受地域、资源限制。

四、战略招商

疆域医创拥有产品研发、生产、销售、运营、售后等专业团队，专注于为家庭、社区、事企业单位、药店、医院、康复机构、养老机构等客户提供健康管理解决方案，现面向全国招募代理商，诚邀各地医疗合伙人加盟。

公司地址：成都市高新区和民街 16 号生物医药创新孵化园。

奥咨达医疗器械服务集团

奥咨达医疗器械服务集团（以下简称奥咨达）创建于2004年，是全球领先的医疗器械第三方产业服务提供商（CDMO+CRO+CSO）。服务涵盖医疗器械研发、委托生产、全球注册、临床试验、医械云管理和产业规划、专利评估、投融资服务等，为全球医疗器械研发者、生产者、使用者和政府提供全方位、一站式的医疗器械产业解决方案。

奥咨达拥有强大的医疗器械专业数据库、项目管理平台和研发制造基地，三百多位医疗器械技术专家分布在北京、上海、广州、深圳、苏州、成都及海外美国、德国等12家分公司，至今已为国内外3000多家医疗器械企业提供了专业服务，涵盖了超过40%的世界500强医疗器械企业（通用、飞利浦、西门子等），70%的中国医疗器械上市公司（迈瑞、华大基因、威高等）及国内著名药企（国药控股、广药集团等）。凭借扎实的专业基础，奥咨达累计在全球为企业取得医疗器械证书过千张，其中，欧盟CE 200多张、美国FDA 100多张、中国NMPA 700多张。每10张出口欧盟的证书中就有一张是由奥咨达提供的服务。

15年来，奥咨达收获了社会各界广泛认可，曾先后荣获国家高新技术企业、广州市创新服务机构、广州市研究开发机构、第四届中国创新创业大赛优秀企业奖，广东省、广州市一等奖，安永复旦中国最具潜力企业奖。2014、2017年先后两次受到了李克强访德期间的接见。2018年，奥咨达作为国内医疗器械高端服务供应商的唯一代表，参与了中国首届进口博览盛会，聚焦高端医疗装备及医疗器械前沿技术开展研发和成果转化，成为业内亮点。

奥咨达始终致力于中国成为全球医疗器械产业中心。为此，奥咨达以"医疗器械注册人制度"为抓手，创造了全球首个医疗器械3C产业平台。

3C产业平台是医疗器械工程转化中心，同时也是共享智造平台，可共享硬件、专业人才、云管理软件、专业供应链等服务要素。平台包括CDMO、CRO和CSO三个专业服务。CDMO，即合同研发生产组织，是3C服务的核心，主要提供医疗器械设计研发服务、生产工艺开发和改进服务及商业化规模生产服务；CRO，即合同研究组织，提供全球注册、临床试验、产品检测、管理体系服务；CSO，即合同流通组织，提供专业配送服务与仓库存储服务。

奥咨达标准3C产业平台，规划面积约1至5万平方米，投资金额1亿~3亿元，包含近20条有源器械、无源器械、诊断试剂器械专业生产线，配备符合GMP、ISO13485要求的万级、10万级洁净空间，十多个独立的检验检测中心及物理实验室、化学实验室、PCR实验室、微生物检验洁净区与准备间，两百多台高端检验检测和生产设备，其中包括进口仪器设备80多台套。标准3C产业平台可以同时满足100~300家企业的委托研发与生产需求。

奥咨达3C平台将3C模式与科研院校、医院、生产企业、经营企业、投资机构结为一体，从概念创意、专利评估、研发转化到产品成型，提供全产业链上各个环节的专业服务，让专利实现为财富，让科研转化形成真正的闭环。奥咨达提供覆盖全流程的医疗器械工程转化解决方案。专利持有者的设想、专利或产品在完成评估后可入驻3C平台并从"中银奥贷"普惠金融产品中获得银行低息贷款。奥咨达CDMO团队将完成工艺审核、材料审核、供应商审核，并将所需文件全部整理清晰，定出产品标准，生产标准样机，并依据相关法规将样机送检。RA团队将完成人体试验和动物实验。在注册申报环节，专业CRO团队将为持有者提供注册服务，顺利拿到注册证书后即可进行产品的批量生产及销售。3C平台打通了从"专利技术"到"产品商业化"的高效转化。从前，企业只有一个选择，就是自建工厂生产；未来会有四条选择，可自行生产、委托生产、合作生产与转让。

仅有硬件设施仍不足以构建起一整套完整的产业服务，硬件的运营有赖于成熟的体系软件作为支撑。奥咨达将ISO13485、GMP、监管法规等内容有机融合打造了医疗器械云平台，可将工艺流程、表单记录、工厂管理等数据统一处理、统一分析，解决了服务体系化、数据化、可视化的问题，对外拓展了3C服务平台化、标准化、工具化的可能性。

为支持医疗器械领域创新创业，2019年奥咨达携手中国银行推出了"中银奥贷"服务。"中银奥贷"共分为三款产品：中银–奥创、中银–奥荣和中银–奥盈，根据企业在不同发展阶段的不同需求，有针对性地解决创业者们融资难、贷款难的问题。

要真正实现医疗器械产业的创新升级，完善的产业服务生态不可或缺。以3C产业平台为核心支柱，奥咨达在上海、深圳、广州、北京建立了超级医疗器械工程转化中心，推动形成医院、院校、科研机构聚集，海外技术聚集，海量资本聚集，创新创业人才聚集的新局面；同时在南昌、成都、天津、武汉等省会城市还将建立地方医疗器械工程转化中心，以导入超级中心的丰富资源，助力地方医疗器械产业规划、升级、落地。

目前，奥咨达医疗器械3C产业平台已在北京、上海、广州、深圳四大核心城市落地。在未来2~3年时间里，奥咨达3C模式将拓展至全国，进驻南昌、成都、天津、武汉、江苏、浙江等省会城市。奥咨达将与当地政府、企业、基金开展紧密合作，通过3C平台推动医疗器械产业聚集、技术聚集、法规聚集、资本聚集，从而助力国内外创新成果转化落地，促进产业整合发展与技术升级。未来3C产业平台将坚持做企业成长的助手、政府招商落地的帮手、产业发展的推手，更快更好地满足人民群众日益增长的健康需求。

北京幸福益生再生医学科技有限公司

北京幸福益生再生医学科技有限公司（简称"幸福益生再生医学"），以生物学技术和工程技术为专业核心，以再生医学智能新材料为载体，致力于成为世界再生医学领军企业。幸福益生再生医学拥有业界顶级的院士专家顾问团队和研发团队，汇聚了20余名国内外再生医学院士、科学家，设有国内首个再生医学院士专家工作站。现已申请发明专利38项，其中PCT国际专利7项，获得了2018年国家知识产权局颁发的中国专利奖银奖。

在再生医学领域，幸福益生再生医学自主研发了Regesi再生医学新材料和伤口护理软膏、造口护肤粉、液体伤口敷料、皮肤修复粉、溃疡修复凝胶、皮肤抑菌膏、医用敷料、妇科凝胶、骨科植入修复材料等，材料和产品涉及医疗、卫消等领域。Regesi再生医学新材料用于人工血管、可降解心脏支架、骨骼和牙齿永久性修复、创伤无疤痕修复、癌症肿瘤靶向载药、医学整形等领域，其核心原理是通过释放离子，形成规则的三维网络结构，促进细胞有序生长、组织原位再生，快速键合和修复骨组织和软组织，有效解决医学难题，其科技成果已转化3项Ⅲ类创新医疗器械、5项Ⅱ类创新医疗器械，获得国家相关批文和证书76项。

在国家战略和政策的支持下，2017~2019年，幸福益生再生医学连续3年被北京市政府列为北京市重点工程项目，Regesi再生医学新材料被工信部编入重点新材料首批次应用示范指导目录。在国际市场，幸福益生再生医学积极响应国家一带一路倡议，Regesi再生医学新材料和产品已销往美国、日本、韩国等国家。作为世界领先的再生医学创新型企业，幸福益生再生医学多次被中央电视台、北京电视台、人民日报等知名媒体报道，其材料和产品已为国内外数千万人提供健康服务。

Regesi再生医学新材料是一种能够促进组织原位再生的高性能生物医用材料，幸福益生再生医学拥有其完全自主知识产权，是一种具有独特生物活性的无机非晶态多孔矿物质材料，是目前世界上唯一能够同时快速修复人体软硬组织的高性能生物医用材料，是再生医学领域30年来重大关键性技术突破。Regesi再生医学新材料可以形成结构有序的三维网状支架，为人体软硬组织细胞提供赖以生长的桥梁，从而促进人体细胞自源性原位修复与再生，实现自身细胞沿着支架有序生长、爬行替代，并且能够实现植入材料的降解和组织再生的速率几乎一致。

Regesi再生医学新材料在干细胞支架、创伤无疤痕、可降解心脏支架、神经修复、牙齿永久性修复、颅骨修复、骨缺损修复、肿瘤靶向治疗、妇科修复等10多个领域广泛应用。

已获得临床检测报告和国家权威认证及荣誉70多项，发明专利38项，国际专利7项，并已通过美国FDA备案和欧盟CE认证。以Regesi再生医学新材料为基础研发的系列高科技产品，预计产值将在100亿元以上，已销往美、日、韩等发达国家和地区。

Regesi再生医学新材料其技术的创新性和先进性主要体现在以下几方面：

创新优势一：世界首创工业化量产

创新：Regesi再生医学新材料采用溶胶凝胶技术的工业化生产，可利用常规设备实现低温量产，生产温度由1900℃的高温煅烧调整为600℃。

优势：采用低温生产工艺彻底改变传统高设备投入、高能耗、高污染状况。

创新优势二：硅键重组 细胞有序原位再生

创新：Regesi再生医学新材料通过释放离子，让硅键重新排列，形成规则的三维网络结构，促进细胞有序生长、组织原位再生，快速键合和修复骨组织及软组织。

优势：解决同类产品高价位硅原子的游离状态和含量不稳定问题，更适宜作为人工骨等医用材料。

创新优势三：突破钙、磷离子均匀分布的共熔关键性技术

创新：Regesi再生医学新材料微观结构均匀，不引进Na^+离子，产品PH值为7.4，稳定性良好。特殊生产制备工艺可以使材料中的钙离子、磷酸根离子均匀分布在三维网状结构中，实现钙、磷的完全共溶，高价位硅原子含量均匀可控。Regesi再生硅材料良好的生物相容性，有利于成骨细胞的粘附、增值，促使骨羟基磷灰石（HA）的形成，促进骨组织的生长。

优势：进一步提高了材料生物稳定性及安全性。

创新优势四：材料的降解速率实现自由可控

创新：Regesi再生医学新材料中的钙离子、磷离子（钙磷比1.67）均匀分布在硅键重新排序的三维网状结构中，通过磷含量的调控，控制材料的降解速度与新生组织的生长速率同步，解决了新生骨的完全爬行替代，实现新生骨从形态、结构、功能全面修复再生，突破了传统生物活性玻璃中的钙、磷离子分布不均导致的降解速度不可控的问题。

优势：Regesi再生医学新材料降解机理明确，降解速度可控，可有效实现新骨生成速度和植入材料降解速度同步，可广泛应用于骨修复、牙齿修复、创伤修复等领域，具有颠覆性的意义。

创新优势五：将细胞毒性控制到最低

创新：Regesi再生医学新材料通过改变磷、钙、硅等前驱材料的设计，大胆启用植物萃取液作为磷源，将传统材料的pH值由原来的在7.6~12范围内不稳定变化，调整为7.4，其细胞毒性由3~4级，调整为0~1级的无细胞毒性。

优势：解决了传统"生物活性玻璃"的制备工艺和配方所导致的细胞毒性问题。

创新优势五：超大比表面积

创新：Regesi 再生医学新材料的比表面积可达 576 平方米/克，是同类材料的 300 多倍，超大比表面积使得材料的生物活性更强，多孔径、大比表面积可以保证材料与创面及体液的巨大接触面积，增强生物活性，增加疗效，缩短创伤愈合周期，例如原疑难伤口，需要 2~3 个月才能愈合，缩短到 10~15 天愈合。

优势：1 克材料的比表面积达到 576 平方米，是其他材料的 300 倍，生物活性超强，促进组织再生速度，比其他材料快 3~5 倍。

当前，Regesi 再生医学新材料已带动生物医药、Ⅱ类医疗器械、Ⅲ类医疗器械、医学美容等产业的发展，已衍生 100 多个高科技系列产品，将形成再生医学领域的产业集群，促进国内整个再生医学产业链的发展。

后 记

  医疗器械行业涉及领域广、产品种类多、多学科交叉、专业性强并与民生关系密切，连续多年保持快速稳定增长，因而受到各方密切关注。为了满足生产经营企业、投资机构、行业研究机构的需求，中国医疗器械行业协会组织编写了本报告，整理汇集了行业现状、市场状况、进出口状况、生产及供需状况、技术发展状况、行业竞争等9个方向内容，以客观数据和行业信息汇总为主，尽可能全面、真实地展现行业发展状况。

  本报告数据主要来源为中国医疗器械行业协会整理资料和国家卫生健康委员会、国家药品监督管理局、工业和信息化部、国家统计局、海关总署、中国医学装备协会、中国电子元件协会、前瞻产业研究院及网站、杂志和各种报告和公开出版物，并综合了企业调研和专家咨询资料；重点企业资料来源于企业年报、公开资料和企业调研。宇博智业项目组协助资料收集和数据整理。

  因数据统计途径的差别，不同来源的数据存在一定的差异，因而市场销售数据和生产数据也有不一致等情况。本报告在汇总分析后，对上述数据进行了修正，部分为推算结果。

  鉴于现有调研条件所限，部分行业的数据不完整。由于部分企业的信息和数据不愿公开，所以在重点企业章节中没有展示。

  由于工作量巨大及时间和人员不足，报告的出版比预期有所延迟，且内容中可能会出现疏漏、偏颇或错误，希望读者朋友们给予谅解，并欢迎批评指正！

《中国医疗器械行业发展报告》编委会

MicroPort 微创医疗

尽精尽微尽心尽全力
致广致大致远致良知

Eyes for greatness
Hands on details

微创®企业介绍

微创®起源于1998年成立的上海微创医疗器械（集团）有限公司，是一家中国领先的创新型高端医疗器械集团，总部位于中国上海张江科学城(上海市浦东新区张东路1601号)，在中国上海、苏州、嘉兴、东莞，美国孟菲斯，法国巴黎近郊，意大利米兰近郊和多米尼加共和国等地均建有主要生产（研发）基地，形成了全球化的研发、生产、营销和服务网络。公司现有员工近6,000名，来自于30多个国家，其中过半数为中国员工。微创®致力于提供能延长和重塑生命的普惠化真善美方案。

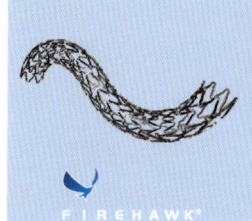

Firehawk®冠脉雷帕霉素靶向洗脱支架系统（TES） 是全球第一及唯一的靶向洗脱支架系统。此产品是微创®继Firebird2之后的全新一代用于冠状动脉狭窄或阻塞等病变治疗的产品。

- 精准核定药物荷载
- 靶向洗脱药物分子
- 高效抑制细胞增生
- 快速完成内皮愈合

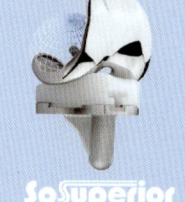

SoSuperior™内稳定型全膝关节置换系统

- 微创®关节独特创新的内稳定型球窝关节面设计：内侧稳定和外侧运动的平衡设计
- 无需髁间截骨便可达到高屈曲活动度，重现患者的自然运动力学
- 该系统是微创®关节首款获批的CS型国产全膝关节置换系统产品

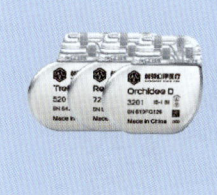
Rega™心系列植入式心脏起搏器

国际品质 中国制造
- 国产首个国际品质心脏起搏器系列

全球最小体积 寿命长
- 适合中国患者体型的起搏器系列

Castor® 分支型主动脉覆膜支架及输送系统

- 全球首款进入临床应用的分支型支架，第一款真正为主动脉弓部病变设计的胸主动脉覆膜支架。
- 通过弓部分支一体化设计，安全、便捷地重建左锁骨下动脉，具有长期稳定性。

扫一扫，关注我们吧！

股票代码：603987

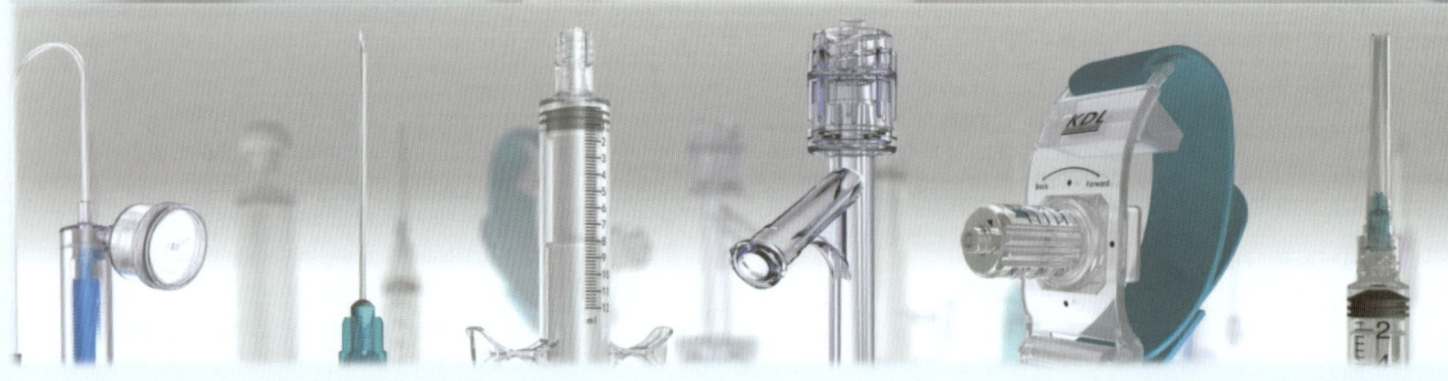

中国穿刺针类行业领先者

专注于医用穿刺器械基础耗材的深耕细作，于2016年11月21日在上海证券交易所主板上市

上海康德莱企业发展集团股份有限公司

- 市场服务：（021）59140058
- 业务传真：（021）59140057
- 投资者关系：（021）69113502
- 地址：上海市嘉定区高潮路658号

www.kdlchina.cn

中国智造 相瓣一心

VenusA-Valve System
经导管人工主动脉瓣膜置换系统

VenusP-Valve System
经导管人工肺动脉瓣膜置换系统

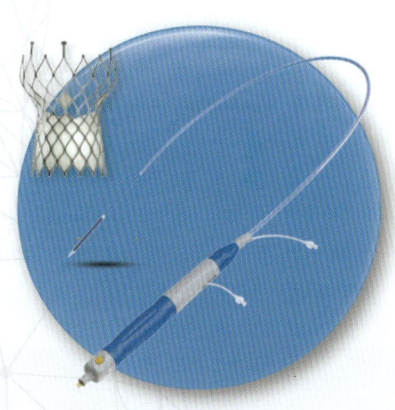

VenusA-Plus System
可回收经导管人工主动脉瓣膜置换系统

TAV8
球囊扩张导管

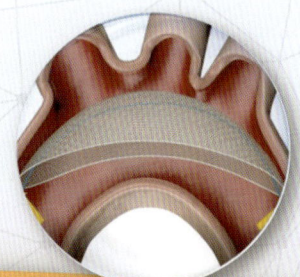

TriGUARD3
抗栓塞远端保护装置

地址：杭州市滨江区江陵路88号万轮科技园2号楼3层
网址：www.venusmedtech.com

宝鸡市三立有色金属有限责任公司
BAOJI SANLI NONFERROUS METALS CO.,LTD.

公司简介

宝鸡三立公司是钛及钛合金、丝材、棒材、板材、管材专业生产著名厂家，注册商标"宝立钛"，是有色金属生产、加工、销售、贸易、研发为一体的现代化专业生产厂家。

主导产品有钛、锆、铌、钼、镍以及人体植入医用金属材料，超硬材料砂轮基体，钛合金弹簧，超硬材料复合片锆杯、钼杯、铌杯、钛杯。具备高科技、高效率、高成长性的产业体系，致力为国内外友好客户提供精良的一流产品、一流质量、一流服务。

"宝立钛"驰名中外、国内产量占40%，产品远销欧美及东南亚各国，获得称誉。

公司具有完善质量保证体系，并已获得ISO9001-2015质量管理体系认证和ISO13485:2016医疗器械质量管理体系认证证书。

2005年7月18日，取得国家质量监督检验检疫总局颁发的全国"钛及钛合金加工产品"工业生产许可证，是全国14家取证企业之一。为客商提供国际国内一流的产品和服务。

三立公司是中国钛工业协会理事单位，中国质量协会有色金属分会会员单位，中国中小企业国际合作协会理事单位，宝鸡市中小企业协会会员单位，宝鸡钛协会副会长单位。

公司荣誉

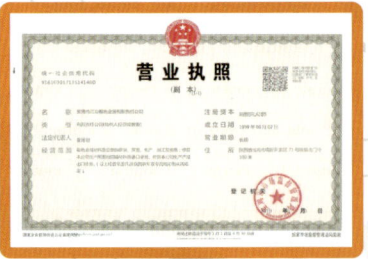
营业执照

生产许可证

ISO9001-2015认证

ISO 13485质量认证

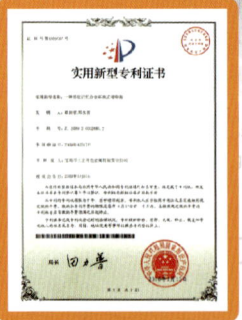
钛合金弹簧专利

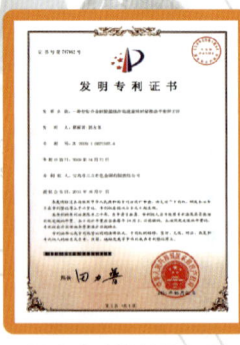

钛记忆合金接骨板专利

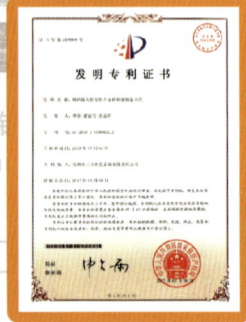
钛合金砂轮基体专利

医用钛合金窥镜专利

产品展示

医用钛合金髋关节专利　　医用锆合金专利　　3D打印用钛丝或粉末专利

地址：宝鸡高新开发区钛城路中段　　电话：0917-3385926　　3380951

宝鸡鑫诺新金属材料有限公司

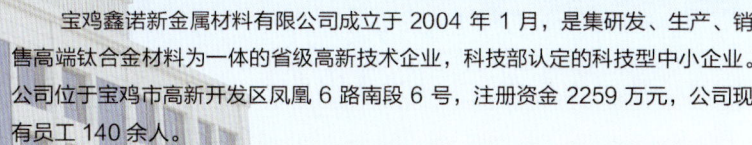

宝鸡鑫诺新金属材料有限公司成立于2004年1月，是集研发、生产、销售高端钛合金材料为一体的省级高新技术企业，科技部认定的科技型中小企业。公司位于宝鸡市高新开发区凤凰6路南段6号，注册资金2259万元，公司现有员工140余人。

公司坚持以最好的技术、最先进的装备和管理，研发、工程化制造高端钛合金材料。公司关键设备如5T全自动控制ALD真空自耗电弧炉、MW4型精密线材轧机均从德国引进，达到世界先进水平。公司拥有生产线设备130余台套，装备水平属国内先进，部分装备达到国际水平，具备年产航天航空、医疗用高端钛合金材料1500吨的生产能力。主导产品为高端钛合金材料，产品广泛应用于航空、航天、舰船、兵器等国防科技工业和医疗等民用领域。公司为航空航天等型号研制了数种高性能钛合金材料，其中替代进口TC4棒、丝材达到美国航天航空材料规范AMS 4967H标准。公司生产的医用钛合金材料占国内市场销售份额的30%以上，产品出口到德国、巴西、捷克、韩国、俄罗斯、印度、台湾等国家和地区，并在国外建立了6个营销网点。

公司和西北工业大学材料学院建立了良好稳定的产学研关系，联合组建技术中心，2014年被认定为宝鸡市企业技术中心和陕西省中小企业创新研发中心；西北工业大学材料学院郭鸿镇教授做为"首席工程师"进驻公司。

公司现有国家专利12项（其中发明专利3项、实用新型专利3项、外观设计专利6项）；公司是《纯钛型材》YS/T886-2013的标准参与制定单位。

公司产品通过了先后通过了ISO 9001：2015 和 ISO 13485:2016 质量管理体系认证，GJB9001-2009 武器装备质量体系及武器装备科研生产单位三级保密资格认，武器装备承制资格通过现场审查。公司是中国医疗器械行业协会会员、中国医疗器械行业协会外科植入物专业委员会理事位、"陕西省民营经济转型升级示范企业"、"宝鸡·中国钛谷"产业集群骨干企业，中国航天科技集团公司合格供方。""商标被认定为"陕西省著名商标"，医用钛及钛合金棒材荣获2016年陕西省名牌产品。

一路前行，一路超越，在科技创新、持续提高产品及过程的品质和服务的征途中，我们将永不停步，不断超越自我，创造更加美好的未来。

地址：陕西省宝鸡市高新开发区凤凰6路南段6号（高新22号路）
电话：0917-6758790
邮箱：bjxnty@163.com

Regesi® | 再生硅

BESTLFIE REGENERATIVE MEDICINE

幸福益生 再生医学

致力于成为世界再生医学领军企业

30年来重大关键性技术突破
研发并量产Regesi再生医学新材料

- 实现深度伤口由里到外无疤痕愈合
- 实现5厘米受损的脊柱再生
- 实现牙釉质再生 牙齿永久修复

细胞有序生长　组织原位再生

创伤应用
- 伤口敷料
- 烧烫伤敷料
- 难愈合创面敷料

口腔应用
- 溃疡修复敷料
- 牙齿充填修复
- 牙齿脱敏剂
- 根管糊剂
- 窝沟封闭剂

骨骼应用
- 骨粉
- 骨水泥
- 骨修复支架
- 3D打印个性化骨科植入物

其他应用
- 妇科凝胶
- 人工血管
- 子宫粘膜修复敷料

热线：400-051-1375
地址：北京市海淀区永泰庄北路9号逸园B2
网址：www.bestlife365.org

扫码了解更多

致力成为医药行业 MA 解决方案领导者

奥泰康介绍

成立于 2006 年，奥泰康通过提供时效性强、成本可控、质量有保障和专业度最佳的研究开发、产品检测、动物实验、临床试验和产品注册全程解决方案服务，从而持续推动安全、有效和质量可控的产品进入市场，保障患者生命健康。

CRO/CDMO 一体化服务平台

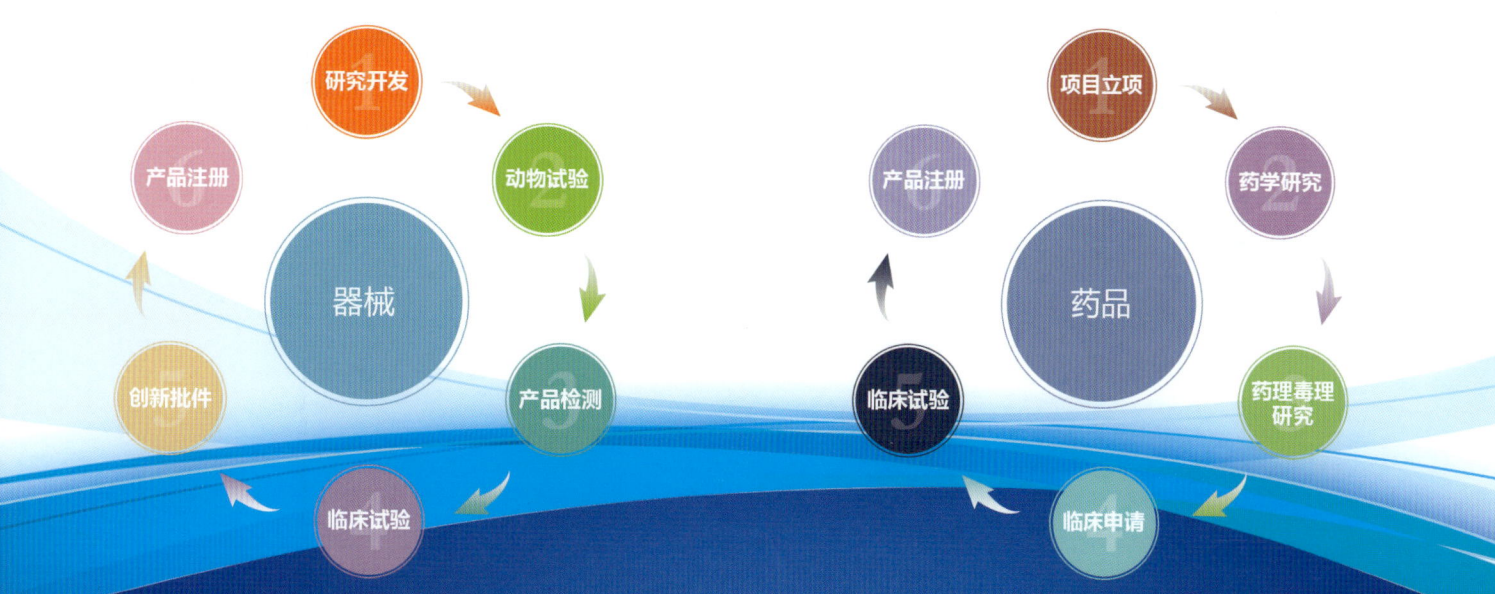

- 国家高新技术企业，中关村高新技术企业
- 获得国家创新医疗器械审批件 12 项
- 拥有 20 多项药品临床试验及进口注册的国际合作经验
- 负责 50 多项三类植入有源无源医疗器械临床试验及注册
- 累计提供 500 多项药品及医疗器械临床试验及注册服务
- 承担 863、十二五、十三五国家重点研发计划项目临床试验及注册工作 5 项
- 与 200 多家三甲医院临床试验机构及 1200 多名医学专家保持长期合作关系
- 每年重点服务 30 项高新技术型临床试验及注册项目
- CDMO 平台包括 2 个生物材料研发实验室、2 个万级洁净 GMP 车间，可承接委托研发生产服务，提供研发转化及市场准入服务

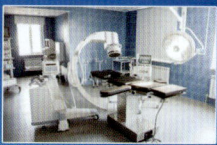
医疗器械临床试验

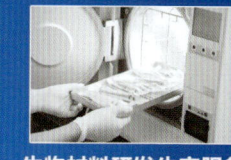
医疗器械创新申报

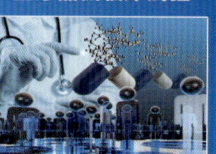
医疗器械注册

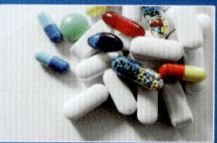
生物材料研发生产服务

创新药临床试验

药品注册

联系地址：北京市丰台区南四环西路 186 号汉威国际广场二区 2 号楼 7 层
联系电话：400-080-9519　　　传　真：010-83739030
邮　箱：services@healtech.com.cn　邮　编：100070
网　址：www.healtech.com.cn